Contraste insuffisant

NF Z 43-120-14

RÉPERTOIRE

DE LA

LITTÉRATURE

ANCIENNE ET MODERNE.

IMPRIMERIE DE E. POCHARD,
RUE DU POT-DE-FER, N° 14, A PARIS

RÉPERTOIRE

DE LA

LITTÉRATURE

ANCIENNE ET MODERNE,

CONTENANT :

1° LE LYCÉE DE LA HARPE, LES ÉLÉMENTS DE LITTÉRATURE DE MARMONTEL, UN CHOIX D'ARTICLES LITTÉRAIRES DE ROLLIN, VOLTAIRE, BATTEUX, etc. ;

2° DES NOTICES BIOGRAPHIQUES SUR LES PRINCIPAUX AUTEURS ANCIENS ET MODERNES, AVEC DES JUGEMENTS PAR NOS MEILLEURS CRITIQUES, TELS QUE :

D'Alembert, Batteux, Bernardin de Saint-Pierre, Blair, Boileau, Chénier, Delille, Diderot, Fénelon, Fontanes, Ginguené, La Bruyère, La Fontaine, Marmontel, Maury, Montaigne, Montesquieu, Palissot, Rollin, J.-B. Rousseau, J.-J. Rousseau, Thomas, Vauvenargues, Voltaire, etc.;

Et MM. Amar, Andrieux, Auger, Burnouf, Buttura, Chateaubriand, Duviquet, Feletz, Gaillard, Le Clerc, Lemercier, Patin, Villemain, etc.;

3° DES MORCEAUX CHOISIS AVEC DES NOTES

TOME VINGT-SEPTIÈME.

A PARIS,

CHEZ CASTEL DE COURVAL, LIBRAIRE-ÉDITEUR,

RUE DE SAVOIE, N° 6, ET RUE DE RICHELIEU, N° 87.

M DCCC XXVI.

RÉPERTOIRE

DE LA

LITTÉRATURE

ANCIENNE ET MODERNE.

Souza (madame la baronne de), veuve d'un étranger de distinction, protecteur éclairé et généreux des arts, qui par sa belle édition du Camoens a élevé à la gloire littéraire de son pays un monument digne d'elle, avait épousé en premières noces le comte de Flahaut, qui mourut au commencement de notre révolution : elle a illustré les deux noms qu'elle a successivement portés, par un assez grand nombre de compositions, publiées dans l'ordre suivant: *Émilie et Alphonse*, *Adèle de Senanges*, *Charles et Marie*, *Eugène de Rothelin*, *Eugénie et Mathilde*, *Mademoiselle de Tournon*, *la Comtesse de Fargy*. Le libraire Alexis Eymery a réuni ces diverses productions en 6 vol. in-8° et en 12 vol. in-12, Paris, 1821-1822.

Les divers ouvrages que renferme cette collection ont entre eux beaucoup de ressemblance. Il serait, toutefois, injuste d'en rien conclure contre l'imagination de leur auteur. Cette uniformité dans les conceptions se retrouve, plus ou moins, chez tous les romanciers, qui ont fait plusieurs romans : elle tient à la nature même du genre de composition auquel ils se sont appliqués.

La matière dont disposent les romanciers est en apparence inépuisable; l'horizon qui leur est ouvert semble n'avoir point de limites. Il en a cependant d'inévitables dans la vue plus ou moins bornée de ceux qui le contemplent. Un roman est une image abrégée de la vie humaine; mais on ne peut représenter la vie que comme on la conçoit, c'est-à-dire comme on l'a vue, soit dans le monde, soit dans les livres, comme on l'a rêvée, comme on la désire : chaque peintre nouveau qui entreprend de la reproduire s'en fait une idée particulière, qui devient le type de tous ses tableaux, qui s'y montre constamment la même sous l'inconstante variété des formes. Voilà comment il arrive que celui de tous les genres qui paraît offrir le plus de ressources à l'imagination, est cependant celui où elle s'épuise le plus vite. C'est une nécessité à laquelle aucun romancier, que je sache, n'a pu encore se soustraire entièrement, et que madame de Souza devait subir, à son tour, comme tous ses devanciers. Ne nous étonnons donc pas que ses romans portent généralement sur un fonds qui leur est commun : c'est du contraire qu'il faudrait s'étonner. Cherchons plutôt à faire ressortir ce qu'ils offrent de semblable, et à montrer ainsi sous quel point de vue leur auteur envisage d'ordinaire la vie humaine, et quel est le caractère habituel de son talent pour l'observer et pour la peindre.

C'est à cela que nous bornerons notre analyse. Nous ne nous occuperons point du sujet particulier de chacune des compositions soumises à notre examen; nous n'entrerons point dans le détail des évènements dont elles offrent le récit. Un exposé de ce genre serait fort long, et d'un faible intérêt. Les évènements que renferme une fiction romanesque, quelque heureusement imaginés, quelque habilement liés qu'on les suppose, quelque empire qu'ils exercent sur l'esprit du lecteur, ne doivent jamais être l'objet principal du critique, par la raison qu'ils ne doivent pas être non plus l'objet principal de l'auteur. Ils lui servent à éveiller la curiosité, à exciter la surprise, à captiver l'attention : c'est déjà beaucoup, j'en conviens; mais ils seraient, d'ailleurs, assez peu dignes d'intérêt, s'ils ne servaient en même temps à mettre en exercice les diverses facultés de la nature humaine, nos passions, nos vertus, nos vices, nos travers, nos ridicules; à faire passer sous nos yeux le spectacle mouvant du monde, les mœurs générales de la société, les allures particulières de chaque condition, la face diverse des temps et des lieux. Voilà ce qui attache sur-tout dans un roman; voilà ce qui doit se retrouver dans l'analyse qu'on en présente. Les faits ne sont, pour le romancier, qu'une occasion, le texte qu'il développe, le canevas sur lequel il brode : se borner à les reproduire, par une récapitulation succincte, ce serait n'offrir qu'une esquisse insignifiante, sans ombres et sans lumière, sans chaleur et sans vie. On ne pourrait plus mal servir, et les lecteurs qu'on prétendrait instruire, et l'écrivain qu'on voudrait faire connaître.

Nous agirons donc tout autrement, à l'égard des romans qui nous occupent. Nous n'y trouverions, d'ailleurs, qu'un bien petit nombre d'évènements, et des évènements très ordinaires. Peut-être même pourrait-on reprocher à madame de Souza de ne point accorder assez à ce besoin de l'imagination, qui nous fait accueillir si volontiers des aventures fabuleuses, des récits mensongers, et qui a pu donner naissance aux fictions du roman. La part de la curiosité est généralement assez faible dans les fictions, du reste si attachantes, de madame de Souza. Il ne s'y trouve ni évènements, ni aventures; on n'y voit guère que ces accidents de tous les jours et de toutes les heures dont se compose la vie commune, et que font naître les relations habituelles de la société; des scènes de salon et de parloir; des visites, des conversations, des dîners, des fêtes, des bals, des comédies; des naissances, des morts, des mariages; le train ordinaire du monde.

Madame de Souza n'est cependant point un peintre de mœurs, comme on pourrait le croire d'après ce qui vient d'être dit. Son but n'est point de tracer une image générale de la société, ou le tableau particulier d'une contrée et d'une époque. Elle ne le fait qu'en passant, et par occasion. Les traits empruntés à l'histoire, qui peuvent se rencontrer dans *Mademoiselle de Tournon*, dans *la Comtesse de Fargy*, dans *Eugénie et Mathilde*; les habitudes du grand monde, qui sont représentées dans tous ses romans avec beaucoup de naturel et de vérité, ne sont qu'un léger accessoire de ces divers ouvrages. Ces détails forment le cadre, ou, si l'on veut, le fonds de ses tableaux; ils n'y occupent, tout au plus, que des plans secondaires; ils n'en sont jamais le sujet principal.

La peinture des caractères ne s'y montre pas non plus en première ligne. Les personnages de madame de Souza sont rarement marqués d'une empreinte très individuelle; ils se confondent les uns avec les autres; leur langage, leurs sentiments, leurs actions ne leur appartiennent pas assez en propre; ils sont trop souvent les interprètes des idées de l'auteur; ils n'ont point cette existence personnelle, cette apparence réelle et vivante, qui constitue ce qu'on peut appeler, dans les ouvrages de l'art, des caractères.

Nous arrivons à ce qui fait le mérite et le charme des compositions de madame de Souza. Ce qui les distingue, ce n'est, comme nous venons de le voir, ni le mouvement des aventures, ni l'artifice de l'intrigue, ni le tableau piquant des mœurs, ni le développement profond des caractères : c'est la peinture ingénieuse et délicate de la passion. Madame de Souza excelle à retracer l'histoire d'un sentiment tendre; à le suivre, dès sa naissance, dans tous ses progrès, même les plus insensibles. Ce premier penchant du cœur, cet instinct secret qui porte l'une vers l'autre, comme à leur insu, deux personnes faites pour s'aimer; cette espèce de pressentiment, qui les éclaire sur leur passion ; ces petites découvertes qu'elles font, à chaque instant, dans leur affection mutuelle; cette mystérieuse intelligence, ce langage muet de deux âmes, qui sont *à moitié de tout*, comme dit Montaigne, qui se comprennent, se devinent au moindre signe, et conversent ensemble sans le secours des paroles; l'expression naïve, l'aveu involontaire et imprévu d'un sentiment long-temps caché, ou plutôt long-temps ignoré par celui qui l'éprouvait; le plaisir et l'effroi qui suivent cette subite révélation; les émotions tumultueuses qu'elle fait naître, l'espérance, la crainte, la confiance, la jalousie, toutes ces formes de la passion, si mobiles et si diverses, se reproduisent sous les pinceaux de madame de Souza en traits d'une exquise délicatesse.

Voilà, en quelques paroles, le plan de tous ses ouvrages; c'est de pareils développements qu'elle les remplit : elle se passe et peut se passer des ressources ordinaires du romancier; il lui suffit d'une situation simple, de quelques incidents communs, pour y trouver la matière d'une peinture attachante. « J'ai voulu, a-t-elle dit quelque part, montrer dans la vie ce qu'on n'y regarde pas, et décrire ces mouvements ordinaires du cœur, qui composent l'histoire de chaque jour. » Cette suite d'émotions fugitives, qui se pressent et se succèdent dans notre âme, et dont de nouveaux sentiments effacent, à chaque instant, la trace : voilà, en effet, ce qu'elle s'applique à retrouver et à fixer dans ses peintures.

Peut-être même porte-t-elle, dans cette recherche, un soin trop curieux, une exactitude trop minutieuse; peut-être cette espèce d'analyse qui décompose la passion, qui en sépare les nuances les plus fines, qui la soumet en quelque sorte à l'épreuve du prisme, a-t-elle quelque chose de trop subtil. J'y trouve de l'analogie avec la métaphysique ingénieuse que Marivaux porta dans le roman, avec cet art qu'il possédait à un degré remarquable, mais dont on lui a justement reproché l'abus, de démêler les motifs divers de l'acte le plus simple en apparence, les secrets ressorts de tel mouvement du cœur, qui semblait involontaire. Cette manière a quelque chose d'invraisemblable, lorsque ce sont les personnages eux-mêmes qui nous font l'histoire de leurs sentiments, comme il arrive souvent dans les romans de Marivaux et dans ceux de madame de Souza. Il semble que la passion ne doit pas avoir le loisir de s'étudier ainsi, d'apercevoir jusqu'aux moindres détails; qu'elle veut des traits plus forts, plus saillants, une touche plus vive, plus franche, plus hardie. C'est une mode aujourd'hui de transformer en rêveurs spéculatifs les personnages passionnés. Les héros de nos romans modernes s'observent sans cesse; ils ne se perdent jamais de vue; ils semblent ne voir dans leurs affections qu'un sujet de recherches morales, d'expériences psychologiques; on dirait que, s'ils aiment, s'ils haïssent, s'ils craignent, s'ils désirent, s'ils sont heureux ou malheureux, c'est uniquement par curiosité philosophique. Je les comparerais volontiers à ce médecin courageux qui osa s'inoculer la peste afin de mieux l'étudier. Je suis loin d'adresser à madame de Souza un reproche aussi sévère. Mais elle n'a pu rester entièrement étrangère à un défaut qui se retrouve dans la plupart des compositions de la littérature contemporaine, et qui tient à l'esprit éminemment critique de notre époque. Les héros de ses romans sont généralement un peu *doctrinaires* en fait de sentiments ; quoique fort jeunes, pour la plupart, ils ont, sur les femmes, sur l'amour, sur le bonheur, des opinions arrêtées, des théories complètes qui peuvent bien être le fruit de l'expérience, mais qui ne sauraient la précéder. Il est clair qu'ils ne parlent pas pour leur compte, mais pour celui de l'auteur.

Si nous avons bien expliqué la nature des romans de madame de Souza, on comprendra facilement que le sujet qu'elle traite d'ordinaire ne peut se prêter à bien des développements. Aussi, ses divers ouvrages ont-ils en général peu d'étendue, et les meilleurs sont-ils précisément les plus courts. *Adèle de Senanges*, *Eugène de Rothelin*, et sur-tout *Charles et Marie*, sont bien certainement les chefs-d'œuvre de leur auteur : or, aucune de ces trois compositions n'excède la mesure d'un volume, et la dernière n'y atteint même pas. J'ai, je l'avoue, pour celle-ci une prédilection décidée. Elle me paraît supérieure encore à *Adèle de Senanges* ; quoiqu'elle soit moins célèbre. Le talent facile, naturel, agréable de madame de Souza ne se montre nulle part avec plus d'avantages que dans cette charmante production.

Dans ses autres ouvrages, il est vrai, dans *Émilie et Alphonse*, dans *Eugène et Mathilde*, dans *Mademoiselle de Tournon*, enfin, assez récemment, dans *la Comtesse de Fargy*, madame de Souza s'est quelquefois élevée à des peintures plus hautes et plus graves, à des situations plus pathétiques ; mais ce sont là des exceptions. Sa vocation n'est point de peindre la passion dans son trouble, dans son égarement, dans ses écarts, comme l'a pu faire madame Cottin. Elle a plus de grace que de force, plus de délicatesse que de profondeur ; elle charme plus qu'elle ne remue. Le langage qu'elle prête à ses personnages a quelque chose de fin, d'indirect, de détourné, qui convient peu à l'expression d'un sentiment énergique. Cela tient peut-être au théâtre sur lequel elle place habituellement ses acteurs. Ce théâtre est celui de la haute société, du grand monde, du monde de l'étiquette et des usages, qui n'est pas toujours celui de la nature. Les sentiments s'y cachent le plus souvent sous une enveloppe empruntée; la passion, quelque vraie qu'elle soit, n'y peut guère paraître qu'en habit habillé, avec un extérieur poli, des discours cérémonieux. Elle n'y jouit pas de plus de liberté que n'en avaient autrefois les arbres de nos allées françaises, soumis despotiquement au cordeau de l'architecte et aux ciseaux du jardinier. Je ne doute pas que le talent de madame de Souza n'ait été quelquefois gêné par le cercle un peu étroit dans lequel elle s'est renfermée, et où elle retient ses lecteurs. En lisant ses romans, on éprouve le besoin de sortir de ces sallons, où l'on est comme captif, pour aller chercher dans le tableau d'une société moins relevée, des mœurs moins raffinées peut-être, mais plus franches, plus vraies, plus rapprochées de la nature. On est comme cet esclave des prêtres, dont parle Horace, qui, las des gâteaux sacrés, s'échappait en cachette pour aller manger du pain.

Au reste, si le modèle choisi par madame de Souza est par fois d'une nature un peu factice, la copie est toujours ressemblante et vraie. Jamais ses pensées ne manquent de naturel. Son style est constamment facile, abondant, un peu négligé, peut-être, mais c'est souvent une grace de plus. Qu'on nous permette de citer quelques lignes, prises au hasard, pour faire connaître la manière habituelle de l'auteur.

« Il y a deux ans que ma tante donna une grande fête pour la naissance d'Eudoxie; tous nos voisins ayant été invités, Philippe et son père y furent admis. Le jeune homme était timide et n'osait se livrer à la société; j'étais triste, et je la fuyais; il n'était pas noble, et j'étais sans fortune. Tous deux oubliés, isolés, nous remarquâmes en même temps que nous restions seuls au milieu de la foule. Ce n'est pas nous qui nous sommes cherchés; c'est la joie, ce sont les heureux qui nous ont repoussés hors de leur cercle. »

Les romans de madame de Souza sont tous écrits avec ce tour simple et délicat; ils se font tous lire avec plaisir, on peut ajouter, avec fruit. Une morale pure y respire ; la piété filiale, l'affection maternelle, l'amour fondé sur l'estime, l'amitié désintéressée, le dévouement, la générosité, voilà ce qu'elle peint de préférence. Elle abonde en observations fines, exprimées sous une forme ingénieuse; telles sont les suivantes, que je prends sans les choisir :

« Les défauts dont on a la prétention, ressemblent à la laideur parée; on les voit dans tout leur jour. — Presque toutes les femmes passent leur vie à se dire trop jeunes pour savoir, jusqu'au jour où elles se croyent trop vieilles pour apprendre. — Je suis effrayée quand je vois dans le monde, avec quelle légèreté on risque d'affliger un vieillard ou un malade : sait-on si l'on aura le temps de les consoler? »

Je pourrais multiplier ces citations, et je céderais volontiers au plaisir d'en parer cet article. Mais je crois en avoir dit assez pour montrer quel est le caractère qui marque les compositions de madame de Souza, et qui leur assure un rang fort distingué parmi les ouvrages du même genre que notre époque a produits.

H. Patin.

STAAL (madame de), née à Paris, était fille d'un peintre nommé de Launay, qui fut obligé de sortir du royaume, et laissa son enfant dans la misère. Son malheur intéressa la supérieure du prieuré de St.-Louis, à Rouen, qui la fit élever avec distinction dans ce monastère. Ayant perdu sa protectrice, elle retomba dans sa première détresse. La duchesse du Maine la prit alors parmi ses femmes de chambre; mais la faiblesse de sa vue et sa maladresse, rendaient à mademoiselle de Launay très pénible pour elle-même, cette fonction dont elle ne pouvait s'acquitter au gré de la duchesse : elle songeait à en sortir, lorsqu'une lettre qu'elle écrivit à Fontenelle, au sujet d'une jeune fille de Paris, qui se donnait pour possédée et avait fait courir toute la capitale et la cour même, révéla à sa maîtresse quels étaient les véritables talents de sa femme de chambre. Dès lors mademoiselle de Launay fut tirée de l'obscurité; la duchesse du Maine l'employa dans toutes les fêtes de Sceaux, elle ajoutait des vers aux pièces qui s'y jouaient, elle faisait les plans de quelques autres, enfin elle mérita la confiance de la princesse; et MM. de Fontenelle, de Tourreil, de Valincourt, de Chaulieu, de Malezieu, devinrent ses amis. Ainsi la fortune semblait avoir réparé ses premiers torts envers elle, lorsqu'enveloppée dans la disgrace de sa maîtresse pendant la régence, elle fut enfermée près de deux ans à la Bastille. Au retour de sa faveur, la duchesse n'oublia point la fidélité de sa femme de chambre, et la maria avec M. de Staal, lieutenant aux gardes-suisses, et qui devint par la suite capitaine et maréchal-de-camp. Le célèbre Dacier avait prétendu à sa main, et n'avait pu l'obtenir.

Madame de Staal n'avait rien publié de son vivant; mais après sa mort, arrivée en 1750, on a fait paraître ses *Mémoires* en trois volumes in-12. « Ils n'ont point, dit Marmontel, l'intérêt qu'ils pour-

« raient avoir, liés comme ils l'étaient avec les
« circonstances des temps auxquels ils appartien-
« nent ; et en les lisant on regrette qu'une foule de
« personnalités futiles y tiennent la place des dé-
« tails instructifs qu'aurait pu nous donner sur ces
« temps-là un témoin aussi clairvoyant. » Quant au
style, le même critique reproche à celui de madame
de Staal d'être trop étudié ; « ses récits ont de l'a-
« grément, dit-il, mais cet agrément a de la ma-
« nière. On voit qu'elle a vécu dans une cour où
« sans cesse, et à toute force, il fallait avoir de
« l'esprit. » Cet ouvrage est le seul qui fonde la réputation littéraire de madame de Staal. Aux trois
volumes dont il se compose on en a ajouté un
autre, où l'on remarque deux jolies comédies ;
l'*Engouement*, et *la Mode* : deux nouveaux tomes
publiés en 1806, contiennent ses *Lettres au marquis de Silly et à d'Héricourt*.

STACE (P. STATIUS PAPINIUS) a vécu sous Domitien. Martial ne parle jamais de lui, quoiqu'ils vé-
cussent à Rome en même temps. On croit que cela
venait de jalousie, parce que Stace plaisait fort à
Domitien, par son extrême facilité à faire des vers
sur-le-champ.

Nous avons de Stace deux poèmes héroïques :
la *Thébaïde* en douze livres, et l'*Achilléide*, qui
n'a que deux livres, parce que la mort l'a em-
pêché de l'achever. Il les a adressés l'un et l'autre
à Domitien après la guerre des Daces. Nous avons

encore cinq livres de *Sylves*, ou de plusieurs petits poëmes sur divers sujets, dont beaucoup ont pour objet de flatter Domitien.

Ses poésies furent fort estimées de son temps à Rome. Juvénal parle du concours extraordinaire avec lequel on allait les entendre, et des applaudissements qu'on leur donnait. Il nous apprend aussi que Stace était pauvre, et qu'après avoir acquis bien de la réputation par sa *Thébaïde*, il était obligé de faire des pièces de théâtre, et de les vendre à des comédiens, pour pouvoir vivre.

Rollin, *Histoire ancienne.*

JUGEMENTS.

I.

Jule Scaliger prétend qu'il n'y a parmi les anciens ni parmi les modernes, aucun auteur qui ait tant approché de Virgile que Stace, et il ne fait point difficulté de lui donner la préférence sur tous les poètes héroïques grecs et latins, soutenant qu'il faisait de meilleurs vers qu'Homère même. Un tel jugement marque bien que cet illustre critique n'avait pas tant de justesse d'esprit que d'érudition. Souvent l'une nuit à l'autre.

Stace, aussi bien que Lucain et Silius Italicus, a traité son sujet plutôt en historien qu'en poète, sans s'attacher à ce qui fait l'essence et la constitution d'un véritable poème épique. Pour la diction et la versification, en cherchant trop à s'élever et à paraître grand, il donne dans l'enflure et devient ampoulé.

Le même, *Ibid.*

II.

La Thébaïde de Stace poème en douze chants, dont le sujet est la querelle d'Étéocle et de Polynice, terminée par la mort des deux frères, annonce par son titre seul un choix malheureux. Quel intérêt peuvent inspirer deux scélérats maudits par leur père, et accomplissant, par leurs forfaits et par le meurtre l'un de l'autre, cette malédiction qu'ils ont méritée! Stace, à force de bouffissure, de monotonie et de mauvais goût, est beaucoup plus ennuyeux et plus pénible à lire que Silius Italicus, quoiqu'il ait plus de verve que lui, et qu'au milieu de son fatras il y ait quelques étincelles. Le meilleur endroit de son poème est le combat des deux frères, et ce qui précède et ce qui suit le combat, qui fait le sujet du onzième livre. Ce n'est pas que l'auteur y quitte le ton de déclamation ampoulée qui lui est naturel, mais il y mêle quelques traits de force et de pathétique. Au reste, Stace a joui pendant sa vie d'une grande réputation. Juvénal nous apprend que toute la ville de Rome était en mouvement pour aller l'entendre quand il devait réciter ses vers en public, suivant l'usage de ces temps-là, et que la lecture de la *Thébaïde* était une fête pour les Romains. Cela suffirait pour prouver combien le goût était corrompu à cette époque. Il vivait sous Domitien. Il adresse, en finissant, la parole à sa Muse, et l'avertit de ne prétendre à aucune concurrence avec *la divine Énéide, mais de la suivre de loin et d'adorer ses traces.* Sa Muse lui a ponctuellement obéi. Il ne laisse pas de se promettre l'immortalité, et de compter sur les honneurs que la postérité lui rendra. Mais il aurait mieux fait de s'en tenir aux applaudissements de son siècle que d'en appeler au nôtre. Son poëme est parvenu jusqu'à nous, il est vrai; et le temps, qui a dévoré tant d'écrits de Tive-Live, de Tacite, de Sophocle, d'Euripide, a respecté la *Thébaïde* de Stace. Ainsi, pendant le long cours des siècles d'ignorance, le hasard a tiré de mauvais ouvrages de la poussière qui couvre encore et couvrira peut-être éternellement une foule de chefs-d'œuvre. Ce n'est pas là sans doute le genre d'immortalité que promettent les Muses; et qu'importe que l'on sache dans tous les siècles que Stace a été un mauvais poète? ses écrits ne sont connus que du très petit nombre de gens de lettres qui veulent avoir une idée juste de tout ce que les Anciens nous ont laissé.

La Harpe, *Cours de Littérature.*

III.

Virgile, sous Auguste, fit par ses vers les délices de Rome; Stace, sous Domitien, la charma par sa *Thébaïde.* Les Romains, un peu dégénérés, couraient, dit-on, en foule à ses lectures publiques, et quelquefois oubliaient en l'écoutant la perte de Virgile et d'Auguste.

Curritur ad vocem jucundam et carmen amicæ
Thebaïdos, lætam fecit cùm Statius urbem
Promisitque diem; tantâ dulcedine captos

Afficit ille animos, tantâque libidine vulgi
Auditur.....

« Stace a-t-il promis de réciter sa *Thébaïde?* La
« joie se répand dans la ville; au moment prescrit,
« chacun accourt avec transport, tant il sait toucher
« le cœur et charmer l'oreille. » C'est ainsi que parle
de notre poète, Juvénal, son contemporain; et ce
critique sévère, qui *poussa jusqu'à l'excès sa mordante hyperbole,* n'est point suspect de flatterie.

L'*Achilléide* et les *Sylves* de Stace ne lui firent pas
moins d'honneur que sa *Thébaïde;* c'est partout cette
teinte forte et sombre qui distingue le chantre d'Étéocle et de Polynice. Ces trois ouvrages ont chacun
leur physionomie particulière; mais ils portent tous
l'empreinte de cette tristesse qui dominait dans le
caractère de l'auteur. La *Thébaïde* nage dans le sang
et le carnage; c'est la peinture des crimes les plus
atroces. L'*Achilléide* est le tableau d'une éducation
agreste et d'un amour sauvage. Dans la plupart des
Sylves, le poète peint la mort sous toutes les formes;
il se promène à travers les bûchers et les tombeaux.
Stace est un poète lugubre; Rome eut en lui son
Crébillon et son Young.

Stace mourut avant d'avoir achevé l'*Achilléide;*
mais ce poème, quelqu'imparfait que nous l'ayons,
forme pourtant, tel qu'il est, une action complète;
il pourrait être intitulé : l'*Éducation et la jeunesse
d'Achille*. Malgré l'âpreté du style qui gâte quelquefois cet ouvrage, on y admire un grand nombre
de beautés supérieures. Rien de mieux touché que
la tendre sensibilité de Thétys, l'attachement mu-

tuel de Chiron et d'Achille, la grandeur d'âme et l'intrépidité de ce jeune héros, la manière noble et pathétique dont il excuse Déïdamie auprès de Lycomède son père, lorsqu'on a surpris le secret de ses amours; le tableau martial de l'armement de la Grèce contre Troie; l'éloquence et les ruses de l'artificieux Ulysse. On ne peut trouver une peinture plus fidèle des mœurs dans les temps héroïques, une galerie plus magnifique des tableaux séduisants de la mythologie.

C'est dans les *Sylves* (Mélanges), que la latinité de Stace est la plus pure, que sa poésie est la plus facile, que son style est le plus varié. A travers ces cyprès lugubres, ces torches funéraires, ces voiles de deuil, dont sa muse aime à s'entourer, on remarque quelquefois des tableaux gracieux et riants, échappés comme par hasard à son imagination distraite : tels sont *les Bains d'Etruscus*, *le Perroquet* et *l'Arbre chéri de Melior*, *les Jardins de Vopiscus*, *l'Epître à Ménécrate*, *l'Epithalame de Stella*. La prosopopée est la figure favorite des *Sylves* : Stace en abuse quelquefois; mais, le plus souvent, elle n'est pour lui qu'une occasion brillante de déployer toutes les richesses de la poésie. Il serait difficile de le surpasser dans l'art des descriptions; et personne n'est plus constamment fidèle à cet enthousiasme, à cette chaleur, qui vivifient les images, et placent le poète si fort au-dessus du versificateur.

On a reproché justement à Stace ses éloges de Domitien. Martial s'est flétri par la même bassesse. Dans tous les siècles, les tyrans ont eu leurs flatteurs. Domitien ne gagna que l'opprobre à persécuter les philosophes et les poètes, et de ses fades adulations, Stace, de son vivant, ne recueillit que l'indigence.

L'abbé de Marolles, qui se vantait, il y a cent cinquante ans environ, d'avoir fait cent trente-trois mille vers en sa vie, a donné une traduction en prose de la *Thébaïde* et des *Sylves;* mais la prose de l'abbé de Marolles ne vaut pas mieux que ses vers; la *Thébaïde* et les *Sylves* étaient encore à traduire. L'*Achilléide* a trouvé de nos jours un imitateur plus heureux : M. Cournand a fait souvent passer dans ses vers l'énergie de l'original ; cependant l'ensemble de sa copie n'a point paru assez fortement empreint des formes antiques et du cachet de Stace. Dans sa traduction des *Sylves*, en vers italiens, M. l'abbé Biacca se traîne loin de son modèle, et son nom probablement ne sera point placé près de celui des Marchetti, des Pindemonte, et des Berengani.

Le seul qui, parmi nous, ait donné une traduction complète de Stace, est M. l'abbé Cormiolle. Cette traduction, en prose, jouit d'une estime méritée : la *Thébaïde* offre une interprétation aussi noble que littérale, un style nombreux et périodique : dans l'*Achilléide*, respire fidèlement conservé, le caractère à la fois doux et farouche du héros grec et du chantre latin : les *Sylves* sont écrites d'une manière simple et facile, et présentent l'attrait piquant de la variété, jusque dans la monotonie de la plainte. La facilité pourtant y dégénère quelquefois en négligence, et décèle moins la souplesse que la fatigue du traducteur.

M. Delatour a senti l'endroit faible du Stace français, et croyant l'honneur du Stace latin compromis, il a voulu le réparer. Nouveau champion, il se présente aujourd'hui dans la carrière, armé de *Sylves* nouvelles.

Dans un discours préliminaire de trente-deux pages, M. Delatour consacre les douze premières à l'histoire du poète latin, qu'il place à côté de Virgile et d'Homère. Il ne se prévaut point des éloges pompeux donnés aux *Sylves*, par Sidoine-Apollinaire, Sabellicus, Claverius, Lollius, et J. Scaliger; mais il ne peut consentir à passer sous silence cette phrase d'un discours prononcé par Ange Politien, à l'ouverture des écoles : « Les *Sylves* de Stace, ou« vrage parfait, unique dans son genre, et le chef« d'œuvre de l'auteur, doivent trouver place entre « les mains et dans la mémoire de la jeunesse ; et « nous en conseillons même la lecture et l'imitation « aux poètes, ainsi qu'aux orateurs. »

Les quatre pages suivantes passent en revue les divers commentateurs des *Sylves*. Le traducteur apprécie, avec autant de justesse que de précision, les efforts qu'ont fait successivement, pour éclaircir les difficultés de l'original et rétablir le texte, Calderinus, Bernartius, Morellus, Gevartius, Cruceus, Gronovius, Barthius, Véenhusen, Beraldus et Markland. L'ouvrage de ce dernier parut en 1718; plus heureux que ses prédécesseurs, Markland a su corriger avec succès plus de trois cents passages défigurés par une altération manifeste; et graces à ce judicieux critique, les *Sylves* offrent à peine aujourd'hui quarante endroits encore obscurs. Le nouveau traducteur ne pouvait choisir un guide plus sûr; et l'on doit lui savoir gré d'avoir joint à sa version ce texte épuré. Lui-même, il hasarde quelquefois, dans les endroits désespérés, de légères corrections qui lui mériteront sans doute des applaudissements.

Dans les seize dernières pages de sa préface, M. Delatour parle des traductions qui ont transporté les *Sylves* dans la littérature moderne; il les censure vivement, comme on devait s'y attendre : mais c'est principalement sur M. Cormiolle que tombe le poids de la critique, et c'est ce qui pourrait un peu surprendre. Tant de rigueur pourtant ne nous étonne pas, car M. Delatour a traduit les *Sylves*; et l'on sait qu'en fait de traductions la dernière est toujours la meilleure, si l'on en croit celui qui l'a faite.

Quant à nous, qui n'avons point traduit Stace, nous dirons avec franchise : M. Cormiolle, dans les *Sylves*, a plus de simplicité, plus d'aisance ; M. Delatour, une marche plus soutenue, plus poétique : le premier, lassé peut-être du long effort d'une triple lutte, n'a pas toujours apporté dans la confrontation des textes une patience à toute épreuve; le second, mesurant à la fois contre un seul ouvrage toutes ses forces réunies, a dû mieux saisir l'avantage négligé par son rival, et vaincre plus souvent un sens rebelle à ses efforts : l'un et l'autre, dans leurs pages les plus heureuses, laissent quelque chose à désirer.

On voit que nous aimons à rendre justice au nouveau traducteur; mais qu'il nous passe à son tour, contre lui-même, un peu de cette rigueur dont il s'arme contre les autres. Les poètes ne peuvent être bien rendus qu'en vers, nous l'avons dit dans nos *Essais sur Pétrone*; c'est alors qu'une liberté généreuse vaut mieux qu'une fidélité servile, et qu'une belle imitation reproduit le feu sacré. Cependant les traductions en prose ont un mérite qui leur est propre : elles seules peut-être peuvent, sous une plume habile, représenter trait pour trait le modèle. Dégagé des entraves de la mesure, le traducteur ne cessera point d'être poète : il perdra l'avantage de l'harmonie rhythmique; mais il retiendra, pour le charme de l'oreille, la mélodie du nombre; à la fois élégant et fidèle, il saura conserver aux pensées leur véritable jour, au style ses mouvements, à l'expression ses formes, aux images leur grace native ou leur hardiesse originale : sans parler grec ou latin en français, il connaîtra la magie des inversions et la force des ellipses, fera plier à propos la construction grammaticale au joug de la construction oratoire, et naturalisera dans sa langue plus d'un heureux hellénisme, plus d'un latinisme éloquent.

Ces obligations d'un traducteur en prose, M. Delatour les a-t-il toujours remplies d'une manière plus brillante que son prédécesseur? offre-t-il une copie toujours digne de l'original ? Sans établir entre deux rivaux, faits pour s'estimer, un parallèle désobligeant, contentons-nous de comparer un moment ensemble le poète latin et son dernier traducteur. Je choisis le portrait de Violantilla, dans l'*Epithalame* de cette jeune Romaine; les *Sylves* ont peu de morceaux plus agréables. Voici Stace; c'est Vénus qui parle à l'Amour :

..... Hanc ego, formæ
Egregium mirata decus, cui gloria patrum
Et generis certabat honos, tellure cadentem
Excepi, fovique sinu : nec colla genasque
Comere, nec pingui crinem deducere amomo
Cessavit mea, nate, manus. Mihi dulcis imago
Prosiluit. Celsæ procul aspice frontis honores
Suggestumque comæ: Latias metire quid ultrà
Emineat matres; quantùm Latonia nymphas
Virgo premit, quantùmque egomet Nereidas exsto.
Hæc et cæruleis mecum consurgere digna
Fluctibus, et nostrâ potuit considere conchâ;
Et si flammiferas potuisset scandere sedes,
Hasque intrare domos, ipsi erraretis Amores.
Hanc si Thessalicos vidisses, Phœbe, per agros,
Erraret Daphne secura: in littore Naxi,
Theseum juxtà foret hæc conspecta cubile,
Gnossida desertam profugus liquisset et Evan.
Quod nisi me longis placasset Juno querelis,
Falsus huic pennas et cornua sumeret æthræ
Rector, in hanc alio cecidisset Jupiter auro.

Écoutons maintenant M. Delatour :
« Son amante étonna mes regards par l'éclat de
« ses charmes, qu'égalaient la pureté de son sang
« et la gloire de ses pères. A peine elle touchait la

« terre, que je la relevai, la pressai sur mon sein;
« et je n'ai pas cessé d'embellir sa gorge et ses joues,
« d'inonder ses cheveux d'onctueux parfums. Ses
« traits sont les traits de ta mère. Considère les graces
« de son front élevé, le brillant édifice de sa coif-
« fure, et sa supériorité sur les beautés latines, pa-
« reille à celle de la fille de Latone sur les Nymphes,
« de Vénus même sur les Néréides. Elle méritait de
« s'élever avec moi de l'azur des flots, de siéger sur
« ma conque; et si le destin lui avait ouvert le séjour
« de la flamme, l'entrée de ce palais, Amours! vos
« yeux mêmes seraient le jouet de l'erreur. Si les
« champs de Thessalie l'avaient offerte à la vue d'A-
« pollon, ô Daphné! tu promènerais sans danger
« tes pas : sur la rive de Naxos, si elle eût paru près
« de la couche de Thésée, Thésée et Bacchus au-
« raient abandonné la fille de Minos : Jupiter même,
« si les plaintes éternelles de Junon n'avaient pas
« attendri mon âme, Jupiter, jouet de l'illusion,
« eût repris pour elle des cornes et des ailes, ou fût
« redescendu en pluie d'or dans son sein. »

Au premier coup d'œil, cette traduction paraît suffisante; mais un examen sévère peut fournir à la critique les réflexions suivantes :

« Étonna mes regards par l'éclat de ses charmes. »
Est-ce bien l'étonnement que les charmes font naître?

« Qu'égalaient la pureté de son sang et la gloire
« de ses pères. » L'original porte : *Gloria patrum et generis honos*; l'ordre des idées est inutilement renversé dans la copie. De plus, *la pureté de son sang* est-il le mot propre?

« A peine elle touchait la terre, que je la relevai. » Vénus pouvait dire plus clairement qu'elle reçut dans ses bras l'enfant nouveau né.

« Je n'ai pas cessé d'embellir sa gorge et ses joues. » Passons sur sa *gorge*, qu'un synonyme pouvait rendre plus décente et plus belle. Qu'est devenu *mea manus?* Je détruit l'image, ou du moins l'affaiblit.

« D'inonder ses cheveux d'onctueux parfums. » *Onctueux* plaît au traducteur; car, un peu plus loin, en décrivant la maison de campagne de Vopiscus, le traducteur répète, *Vénus l'inonda des parfums onctueux d'Idalie.*

« Ses traits sont les traits de ta mère. » Qui ne regrettera *dulcis?*

« Considère les graces de son front. » *Procul* peint la distance des lieux; Vénus est dans les cieux, et Violantilla sur la terre : il fallait rendre *procul*.

« Les graces de son front élevé. » Un front *élevé* est un charme au moins douteux; les petits fronts avaient à Rome leurs partisans. *Celsæ frontis honores* indique peut-être un heureux mélange de douceur et de majesté.

« Le brillant édifice de sa chevelure » dit plus que *suggestum comæ*. Vénus parle seulement de cette partie de la coiffure qui sert d'accompagnement au front : c'était ce qu'on nomme aujourd'hui *tour de cheveux*, dans la toilette de nos Vénus modernes.

« Et sa supériorité sur les beautés latines » a-t-il la vivacité du latin, *Latias metire quid ultrà emineat matres?* L'impératif *metire* imprime à la phrase un mouvement particulier, une élégance qui manque à la tournure française.

« Pareille (sa supériorité) à celle de la fille de « Latone sur les Nymphes, de Vénus même sur les « Néréides. » Cette comparaison forme, dans Stace, une phrase principale, et cette coupe lui donne plus de trait. La même adresse de style se fait remarquer dans *celsæ procul.....* et dans *Latias metire.....* Ainsi présentée isolément, chaque pensée de l'original devient plus saillante : mais ces trois tableaux distincts, que le modèle offrait séparément à l'œil de l'attention, le cadre étroit de la copie les confond en un seul, les dénature et les rapetisse.

« Elle méritait de s'élever avec moi de l'azur des « flots; » *l'azur des flots* ne précise pas la mer aussi nettement que *les flots azurés*, *cœruleis fluctibus*.

« De siéger sur ma conque. » Pourquoi dédaigner *potuit?* synonime de *digna*, employé dans le premier vers du distique; il augmente comme répétition l'énergie du second vers.

« Et si le destin lui avait ouvert le séjour de la « flamme; » l'image que présente *scandere* est plus pittoresque et moins commune que *lui avait ouvert*. *Le séjour de la flamme* a quelque chose de vague; *flammiferas sedes* peint mieux la voûte enflammée des cieux.

« L'entrée de ce palais » exprime-t-il suffisamment l'Olympe?

« Amours, vos yeux mêmes seraient le jouet de « l'erreur. » On voudrait quelque chose de plus naturel que *des yeux jouets de l'erreur* ; *ipsi erraretis, Amores.*

« Si les champs de Thessalie l'avaient offerte à « la vue d'Apollon, ô Daphné ! » Quel besoin de transporter à Daphné l'apostrophe que Vénus adresse à Phébus ? Le dieu du jour occupe, un peu plus qu'une mortelle, la déesse de la beauté.

« O Daphné ! tu promènerais sans danger tes pas : » il est clair qu'ici *erraret* est pour *erravisset*; quand Vénus parlait ainsi, l'aventure de Daphné avait eu lieu depuis des siècles : le traducteur n'aurait pas dû prendre le *temps* à la lettre. *Secura*, renfermant l'idée principale de la phrase, la termine heureusement : *sans danger* n'est pas si bien à sa place.

« Si elle eût paru près de la couche de Thésée. » Je ne sens pas bien la nécessité du *si* latin que le traducteur suppose sous-entendu. *Theseum juxtà foret hæc conspecta cubile*, est peut-être suffisamment clair, *elle eût brillé près de la couche de Thésée non parjure.*

« Thésée et Bacchus auraient abandonné la fille « de Minos. » Je reconnais *liquisset* dans *auraient abandonné*; mais je cherche en vain *desertam*, et je ne vois pas *profugus*. Ces deux épithètes, surtout rapprochées, sont d'un bel effet ; il fallait essayer d'en rendre au moins quelque chose.

« Jupiter même, si les plaintes éternelles de Ju- « non n'avaient pas attendri mon âme. » Voilà quatre *si* dans quatre phrases voisines : *Si le destin lui avait ouvert..... Si les champs de Thessalie..... Si elle eût paru près de la couche de Thésée......, Si les plaintes éternelles de Junon......* De ces quatre *si*, n'était-il pas possible d'en épargner au moins deux à l'oreille du lecteur?

« Jupiter, jouet de l'illusion, eût repris pour elle « des cornes et des ailes. » Qui retrouvera *falsus* dans *jouet de l'illusion?* Doit-on donner l'un pour l'autre, le trompeur et la dupe? *Jupiter* n'a point l'emphase d'*æthræ rector;* cependant cette emphase, en peignant le maître du monde dans l'éclat de sa puissance, sert à mettre les charmes de Violantilla dans un jour plus brillant. *Eût repris pour elle des cornes; ces cornes* pouvaient être ennoblies.

« Ou fût redescendu en pluie d'or dans son sein. » C'est ici que Stace dit *Jupiter;* le traducteur ayant nommé le dieu trop tôt, manque, pour ne point se répéter, le dernier coup de pinceau. Harmonie, majesté, richesse, c'est ce qu'offrent à la fois *in hanc alio cecidisset Jupiter auro* : sans parler du contraste *in hanc alio*, qui n'est point traduit, *ou fût redescendu*, pêche par défaut de mélodie ; l'omission de *Jupiter* détruit la noblesse ; et *dans son sein*, usurpant la place d'*auro*, manque de cet éclat dont brille la finale du latin.

Censeur, faites mieux, dira-t-on. Je n'accepte pas le défi ; j'essaierai seulement une nouvelle copie d'un modèle aimable ; et je verrai toujours entre la meilleure prose et la bonne poésie, la même distance qui sépare Violantilla des beautés vulgaires, et M. Delatour du commun des traducteurs. Voici mon esquisse : « . . . . Charmé de ses jeunes

« attraits, que rehaussaient l'éclat de ses aïeux et
« la noblesse de son sang, je la reçus dans mes
« bras au moment de sa naissance, et la berçai mol-
« lement sur mes genoux. Depuis, ma main prodigue
« se plut à semer sans cesse sur son sein, sur ses
« joues, et les lys et les roses; à parfumer sans
« cesse sa brillante chevelure des plus suaves odeurs.
« Violantilla, mon fils, est mon aimable image.
« Considère de loin ce front où la douceur tempère
« la majesté : que ces boucles légères l'ombragent
« avec grace ! Parmi les beautés romaines, en est-il
« une, dis-moi, qui ne pâlisse devant elle ? C'est
« la fille de Latone effaçant les Nymphes ; c'est Cy-
« pris elle-même éclipsant les Néréides. Elle était
« digne de s'élever, avec moi, du sein des flots
« azurés ; elle méritait de siéger sur ma conque ;
« et si, franchissant la voûte enflammée des cieux,
« elle pouvait pénétrer les lambris immortels,
« trompés vous-mêmes, Amours, vous diriez :
« voilà Vénus. Si les champs de Thessalie, Phébus,
« l'avaient offerte à tes regards, Daphné paisible
« s'y fût égarée sans crainte ; sur les rives de Naxos,
« le parjure Thésée, près d'elle n'eût point trahi
« sa couche ; et deux fois délaissée, la plaintive
« Ariane eût en vain rappelé le volage dieu des ven-
« danges. C'est peu : sans les plaintes éternelles dont
« enfin Junon m'a fléchie, métamorphosé de nou-
« veau, le maître du tonnerre redevenait cygne écla-
« tant, taureau superbe ; et sur une autre Danaé,
« Jupiter redescendait en pluie d'or. »

DE GUERLE.

STAEL (madame la baronne de), née à Paris en 1770, était fille du génevois Jacques Necker, devenu tristement célèbre parmi les ministres de Louis XVI. Son père, alors associé du banquier Thélusson, avait déjà fait une fortune considérable, et quelques brochures sur les finances le signalaient au choix des novateurs comme le seul homme capable d'administrer les deniers de l'état. Il avait épousé à Genève mademoiselle Naas, femme d'une érudition fort étendue, qui recevait dans sa maison les écrivains les plus renommés de l'époque, entre autres l'abbé Raynal, Thomas, Grimm et Marmontel. Ce fut au milieu de cette société de littérateurs et d'économistes que mademoiselle Necker puisa, presque dès l'enfance, un goût décidé pour les études sérieuses, et ce talent de la conversation qui aurait suffi pour la rendre célèbre, indépendamment de ses écrits. Son intelligence précoce, et l'exaltation de ses premiers sentiments révélaient déjà une âme peu ordinaire; mais ses études ne furent pas dirigées avec cette prudente lenteur qui en assure le succès. Trop d'entretiens savants, trop de lectures passionnées ou métaphysiques, fatiguèrent sa première jeunesse; tant d'impressions prématurées lui préparaient pour le reste de sa vie une imagination souffrante et comme ulcérée qui a répandu bien des charmes dans ses écrits, mais sans laquelle son talent aurait suivi des routes moins irrégulières. Ses premières compositions furent des *Portraits*, des *Réflexions sur l'Esprit des Lois*, et des *Essais dramatiques*, parmi lesquels on distingue la tragédie de *Jeane Gray*, et une comédie intitulée *Sophie*, ou *les Sentiments secrets*, pièces qu'on ne lira pas sans quelque intérêt, si l'on ne perd pas de vue qu'elles sont l'ouvrage d'un enfant. Des pensées souvent heureuses y sont déparées par un style encore brut, qui ne permet guère de regretter que l'auteur ait renoncé de bonne heure à la versification. C'était beaucoup pour elle de plier son esprit aux règles ordinaires de l'art d'écrire, sans s'imposer encore le joug de la rime. Les *Nouvelles* qu'elle composa ensuite, manquent absolument de cet art qui sait proportionner les moyens au but qu'on se propose. On y voit à regret une jeune femme se jouer avec des situations atroces, et se familiariser avec des émotions gratuitement déchirantes ; elles ne furent publiées qu'en 1795, dans un *Recueil de Morceaux détachés*, précédé d'une *Introduction* sur les *différents genres de fiction*, qui annonce plus de maturité. A dix-huit ans, elle fit imprimer ses *Lettres sur les Écrits de Rousseau*, où elle rend compte des impressions qui lui sont restées de la lecture de ce philosophe. A travers un enthousiasme trop exclusif, on voit que mademoiselle Necker avait déjà compris Rousseau, et qu'elle pourrait un jour aborder sans témérité les plus hautes questions de morale et de politique. Cet ouvrage étendit sa réputation au-delà du cercle bienveillant qui avait encouragé ses premiers essais. Elle épousa alors le baron de Staël-Holstein, gentilhomme suédois, d'un âge déjà avancé, et que son cœur n'avait pas choisi. Bientôt les prodigalités du baron firent craindre à madame de Staël la dilapidation de sa propre fortune, et cette union, qui avait toujours été assez froide, se termina par une séparation décente. Après la journée du 2 septembre, elle se rendit à Copet pour y consoler son père, dont la subite élévation venait d'être expiée par une disgrace foudroyante. Madame de Staël portait la tendresse filiale jusqu'à l'exaltation, et les pages touchantes qu'elle a consacrées à la justification de M. Necker, auraient peut-être aboli d'affligeants souvenirs, si des nations pouvaient jamais pardonner à des ministres le tort de n'avoir pas réussi. De retour à Paris l'année suivante, elle fut témoin de tous les excès révolutionnaires, et si ses opinions restèrent toujours favorables à la liberté, il est vrai du moins qu'elle détesta les crimes des *hommes libres*. Sa pitié courageuse leur arracha plus d'une victime, et les *Réflexions sur le Procès de la Reine*, qu'elle osa faire imprimer dans ces moments de stupeur générale, feront toujours honneur à sa belle âme. Cependant les ruines qui de jour en jour s'accumulaient autour d'elle, et ces convulsions d'un grand peuple ardent à se détruire, donnèrent à ses travaux une direction nouvelle. Elle en consigna les résultats dans un *Traité sur l'Influence des Passions*, où, par une analyse approfondie du cœur humain, elle démontrait à l'homme pervers ou passionné que le mal enfante le mal, et que le crime est toujours fondé sur un faux calcul, morale évidemment trop matérielle, si les hommes de cette époque eussent été capables d'accueillir une doctrine plus épurée. Madame de Staël a reconnu plus tard la nécessité des sentiments religieux, soit pour adoucir ses propres infortunes, soit pour fonder solidement les devoirs de l'homme. Elle conseillait dans ce même ouvrage un moyen de bonheur qui ne sera jamais, sur-tout en France, à l'usage du plus grand nombre; c'est une disposition *tendre et rêveuse* qu'elle appelle la *mélancolie* *.

Le Traité *de la Littérature considérée dans ses rapports avec les institutions sociales*, imprimé en 1801, fit par la nature même du sujet une sensation plus générale. C'était une belle idée que celle de suivre le développement de l'esprit humain à travers les siècles, et de montrer les générations toujours en marche vers une perfection illimitée, si les annales du monde ne combattaient pas évidemment cette vanité moderne. Les pensées neuves et fortes, les aperçus piquants dont cet ouvrage est rempli, n'ont pas obtenu grace pour quelques jugements dictés par l'esprit de système; et malgré la prédilection de l'auteur pour les Romains, les Grecs ont été maintenus en possession de la supériorité littéraire que les Romains eux-mêmes ne leur ont jamais contestée. En 1803, madame de Staël voulut s'adresser à des lecteurs moins sévères, en publiant le roman de

---

* Parmi les adversaires de ce bonheur romantique, il faut distinguer l'aimable auteur de *la Gastronomie*, qui a plaidé victorieusement les droits de la gaîté française dans une épître qui commence par ces vers :

> Trève de joie et de plaisanterie,
> Changez de ton, mes amis, je vous prie
> *Gastronomie*, 2ᵉ édit.

Delphine, où l'on suppose qu'elle a tracé l'histoire de son propre cœur, abstraction faite de ce qui est trop idéal pour avoir jamais été une réalité. Le suicide de Delphine qui forme le dénouement de l'intrigue fut blâmé comme une innovation malheureuse, et l'auteur avait composé un dénouement plus naturel qu'on a retrouvé dans ses manuscrits. Les succès littéraires de cette femme célèbre n'avaient eu jusques là d'autres inconvénients pour elle que les rigueurs de la critique. Mais en 1803, Bonaparte instruit par ses espions que la maison de madame de Staël était le rendez-vous de quelques hommes influents et peu favorables à ses projets, lui fit intimer l'ordre de quitter Paris. Un gendarme fut chargé de lui rendre visite tous les matins pour presser son départ. « C'était, dit madame de Staël, « comme dans le conte de *Barbe bleue*, et chaque « fois que le gendarme se présentait j'avais la faiblesse « de demander encore un jour. » Elle se rendit d'abord en Allemagne et séjourna quelques mois à Weimar. Les hommes du plus grand génie, Schiller, Goëthe, Wieland, lui témoignèrent une admiration qu'elle leur a noblement rendue dans son ouvrage sur l'Allemagne. Elle se lia de l'amitié la plus intime avec M. Schlegel, qui l'accompagna l'été suivant en Italie, lorsqu'elle voulut visiter les monuments de Rome. Son âme déchirée par la mort récente de M. Necker, avait besoin d'une forte distraction; elle sembla reprendre une nouvelle vie sous le beau ciel de Rome et de Naples. Pendant ce voyage, elle recueillit les matériaux de *Corinne*, roman qui fut publié en 1807, et dont le brillant succès rendit son exil encore plus amer. Voulant alors étudier plus à fond les mœurs et la littérature de l'Allemagne qu'elle se proposait d'exposer dans un nouvel ouvrage, elle se fixa à Vienne jusqu'à l'année 1808. Deux ans après, cette importante composition sur l'*Allemagne* fut saisie en sortant de la presse, et mise au pilon par le ministre de la police. Ce temps était l'opposé du siècle dont parle Hamilton, alors que *les petits hommes faisaient de grandes choses.* Les grandes mesures de sûreté publique furent déployées contre une femme de lettres, coupable d'avoir gardé, dans ses livres, un silence obstiné sur le compte du souverain. Madame de Staël condamnée à un exil perpétuel, visita successivement la Russie, la Suède et l'Angleterre, où sa présence excita ce haut degré d'attention que le flegme britannique accorde rarement à une renommée étrangère. Elle publia à Londres une édition de l'*Allemagne*, qui fut réimprimée à Paris, en 1814, époque où l'auteur eut enfin le bonheur inespéré de se retrouver dans sa patrie, au centre de toutes ses affections. Après l'orage passager de 1815 qui la contraignit encore une fois de quitter la France, elle publia ses *Considérations sur la Révolution française*, celui de tous ses ouvrages qui a obtenu les suffrages les plus unanimes. Madame de Staël jouissait enfin d'une célébrité noblement acquise, entourée d'amis illustres et d'admirateurs éclairés, lorsqu'une maladie longue et douloureuse la conduisit au tombeau vers la fin de l'année 1817. Elle a tracé elle-même son portrait dans ce peu de mots adressés à M. de Chateaubriand: *J'ai toujours été la même, vive et triste, j'ai aimé Dieu, mon père et la liberté.* Ses *Œuvres complètes* ont été recueillies en 18 vol. in-8°, Paris, 1819, chez Treuttel et Wurtz. On trouve dans le premier volume une *Notice sur les écrits et le caractère de l'auteur,* par madame Necker de Saussure. Parmi les morceaux inédits que renferme cette édition, on remarque des mémoires incomplets intitulés *Dix années d'Exil.* Madame de Staël a fourni à la *Biographie universelle* les articles *Aspasie, Camoëns* et *Cléopâtre,* reine d'Égypte.

Favier.

JUGEMENT.

J'ai lu avec attention et depuis bien long-temps tous les ouvrages de madame de Staël, et il n'est pas une seule de ces lectures qui ne m'ait confirmé la vérité de l'observation suivante. Si je tombe sur une ou sur plusieurs pages de suite que j'entende sans difficulté, si je ne suis choqué par la rencontre d'aucun terme bizarre ou obscurément abstrait, je suis tenté de parier que l'auteur soutient une bonne thèse, et son style est pour moi le thermomètre de sa raison; ma défiance s'éveille au premier signe de néologisme, de tournure alambiquée, ou de circonlocution énigmatique; le sophiste sent qu'il fait mal, il fuit la lumière, et, à l'examen, cette épreuve m'a rarement trompé.

Il faut donc à madame de Staël un sujet positif dont les limites nécessaires captivent son imagination, et si le sujet est véritablement grand, noble, généreux, alors elle s'en empare en maîtresse et en dispose en souveraine. Parle-t-elle du christianisme sans retour vers ses croyances particulières, de l'indépendance de la patrie et de la liberté par opposition à la licence, des premiers sentiments de la nature sans vanité de famille, alors son style est brûlant de chaleur et rayonnant de lumière; on l'entend, on l'admire, on se met avec plaisir à sa suite; mais quitte-t-elle son point d'appui; va-t-elle se perdre dans les nuages du nord, dans les brouillards d'Ossian, s'élance-t-elle sur l'océan des hypothèses chimériques et de ses incompréhensibles observations, son style prend aussitôt la teinte sombre ou vaporeuse de ses idées, et, pour me servir d'une de ses expressions, elle devient un mystère pour ses lecteurs et pour elle-même.

Sous des titres divers, et sous des formes différentes, madame de Staël s'est spécialement attachée à un petit nombre d'idées dominantes, autour desquelles les idées secondaires viennent se grouper pour leur servir de développement et de lumières; la puissance et l'exaltation de l'amour, la mélancolie, la personnalité, et sur-tout la perfectibilité indéfinie; tel est à peu près le cercle dans lequel elle tourne et entraîne avec elle ses lecteurs. Ainsi, pour bien connaître le système général de l'auteur, il est utile de la prendre au point de départ et de l'accompagner sur toutes les stations de la route; on voit, par ce moyen, ses idées naître, grandir, se détruire quelquefois, se recomposer ensuite, accrues de nouveaux éléments, et, arrivées enfin au but, se fondre et se placer d'elles-mêmes dans le dernier ouvrage qu'elle nous a légué, et qui est le résumé, et en même temps le complément de leur histoire. En effet, ses *Considérations sur la Révolution française*, sont en quelque sorte le testament, l'acte de dernière volonté de madame de Staël, c'est donc par cet ouvrage que je terminerai cette analyse, comme je la commence par ses *Lettres sur les écrits et le caractère de J. J. Rousseau.*

Cette production très incomplète, et trop au-dessus de ses forces, était loin d'annoncer les ouvrages beaucoup plus importants, et, malgré leurs défauts, beaucoup plus recommandables qui l'ont suivie. Qui ne connaîtrait Rousseau que par ces lettres, ne le connaîtrait nullement. Les jugements sur les écrits et sur la personne du philosophe de Genève, sont ou hasardés faute de méditation, ou corrompus par un enthousiasme qui ne laisse aucune place au discernement, et par conséquent aucune à la confiance du lecteur. Ils sont tous empreints de cette admiration passionnée que la lecture de Jean-Jacques inspire naturellement aux personnes dont le cœur est sensible, dont l'imagination est vive, à l'âge sur-tout où cette vivacité et cette sensibilité ont le plus d'empire. Mais ces jugements ne peuvent avoir aucune autorité en littérature, et Rousseau continuera d'être lu, sans que l'hommage que lui a rendu madame de Staël, ajoute rien à sa gloire et au nombre de ses admirateurs.

Les *Réflexions sur le Procès de la Reine* sont plutôt une belle action qu'un bel ouvrage. Elles furent rendues publiques au mois d'août 1793, c'est-à-dire trois mois avant la consommation du crime qui devait les rendre inutiles. L'auteur ne se nomma point ; mais il se désigna si clairement qu'il était impossible de le méconnaître. Ici, madame de Staël est sur son terrein ; son cœur naturellement généreux acquittait, au moment du danger, la dette de la reconnaissance, et peut-être en regardant auprès d'elle, celle d'une stricte et tardive équité ; il y a de l'âme, de la force et encore plus d'adresse dans le plaidoyer. Jamais ouvrage ne m'a mieux convaincu que, pour être citée au nombre de nos premiers écrivains, il n'a manqué à madame de Staël que de n'avoir pas voulu en être un des plus extraordinaires ; ici tout est clair, parce qu'elle veut être entendue de tous, et cependant cette clarté n'impose aucun sacrifice ni à la noblesse de l'expression, ni à l'énergie de la pensée.

Le troisième ouvrage de madame de Staël est intitulé *De l'Influence des Passions sur le bonheur des individus et des nations*, avec cette épigraphe : *Quæsivit cœlo lucem, ingemuitque repertâ*. Dans cet ouvrage, madame de Staël regarde la religion comme un remède moins efficace contre les passions, que la philosophie, parce que la religion, dit-elle, est en dehors de l'homme, qu'elle est indépendante de sa volonté, et qu'elle le soumet à l'influence de l'autorité sacrée qu'il a reconnue ; elle ne voit pas que son objection tourne en preuve contre elle, et que c'est précisément parceque la religion vient du dehors, parce qu'elle ne peut jamais être confondue avec les affections passionnées du cœur humain, qu'elle est et qu'elle est seule en position pour battre en brèche la place, et pour y étouffer l'ennemi. Sans doute madame de Staël, en considérant la religion comme cause influente, plus ou moins éloignée, sur les passions, n'entend parler que de la religion de l'homme passionné, il est vrai, mais dévoué sincèrement, au moins par la croyance, au culte qui condamne et qui punit ses affections déréglées. Dans cette supposition, de quel principe plus déterminant peut-il tirer la force répressive dont il a besoin, que de cette puissance indépendante de sa volonté, qui le subjugue encore en souveraine dans les moments même où il paraît le plus révolté contre elle? Quelle autorité plus imposante que celle qui s'explique au nom du ciel? Quelle voix plus solennelle, plus capable d'imposer silence au cri des passions, que celle qui fait entendre des menaces que l'on sait n'être point vaines, ou les oracles consolants de l'espérance et du pardon? Madame de Staël invoque le nom de la philosophie, beau nom, nom sublime en effet, lorsqu'il n'est pas prostitué! mais qu'est-ce donc que la religion, sinon le complément, la perfection, la sanction de la véritable philosophie?

Le système de la perfectibilité est encore la pensée dominante d'un ouvrage plus important que l'*Influence des Passions* et qui ne parut que quatre ans après; je veux parler de celui qui est intitulé : *De la Littérature considérée dans ses rapports avec les institutions sociales.*

Forcée de faire tout rentrer de gré ou de force

dans son système, et partant de l'hypothèse que l'esprit humain va toujours en s'enrichissant de nouvelles idées, madame de Staël s'empare successivement de la littérature de tous les peuples qui ont eu ou qui ont encore une littérature; elle se trouve malgré elle engagée à établir que ces différentes littératures ont toujours été *crescendo* et que les nouvelles ont toujours renchéri sur les anciennes. Ainsi la littérature des Romains est supérieure à celles des Grecs, et les littératures modernes l'emportent de beaucoup sur les deux autres.

Ici les objections se multiplient, et on ne sait laquelle présenter la première. Que ferons-nous des peuples qui n'ont pas de littérature, les Turcs, par exemple? Les Turcs, répondra madame de Staël, gémissent sous un gouvernement despotique, et s'ils n'ont pas de littérature, ils n'ont pas non plus d'institutions sociales. Ici, je suis obligé de me séparer entièrement de madame de Staël. Le gouvernement des Turcs est très vicieux, j'en demeure d'accord; mais enfin le lien qui rattache à un centre commun d'action tous les individus épars dans une vaste contrée, qui fait qu'un peuple est un peuple, et reste un peuple; ce lien faible ou fort, gênant ou commode, est ce que nous appelons un gouvernement; il ne s'agit pas de sa nature, mais de son existence, et puisqu'il se maintient sans littérature, il est peu exact d'avancer comme général ce principe qu'il y a un rapport nécessaire entre deux choses dont l'une peut exister sans l'autre. Il n'est pas démontré que des hommes ne puissent pas être gouvernés, s'il ne se trouve pas parmi eux un certain nombre de poètes, d'orateurs et de philosophes.

Gouvernés! oui, répliquera madame de Staël, mais bien gouvernés, la chose est impossible. Eh bien! laissons là les Turcs. La littérature chinoise est bien peu de chose, et l'empereur de la Chine est encore plus absolu que celui de Constantinople, qui a quelque chose à craindre du muphti et tout à redouter des janissaires; or, madame de Staël conviendra qu'une nation de 300 millions d'individus, compte pour quelque chose dans l'espèce humaine; cette nation subsiste depuis trente siècles sans littérature proprement dite, à moins qu'on ne veuille donner ce nom à quelques pièces de théâtre, c'est-à-dire à quelques actions intéressantes mises en dialogue et présentées dans un désordre qui ne suppose aucune connaissance de l'art; elle subsiste, elle a donc une institution politique dont la durée atteste la vigueur; les livres, les écrits, n'ont donc rien de commun ou du moins n'ont pas une connexion nécessaire avec l'institution politique d'un peuple, et il existe dans la conscience de l'homme civilisé un principe de raison et un besoin de conservation qui n'attend pas, comme un indispensable supplément, les leçons d'un nombre choisi de docteurs, ou les harmonieuses descriptions de quelques poètes.

C'est ainsi qu'en rapprochant des choses qui n'ont aucune affinité entre elles, on s'expose à les dénaturer. Offrez à des peuples heureux et tranquilles la poésie et les beaux arts comme le plus doux, le plus honorable complément de leur bonheur, vous êtes dans le vrai, et il n'est point d'homme sensible et éclairé qui ne vous applaudisse; mais faites de ces mêmes arts la mesure de la bonté des institutions sociales, c'est-à-dire de la religion, des mœurs et des lois, voyez à quelles contradictions vous vous exposez. L'époque où l'éloquence de la tribune athénienne était portée au comble par le plus célèbre des orateurs grecs, signala la chute de la république et l'asservissement de la patrie. Qu'était devenue cette république romaine à laquelle vous prodiguez tous vos hommages, qu'était-elle devenue lorsque Cicéron tonnait au sénat ou philosophait à Tusculum; lorsqu'après lui Virgile charmait de ses flatteries mélodieuses les oreilles du maître des Romains? Les mœurs ont-elles été jamais plus outragées que dans les vers de Catulle, d'Horace et d'Ovide, qui ne sont pas cependant des poètes méprisables, et n'était-ce pas sous Domitien, que dans ses pages immortelles Tacite vengeait l'humanité outragée par le plus féroce des tyrans?

Je sais que, par une distinction qui a du moins le mérite de la nouveauté, et à laquelle madame de Staël a été bien involontairement conduite; elle a séparé la littérature en deux parties, dont l'une, qu'elle appelle la partie philosophique, est susceptible indéfiniment de progrès, tandis que l'autre, qui appartient à l'imagination, peut atteindre du premier coup à une hauteur au-dessus de laquelle il lui soit impossible désormais de s'élever. Ainsi on ne sera jamais plus grand poète qu'Homère; mais

Aristote a été plus grand philosophe que Platon. Cicéron a surpassé à son tour les deux philosophes de la Grèce ; mais il a été vaincu, comme de raison, par Sénèque, qui d'abord est venu après lui, et qui d'ailleurs a plus de *mélancolie ;* Bacon a laissé bien loin derrière lui tous les anciens, mais il n'a pas pu avoir *la masse d'idées* que le temps a accumulées depuis sa mort, et qu'il a déposées entre les mains de Turgot, de Condorcet et de Kant; d'où il suit que nos philosophes d'aujourd'hui, qui ont réuni leurs richesses personnelles aux trésors de leurs illustres devanciers, doivent être fort embarrassés de leur opulence, d'autant plus que les richesses intellectuelles ressemblent au feu du soleil qui se répand sans s'affaiblir, et que ces Crésus de philosophie, en nous faisant part de leur luxe, n'en sont pas ordinairement plus pauvres ni plus à plaindre pour cela.

J'aurai toujours beaucoup de peine à m'accoutumer à la distinction de madame de Staël. Intituler un livre *De la Littérature et de son influence,* et excepter à l'instant de cette influence progressive tous les ouvrages d'imagination, me semble une contradiction dans les termes dont il m'est impossible de me rendre raison. Ici l'argumentation et les faits, tout échappe en même temps à l'examen, parce qu'on ne s'entend plus sur les mots, et que, par le défaut d'une définition exacte, l'application de la logique aux faits est devenue impossible. C'est madame de Staël qui déclare elle-même que son ouvrage contiendra une analyse morale et philosophique de la littérature grecque et latine, un aperçu rapide des traits distinctifs de la littérature moderne et des observations plus détaillées sur les chefs-d'œuvre de la littérature italienne, anglaise, allemande et française, considérés selon le but général de cet ouvrage, c'est-à dire d'après les rapports qui existent entre l'état politique d'un pays et l'esprit dominant de sa littérature. Elle ajoute, quelques lignes plus bas, que dans cet examen elle ne perdra jamais de vue son idée première, celle de la perfectibilité de l'esprit humain, et elle venait de déclarer que les arts d'imagination n'entraient point dans son plan, parce qu'ils ne sont pas susceptibles d'une perfection indéfinie, tandis qu'on ne pouvait prévoir où s'arrêterait la pensée. Résumons cette suite de propositions incohérentes, et faisons-les ressortir les unes par les autres, en les plaçant en regard.

1° La pensée n'a rien à faire dans les ouvrages d'imagination tels que l'épopée et les poèmes dramatiques. Horace ne savait ce qu'il disait, quand il osait assurer qu'il y avait dans Homère plus de règles de conduite et plus de philosophie que dans tous les écrits de Chrysippe et de Crantor.

2° La poésie n'a aucune influence sur les progrès de l'esprit humain ; on a eu tort de prétendre que c'est aux sons des vers et de la lyre que les premières sociétés se sont formées, que les sentiments religieux sont montés vers l'auteur et le père de la nature, que les premières lois ont été tracées.

3° Quoique d'après mon plan, et d'après la proposition qu'il m'importe le plus de prouver, je n'aye aucun besoin de parler des choses qui ne se sont pas perfectionnées depuis Homère, j'en parlerai cependant, et dans le plus grand détail. Je passerai en revue Homère, Eschyle, Sophocle, Euripide, Aristophane, Virgile, Horace, Lucain, tous les poètes modernes depuis Ossian, le chef de la littérature du Nord, jusqu'à Voltaire, que j'aurais dû ne considérer que comme philosophe; j'assignerai le caractère particulier de ces poètes, et la part qu'ils ont eue toujours en qualité de poètes, dans les institutions politiques de leur pays.

En parcourant les jugements portés par madame de Staël sur les principaux écrivains de tant de contrées et de tant d'époques différentes, on est étonné de l'immensité des lectures et de l'étendue des connaissances acquises par lesquelles elle a dû se mettre en état de les porter. Que ces jugements n'aient pas toute la profondeur qu'on exigerait d'un savant de profession, nous n'en ferons pas un reproche à une jeune dame de vingt-six ans; mais il est juste de remarquer de quelles facultés extraordinaires, de quelle mémoire prodigieuse la nature l'avait favorisée, puisqu'à un âge aussi peu avancé, elle possédait, avec toutes les langues littéraires de l'Europe, les deux belles langues de l'antiquité, et qu'elle s'était rendue capable d'apprécier, comme elle le dit elle-même, *le style des historiens grecs*, de comparer les harangues de Thucydide avec celles de Tite-Live, de saisir les nuances qui séparent l'éloquence de Platon de l'élocution d'Aristote, de sentir que le style de Sénèque et de Pline le jeune n'est pas exempt d'affectation; que l'expression de Juvénal manque quelquefois de pureté; et enfin, ce qui est une observation qu'aucun critique connu n'a certainement suggérée à madame de Staël, qu'il y a plus d'idées fines et neuves dans le Traité de Quintilien sur l'art oratoire, que dans les écrits de Cicéron sur le même sujet, ce qui est dans l'ordre, puisque Quintilien est venu le dernier, et qu'il est parti du point où Cicéron s'est arrêté. Sur ce pied là, nous devons avoir, nous autres modernes, de bien belles rhétoriques!

En séparant fictivement dans la littérature la partie du sentiment et de l'imagination de celle de la pensée, madame de Staël a cru sauver le vice radical de son plan, et dissimuler la fausseté palpable de son idée principale; mais quelques mots jetés dans un discours préliminaire ne changent pas le caractère d'un ouvrage; et, plus conséquente avec elle-même qu'elle ne voudrait le paraître, les deux tiers de son livre embrassent, dans des développements égaux, la poésie, l'éloquence, l'histoire et la philosophie des différents peuples. Ce travail, pour être tout ce qu'il aurait pu devenir sous la plume de madame de Staël, exigeait sans doute plus de maturité et un esprit plus dégagé de la manie systématique. Quel résultat raisonnable peut obtenir un écrivain critique qui, assignant les rangs à tous les auteurs célèbres, s'impose d'avance l'obligation bizarre de les classer en raison inverse de la date de leur naissance; qui crée, si j'ose m'exprimer ainsi, une contre-noblesse littéraire dans laquelle les honneurs sont pour les derniers venus, et fonde un droit d'aînesse qui ne privilégie que les cadets?

Le plan de *Delphine* est peu compliqué, peu surchargé d'évènements. *Delphine* appartient à la classe des romans qui, comme *Clarisse et Paméla*, *la Nouvelle Héloïse*, consistent plus dans le développement des caractères et des passions, que dans la multiplicité des faits. L'amour contrarié par des positions sociales, tel est le ressort principal que l'auteur a mis constamment en jeu, et c'est à travers les imprudences, les excès, les fureurs même de la plus violente des passions, qu'il amène son lecteur à l'épouvantable catastrophe qui les punit et qui les termine.

Une jeune femme, veuve d'un homme dont elle respecte et dont elle chérit la mémoire, s'attache à un étranger dont la main est promise à une cousine. A peine cet étranger a-t-il vu Delphine ou madame d'Albémar (c'est la même personne sous des noms différents), qu'il se repent des engagements contractés par sa famille avec Mathilde; il devient éperdument amoureux de Delphine, et il ne demanderait pas mieux que de l'épouser, si ce mariage, qui paraît réunir toutes les convenances, n'était entravé par la mère de Mathilde, femme adroite, perfide, intrigante. Madame de Vernon trouve dans l'opposition des principes de Léonce avec ceux de Delphine un moyen de les séparer momentanément l'un de l'autre. Delphine, que son sexe condamne à être esclave de l'opinion, s'est fait une règle de conduite de la braver, toutes les fois que sa conscience ne lui reproche rien, et Léonce, au contraire, se place dans une telle dépendance de l'opinion, qu'il sacrifie au respect qu'il a pour elle ses devoirs et ses passions les plus impétueuses. Il est tout simple, en partant de cette donnée, qu'une femme telle que madame de Vernon vienne facilement à bout d'armer les préjugés de Léonce contre les torts apparents ou réels de Delphine. Dans un moment où ses torts paraissent de la nature la plus grave, un dépit d'orgueil livre Léonce à l'ambition de madame de Vernon; il épouse Mathilde, mais il aime encore Delphine. Cependant, madame de Vernon, en mourant, justifie Delphine. Les deux amants, plus épris que jamais, redoublent d'imprudence, s'écrivent les lettres les plus passionnées, se donnent des rendez-vous nocturnes où tout (à ce qu'assure le roman) se passe suivant les règles de la plus stricte bienséance; où la foi jurée à l'infortunée Mathilde ne reçoit d'autre atteinte que celle d'un sentiment involontairement livré à sa rivale. Enfin comme d'une conduite aussi élevée au-dessus de l'opinion publique, il résulte nécessairement des propos, que les propos engendrent des duels, que Mathilde, quoique très résignée, commence à se fatiguer de l'abandon de son mari, et du rôle que les étourderies de Delphine lui font jouer à elle-même dans le monde, Delphine, exclue à peu près de la société, où elle se trouve plus d'une fois exposée à de sanglants affronts, se retire en Suisse; elle prend d'abord son logement dans une maison de religieuses; elle apprend qu'un de ses amis est exposé à un danger imminent dans une ville voisine; toujours rassurée par sa conscience, elle s'échappe de son couvent pour faire une bonne action; mais cette fois, elle se compromet si malheureusement, que, ne pouvant pas rentrer à l'heure convenue, elle n'a d'autre ressource, pour échapper à un renvoi ignominieux qui ne lui laisse plus aucun asyle, que de prendre le voile, et de prononcer le vœu d'une éternelle clôture.

Pendant que ces évènements se passent en Suisse, Mathilde meurt à Paris, et Léonce, devenu libre, Léonce, qui ignore le nouvel état de Delphine, mais qui vient d'apprendre le lieu de sa résidence, accourt en Suisse, et est fort étonné de trouver sa maîtresse sous la grille. Delphine viole son serment, quitte le cloître, pour confier sa destinée à Léonce, qui ne veut plus d'elle dès qu'il peut la posséder sans obstacle. Il la laisse seule dans un pays étranger. Delphine court après lui, mais elle ne l'atteint qu'au moment où l'infortuné Léonce vient d'être condamné à mort comme émigré rentré. Delphine s'enferme dans sa prison, l'accompagne au lieu du supplice, après avoir pris la précaution de s'empoisonner, et elle expire sur le corps sanglant de Léonce.

Le dénouement, à l'époque de la première publication du roman, parut si atroce, que madame de Staël a cru devoir depuis lui en substituer un autre. Léonce revient avec Delphine dans une de ses terres; il se prépare à l'épouser; le maire du village refuse de prêter son ministère au mariage de son jeune seigneur avec une religieuse défroquée; un vieil officier appuie par sa harangue la délicatesse du maire; il fait parler l'honneur, il évoque les cendres de la mère de Léonce, il soulève les tombes sépulcrales de ses nobles aïeux, il les appelle tous en témoignage contre l'outrage qu'ils vont recevoir de leur petit-fils. Qu'on juge de l'effet de la prosopopée sur une âme aussi sensible au point d'honneur que celle de Léonce! Cependant il persiste dans sa résolution. Delphine meurt de chagrin pour le tirer d'embarras, et Léonce, quelques jours après, va se faire tuer à la tête d'un corps de royalistes vendéens.

On conçoit à peine comment un plan aussi simple, aussi peu chargé d'évènements, et qui n'est relevé par aucun épisode, a pu suffire à remplir trois gros volumes in-8°. Mais il ne faut pas oublier qu'en général les amants sont causeurs, témoins Julie et St.-Preux, et que c'est Madame de Staël qui leur sert ici de secrétaire. Ne cherchons pas néanmoins dans *Delphine* les pages brûlantes qui font oublier si agréablement dans l'*Héloïse* l'absence des faits, ni aucune de ces descriptions si attachantes, de ces peintures naïves de mœurs domestiques, qui donnent un charme si touchant aux deux derniers volumes du roman de Rousseau; on ne trouvera point non plus dans *Delphine* l'onction des sentiments religieux, que Rousseau a appelés si habilement à son secours et dont il s'est servi comme d'un voile de pardon et d'oubli pour couvrir les fautes de Julie et l'athéisme systématique de M. de Wolmar. Delphine n'a point succombé comme Julie, et elle paraît mille fois plus coupable. Mathilde est pieuse, madame de Staël en fait une dévote, dure, sèche et impitoyable; c'est le personnage sacrifié, et cependant son titre d'épouse devrait lui assurer tous les droits à la considération; elle appelle un prêtre au lit de sa mère expirante; au dire de madame de Staël, cette démarche est une barbarie insoutenable, et une espèce de fanatisme parricide. Madame de Vernon préfère se confesser à Delphine qui, quoique incrédule, semble avoir une vocation spéciale pour cette partie du ministère religieux; c'est encore elle qui le remplit auprès de son amant, lorsqu'elle l'accompagne au lieu du supplice, et pour ajouter à la vraisemblance du rôle, rappelons-nous que la pieuse directrice vient de s'empoisonner.

Cette réflexion m'amène à parler des caractères du roman. Une dame qui joint au nom de famille de madame de Staël un nom illustre dans les sciences, a publié récemment une notice très étendue sur le caractère et les écrits de sa parente; madame Necker de Saussure a écrit les paroles suivantes :
« Il y a une parité intime entre l'auteur et l'héroïne
« du roman; si Corinne est l'idéal de madame de
« Staël, Delphine en est la réalité durant sa jeu-
« nesse. » Je n'aurais jamais osé mettre en avant une assertion aussi personnelle, et si je consens à y adhérer, ce n'est qu'avec de fortes et indispensables restrictions. Que madame de Staël ait fait quelquefois un retour sur elle-même, lorsqu'elle se complaisait à peindre dans Delphine une grande exaltation de sentiments, une bonté inspirée, un dévouement d'instinct, une délicatesse, une générosité

natives, c'est ce qu'accorderont sans peine tous ceux qui ont connu cette femme célèbre ; mais qu'elle se fût placée devant un miroir, lorsqu'elle a représenté cette même Delphine, portant un défi continuel à toutes les convenances sociales, entretenant par mille séductions et dans son propre cœur, et dans celui d'un amant marié, le désordre d'une passion adultère ; que ce soit madame de Staël qui, dépravant les idées les plus élémentaires de la morale, dise par la bouche de Delphine, en parlant de cet amour criminel : « Quand j'implore le ciel où ma « raison et mon cœur placent un être souveraine- « ment bon, il me semble qu'il ne condamne pas « ce que j'approuve ; rien en moi ne m'avertit qu'ai- « mer est un crime, et plus je rêve, et plus je prie, « et plus mon âme se pénètre de Léonce. » C'est là une supposition trop outrageante pour sa mémoire et l'amitié de madame de Saussure la repousserait avec indignation. Retrouverions-nous davantage madame de Staël dans cette Delphine qui va asservir éternellement à une religion qu'elle ne croit pas, son indépendance et sa volonté ; madame de Saussure a été trompée par quelques beaux côtés du personnage de Delphine ; mais elle n'a pas probablement bien réfléchi qu'ils suffiraient à peine pour établir l'équilibre de la balance. La déférence à l'opinion publique n'est pas seulement pour une femme un sacrifice nécessaire et de convention, elle est encore un devoir, elle est même une vertu, parce que seule elle est la garantie de toutes les vertus, et qu'il est impossible qu'une femme se respecte elle-même, quand elle n'éprouve pas le besoin de se faire respecter des autres.

Certes madame de Staël n'eût point accepté le certificat de ressemblance qu'on veut lui donner avec son héroïne, elle qui déclare formellement qu'elle n'a jamais entendu présenter Delphine comme un modèle à suivre; qu'elle blâmait également et Léonce et Delphine; qu'elle n'a jamais pardonné à celle-ci de s'être livrée à son sentiment pour un homme marié, non plus que les imprudences que l'entraînement de son caractère lui a fait commettre.

Cependant ces explications formelles de madame de Staël, ne la mettent point à l'abri d'un reproche sérieux qu'on a droit de lui adresser, et sur lequel elle semble passer condamnation, puisqu'elle n'a pas osé l'examiner. C'est celui d'avoir, en dépit des torts de Delphine, porté sur elle tout l'intérêt de ses lecteurs; l'on doit juger un roman ainsi qu'une pièce de théâtre sur l'impression qu'il laisse à la fin de la lecture. Or, quelque répréhensible que soit constamment la conduite de Delphine (et par conduite répréhensible, je n'entends ici que la continuation de ses rapports avec Léonce, postérieurement à son mariage); si malgré des fautes aussi soutenues et aussi inexcusables, Delphine est cependant de toutes les femmes du roman, celle à qui une femme du monde serait le moins fâchée de ressembler; si même le soin de lui sauver la dernière chute n'avait d'autre effet que de pallier l'inconvenance des démarches qui devaient naturellement l'amener ; si on ne l'avait environnée de toutes les illusions de la gloire et du génie que pour la dispenser plus facilement des devoirs de son sexe, madame de Staël n'aurait-elle pas à s'imputer les conséquences fâcheuses que des femmes séduites par l'autorité de son nom, pourraient en tirer ? Du talent, du génie ! à qui l'amour-propre n'en prête-t-il pas plus que la nature ne lui en a donné ? Quelle passion illégitime n'aura pas à sa disposition l'excuse de la bonté, du désintéressement, et de cette foule de vertus commodes, dont l'exercice déjà si agréable en lui-même, le deviendra bien davantage lorsqu'il servira ou de passeport ou de compensation à des plaisirs défendus ? Voilà où est le véritable danger de *Delphine*. En vain madame de Staël paraît avoir fait de cette Delphine un caractère à part ; en vain elle lui a donné un talent supérieur, une force d'âme toute virile, une bonté surnaturelle. Une femme qui se sera choisi un Léonce, se croira à l'instant même une Delphine, et au fond, comme dit Molière, l'honnêteté n'y étant pas blessée, elle lui donnera pendant six mois chaque nuit des rendez-vous à sa maison de campagne, le tout pour le plaisir de converser ensemble, de le regarder dans toute sa beauté, d'admirer ses cheveux noirs retombant en boucles sur son front enchanteur, et l'expression d'attendrissement dont le sommeil n'altère point le charme sur son visage.

Dans un sens opposé, Léonce a les mêmes défauts que Delphine ; plein d'honneur, de fermeté, de courage, il cède à la crainte de l'opinion, avec autant de faiblesse que Delphine met d'audace à en triompher; il épouse Mathilde sans raison; car un homme honnête peut bien s'éloigner d'une femme qu'il aime et contre laquelle des apparences s'élèvent; mais aucune puissance, puisque l'opinion n'est ici pour rien, ne peut le forcer d'épouser une femme qu'il n'aime pas. Sa conduite envers Mathilde n'admet point d'apologie, et viole toutes les règles de la probité la plus commune, des procédés les moins exigeants. Mari et père, il ne remplit aucun des devoirs que ce titre lui impose; et la constance de sa passion pour Delphine après son mariage, a cela de particulier, que pour le seul plaisir d'être moralement coupable, il se perd dans des extases tout-à-fait platoniques, et que son amour sans dédommagement est, dans un roman sur-tout, très voisin du ridicule.

J'ai déjà dit que Mathilde est un personnage sacrifié, et il est déplorable que madame de Staël ait choisi pour le sujet de ses déclamations anticatholiques, le seul être raisonnable de son roman, le seul qui fasse constamment son devoir. Ce caractère, d'ailleurs, manque de vérité; ce n'est pas d'ordinaire chez une jeune personne que la dévotion est tourmentante et acariâtre; l'âge des émotions douces et affectueuses n'est guère celui de l'intolérance et du fanatisme. Ainsi, dans la peinture de Mathilde, madame de Staël a péché également contre la justice et contre le goût; elle a manqué d'observation, et a mis en oubli, avec le précepte de la charité chrétienne, celui du législateur du Parnasse :

De chaque âge avec soin étudiez les mœurs.

Un caractère beaucoup mieux dessiné parcequ'il paraît l'être d'après nature, est celui de madame de Vernon; c'est un mélange de hauteur et de duplicité, de faste et d'avarice, de fausse bonhomie et de scélératesse recouverte du vernis des égards et de la politesse du grand monde. Elle va de loin à son but; elle y marche par des détours, mais elle est sûre d'y arriver; elle y arrive, et dès-lors elle rejette avec dédain le masque de la dissimulation; elle insulte cruellement à sa victime; elle triomphe avec audace des avantages qu'elle s'est donnés par son hypocrisie. Madame de Vernon n'est pas plus que Delphine un modèle à suivre, mais c'est un modèle à étudier. Madame de Vernon pourrait être utile aux hommes de cour comme Machiavel l'est aux hommes d'état. Madame de Staël a prouvé de nouveau, par la justesse avec laquelle elle a tracé ce tableau odieux, que, pour obtenir de son talent tout ce qu'elle pouvait lui demander, il ne lui a manqué que de traiter des sujets positifs, et de fixer son imagination sur des êtres réels. Pourquoi Delphine, pourquoi Léonce, pourquoi Mathilde elle-même sont-ils des personnages défectueux? c'est qu'ils n'existent, c'est qu'ils n'ont jamais existé nulle part. Or, pour donner à des personnages d'invention les couleurs de la vraisemblance, ni le goût tout seul, ni l'imagination toute seule ne suffisent; chez madame de Staël ces deux facultés agissent rarement ensemble. Il semble que, comme les yeux d'Argus, elles se sont partagé alternativement les intervalles de l'empire qu'elles exercent sur elle; le repos de l'une des deux annonce pour l'autre l'instant du réveil. Ainsi madame de Staël eût été très capable, et elle a fait ses preuves en ce genre, d'entonner un chant lyrique, ou d'écrire un morceau d'histoire; un roman, une tragédie, une histoire entière était au-dessus de ses forces; elle avait besoin ou d'un sujet précis, ou d'un sujet borné : quand le vent enfle les voiles, le gouvernail lui échappe. Elle eût pu imaginer le caractère de madame de Vernon; mais si elle ne l'eût pas connue, si elle ne l'eût pas vue agir, il y aurait eu du vague et de l'incohérence dans les traits; le modèle a posé; elle ne l'a point perdu de vue, et elle a fait un portrait achevé.

Je ne m'arrête point aux personnages subalternes de *Delphine*. Il n'est guère de situations remarquables que celles dont j'ai esquissé rapidement l'idée; et, quant au but moral de l'ouvrage, il se réduit à un paradoxe développé très ingénieusement, d'ailleurs, dans un opuscule de madame de Staël, intitulé : *Quelques Réflexions sur le but moral de Delphine*. Après avoir blâmé la conduite de ses deux principaux personnages, madame de Staël ajoute : « La moralité de ce roman ne se
« borne point à l'exemple de Delphine; j'ai voulu
« montrer aussi ce qui peut être condamnable dans
« la rigueur que la société exerce contre elle ; et,
« quoique je vienne de développer avec impartialité
« les motifs de cette rigueur, je crois que, dans les
« grandes villes sur-tout, les jugements que l'on
« porte sur les actions et sur les caractères n'ont
« pas pour base les véritables principes de la mo-

« ralité. Pour condamner une action, pour craindre,
« approuver ou blâmer un caractère, il me semble
« qu'il faudrait toujours se demander quel rapport
« a cette action ou ce caractère avec le principe de
« tout bien, la bonté. »

Ce passage est très remarquable, et il présente une idée fausse en elle-même, mais dont le faux se cache sous les formes d'une vérité séduisante. La bonté, c'est-à-dire le sentiment de bienveillance envers nos semblables, est, suivant le premier des orateurs et des moralistes anciens, le sentiment qui nous approche le plus de la divinité, et nous sommes tous tellement intéressés à la sainteté de cette doctrine, que nous concevons à peine qu'il ait été nécessaire d'en faire un précepte formel. Quand un acte de bienveillance ne coûte qu'un peu d'efforts, ou n'impose qu'un léger sacrifice, il ne mérite pas même d'être appelé vertu ; quand il commande des devoirs pénibles, il peut aller jusques à l'héroïsme. Certes, puisqu'il est question spécialement ici des devoirs des femmes, il n'en est pas de plus impérieux pour elles que le besoin de la considération publique, et la femme qui, dans une circonstance extraordinaire, aurait le courage de s'élever au-dessus des convenances de son sexe, pour servir l'humanité, d'encourir momentanément le mépris des hommes pour leur être utile, une telle femme aurait droit à tous les éloges, et, du sein des nuages dont l'erreur d'un instant l'aurait environnée, sa réputation sortirait resplendissante d'un éclat immortel. L'histoire en fournit plusieurs exemples, et déjà notre mémoire nous rappelle avec attendrissement le trait de cette admirable princesse qui, pour le salut de son peuple, et par l'abnégation la plus sublime d'elle-même, se dévouant en aveugle au caprice d'un tyran, traversa la ville qui lui devait sa conservation, sans autre voile que sa pudeur, sans autre ornement que son innocence, sans autre regret que celui de n'avoir pu échanger contre sa vie la rançon mille fois plus barbare que son abominable époux lui avait arrachée.

Mais ce que madame de Staël n'a pas voulu voir, c'est que, d'exceptions aussi rares il n'y a aucune induction à tirer pour la conduite habituelle de la vie ; que même, lorsque ces exceptions se présentent, il faut que l'effet dangereux qui en résulte soit en quelque sorte neutralisé d'avance par une considération généralement acquise, et que la censure qu'elles peuvent attirer soit au moins tempérée par la surprise. Mais si une femme s'est fait un système de conduite du mépris de l'opinion, par cela seul elle est méprisable ; et les plus nobles motifs, quand il serait possible qu'ils se renouvelassent annuellement, ne pourraient ni justifier, ni même atténuer des torts qui auraient dégénéré en scandales de tous les jours. Ainsi, lorsque dans sa première démarche, qui l'expose aux regards du public, Delphine, dans un des salons de la reine, aperçoit une femme décriée dont toutes les dames s'éloignent avec l'expression du dédain, et que la voyant prête à s'évanouir, Delphine a la bonté d'aller s'asseoir auprès d'elle, de lui parler, de lui prodiguer des consolations, cette action de bonté pourrait être considérée comme une honorable imprudence; mais lorsque ensuite, elle multiplie sans mesure, en se compromettant de plus en plus, ces actes de bienveillance; lorsque parmi ces actes il en est qu'aucun prétexte honnête ne légitime; lorsque, par exemple, elle prête sa chambre, pendant la nuit, au dernier rendez-vous d'un amant et de sa maîtresse; lorsqu'elle entretient les espérances de Léonce, qui ne peut pas être à elle, parce qu'il n'est plus à lui; lorsqu'elle lui permet de crever toutes les nuits un cheval pour venir chercher dans sa maison de campagne le tête-à-tête innocent qu'elle s'est ménagé; lorsqu'elle s'évade d'un bal, seule, au milieu des ténèbres; qu'elle erre comme une folle sur la place Louis XV, prête à se jeter dans la Seine, par-dessus les parapets du pont Louis XVI; lorsqu'elle se fait religieuse sans être catholique et qu'elle franchit sa clôture pour suivre les pas d'un amant qui va se faire fusiller, et pour l'amitié duquel elle se détermine au suicide, comment madame de Staël condamnerait-elle la société de trop de rigueur, si elle blâmait, si elle flétrissait de ses mépris des actions qui, de son propre aveu sont condamnables? En quoi les jugements sévères que le public, d'accord avec elle, porterait sur de semblables faits, n'auraient-ils pas pour base les véritables principes de la moralité? Il faut cependant prendre son parti, et consentir que la société ne soit pas plus indulgente que l'auteur. Le but moral de *Delphine*, puisqu'il faut employer cette espèce d'antiphrase, est donc essentiellement immoral; et quand j'ai avancé plus haut que, de toutes les femmes du roman, Delphine est celle à qui l'on aimerait mieux ressembler, j'ai parlé des efforts de l'auteur pour la rendre intéressante, de la sensation que l'on éprouve en quittant le livre, et qui précède la réflexion; mais ce que j'ose assurer, c'est qu'après y avoir mûrement pensé, il n'est pas un mari raisonnable qui voulût de Delphine pour sa femme, pas un père qui la désirât pour fille, et pas une femme honnête qui, à moins d'un premier mouvement de bonté sans conséquence, voulût s'asseoir à côté d'elle dans les salons de la reine.

Le style est celui des autres ouvrages de madame de Staël; de l'énergie, quelques expressions pittoresques, des images hardies, mais de la roideur; peu d'abandon, d'élégance et de grace; beaucoup de néologisme, une extrême affectation de mots abstraits et métaphysiques; des préjugés de secte religieuse et politique, cependant plus de largeur dans le faire que dans les ouvrages précédents, mais beaucoup moins d'élévation, beaucoup moins d'art et moins d'intérêt que dans *Corinne*, qui va nous occuper à son tour.

Le roman de *Corinne* est postérieur de quatre ans à celui de *Delphine*; il eut un grand succès, et il le dut en partie à celui qu'avait obtenu son aîné, en partie à la persécution de Bonaparte, sans oublier la part que réclame justement le mérite de l'ouvrage.

Corinne est encore une femme extraordinaire, une femme placée plus encore que Delphine en dehors de la société; poète, musicienne, improvisatrice, idolâtre de tous les arts, elle les exerce et les célèbre sur une lyre dont l'amour vient animer les accords. Un jeune lord écossais, Oswald, part d'Edimbourg pour se rendre en Italie, dans l'hiver de 1794 à 1795; la mémoire de son père qu'il vient de perdre, le détermine à chercher dans ce voyage quelques distractions à sa douleur; il part; en route il rencontre le comte d'Erfeuil, émigré français ruiné, dont la gaieté contraste avec son malheur et avec la sombre mélancolie qui dévore le jeune écossais. Chemin faisant, Oswald sauve d'un incendie général la ville d'Ancône. Enfin son camarade de voyage et lui arrivent à Rome un jour où une femme jeune, belle, isolée, sans protecteur connu, reçoit du sénat et du peuple romain les honneurs du triomphe, dans ce même capitole dont les voûtes avaient retenti autrefois des acclamations prodiguées à des conquérants enrichis des dépouilles de l'univers. C'était Corinne; la peinture l'a reproduite improvisant, non pas au capitole, mais sur le cap de Misène, avec une expression de tête et dans une situation bien différente de celle où madame de Staël nous la présente aujourd'hui. Nous jouissons de cet ouvrage, de l'un des premiers peintres de notre école; mais peut-être la plume de madame de Staël est digne de rivaliser avec le pinceau du peintre de Bélisaire, de Psyché et de Corinne.

« Corinne était vêtue comme la sibylle du Domi-
« niquin; un schall des Indes tourné autour de sa
« tête, et ses cheveux du plus beau noir entre-
« mêlés avec le schall; sa robe était blanche; une
« draperie bleue se rattachait au-dessous de son

« sein, et son costume était très pittoresque, sans
« s'écarter cependant assez des usages reçus, pour
« que l'on pût y trouver de l'affectation. Son atti-
« tude sur le char était noble et modeste; on aper-
« cevait bien qu'elle était contente d'être admirée;
« mais un sentiment de timidité se mêlait à sa joie,
« et semblait demander grace pour son triomphe;
« l'expression de sa physionomie, de ses yeux, de
« son sourire intéressait pour elle, et le premier
« regard fit de lord Nelvil, son ami, avant même
« qu'une impression plus vive le subjuguât; ses
« bras étaient d'une éclatante beauté; sa taille
« grande, mais un peu forte, à la manière des sta-
« tues grecques, caractérisait énergiquement la
« sagesse et le bonheur; son regard avait quelque
« chose d'inspiré; l'on voyait dans sa manière de
« saluer et de remercier, pour les applaudisse-
« ments qu'elle recevait, une sorte de naturel qui
« relevait l'éclat de la situation extraordinaire dans
« laquelle elle se trouvait; elle donnait à la fois
« l'idée d'une prêtresse d'Apollon qui s'avançait vers
« le temple du soleil, et d'une femme parfaitement
« simple dans les rapports habituels de la vie; enfin
« tous ses mouvements avaient un charme qui excitait
« l'intérêt et la curiosité, l'étonnement et l'affection. »

Tout ce tableau est brillant d'expression et de
coloris, et le trait qui annonce l'impression subite
que reçoit lord Nelvil de la présence de Corinne,
commence très naturellement l'intrigue, et annonce
avec adresse les rapports ultérieurs des deux principaux personnages.

Oswald ou lord Nelvil a un air frappant de fraternité avec le Léonce de Delphine; comme lui, il aime une femme hors de la sphère commune; comme lui, il épouse celle qui n'est pas l'objet de son affection et de son choix; à son exemple, sa passion survit à un mariage qu'il contracte en gémissant; enfin, comme Léonce, Oswald, si nous adoptons le second dénouement de Delphine, survit à celle qu'il adore, mais, et c'est ici un progrès sensible dans l'ordre des idées morales de l'auteur, Oswald, sans se consoler d'une perte irréparable, et se rapprochant pour jamais de sa femme et de sa fille, donne, dans sa noble et champêtre retraite, les exemples de toutes les vertus domestiques. Il est vrai qu'à cette occasion, madame de Staël se demande s'il se pardonna sa conduite passée; si le monde le dédommagea en quelque chose de ses malheurs, s'il se contenta d'un sort commun, après ce qu'il avait perdu; « je l'ignore, « dit-elle, en s'adressant à elle-même la réponse, « et ne veux à cet égard ni le blâmer ni l'absoudre. » Et le but moral du roman, l'indécision de madame de Staël, ne le laisse-t-elle pas aussi en suspens? Vous convenez qu'après la mort de Corinne, la conduite d'Oswald fut exempte de reproches; la conséquence était ce me semble bien facile à déduire; c'est que les plus beaux talens, le génie le plus brillant, ne donnent point le bonheur, puisqu'ils peuvent étouffer, dans une âme généreuse, le sentiment et l'amour du devoir. Elevée à la campagne, douée de talents ordinaires, mais qui suffisent à l'embellissement de la maison conjugale, sans gloire, et fière seulement du nom de son épouse, la jeune sœur de Corinne fit plus pour la félicité d'Oswald que n'avait pu faire pendant six ans sa brillante et superbe conquête; pourquoi cette réticence à l'occasion d'un aveu aussi honorable et devenu aussi nécessaire? Le mérite d'une femme n'est pas d'improviser des chansons, ni de jouer la comédie; son mérite est de s'occuper de son époux et de sa famille. Lady Nelvil est à vos yeux comme à ceux de vos lecteurs intelligents, bien supérieure à Corinne ; Dieu garde les maris français d'avoir des Corinnes pour épouses!

On sait que *Corinne* est à la fois un roman et un voyage. Proscrite par la tyrannie, madame de Staël avait visité la patrie des beaux arts; elle avait tenu note de ses observations; c'est bien elle qui, sous le nom de Corinne est le *cicerone* de lord Nelvil. Elle juge avec beaucoup de finesse et de goût, et les magnifiques monuments d'architecture, et les chefs-d'œuvre du ciseau grec, et les chefs-d'œuvre non moins admirables peut-être du pinceau de Raphaël et de Michel-Ange. Son tact est sûr; et, encore une fois, et parce que je crois utile d'y revenir sans cesse, l'esprit de madame de Staël une fois fixé à un objet précis, le saisit dans tous ses rapports, l'observe sous toutes ses faces; rarement elle se trompe dans son jugement, et les connaisseurs les plus habiles se sont empressés de rendre hommage à la sagacité de ses observations.

Peut-on rien trouver, par exemple, de plus judicieux que la remarque suivante? Madame de Staël exhorte les peintres, s'ils veulent être entendus, à ne représenter que les traits d'histoire les plus simples et les plus connus. Elle ne croit pas que les scènes dramatiques conviennent à la peinture, et pense que c'est sur-tout une grande témérité à celle-ci de se mesurer avec la haute poésie. En effet, pour l'artiste, pour le connaisseur, la peinture est avant tout un art d'imitation; le génie du peintre consiste dans le sentiment exquis de la beauté, et son talent dans la justesse du coup d'œil; pénétrée de ces principes, qui ne sont méconnus que par la médiocrité ignorante, « c'est, dit madame de « Staël, c'est subordonner la peinture à la poésie, « que de la consacrer à des sujets traités par les « grands poètes; car il reste de leurs paroles une « expression qui efface tout, et presque toujours « les situations qu'ils ont choisies tirent leur plus « grande force du développement des passions et « de leur éloquence, tandis que la plupart des « effets pittoresques naissent d'une beauté calme, « d'une expression simple, d'une attitude noble, « d'un moment de repos enfin, digne d'être indé- « finiment prolongé, sans que le regard s'en lasse « jamais. »

C'est ainsi que juge habituellement madame de Staël; son goût est un peu moins sûr quand elle décrit; mais en Italie l'enthousiasme est légitime et l'exaltation est proche de la vérité. En général, ses descriptions sont beaucoup plus précises que celles de Dupaty, qui sent mieux qu'il ne juge, et qui prononce sur les arts en orateur et en poète plutôt qu'en amateur éclairé. Madame de Staël est inspirée à la fois par son génie, par ses souvenirs, par ses comparaisons, quelquefois par Winkelman; Lalande voyage, raconte, décrit même, mais la froideur de son âme passe dans ses récits; le cœur que le spectacle et la connaissance approfondie de la nature laissait insensible, pouvait-il s'échauffer et battre pour les productions du génie? Il n'y voyait probablement que des combinaisons de la matière.

Corinne restera donc, grâce aux descriptions pittoresques qui y jettent tant de charmes et de diversité. Pour la partie historique du roman, on lui donnera encore la préférence sur *Delphine;* non qu'il n'y ait encore beaucoup d'irrégularités dans la conception du plan et dans le choix des caractères. N'est-ce pas une opiniâtreté bien étrange par exemple que d'aller choisir une rivale à ses deux héroïnes, dans le sein même de leur famille? Mathilde est la cousine de Delphine, Lucile est la sœur de Corinne; ici du moins l'avantage est du côté de Delphine; le degré de parenté en s'éloignant emporte avec lui quelque chose de l'inconvenance de la rivalité; mais la supériorité retourne à Corinne lorsqu'on pèse la différence des motifs sur lesquels est fondée l'infidélité de Léonce et l'infidélité d'Oswald. Léonce cède avec une faiblesse pusillanime à la tyrannie d'un préjugé qui ne peut rien contre une passion aussi violente que la sienne; Oswald obéit au contraire aux ordres d'un père dont la dernière volonté est devenue la règle immuable de toutes ses actions. La défection d'Oswald est d'ailleurs filée avec beaucoup d'art, et un concours de circonstances incroyables en atténue la honte, tandis que celle de Léonce n'est fondée que sur de prétendus torts de Delphine dont il doit connaître l'indépendance et la hardiesse. Enfin le dénouement de Corinne est douloureux sans être rebutant, sauf toutefois la dernière improvisation de Florence, chant de douleur et d'agonie, chant par conséquent dépouillé du seul caractère qui puisse lui prêter de l'intérêt, c'est-à-dire sans vraisemblance, sans inspiration, sans concours des applaudissements populaires.

Madame de Staël avait peint l'Italie dans *Corinne*. Son exil durait encore; elle mit à profit l'intervalle de 1807 à 1810 pour ajouter aux conquêtes de son esprit, et elle présenta à la France, dont elle était bannie, un tableau de cette Allemagne que nous apprenions à connaître par des victoires trop chèrement payées, et plus tard si cruellement expiées. L'ouvrage de madame de Staël parut: on sait quelle fut la suite de cette publication, faite avec l'autorisation de la censure. Un homme croit se reconnaître dans le portrait du principal personnage d'une tragédie de Werner; l'ouvrage, tiré à dix mille exemplaires, est anéanti; le libraire qui avait payé le prix de l'édition à madame de Staël allait être ruiné, si la générosité de l'auteur ne lui eût restitué intégralement les sommes qu'elle en avait reçues; jugeant avec un noble désintéressement que c'était sur elle seule que devaient retomber les suites de la confiscation. Madame de Staël reçut un nouvel ordre de quitter la France, où on avait daigné fermer les yeux sur son retour. Elle n'y rentra depuis qu'avec les Bourbons.

Il faut diviser l'ouvrage *de l'Allemagne* en deux parties bien distinctes; la partie des théories philosophiques, politiques et littéraires, et la partie des faits qui comprend les analyses des principaux ouvrages allemands, et particulièrement de leurs meilleures pièces de théâtre.

Quant à sa philophie, il faut lui rendre justice, quoiqu'elle semble en quelques endroits incliner pour la *philosophie des idées*, c'est-à-dire pour la philosophie de Platon et de Kant, elle a du moins le courage d'attaquer avec vigueur la philosophie de Locke et de Condillac qui réduit tous les sentiments aux sensations, et qui, ne leur donnant pour principe que l'action des objets extérieurs sur les organes, tend à dessécher les cœurs, à resserrer les âmes, et n'est au fond qu'un matérialisme assez maladroitement déguisé. Remercions madame de Staël d'avoir en analysant la philosophie allemande, fait défiler rapidement sous nos yeux les propogateurs français de ces doctrines qu'on a si bien appelées désolantes, d'avoir essayé d'y substituer des systèmes où l'âme humaine retrouve tous ses nobles attributs, tous ses titres de spiritualité, tous ses privilèges d'immortalité; où le cœur peut se retremper sans s'endurcir; où l'esprit peut s'abuser sans se corrompre, et dont les erreurs même, suivant la remarque d'un célèbre critique, ne sont jamais étrangères à la morale et à la vertu. Félicitons madame de Staël d'avoir distingué le scepticisme de Bayle de son érudition ; les plaisanteries cyniques et irréligieuses de Voltaire, de son beau talent poétique, d'avoir flétri de son indignation et de son mépris les professeurs d'athéisme, et de s'être écriée en terminant les énergiques censures dont elle les foudroye : « Lorsque les sauvages mettent le feu à des « cabanes, on dit qu'ils se chauffent avec plaisir à « l'incendie qu'ils ont allumé; ils exercent alors du « moins une sorte de supériorité sur le désordre « dont ils sont coupables; ils font servir la destruc- « tion à leur usage ; mais quand l'homme se plaît à « dégrader la nature humaine, qui donc en profi- « tera? »

Tout un volume est consacré à l'exposé théorique de ce que madame de Staël appelle la nouvelle philosophie allemande. Je me garderai bien de la suivre dans ce labyrinthe, où je n'aurais ni fil pour me guider, ni flambeau pour éclairer mes pas; cependant, je l'avoue, je me suis demandé ce que pouvaient signifier pour madame de Staël, qui professe un attachement sincère au christianisme, ce que pouvaient signifier ces mots si singulièrement accolés : *philosophie allemande*. Par philosophie, nous entendons la réunion des sciences naturelles, de la morale et de la métaphysique; mais quoi, y a-t-il donc une chimie ou une botanique, comme il y a une chancellerie et une diplomatie allemandes? La morale change-t-elle de nature en voyageant de Vienne à

Berlin, ou de Berlin à Paris ? Quant à la métaphysique, qu'un songe-creux de l'autre côté du Rhin imagine un mode particulier de la formation des idées, qu'il entraîne quelques adeptes à sa suite, son système qui n'est appuyé sur aucune autre autorité que sur l'assentiment très libre de quelques disciples, qui peut-être ne le comprennent pas mieux que le maître, mérite-t-il les honneurs d'une dénomination nationale ? Quand on est d'accord sur les deux points fondamentaux de l'existence de Dieu et de l'immatérialité de l'âme, toutes les autres questions sont-elles autre chose que des jouets propres à amuser les enfants dans les écoles, et ces deux questions principales ne sont-elles pas résolues par les dogmes positifs de la religion commune à toute l'Europe ?

Des objets d'une tout autre importance remplissent les chapitres de la quatrième partie de l'ouvrage. On lit avec un grand intérêt, mais il faut néanmoins lire avec défiance le chapitre *du Culte des frères moraves*, et celui *du Catholicisme, de la Mysticité et de l'Enthousiasme*. Le progrès du style se fait sentir; c'est toujours le même principe de perfectionnement; madame de Staël décrit ce qu'elle voit, et la justesse du coup d'œil de l'observatrice influe sur la plume de l'écrivain. On sent bien que, par suite des impressions vives qu'elle a reçues, madame de Staël est jalouse de les transmettre à ses lecteurs; aussi les descriptions abondent, et les détails abondent à leur tour dans les descriptions. Cette richesse de peintures, ce luxe même de fableaux se fait sentir assez souvent dans la description de l'Allemagne, et sur-tout dans celle des mœurs allemandes; il faut s'attendre ensuite à bien des hérésies, quand il est question des causes qui empêchent les Français de rendre justice à la littérature allemande.

Vient immédiatement après l'historique des principales époques de la littérature allemande, et cet historique est suivi de jugements, d'abord sur les poètes allemands, tels que Wieland, Klopstock, Lessing, Gœthe, Schiller, et ensuite sur leurs principaux ouvrages. Comme nous ne connaissons guère ces auteurs que par des traductions, il serait téméraire d'entrer en discussion sur eux avec madame de Staël; on nous renverrait bien vite aux originaux; il suffit donc pour profiter de cette lecture, qui est d'ailleurs extrêmement instructive, de se prémunir contre les théories de madame de Staël, contre les licences extrêmes sur lesquelles elle justifie ses poètes favoris. Ces précautions une fois prises, madame de Staël est, il faut en convenir, une interprète fort agréable, par l'intermédiaire de qui il est aussi utile que commode de faire connaissance avec les étrangers. Malgré la différence de leurs manières et de leurs goûts, ces étrangers peuvent ouvrir avec nous un commerce d'échanges, dont chacune des deux nations doit tirer son profit. L'Amérique nous envoie des métaux bruts mais précieux, dont l'industrie européenne a bientôt triplé la valeur par le fini du travail qu'elle y ajoute et l'artifice de la mise en œuvre.

L'ouvrage *de l'Allemagne* est plus continuellement amusant, et apprend beaucoup plus de choses que celui *de l'Italie;* on dirait que madame de Staël a composé l'un et l'autre sous l'influence immédiate des deux climats; l'un écrit sous un ciel brillant, à la vue des chefs-d'œuvre de tous les arts, se ressent de la chaleur de la température et du spectacle magnifique qui agissait sur les sens et parlait à l'imagination de l'auteur; on y retrouve aussi, comme dans l'atmosphère et sur le sol italien, des volcans et des orages; et les passions y sont brûlantes, comme les contrées qui en sont le théâtre; l'autre, écrit sous la dictée, ou du moins avec le ton de la raison, rappelle presque toujours le phlegme des habitants dont il peint les mœurs, et le calme uniforme d'une température modérée. Là il n'y a rien de romanesque que quelques principes romantiques, quelques dogmes religieux dont le danger est affaibli par la connaissance qu'a le lecteur du culte particulier de madame de Staël, et quelques rêveries fort innocentes de Kantisme, dont la propagation n'est pas à redouter avec la tournure habituelle des esprits français. Le style est beaucoup moins entaché d'affectation, de néologisme et de locutions abstraites que les deux romans; et, à tous égards, l'ouvrage *de l'Allemagne* me paraît le meilleur de tous les écrits de madame de Staël dont nous nous sommes occupés jusqu'ici.

L'ouvrage des *Considérations* est divisé en trois parties. 1° La vie publique de M. Necker et l'exposé des principes qui le dirigèrent dans ses deux ministères. 2°L'histoire de la révolution française dans toutes ses phases, depuis l'assemblée des notables jusqu'à la restauration et jusqu'aux faits qui précédèrent immédiatement la mort de madame de Staël; enfin une théorie générale des gouvernements réduits à un éloge sans restriction et sans mesure de la constitution anglaise, que madame de Staël propose en tout comme un modèle accompli et cela en dépit de son système de perfectibilité indéfinie, système désormais sans application possible à un pays où l'organisation sociale est complète et ne peut plus être améliorée. Ces trois parties ne sont pas tellement distinctes, qu'elles ne rentrent et ne se confondent souvent les unes dans les autres.

En général toute cette partie des *Considérations* qui comprend l'espace écoulé entre l'assemblée législative et la restauration, est sans aucune comparaison, ce qu'il y a de plus estimable dans l'ouvrage. Madame de Staël y est juste; elle loue peu parce qu'à l'exception du courage et des talents militaires, il y a peu à louer; mais elle ne laisse passer aucun crime sans le flétrir, aucun acte de faiblesse sans le plaindre ou sans le blâmer. L'exagération des principes a disparu; madame de Staël réserve tous ses moyens contre l'exagération des atrocités ou des bassesses; le style se ressent de la simplicité des récits; chaque époque est semée d'anecdotes touchantes, ou même de narrations naïves qui plaisent par leur contraste avec les sombres couleurs du tableau général. Il y a de la noblesse et de la fierté dans la manière dont madame de Staël se rend compte à elle-même de ses jugements sur l'homme qui fut à la fois l'oppresseur de l'Europe et son implacable persécuteur; et s'il eût été possible que madame de Staël eût porté dans sa troisième et dernière partie l'esprit d'impartialité, de raison et de sang-froid qui l'a guidée dans la seconde, peu d'ouvrages politiques réuniraient à autant d'agrément plus d'utilité pratique. Mais, par malheur, toujours préoccupée des idées de son enfance, après vingt-cinq ans d'une expérience perdue, elle revient aux rêveries de son père et à ses propres illusions; et parce qu'elle garde le douleureux souvenir du poids de la tyrannie qui l'écrasait, elle le voit dans un songe menaçant toujours prêt à retomber sur sa tête; pour se soustraire à une oppression fantastique, elle se reporte, et veut nous entraîner avec elle à l'extrémité du levier, sans voir l'abyme où une pente trop rapide peut nous précipiter à l'instant.

Les ouvrages poétiques de madame de Staël se réduisent à un drame de mœurs intitulé *Sophie*, à quelques poésies détachées, et enfin à une tragédie dont le sujet, emprunté à l'histoire d'Angleterre, a été transporté sans succès sur le théâtre de Drurylane. Que la *Jeanne Gray* de madame de Staël soit inférieure à celle de Rowe, on n'a pas de peine à se le persuader, et je ne pense pas même que la représentation en fût possible sur aucun de nos théâtres français. Ce n'est pas que le sujet par lui-même ne présente un intérêt très vif et très douloureux ; qu'on ne soit disposé à s'attendrir sur le sort d'une jeune femme que l'ambition d'un époux porte malgré elle sur un trône que sa vertu répudie, et qui ne lui sert que de degré pour arriver à l'échafaud ; mais le trait le plus touchant et les caractères historiques les plus prononcés ne suffisent point pour faire une tragédie. Il y a dans l'art du théâtre des secrets de composition qui sont perdus pour qui dédaigne de les étudier et n'a pas la patience de les approfondir ; l'ordonnance générale, la distribution des parties, la marche progressive de l'intérêt dramatique, la force de l'obstacle ou du nœud qui redouble cet intérêt et le soutient jusqu'au dénouement qui doit y mettre le comble, la variété d'un dialogue approprié au caractère de chaque personnage ; une versification claire, élégante, harmonieuse ; un style toujours égal et toujours différent, du naturel sans bassesse, de l'élévation sans enflure, du sentiment sans afféterie, voilà tout ce que doit connaître, tout ce que doit exécuter un auteur tragique, et voilà précisément tout ce qui manque à la tragédie de madame de Staël. Il est facile en effet de juger que ne s'assujettissant presque jamais dans sa prose ni à la propriété de l'expression, ni à l'ordre et à la concordance des idées, écrivant chacune de ses lignes sous l'inspiration de l'imagination la plus rebelle à toute espèce de frein, madame de Staël était peut-être, parmi ses contemporains, la personne la moins propre à recevoir avec résignation et à porter avec grace le joug de la mesure, de la rime et celui des règles spécialement imposées à un genre qu'elle ne traitait qu'en passant, et où elle ne cherchait que des distractions au cours habituel de ses études et de ses idées.

Les autres pièces de théâtre de madame de Staël sont deux comédies sans conséquence, et qu'il serait injuste de censurer rigoureusement puisqu'elles ne furent composées que pour des circonstances domestiques, et inspirées par le désir de charmer les longues douleurs d'une amie malade; *La signora Fantastici* est un véritable portrait de famille; c'est une femme qui peut dire comme notre Delille, et comme se l'est dit vraisemblablement à elle-même madame de Staël :

> Tous les goûts à la fois sont entrés dans mon âme,
> Tout art a mon hommage et tout talent m'enflamme.

Cette femme, qui est à la fois poète, improvisatrice, musicienne, convertit au culte des beaux arts une brave famille de la Suisse allemande, et fait accepter un rôle dans une pièce de sa façon à M. et à madame de Kriegschenmoll; l'idée n'est pas neuve; elle est empruntée, comme on voit, à la situation la plus comique de *la Métromanie* de Piron; mais les détails sont spirituels et amusants, et donnent à cette vieillerie les graces et le piquant de la nouveauté.

Je louerai avec plus de réserve la comédie du *Capitaine Kernadec*, parce que je ne puis trouver de gaieté là où il n'y a point de vraisemblance; un ancien marin juge l'amant de sa fille beaucoup trop jeune pour le mariage, et le condamne à attendre encore sept ans l'accomplissement de son bonheur.

On enivre le brave homme, et, à l'aide d'un complot concerté entre tous les gens de la maison, on lui persuade que, dans l'intervalle d'un somme, il a vieilli de sept ans. On lui cite les combats qu'il a livrés, les forteresses qu'il a emportées d'assaut. Son vieux domestique, son compagnon d'armes se présente avec une jambe de bois, et lui cite l'affaire où il a gagné cet honorable trophée de son courage. M. de Kernadec donne dans ce ridicule panneau. Sa fille, son gendre futur, sa femme même (ce qui fait un peu repentir madame Kernadec de sa complaisance), lui paraissent extrêmement vieillies, et, persuadé que la condition du mariage est remplie, il consent à une union qu'il avait contrariée la veille. Pour qu'une pareille donnée fût admise, il faudrait que le principal personnage fût un fou ou un imbécille; mais M. de Kernadec n'est ni l'un ni l'autre; et d'ailleurs un imbécille ou un fou ne sont que des objets de pitié, et ne conviennent point au théâtre. J'insiste sur cette observation, parce qu'une comédie toute ridicule, jouée sur un de nos grands théâtres avec une espèce de succès dont il faut bien faire honneur à la musique et aux décorations, m'autorise à la rappeler ici; il s'agit également dans cette dernière pièce d'un homme qu'on enivre et à qui l'on persuade ensuite qu'il est mort; cet homme revenu au sang-froid, devrait ce semble revenir au bon sens et à la raison. Il accepte, comme le capitaine de madame de Staël, le brevet d'extravagance que l'auteur lui délivre, et il se croit très sérieusement dans le paradis de Mahomet. Puisque le public se contente de données aussi absurdes, il faut du moins que le goût élève la voix, ne fût-ce que pour empêcher la prescription; car, dans le genre le plus frivole, il est des limites que l'on ne franchit jamais impunément. Quand on aura laissé le champ libre aux folies peu dangereuses, dit-on, d'un opéra-comique, on les verra s'introduire par droit de voisinage et ensuite par droit de conquête sur des théâtres plus relevés et les mêmes spectateurs qui leur auront fait grâce la veille en faveur de l'ariette et de la roulade se croiront obligés à la même indulgence quand elle sera réclamée d'eux par la pantomime ou par la déclamation d'un acteur à la mode.

Il y a encore de l'invraisemblance dans un petit proverbe intitulé *le Mannequin.* Un fat est mis en présence de ce mannequin que l'on a habillé en jolie femme; on lui a persuadé que la poupée était immensément riche; il renonce pour elle à la main d'une jeune héritière qui aime un peintre dont elle est aimée; il prend pour un consentement le silence du mannequin avec lequel on lui a ménagé un tête à tête; il se jette à ses genoux et ne reconnait son erreur qu'en lui baisant la main. Mais l'invraisemblance, quelque forte qu'elle soit, est adoucie et sauvée même, jusqu'à un certain point, par des précautions ménagées avec assez d'adresse, et si c'est encore une folie, elle est du moins beaucoup plus courte, et en cela d'autant meilleure que celle de M. de Kernadec.

Les autres pièces de madame de Staël se rapprochent plus de sa manière et de son genre de talent. Cette femme si vive dans la conversation et dont on cite un si grand nombre de reparties étincelantes d'esprit et de malice, manque presque totalement de gaieté dans ses productions écrites. On ne pouvait point lui en demander dans ses ouvrages politiques et moraux; mais il semble que dans ses deux romans elle aurait pu, à l'exemple de Richardson et de J.-J. Rousseau, donner place à quelques personnages moins imposants, moins sententieux, et, pour me servir d'une de ses expressions favorites, moins solennels que ceux qui y figurent avec leur physionomie constamment sérieuse et leur gravité monotone. Tel n'était point le tour d'esprit de l'auteur; madame de Staël disserte, professe des doctrines, et s'abandonne au sentiment qui la domine; mais le rire ne vient jamais se placer sur ses lèvres; l'enjouement qu'elle portait dans sa société intime ne passe point dans ses ouvrages; quand elle s'adresse au public, c'est pour lui donner des leçons avec un phlegme tout philosophique, ou pour lui parler le langage des passions les plus exaltées. De là cette tension habituelle de style que jamais un contraste comique ne vient adoucir, et dans la peinture même des affections profondes, cette uniformité de ton qui fait toujours reconnaître la voix de l'auteur, s'exprimant par l'organe de Corinne, de Delphine, de Léonce, de Nelvil, comme par la bouche de la signora Fantastici, comme par celle d'*Agar dans le désert*, de *Geneviève de Brabant*, de la *Sunamite* et de *Sapho*.

Ces quatre drames complètent le théâtre de madame de Staël, et chacun d'eux appelle quelques observations. Dans les trois premiers, madame de Staël a essayé de peindre, avec des nuances et dans des positions différentes, un des sentiments qui régnèrent le plus impérieusement sur son cœur, l'amour maternel; et j'ai remarqué que, chez elle, ni cette passion, ni aucune autre, ne fut séparée d'un respect sincèrement et quelquefois même courageusement exprimé pour les idées religieuses. Dans *Agar*, elle nous retrace, d'après le récit touchant de la *Genèse*, les angoisses d'une mère qui, dans un désert brûlant, surprise avec son jeune enfant par le tourment dévorant de la soif, se refuse à soulager ses propres besoins, et se dévoue à la mort pour prolonger les jours de l'être auquel elle ne pourrait survivre. Cette situation est déchirante et le devient bien davantage, lorsque, occupée des plus tendres soins pour préserver cette tête chérie des rayons du soleil, la malheureuse mère renverse le vase où était renfermée la faible et dernière ressource qu'elle réservait à son enfant; Ismaël meurt; la mère, dans son affreux désespoir, n'oublie pas néanmoins d'invoquer le ciel, et lui demande pour unique consolation, la faveur d'expirer à l'instant sur le corps de son fils; une musique céleste se fait entendre; l'ange du Seigneur apparaît, frappe le rocher, en fait jaillir une eau salutaire, et rappelle Ismaël à la vie. Cette pièce n'a qu'une scène, mais madame de Staël parcourt tous les degrés du sentiment qu'elle a voulu retracer, et lors même qu'elle est arrivée aux dernières limites de la plus sublime et de la plus douce des passions, on sent que pour les atteindre il ne lui en a coûté ni fatigues, ni efforts. Il est utile de comparer à l'*Agar* de madame de Staël, l'*Agar* d'une autre dame non moins célèbre; la pièce de madame de Genlis est antérieure de dix ans à celle de sa brillante rivale, et il faut avouer que le dernier de ces ouvrages, composé sur le même modèle et dans les mêmes proportions, ne peut être au fond considéré que comme une copie; mais c'est là, je dois l'avouer, son seul titre d'infériorité, et entre les deux imitatrices du texte sacré, l'époque seule déciderait à laquelle des deux devrait appartenir la victoire.

L'histoire de Geneviève, comtesse de Brabant, est trop populaire pour que l'analyse de la pièce dont elle est l'héroïne ne semblât point superflue; c'est encore une mère qui paraît sur la scène, mais une mère proscrite, persécutée, victime de la calomnie. Après dix ans de malheurs inouis, Geneviève ne connaît plus que pour sa fille la douleur et les alarmes; enfin l'innocence est reconnue et proclamée sur la tombe du calomniateur, invention dramatique et qui appartient à madame de Staël. A cet épisode près, elle a suivi très fidèlement les traditions des vieilles chroniques; une teinte religieuse répand sur l'ensemble du drame un charme inexprimable; le caractère de l'ermite est vigoureusement dessiné; il n'est pas jusqu'à la biche, nourrice et compagne fidèle de la fille de Geneviève, sur qui madame de Staël n'ait appelé un intérêt aussi vif que naturel. On frémit, lorsqu'Adolphe, qui ne connaît encore ni sa mère ni sa sœur, est prêt à faire sur l'innocent animal le premier essai de son adresse ; sa jeune sœur se jette à genoux et obtient la grace de sa nourrice ; cette situation amène entre les deux enfants une scène où respirent toute la naïveté de leur âge et une sensibilité touchante ; en général, dans aucune autre pièce, madame de Staël n'a mieux assorti ses couleurs et son style à la nature de sujet, et j'ose croire que si un théâtre obtenait la permission de jouer *Geneviève de Brabant*, le plaisir que ferait la représentation est assuré par celui que donne la simple lecture.

Il faut oublier que madame de Staël a tiré de l'Écriture Sainte le sujet de *la Sunamite*, ou plutôt il faut lui reprocher à elle-même de l'avoir beaucoup trop oublié. Les personnages seuls sont historiques ; les motifs ainsi que les détails de leur conduite sont entièrement d'invention. Dans la *Bible*, l'enfant de la Sunamite ressuscité par le prophète Élisée, est un jeune fils qu'un accident imprévu, mais ordinaire, vient de conduire au tombeau. C'est une fille que madame de Staël donne à la femme de Sunem, mais une fille parée de toutes les graces de l'adolescence, une fille qui fait l'orgueil d'une superbe mère, et dont la mort est un châtiment infligé à la vanité maternelle, comme sa résurrection est la récompense du repentir, de la résignation et de la confiance de cette mère désolée. Le drame de madame de Staël est touchant, mais beaucoup moins, ce semble, que le récit naïf du livre sacré. S'il est permis, lorsqu'on adapte à la scène un sujet profane, d'en altérer les circonstances, cette licence, qui a pourtant ses bornes, n'est jamais autorisée dans les sujets empruntés à des livres dont toutes les lettres étaient comptées, et où le plus léger changement peut paraître au moins un manque de convenance et de respect envers l'esprit divin qui les a inspirés. Voyez avec quelle religieuse exactitude Racine a traité les deux sujets que lui a fournis l'Écriture Sainte. Dans *Athalie* comme dans *Esther*, les caractères, les discours, les pensées, les sentiments, tout, jusqu'à la distribution des scènes, est conforme à l'original. Le poète ne fait que traduire, que revêtir des couleurs poétiques de sa langue, que paraphraser le texte primitif; et lors même qu'il se donne le plus de carrière, lorsqu'il invente le tour ou l'expression, les yeux toujours fixés sur son modèle, il lui demande, il lui dérobe encore les secrets de son style, ses images hardies, ses mouvements sublimes. Pour qui ne connaît point, ou qui ne connaît qu'imparfaitement l'ensemble de l'Écriture, l'auteur d'*Esther* et d'*Athalie* paraît souvent créer lors même qu'il n'est qu'un heureux imitateur, et que son plus beau titre de gloire est d'avoir recueilli et resserré dans le sujet qu'il traite les traits d'éloquence ou de sentiment disséminés dans les livres saints.

Madame de Staël, loin de s'astreindre, comme Racine, à ce système d'imitation, a tout changé, le fond du sujet et le langage de l'Écriture, et l'on voit qu'elle n'a même connu ni l'époque, ni le lieu de la scène. Elle suppose que Sémida, la fille de la Sunamite a été vouée à Dieu par son père expirant, et que sa jeunesse a été consacrée au service du temple du Seigneur. Mais, dans le temps de la prédication d'Élisée, le schisme était établi entre Israël et Juda. Sunem était dans la circonscription des dix tribus séparées de Jérusalem, et le petit nombre de familles restées fidèles au milieu du schisme et de l'idolatrie ne pouvaient être admises à sacrifier dans le seul temple de la terre où Dieu voulait être adoré. C'était en faveur de ces familles que Dieu suscitait encore des prophètes en Israël, pour les faire persévérer dans la foi, et ramener au centre de l'unité celles qui étaient égarées. Le miracle opéré par Élysée sur le fils de la Sunamite, ne permet pas de douter que la maison de cette femme ne fût une de celles qui, par leur fidélité constante, avaient mérité d'attirer sur elles la bénédiction du ciel; mais ces faveurs toutes spéciales, ne pouvaient supposer le droit d'être admis ostensiblement dans le temple, et encore moins d'être consacré au service du culte, d'y brûler l'encens dans le sanctuaire, comme le dit madame de Staël, d'y chanter les louanges de l'Éternel, d'y filer les vêtements des sacrificateurs. Il y a donc ici une faute grave contre la vérité historique, et un oubli total des lois et des usages de la nation juive; et cette faute, que j'ai dû relever, prouve de nouveau ce que nous avons eu occasion de remarquer déjà plus d'une fois, que madame de Staël précipitait son travail plus qu'elle ne mûrissait ses études, et apportait aux choses les plus sérieuses cette espèce de négligence philoso-

phique qui est un des caractères les plus marquants
de la littérature du XVIIIe siècle, et que l'on honore
du nom de légèreté, quand on l'oppose avec une
vaniteuse complaisance à la patience, à la sagesse,
à l'érudition consciencieuse des écrivains des siècles
précédents.

Le style de la Sunamite a aussi ses anachronismes.
Madame de Staël y recherche habituellement, et
elle y rencontre quelquefois les formes et les tournures du style oriental; mais elle s'attache de préférence à ce qu'elles ont, du moins dans une traduction trop littérale, de bizarre et d'outré; et quand
elle perd un instant ce guide, qu'elle suit à pas si
inégaux et si mal assurés, elle retombe alors dans
ses habitudes de néologisme et d'enluminure que
le contraste du sujet rend plus choquantes; les
exemples se présentent en foule, mais pressé par
le temps, je crois devoir épargner des citations
qui jetteraient sur cette partie de l'examen plus
de gaieté que ne le comporte la gravité de la matière, que ne le permet l'excellente intention dans
laquelle le drame de *la Sunamite* a été composé.

Les trois ouvrages précédents sont consacrés au
triomphe de l'amour maternel. Dans *Agar*, madame
de Staël a peint le désespoir d'une mère qui voit
son fils unique succomber aux tourments d'une
lente et douloureuse agonie; dans *Geneviève de
Brabant*, la courageuse fermeté qu'inspire à une
femme calomniée le sentiment de sa vertu et le
désir de se conserver pour une fille, cause inno-
cente, compagne et unique consolation de ses mal-

heurs; dans *la Sunamite*, l'orgueil d'une mère punie par la perte de l'unique objet de ses complaisances et de ses adorations, et le même orgueil brisé devant le sentiment religieux qui, lui obtenant son pardon, lui rend une fille à laquelle elle n'accorde plus que la seconde place dans son cœur. De ce mélange des plus puissantes affections de la religion et de la nature, madame de Staël ne pouvait manquer de tirer d'heureux effets, et quoiqu'on regrette de ne pas trouver dans deux de ces ouvrages une connaissance plus profonde des principes de l'art dramatique, plus de variété dans les tons, plus de naturel dans l'expression, et sur-tout plus d'exactitude dans la peinture des mœurs historiques, les motifs de l'auteur combattent en sa faveur contre la sévérité de la critique, et, sans lui prescrire un silence absolu, l'obligent du moins à adoucir l'âpreté de son langage.

Les mêmes raisons ne militent point en faveur de *Sapho*. Madame de Staël a délayé dans une longue tragédie en cinq actes et en prose, les incidents de la catastrophe qui termina la passion désordonnée et les jours de cette fameuse Lesbienne. L'action est simple, et presque littéralement copiée de l'*Ariane* de Thomas Corneille; Sapho, éperdument éprise de Phaon, a une rivale dans la fille d'une amie qui est en même temps sa confidente; Phaon, emporté comme Thésée par un amour qui est en même temps un parjure, sacrifie Sapho à la jeune Cléone, ainsi que Thésée sacrifie Ariadne à Phèdre. Ariadne désespérée se jette sur l'épée de Pirithoüs; Sapho se précipite du haut du rocher de Leucade. Les situations sont les mêmes; les accessoires et le style sont différents; cette différence, qui est très grande, est tout à l'avantage de Thomas Corneille; sa versification faible, mais naturelle, est très supérieure à la prose tendue et incorrecte de madame de Staël. D'ailleurs, la passion d'Ariadne, justifiée par les services qu'elle a rendus à son amant, et par les promesses qu'elle en a reçues en retour, est bien autrement attachante pour nous que les emportements déréglés d'une femme qui ne parle que de la beauté et de la jeunesse de son amant, et chez qui l'amour est plutôt une fureur qu'une faiblesse excusable. On plaint Ariadne qui ne mérite point d'être trahie; dans *Sapho*, l'intérêt s'attache tout entier à la jeune Cléone, et cette préférence est si naturelle, que peut-être, en y regardant de plus près, madame de Staël aurait senti qu'il lui était impossible de traiter convenablement un sujet dont l'héroïne est un objet de dégoût, et qui, malgré tous ses talents, est sacrifiée d'avance par le lecteur avant de l'être par son amant.

L'ouvrage de madame de Staël le plus important, non pour l'étendue, mais pour l'intérêt des récits, non pour le développement, mais pour la justesse des réflexions, pour le piquant des anecdotes, pour la vérité des sentiments, est aussi le dernier dont il reste à faire l'analyse. Cet ouvrage, intitulé *Dix années d'Exil*, est une suite de mémoires particuliers dans lesquels madame de Staël raconte l'histoire des persécutions opiniâtres dirigées contre elle par la politique ombrageuse de Bonaparte. Pendant tout le règne de l'usurpation, madame de Staël ne cessa d'attirer l'attention d'un gouvernement inquiet, parce qu'il était illégitime; défiant, parce qu'il n'avait aucune base dans l'opinion; ennemi des talents, parce qu'il redoutait toutes les supériorités qui n'étaient pas son ouvrage, et parce que le silence du génie est une protestation éloquente contre le despotisme. Dans cet ouvrage, madame de Staël ne parle que d'elle ou des autres par rapport à elle, et cependant on ne pense point à l'accuser d'égoïsme. Elle raconte ses aventures; elle a annoncé franchement son dessein; on l'écoute avec plaisir; on croit assister à l'une de ses conversations, et recevoir quelques-unes de ses confidences; d'ailleurs les évènements dont elle entretient ses lecteurs sont presque tous des évènements publics; la plupart des personnages qu'elle produit appartiennent déjà à l'histoire, ou par le caractère de leur existence politique, ils sont un peu plus tôt, un peu plus tard dévolus à sa juridiction souveraine. Il en est dont elle croit avoir à se plaindre; elle ne se venge qu'en citant les faits, sans les mêler de réflexions amères, sans en affaiblir l'autorité par des intentions personnelles. Il en est dont elle a à se louer, et, si elle est laconique dans ses censures, sa reconnaissance est verbeuse, et quelquefois même diffuse. Parmi ses ennemis elle ne nomme que les personnages dont l'intervention est de nature à ce qu'une réticence soit superflue, et qui seraient nommés par leurs fonctions, s'ils ne l'étaient point par l'auteur. Il ne faut pas chercher dans les mémoires particuliers de madame de Staël ces chroniques scandaleuses dont d'autres ont fourni le honteux et coupable modèle, où les mystères des unions les plus intimes, les secrets des familles et les réputations garanties du moins par une heureuse obscurité, ont été immolées à la curiosité publique, prostituées à la vanité ou aux ressentiments d'un écrivain, et livrées à l'éclat d'une funeste immortalité. En se respectant elle-même, madame de Staël respecte également les mœurs, les convenances, les lois de l'honneur, de la confiance et de l'amitié. L'auteur des malheurs de madame de Staël y est jugé sans doute avec une rigoureuse impartialité; mais l'histoire, que Cicéron appelle la voix du genre humain, sera bien autrement sévère que madame de Staël; car le genre humain s'exprimant par l'organe de son inflexible interprète n'aura pas, comme madame de Staël, à se défendre contre les préventions qu'inspire à une âme généreuse le sentiment de ses injures personnelles.

L'ouvrage des *Dix années d'Exil* a été composé en Suède dans les années 1810 à 1813. Il comprend tous les évènements relatifs à madame de Staël, d'abord depuis l'an 1800, antérieur de deux ans à l'époque de son premier exil, jusques à 1804, époque de la mort de M. Necker. Là se trouve une lacune de six années, que la mort prématurée de madame de Staël ne lui a pas permis de remplir, mais dont on retrouve les principales ébauches dans ses *Considérations sur la Révolution française*. La narration recommence en 1810, c'est-à-dire au moment où madame de Staël reçut pour la seconde fois l'ordre de sortir de France, et elle s'arrête à l'arrivée de madame de Staël en Suède pendant l'automne de 1812. Comme son premier exil date de 1802, c'est l'intervalle écoulé entre 1802 et 1812 qui donne au livre le titre de *Dix années d'Exil*, quoique, dans la réalité, il ne comprenne que le récit de quatre années d'exil, et des deux ans qui ont précédé le premier.

J'ai parcouru la liste des nombreux et importants ouvrages de madame de Staël; j'ai cru devoir un examen détaillé au mérite incontestable de leur auteur, et les développements que je me suis permis sont un hommage rendu à sa réputation. Ses erreurs m'ont paru dangereuses, je l'ai dit avec franchise, mais, j'ose le croire, avec tous les ménagements et les égards que réclamaient le nom, le sexe, la mort récente et le talent de madame de Staël. Plus libre dans l'exercice de la critique littéraire, j'ai relevé sévèrement et les doctrines ultra-rhénanes et le style prétentieux et métaphysique de cette femme célèbre; mais j'ai appelé une juste admiration sur quelques parties de ses deux romans, sur l'éloquence de son plaidoyer pour la reine, sur l'élégance et le pathétique de son drame de *Geneviève de Brabant*, sur les sentiments élevés du récit de ses *Dix ans d'Exil*. Après avoir distribué avec toute l'impartialité dont je suis capable le blâme et la louange sur les différents ouvrages et sur les différentes parties des ouvrages de madame de Staël, je ne me permettrai point de lui assigner un rang parmi nos écrivains. Madame de Staël, par son talent, est une exception à son sexe, et, par l'usage singulier qu'elle en a fait, elle est encore une exception en littérature.

Duviquet.

MORCEAUX CHOISIS.

I. Le Vésuve.

Au pied du Vésuve, la campagne est la plus fertile et la mieux cultivée que l'on puisse trouver dans le royaume de Naples, c'est-à-dire dans la contrée de l'Europe la plus favorisée du ciel. La vigne célèbre, dont le vin est appelé *Lacryma Christi*, se trouve dans cet endroit, et tout à côté des terres dévastées par la lave. On dirait que la nature a fait un dernier effort en ce lieu voisin du volcan, et s'est parée de ses plus beaux dons avant de périr. A mesure que l'on s'élève, on découvre, en se retournant, Naples et l'admirable pays qui l'environne. Les rayons du soleil font scintiller la mer comme des pierres précieuses; mais toute la splendeur de la création s'éteint par degrés jusques à la terre de cendre et de fumée, qui annonce d'avance l'approche du volcan. Les laves ferrugineuses des années précédentes tracent sur le sol leur large et noir sillon; et tout est aride autour d'elles. A une certaine hauteur, les oiseaux ne volent plus, à telle autre, les plantes deviennent très rares, puis les insectes mêmes ne trouvent plus rien pour subsister dans cette nature consumée. Enfin, tout ce qui a vie disparaît, vous entrez dans l'empire de la Mort, et la cendre de cette terre pulvérisée roule seule sous vos pieds mal affermis :

> Nè greggi nè armenti
> Guida bifolco mai, guida pastore.

« Jamais le berger ni le pasteur ne conduisent en ce lieu ni leurs brebis ni leurs troupeaux. »

Un ermite habite là sur les confins de la vie et de la mort. Un arbre, le dernier adieu de la végétation, est devant sa porte ; et c'est à l'ombrage de son pâle feuillage que les voyageurs ont coutume d'attendre que la nuit vienne pour continuer leur route. Car, pendant le jour, les feux du Vésuve ne s'aperçoivent que comme un nuage de fumée, et la lave si ardente de nuit n'est que sombre à la clarté du soleil. Cette métamorphose elle-même est un beau spectacle, qui renouvelle chaque soir l'étonnement que la continuité du même aspect pourrait affaiblir.

Corinne, liv. XI.

II. Attila.

Enfin il paraît, ce terrible Attila, au milieu des flammes qui ont consumé la ville d'Aquilée ; il s'assied sur les ruines des palais qu'il vient de renverser, et semble à lui seul chargé d'accomplir en un jour l'œuvre des siècles. Il a comme une sorte de superstition envers lui-même, il est l'objet de son culte, il croit en lui, et il se regarde comme l'instrument des décrets du ciel, et cette conviction mêle un certain système d'équité à ses crimes. Il reproche à ses ennemis leurs fautes, comme s'il n'en avait pas commis plus qu'eux tous ; il est féroce, et néanmoins c'est un barbare généreux ; il est despote, et se montre pourtant fidèle à sa promesse ; enfin, au milieu des richesses du monde, il vit comme un soldat, et ne demande à la terre que la jouissance de la conquérir *.

De l'Allemagne, IIe partie, chap. xxiv.

STANCE. En parlant de l'ode moderne, stance et strophe sont synonymes. Mais comme dans l'article STROPHE je m'occuperai spécialement de la forme de l'ode antique, je distingue ici sous le nom de stance la coupe de l'ode française.

La stance est une période poétique symétriquement composée. Il est bien vrai qu'assez souvent elle contient plusieurs sens finis, et qu'aussi quelquefois le sens n'en est que suspendu ; mais je la prends pour la définir dans sa forme la plus régulière ; et au gré de l'oreille comme au gré de l'esprit, la stance la mieux arrondie est celle dont le cercle embrasse une pensée unique, et qui se termine comme elle et avec elle par un plein repos.

J'ai dit quelle était la mesure de la période oratoire. (*Voyez* PÉRIODE). Celle de la stance est à peu près la même, et comme la moindre étendue qu'elle ait pu se donner est celle de quatre petits vers, la plus grande est celle de dix vers de huit

* Ce portrait d'Attila, dans lequel Bonaparte crut se reconnaître, fut une des principales causes de la suppression de l'ouvrage *de l'Allemagne*. F.

96 STANCE.

syllabes ou de six vers alexandrins. (*Voyez* période.)

Des distiques, accolés l'un à l'autre ne sauraient former une stance harmonieuse, et cet exemple de Malherbe :

> Il n'est rien ici bas d'éternelle durée.
> Une chose qui plaît n'est jamais assurée :
> L'épine suit la rose, et ceux qui sont contents
> Ne le sont pas long-temps.

cet exemple lui-même fera sentir que la rime plate soutiendrait mal le ton de l'ode et manquerait de grace dans les stances légères. L'oreille y veut au moins quelque entrelacement de rimes, et permet tout au plus un distique isolé à la fin de la stance, comme dans l'octave italienne, encore l'essai qu'en a fait Malherbe n'a-t-il rien de bien séduisant :

> Laisse-moi, raison importune;
> Cesse d'affliger mon repos,
> En me faisant, mal à propos,
> Désespérer de ma fortune.
> Tu perds temps de me secourir,
> Puisque je ne veux point guérir.

Rousseau n'a pas laissé d'employer une fois cette forme de stance; mais pour donner au distique final une cadence harmonieuse, il l'a formé de deux vers héroiques :

> Seigneur, dans ta gloire adorable
> Quel mortel est digne d'entrer?
> Qui pourra, grand Dieu, pénétrer
> Ce sanctuaire impénétrable,

Où tes saints inclinés, d'un œil respectueux,
Contemplent de ton front l'éclat majestueux?

En indiquant le vers masculin par un *m* et le féminin par un *f*, je vais figurer les diverses combinaisons dont est susceptible la stance. Mais je dois faire observer d'abord que la clôture n'en est bien marquée que par un vers masculin, et qu'une désinence muette ne la termine jamais bien. Aussi, dans le haut ton de l'ode, nos poètes ont-ils évité cette cadence molle et faible. Rousseau, dans ses odes sacrées, se l'est permise une seule fois :

> Peuples, élevez vos concerts;
> Poussez des cris de joie et des chants de victoire,
> Voici le roi de l'univers,
> Qui vient faire éclater son triomphe et sa gloire.

et une fois dans ses odes profanes :

> Trop heureux qui, du champ par ses pères laissé,
> Peut parcourir au loin les limites antiques,
> Sans redouter les cris de l'orphelin chassé
> Du sein de ses dieux domestiques!

Ce n'est que dans l'ode familière et badine, dont la grace est la nonchalance, qu'il sied de donner à la stance ce caractère de mollesse, comme dans l'ode à l'abbé de Chaulieu :

> Je ne prends point pour vertu
> Les noirs accès de tristesse
> D'un loup-garou revêtu
> Des habits de la sagesse.
> Plus légère que le vent,
> Elle fuit d'un faux savant

> La sombre mélancolie,
> Et se sauve bien souvent
> Dans les bras de la folie.

Je dois faire observer encore que les poésies régulières n'admettent guère, d'une stance à l'autre, la succession de deux vers masculins ou féminins de rime différente. C'est une dissonnance qui déplaît à l'oreille, et si Malherbe se l'est permise dans des stances libres et négligées, comme dans celle-ci,

> Tel qu'au soir on voit le soleil
> Se jeter aux bras du sommeil,
> Tel au matin il sort de l'onde.
> Les affaires de l'homme ont un autre destin :
> Après qu'il est parti du monde,
> La nuit qui lui survient n'a jamais de matin.

> Jupiter, ami des mortels,
> Ne rejette de ses autels
> Ni requêtes, ni sacrifices, etc.

ni ce poète ni Rousseau n'ont pris souvent cette licence dans le style pompeux de l'ode. Ils ont bien senti l'un et l'autre que la succession de deux finales du même genre et de différent son, comme *matin* et *mortels*, était déplaisante à l'oreille, et que, dans un poème qui par essence doit être harmonieux, il fallait l'éviter.

Parmi les stances que je vais figurer on distinguera aisément celles qui n'ont aucun de ces deux vices, et ce seront les seules dont je donnerai des exemples.

Stances de quatre vers.

F, m, f, m.

STANCE.

M, f, m, f.
M, f, f, m.
F, m, m, f.

La première coupe est la seule qui convienne également à la poésie légère et à la poésie majestueuse.

> Votre désert est sauvage ;
> Dans un plus sauvage encor,
> Angélique, fière et sage,
> Rencontra le beau Médor.
> (DESHOULIÈRES.)

Combien nous avons vu d'éloges unanimes
Condamnés, démentis par un honteux retour ;
Et combien de héros glorieux, magnanimes,
    Ont vécu trop d'un jour !
        (ROUSSEAU.)

Stances de cinq vers.

Dans la stance de cinq vers, l'une des deux rimes est triple, comme dans tous les nombres impairs.

F, m, f, f, m.
F, m, m, f, m.
M, f, m, m, f.
M, f, f, m, f.
M, f, m, f, m.
F, m, f, m, f.

De ces combinaisons, les deux premières sont les seules qui conviennent à l'ode.

> Oh ! que ne puis-je sur les ailes
> Dont Dédale fut possesseur,
> Voler aux lieux où tu m'appelles,

STANCE.

Et de tes chansons immortelles
Partager l'aimable douceur !

(ROUSSEAU.)

Pardonne, Dieu puissant, pardonne à ma faiblesse.
A l'aspect des méchants, confus, épouvanté,
Le trouble m'a saisi, mes pas ont hésité :
Mon zèle m'a trahi, Seigneur, je le confesse,
En voyant leur prospérité.

(ROUSSEAU.)

Stances de six vers.

Elles se divisent de deux en deux vers, rimes croisées ; ou en un quatrain et un distique, ou mieux encore en deux tercets.

F, m; f, m; f, m.

Ce n'est point par effort qu'on aime;
L'amour est jaloux de ses droits.
Il ne dépend que de lui-même,
On ne l'obtient que par son choix :
Tout reconnaît sa loi suprême,
Lui seul ne connaît point de lois.

(ROUSSEAU.)

F, m, m, f; m, m.

Soit que de ses douces merveilles
Sa parole enchante les sens,
Soit que sa voix, de ses accents,
Frappe les cœurs par les oreilles,
A qui ne fait-elle avouer
Qu'on ne la peut assez louer ?

(MALHERBE.)

F, f, m; f, f, m.

Vous avez vu tomber les plus illustres têtes ;
Et vous pourriez encore, insensés que vous êtes,

Ignorer le tribut que l'on doit à la mort!
Non, non, tout doit franchir ce terrible passage :
Le riche et l'indigent, l'imprudent et le sage,
Sujets à même loi, subissent même sort.
(Rousseau.)

Cet enlacement est celui que Malherbe et Rousseau, dans la stance de six vers, ont le plus fréquemment employé, comme le plus harmonieux.

Les autres coupes du sixain ont été comme rebutées.

M, f, m; f, m, f.
M, m, f; m, m, f.
M, f, f; m, f, f.
F, m, m; f, m, m.
M, m, f; m, f, m.

Et la dernière est la seule qu'on trouve dans Rousseau, encore n'est-ce qu'une fois.

Renonçons au stérile appui
Des grands qu'on implore aujourd'hui.
Ne fondons point sur eux une espérance folle.
Leur pompe, indigne de nos vœux,
N'est qu'un simulacre frivole ;
Et les solides biens ne dépendent pas d'eux.

Stances de sept vers.

La stance de sept vers est composée d'un quatrain et d'un tercet, en sorte que l'une des deux rimes de la première partie est redoublée dans la seconde.

F, m, m, f; m, f, m.
L'hypocrite, en fraudes fertile,
Dès l'enfance est pétri de fard ;

Il sait colorer avec art
Le fiel que sa bouche distille;
Et la morsure du serpent
Est moins aiguë et moins subtile
Que le venin caché que sa langue répand.

(Rousseau.)

Dans la troisième et la huitième du troisième livre des odes de Rousseau, l'entrelacement est encore le même; et en effet c'est la seule façon de rendre harmonieuse la stance de sept vers.

Stances de huit vers.

Les Italiens divisent leur octave en un sixain et un distique.

La verginella è simile alla rosa,
Ch' in bel giardin, sulla nativa spina,
Mentre sola e sicura si riposa,
Nè gregge nè pastor sele avvicina;
L'aura soave e l'alba rugiadosa,
L'acqua e la terra al suo favor s'inchina;
Giovani vaghi, e donne innamorate
Amano averne e seni e tempie ornate.

Mais la coupe la plus naturelle de la stance de huit vers est celle qui la divise en deux quatrains, ou sur des rimes redoublées, comme dans ce chœur de Cyclopes,

Travaillons, Vénus nous l'ordonne.
Excitons ces feux allumés,
Déchaînons ces vents enfermés;
Que la flamme nous environne;
Que l'airain écume et bouillonne,

STANCE.

Que mille dards en soient formés ;
Que sous nos marteaux enflammés,
A grand bruit l'enclume résonne.

(Rousseau.)

ou sur deux rimes différentes, comme dans ces vers :

La campagne a perdu les fleurs qui l'embellissent ;
Les oiseaux ne font plus d'agréables concerts ;
Les bois sont dépouillés de leurs feuillages verts :
N'est-il point encor temps que mes craintes finissent ?
Qui peut empêcher le retour
De ce jeune héros, si cher à ma mémoire ?
Hélas ! n'a-t-il donc point assez fait pour la gloire ?
Et ne doit-il rien à l'amour ?

(Deshoulières.)

Stances de neuf vers.

Elle se divise en un quatrain et une stance de cinq vers.

F, m, f, m; f, f, m, f, m.
De la veuve de Sichée
L'histoire vous a fait peur :
Didon mourut attachée
Au char d'un amant trompeur.
Mais l'imprudente mortelle
N'eut à se plaindre que d'elle ;
Ce fut sa faute, en un mot :
A quoi songeait cette belle
De prendre un amant dévot ?

(Rousseau.)

M, f, m, f; m, m, f, m, f.
Homère adoucit mes mœurs
Par ses riantes images ;

STANCE.

> Sénèque aigrit mes humeurs
> Par ses préceptes sauvages.
> En vain, d'un ton de rhéteur,
> Epictète à son lecteur
> Prêche le bonheur suprême ;
> J'y trouve un consolateur
> Plus affligé que moi-même.
>
> (Rousseau.)

Dans le genre gracieux et badin, cette forme a quelque chose de plus libre et de plus léger que le dixain, dont je vais parler tout à l'heure.

Stances de dix vers.

C'est ici la forme la plus harmonieuse de la stance française : elle se construit régulièrement de deux manières.

F, m, f, m ; f, f, m ; f, f, m.
F, m, m, f ; m, m, f ; m, f, m.

La première est en même temps la plus symétrique et la plus majestueuse.

> Héros cruels et sanguinaires,
> Cessez de vous enorgueillir
> De ces lauriers imaginaires
> Que Bellone vous fit cueillir :
> En vain le destructeur rapide
> De Marc-Antoine et de Lépide
> Remplissait l'univers d'horreur ;
> Il n'eût point eu le nom d'Auguste,
> Sans cet empire heureux et juste
> Qui fit oublier ses fureurs.
>
> (Rousseau.)

La seconde coupe est encore belle ; mais elle n'a ni la même pompe, ni la même impulsion. On en voit un exemple dans l'ode où ce même poète nous peint les vertus d'un bon roi :

> Son trône deviendra l'asyle
> De l'orphelin persécuté ;
> Son équitable austérité
> Soutiendra le faible pupille.
> Le pauvre, sous ce défenseur,
> Ne craindra plus que l'oppresseur
> Lui ravisse son héritage ;
> Et le champ qu'il aura semé
> Ne deviendra plus le partage
> De l'usurpateur affamé.

Le vers qui donne le plus de nombre et de majesté à cette grande période, c'est le vers de huit syllabes ; et dans Malherbe on en voit des exemples que Rousseau n'a pas surpassés. Quelquefois même le vieux poète a je ne sais quoi de plus antique dans ses tours et dans ses mouvements, et de plus approchant de la verve d'Horace.

> La discorde aux crins de couleuvre,
> Peste fatale aux potentats,
> Ne finit ses tragiques œuvres
> Qu'à la fin même des états.
> D'elle naquit la frénésie
> De la Grèce contre l'Asie ;
> Et d'elle prirent le flambeau
> Dont ils désolèrent leur terre,
> Les deux frères de qui la guerre
> Ne cessa point dans le tombeau.

C'est en la paix que toutes choses
Succèdent selon nos désirs.
Comme au printemps naissent les roses,
En la paix naissent les plaisirs.
Elle met les pompes aux villes,
Donne aux champs les moissons fertiles ;
Et de la majesté des lois
Appuyant les pouvoirs suprêmes,
Fait demeurer les diadèmes
Fermes sur les têtes des rois.

Ce fut encore Malherbe qui donna le modèle de la stance de dix vers de sept syllabes, et qui nous apprit quel noble caractère le nombre pouvait lui imprimer, comme dans l'ode au roi Henri-le-Grand.

Tel qu'aux vagues éperdues
Marche un fleuve impérieux,
De qui les neiges fondues
Rendent le cours furieux.
Rien n'est sûr en son rivage:
Ce qu'il trouve, il le ravage;
Et traînant comme buissons
Les chênes et leurs racines,
Ote aux campagnes voisines
L'espérance des moissons.

Tel et plus épouvantable
S'en allait ce conquérant,
A son pouvoir indomptable
Sa colère mesurant.
Son front avait une audace
Telle que Mars en la Thrace ;
Et les éclairs de ses yeux
Étaient comme d'un tonnerre

STANCE.

Qui gronde contre la terre,
Quand elle a fâché les cieux.

On voit que la marche de ce vers peut être à la fois rapide et ferme, lorsqu'on sait donner à ses nombres du poids et de l'impulsion; mais il a une propriété qui le distingue du vers de huit syllabes : c'est sa légèreté dans les choses badines, lorsqu'il saisit le rhythme du vers d'Anacréon, dont la mesure est son modèle.

La division symétrique de la stance de dix vers est un quatrain et deux tercets; et Rousseau l'a presque toujours observée. Mais Malherbe ne s'y était pas assujetti; et dans les exemples que j'en ai cités, l'on peut voir ce qui lui arrive le plus souvent; savoir, de marquer le repos au sixième vers, et de lier le septième avec les trois autres : quelquefois même il fait couler rapidement les six derniers sans aucune pause, comme dans l'ode à la régente.

Que saurait enseigner aux princes
Le grand démon qui les conduit,
Dont ta sagesse, en nos provinces,
Chaque jour n'épande le fruit?
Et qui justement ne peut dire,
A te voir régir cet empire,
Que si ton heur était pareil
A tes admirables mérites,
Tu ferais, dedans ses limites,
Lever et coucher le soleil?

Ce rhythme indécis et irrégulier peut trouver son excuse, en ce que d'une haleine on prononce aisément et sans fatigue six vers de huit syllabes;

mais les poètes qui auront l'oreille scrupuleuse préféreront la coupe de Rousseau.

Quelques poètes ont fait le dixain en vers de douze, mêlés de vers de huit ; mais la période me semble alors trop étendue, et sa marche pénible et lente. C'est à la stance de quatre ou de six vers au plus que convient le vers héroïque :

> Pour qui compte les jours d'une vie inutile,
> L'âge du vieux Priam passe celui d'Hector.
> Pour qui compte les faits, les ans du jeune Achille
>   L'égalent à Nestor.

> Le ciel nous vend toujours les biens qu'il nous prodigue.
> Vainement un mortel se plaint et le fatigue
>   De ses cris superflus :
> L'âme d'un vrai héros, tranquille, courageuse,
> Sait comme il faut souffrir d'une vie orageuse
>   Le flux et le reflux.

> Tantôt vous tracerez la course de votre onde ;
> Tantôt d'un fer courbé dirigeant vos ormeaux,
> Vous ferez remonter leur sève vagabonde
>   Dans de plus utiles rameaux.

L'on voit dans ces exemples non-seulement l'art d'entremêler au gré de l'oreille les petits vers avec les grands, mais encore quels sont les petits vers que l'oreille a choisis pour bien assortir ce mélange. Le vers de six syllabes doit naturellement s'allier avec celui de douze, puisqu'il en est un hémistiche. Celui de sept, dont la mesure est tronquée, et le rhythme précipité, ne s'accommode pas de même au caractère du vers héroïque. Celui de huit syllabes, dont la marche est plus ferme, lui est au contraire très analogue; et une chose remarquable, c'est que leur alliance répond à celle de l'asclépiade et du vers gliconique, dont Horace a formé une si belle strophe :

> Ergo Quintilium perpetuus sopor
> Urget! Cui, Pudor, et Justitiæ soror
> Incorrupta Fides, nudaque Veritas,
>   Quando ullum invenient parem?

Tant il est vrai que les principes de l'harmonie sont immuables en poésie comme en musique, et que dans tous les temps une oreille juste et sensible aura la même prédilection pour des nombres heureux que pour d'heureux accords.

Marmontel, Éléments de Littérature.

STEELE (Richard), né à Dublin en Irlande, de parents anglais, passa de bonne heure à Londres pour y faire ses études, et eut pour condisciple le célèbre Addison, avec lequel il contracta une amitié qui dura autant que leur vie. Steele se voua d'abord à la carrière des armes, et ayant dédié son *Héros chrétien* au lord Cutts, cette attention lui valut le grade de capitaine dans un régiment de fusiliers; mais il abandonna ensuite cette carrière pour se livrer tout entier à la littérature qu'il honora autant par ses vertus que par ses talents. Il eut beaucoup de part aux écrits périodiques de son ami Addison. Ils donnèrent ensemble le *Spectateur*, Londres, 1733, 8 vol. in-12, traduit en français, 9 vol. in-12, ou 3 in-4°; puis le *Gardien*, Londres, 1734, 2 vol. in-12. On a de Steele un grand nombre d'*Écrits politiques*, des *Comédies*, la *Bibliothèque des Dames*, traduite en français en 2 vol. in-12, et le *Tatler*, Londres, 1733, 4 vol. in-12.

Cet estimable écrivain mourut en 1729, dans une de ses terres, où il s'était retiré, près de Carmarthen.

MORCEAU CHOISI.

L'Alchimiste.

Basilius Valentin était parvenu à une habilité supérieure dans l'art d'Hermès, et avait initié son fils Alexandrinus aux mêmes mystères; mais comme vous savez qu'on ne peut les recevoir sans des épreuves pénibles, ni sans un cœur chaste et pieux, il ne lui découvrit pas, à cause de sa jeunesse et des égarements trop naturels à cet âge, tous les sublimes secrets dont il était le maître, n'ignorant pas que le grand œuvre échouerait dans les mains d'un homme aussi sujet à l'erreur qu'Alexandrinus. Averti par un certain malaise d'esprit et de corps que sa fin approchait, il fit venir Alexandrinus, et, appuyé sur un lit vis-à-vis duquel son fils était assis, après l'avoir préparé en renvoyant les domestiques l'un après l'autre, et par plusieurs avis, à prendre garde que personne ne les écoutât, il lui révéla le plus important de ses secrets avec la solennité et le langage d'un adepte. « Mon fils, dit-il, « j'ai supporté des veilles fatigantes, de longues

« élucubrations et des travaux assidus, non-seule-
« ment pour laisser une vaste et brillante fortune
« à ma postérité, mais aussi pour parvenir à être
« exempt de postérité. Ne crains rien, mon enfant,
« je ne prétends pas que tu me seras enlevé; je veux
« dire que je ne te quitterai jamais, et, par con-
« séquent, on ne pourra dire que j'aie de postérité.
« Contemple, mon cher Alexandrinus, le résultat
« d'un travail de neuf mois : nous ne devons pas
« contrarier la nature, mais la suivre et la secon-
« der : j'ai mis à préparer cette essence de revivi-
« fication précisément le même temps que l'enfant
« repose dans le sein de sa mère. Observe cette fiole
« étroite et ce petit vase : dans l'un un baume,
« dans l'autre une liqueur. Ces élixirs, mon enfant,
« ont une vertu assez puissante pour remonter les
« ressorts de la vie quand ils viennent à s'arrêter,
« pour leur donner une force et une activité nou-
« velle, en un mot, pour ranimer tous les organes
« et les sens du corps humain, pendant aussi long-
« temps qu'il en avait joui auparavant, depuis sa
« naissance jusqu'au jour de l'application de mes
« essences. Mais, mon cher fils, il faut avoir soin
« de s'en servir dans l'intervalle de dix heures, après
« que le souffle a disparu du corps, tandis que
« l'argile est encore échauffée d'un reste de chaleur,
« et capable de renaître à la vie. Je m'aperçois
« que ma vigueur est usée par des travaux et des
« méditations continuelles; ainsi, je te conjure,
« quand je ne serai plus, de me frotter avec ce
« baume, et, quand tu verras que je commencerai

« à m'agiter, de répandre dans mes lèvres cette li-
« queur inestimable : autrement, la vertu du baume
« perdrait son efficacité; par ce moyen tu me don-
« neras la vie comme tu l'as reçue de moi; et dès-
« lors nous mettrons mutuellement de côté toute
« distinction d'autorité paternelle, et nous vivrons
« comme des frères, en préparant de nouvelles
« compositions contre le retour des évènements
« qui exigeraient encore l'application de ce remède
« salutaire. » Peu de jours après avoir déposé ces
merveilleux ingrédients dans les mains d'Alexandrinus, Valentin rendit le dernier soupir. Telle fut
la pieuse affliction de son fils pour la perte d'un
aussi excellent père, et les premiers transports de
sa douleur le rendirent tellement incapable de s'occuper d'aucune affaire, qu'il ne songea aux essences
qu'il avait reçues que lorsque le temps auquel son
père avait borné leur vertu fut expiré. Pour dire
la vérité, Alexandrinus était homme d'esprit et ami
des plaisirs ; il réfléchit que son père avait parcouru
sa carrière naturelle; que sa vie avait été longue,
uniforme et régulière; mais que pour lui, pauvre
pécheur, il avait besoin d'une vie nouvelle pour expier la conduite peu édifiante qu'il avait tenue
jusqu'alors, et, dans le secret de son cœur, il résolut de continuer à se livrer, comme il avait fait,
à tous ses penchants, mais de se repentir sincèrement, et de consacrer à la piété la vie qu'il devait
recouvrer, en réservant pour lui-même cette précieuse découverte quand le temps viendrait d'en
faire usage.

On a observé que la Providence punit d'ordinaire l'amour-propre des hommes qui s'abandonnent à une aveugle tendresse pour leur postérité, en leur donnant des enfants bien inférieurs à eux-mêmes en mérite et en vertu, de sorte qu'ils ne transmettent que leur nom à des héritiers qui attestent chaque jour la vanité des travaux et de l'ambition de leurs pères.

C'est ce qui arriva dans la famille de Valentin; car Alexandrinus commença à jouir de son ample fortune avec tout le faste d'une table délicate, d'un riche ameublement et d'un magnifique équipage; et il se livra à ces désordres jusqu'au jour où il sentit à son tour sa fin approcher. Comme Basilius avait été puni par un fils bien différent de lui-même, Alexandrinus en avait un pourvu de penchants entièrement conformes aux siens. Il est naturel que les méchants soient soupçonneux, et Alexandrinus, outre cet instinct de défiance, avait des preuves du caractère vicieux de son fils Renatus, car tel était son nom.

Alexandrinus, ayant, comme je viens de l'observer, de fort bonnes raisons pour croire qu'il ne pouvait sans danger découvrir à aucun homme vivant le secret réel de la fiole et du vase, résolut d'en assurer autrement le succès, et de fonder son espoir sur l'avarice, non sur l'affection de son bienfaiteur.

Dans cette pensée, il appela Renatus au chevet de son lit, et lui parla avec les gestes les plus expressifs et l'accent le plus pathétique : « Mon fils,

« tandis que vous vous abandonniez à la vanité et
« au plaisir en suivant l'exemple que je vous avais
« donné, nous ne pouvions ni l'un ni l'autre échap-
« per à la bienveillance ni aux salutaires effets du
« profond savoir de notre père, le fameux Basilius.
« Son symbole est bien connu dans le monde phi-
« losophique, et je n'oublierai jamais l'air vénéra-
« ble avec lequel il m'initia aux augustes mystères
« de la *table smaragdine* d'Hermès. C'est un fait cer-
« tain, et à l'abri de tout soupçon d'imposture, que
« le monde inférieur est soumis aux mêmes lois que
« le monde supérieur, à des lois en vertu desquelles
« s'accomplissent toutes les merveilles d'un certain
« ordre. Le père est le soleil, la mère est la lune,
« le vent est le dépositaire, la terre est la nourrice
« et la mère de toute perfection. Il faut recevoir
« ces vérités avec modestie et avec sagesse. » Les
alchimistes mêlent à leur jargon une sorte de mysticité bizarre, assez ordinaire à ceux qui aiment
beaucoup l'argent, et par laquelle il se flattent que
la pureté et la régularité de leurs mœurs ici-bas,
dans des vues purement mondaines, ont quelque
rapport avec l'innocence du cœur qui doit leur
attirer les faveurs du ciel dans l'autre vie. Renatus
fut surpris d'entendre son père parler comme un
adepte et avec ce ton de piété, tandis qu'Alexandrinus, observant qu'il avait excité l'attention de
son fils, continua ainsi : « Cette fiole, mon enfant,
« et ce petit vase de terre, ajouteront assez à votre
« héritage pour vous rendre l'homme le plus riche
« de tout l'empire d'Allemagne. Je vais partir pour

« l'éternelle demeure, mais je ne retournerai pas à
« la commune poussière. » Alors, il reprit un air
d'allégresse, et lui dit que, si une heure après sa
mort, il lui frottait tout le corps et lui versait dans
les lèvres de cette liqueur qu'il tenait du vieux Basilius, le corps se convertirait en or pur. Je n'essaierai pas de vous peindre la scène d'attendrissement et de sincère affliction qui se passa entre ces
deux personnes extraordinaires ; mais si le père
recommanda le soin de ses restes avec véhémence
et chaleur, le fils ne resta pas en arrière pour protester qu'il n'en retrancherait pas le moindre morceau, si ce n'est à la dernière extrémité et pour
établir ses jeunes frères et ses sœurs.

Alexandrinus mourut, et l'héritier de son corps
(puisque tel est notre langage) ne put s'empêcher,
dans l'impatience de son cœur, de mesurer la longueur et la largeur de son père bien-aimé, et de
calculer la valeur qu'il devait produire, avant de
procéder à l'opération. Lorsqu'il connut le salaire
immense de ses peines, il se mit à l'œuvre ; mais
hélas ! quand il eut frotté le corps entier, au moment où il commençait à verser la liqueur, le corps
tressaillit, et Renatus, dans un mouvement d'effroi,
laissa échapper la fiole.

Le Spectateur.

STERNE (Laurent), né à Clomwel, en Irlande,
l'an 1713, fut destiné dès son enfance à l'état ecclésiastique, et entra fort jeune à l'université de Cambridge. La gaieté de son caractère, la vivacité de son

imagination, les saillies de son esprit, la tournure de ses idées l'annoncèrent de bonne heure; cependant il vécut assez long-temps ignoré dans le comté d'Yorck où il avait obtenu un modique vicariat. Il serait peut-être même resté toute sa vie dans cette obscurité, si une occasion particulière ne l'eût fait connaître.

Un de ses amis sollicitait la survivance d'un bénéfice important dont le titulaire voulait faire assurer les revenus à sa femme et à son fils après sa mort. Sterne trouva que c'était bien assez qu'il en jouît pendant toute sa vie, et il se joignit à son ami pour empêcher cette substitution singulière. N'ayant pu y réussir, il chercha à se venger en faisant, contre le simoniaque, une satire qui opéra si vivement sur l'esprit de cet homme, qu'il supplia l'auteur de la supprimer; mais cela n'était pas possible, puisque déjà cette satire était très répandue. Alors la crainte qu'elle ne fût suivie de quelque autre décida le bénéficier à donner sa survivance à l'ami de Sterne, et cette aventure, qui fit quelque bruit, valut à ce dernier une des meilleures prébendes de la cathédrale d'York, quoiqu'il n'eût point sollicité cette faveur.

Il remplissait ses fonctions de vicaire avec une attention scrupuleuse, et allait souvent prêcher dans la paroisse de Stillington. Il ne fut pas moins exact d'abord dans les soins de son canonicat; mais il les abandonna ensuite pour se livrer à la lecture de Rabelais, dont on venait de faire paraître une superbe édition. Sterne avait beaucoup entendu parler de cette auteur; il se le procura, et dès ce moment il ne fut plus occupé que du curé de Meudon et de ses ouvrages.

Jusque là, la réputation de Sterne n'était point encore établie comme écrivain, mais la publication des deux premiers volumes de *Tristram Shandy* lui donnèrent bientôt de la célébrité. Il fut même tellement recherché dans le monde, que c'était une espèce de gloire d'avoir passé la soirée avec l'auteur de *Tristram Shandy*. La seconde édition de son ouvrage lui fut payée mille guinées, et il obtint un bénéfice considérable dans la paroisse de Cawood.

Sterne ne tarda pas à publier les sermons qu'il avait fait dans son vicariat. Il en avait glissé un dans son *Tristram Shandy*, qui fit d'abord prendre une bonne opinion de ceux-ci, mais on le blâma sévèrement avec raison de les avoir donné sous un nom ridicule.

Les autres volumes de son *Tristram Shandy* parurent successivement et n'eurent pas moins de succès que les premiers. Son *Voyage sentimental*, qu'il publia ensuite, fut aussi bien accueilli, et fut traduit dans toutes les langues presque aussitôt qu'il parut. Sterne abandonna alors le soin de ses bénéfices et leur principal revenu à des ecclésiastiques qui les desservaient. Ses ouvrages, il est vrai, lui rapportaient des sommes assez considérables, mais il n'avait aucune économie, et faisait en France de fréquents voyages, très coûteux; aussi mourut-il pauvre, ne laissant que des dettes à sa femme et à sa fille, desquelles il avait vécu séparé.

La figure de Sterne était originale et excitait le

rire; il s'habillait d'ailleurs d'une manière bizarre qui le faisait encore plus remarquer. En passant un jour sur le pont Neuf, il s'arrêta tout court devant la statue de Henri IV, et fut entouré aussitôt par une foule de curieux qui le considéraient avec étonnement. « Eh bien ! c'est moi, leur dit-il, et vous ne me connaissez pas d'avantage, mais imitez-moi. » En même temps, il tomba à genoux devant la statue.

Il s'est peint lui-même sous le nom d'Yorick dans le premier volume de son *Tristram Shandy*. Voltaire dit de cet ouvrage, dans ses *Questions sur l'Encyclopédie*, « qu'il ressemble à ces petites satires de
« l'antiquité qui renfermaient des essences précieu-
« ses; que ce sont des peintures supérieures à celles
« de Rembrand et aux crayons de Callot. » L'auteur, selon lui, est le second *Rabelais* de l'Angleterre.

Ce fut à Londres, en 1768, que Sterne termina sa carrière. Garrick fit pour lui cette épitaphe :

« Laissons l'orgueil étaler les marbres sur les tom-
« beaux, les charger d'inscriptions fastueuses dont
« les partisans de la vérité n'approchent jamais.
« C'est la simple, mais sincère amitié qui grave sur
« cette pierre brute :

ICI DORMENT LE GÉNIE, L'ESPRIT, LA GAÎTÉ, OU
STERNE.

Les deux ouvrages de Sterne ont été traduits en français, d'abord par Pierre Fresnais, et plus récemment par Paulin Crassous. Le libraire Salmon publie en ce moment les œuvres complètes de Sterne, en 4 vol. in-8°, ornés de 16 gravures.

STERNE.

JUGEMENT.

Sterne a été quelque temps l'écrivain à la mode ; il a opéré une sorte de révolution dans le monde littéraire. Né avec un esprit vif, plein de saillies, charmant dans la conversation, et plus propre à amuser un cercle qu'à instruire des lecteurs, il a prouvé qu'on pouvait faire un livre sans rien savoir, en écrivant hardiment toutes les fadaises qui vous passent par la tête. Son exemple a séduit cette foule d'agréables ignorants, qui se croient pleins d'esprits au moindre billet qu'ils écrivent, et que leurs amis trouvent charmant. Ces gens-là sont quelquefois étonnés de leur génie ; ils font des gentillesses qui les ravissent ; il leur semble que s'ils prenaient la peine de composer, ils écriraient tout naturellement des choses délicieuses ; ils ont des plaisanteries excellentes qui feraient crever de rire les lecteurs ; mais ils sont retenus ordinairement par un certain respect, dont les auteurs ne peuvent d'abord se défendre, et qui leur fait croire qu'il faut parler sérieusement au public. Sterne a bien secoué cette timidité, il a fait voir qu'on pouvait tout dire et tout écrire ; il traite ses lecteurs avec une familiarité dont il n'y avait pas d'exemple ; il va jusqu'à informer le public de l'état de sa garde-robe : la postérité saura que cet homme avait dans son portemanteau *une culotte de soie noire*. Nos jolis cœurs trouvaient cette liberté admirable, ils appelaient cela du naturel, et avec ce beau naturel, tout le monde pouvait écrire les plus insipides niaiseries, et se croire, comme Sterne, un auteur original : car qui est-ce qui ne pourra pas faire quelques phrases sentimentales *sur son chien, sur un âne mort, sur un sansonnet, ou sur le chapeau d'une dame?* Ces sujets-là sont à la portée de tout le monde. Il n'y a qu'à se livrer et écrire ce qui vient à l'esprit, n'importe sur quoi, et voilà un livre dans le goût de Sterne; la forme est encore plus facile et plus commode que le fond; vous n'avez ni ordre, ni suite, ni liaison à mettre dans les idées; vous passez d'un cimetière à un cabaret, sans transition aucune; c'est là le piquant. Si un phrase vous embarrasse à finir, vous la laissez : cette suspension est un trait d'esprit; chaque page de Sterne est remplie de ces petites surprises qui décèlent de l'affectation. Il commence une aventure, et ne l'achève point; le lecteur, dont il a piqué la curiosité, cherche la suite des évènements, et ne trouve rien : n'est-ce pas là un tour bien gai? Quelquefois il annonce un sujet dans le titre, et parle de tout autre chose; presque jamais il ne termine une idée. Il s'interrompt à tout propos pour se donner un air mystérieux; c'est un homme qui veut qu'on entende finesse à tout ce qu'il dit. S'il affecte de remarquer des choses que personne ne remarque jamais; s'il s'entretient avec une femme, il observe qu'*elle avait des gants qui étaient ouverts au bout des pouces et des doigts.* Il y a des gens assez complaisants pour croire que ces observations-là sont profondes. Je sais que les Anglais et les Allemands font plus d'attention que nous à tous les signes extérieurs. Richardson et Fielding ne manquent jamais de représenter la pantomime de leurs personnages. Il y a telle circonstance où un geste vous peint un homme de la tête aux pieds ; mais lorsque ces sortes de remarques n'ajoutent rien à l'expression des figures, ni à la peinture des caractères, elles ne sont que puériles ; et que m'importe de savoir que Sterne, causant avec M. *Dessin*, aubergiste à Calais, lui appuyait *le bout de l'index sur la poitrine?* De quelle énorme vanité faut-il qu'un petit particulier ait la tête gonflée pour s'imaginer que tout l'univers va s'intéresser à de pareilles futilités? Sterne se défend là-dessus assez plaisamment.

« Je résolus, dit-il, d'écrire mes mémoires; et
« pourquoi non ? il n'y a pas un enseigne français
« qui ne le fasse ; si nous ne sommes pas de grande
« conséquence pour l'univers, nous le sommes cer-
« tainement pour nous-mêmes : nous sentons toute
« notre importance, et il est bien naturel d'expri-
« mer ce que l'on sent. »

Voilà qui est à merveille ; mais avec cette belle raison, il suffira qu'on ait le sentiment de son importance (et qui est-ce qui ne l'a pas?), pour se croire en droit de publier, comme Sterne, ses conversations avec son laquais, et les mémoires de sa blanchisseuse. C'était apparemment un homme bien important que celui qui a fait imprimer un livre intitulé : *Mes Entretiens avec mon bonnet de nuit.* L'auteur était sûrement très digne d'un pareil interlocuteur. Ce n'est cependant pas toujours parce qu'un homme a une haute idée de lui-même, qu'il

écrit dans ce goût-là; c'est plutôt par la petite envie de paraître plaisant et original, en allant chercher un sujet auquel personne n'a jamais pensé; c'est une fantaisie qui ressemble à celle de ce *Lubin* de Molière, qui dit à son maître : « Si j'avais
« étudié, j'aurais été songer à des choses où on n'a
« jamais songé; j'aurais voulu savoir pourquoi il
« ne fait pas jour la nuit. » C'est aussi depuis Sterne que les auteurs s'attachent à mettre tout leur esprit dans le titre du livre et dans celui des chapitres; c'est ordinairement tout ce qu'il y a de piquant dans leur ouvrage.

Sterne était un homme de beaucoup d'esprit; mais le genre qu'il a embrassé est d'autant plus mauvais, qu'il a fait une foule d'imitateurs et de copistes par sa dangereuse facilité; car il est bien plus aisé d'enfanter sans choix les saillies d'une imagination folle et hardie, que d'écrire élégamment sous la dictée d'une raison juste et sévère, qui se laisse parer des agréments de l'esprit comme la beauté se fait servir par les graces. Sterne en convient avec assez de bonhomie; il se juge même très sévèrement, lorsqu'il avoue que ces écrits du jour, dans lesquels l'auteur n'a pas d'autre dessein que d'apprendre au public qu'il a de l'esprit, « manquent de cette
« splendeur du vrai savoir, de cette raison, de ce
« sens exquis, qui font le charme de la morale. »

Il faut avoir une idée de sa manière : cet homme qui avait beaucoup voyagé en France, devait avoir fait des observations bien curieuses sur le caractère des deux nations. Voici comme il traite ce sujet en

philosophe, dans un chapitre de son *Voyage sentimental*. Étant à Paris, il fait venir un perruquier à qui il propose d'accommoder sa perruque. Le perruquier la regarde avec un profond mépris, et lui déclare qu'il n'y touchera pas. Mais à son tour il lui propose d'en prendre une de sa façon, qu'il lui présente d'un air triomphant. Sterne s'avise de la critiquer : Cette boucle, dit-il, ne me paraît pas tenir bien ferme. *Vous la tremperiez dans la mer*, dit le perruquier, qu'elle y tiendrait comme un roc. Grand Dieu! s'écrie Sterne, tout est mesuré dans ce pays-ci sur une grande échelle. Un perruquier anglais aurait tout au plus proposé de tremper la boucle dans un seau d'eau. Quelle différence d'image! Cependant, à force de disserter là-dessus, Sterne remarque que le sublime du perruquier français ne soutient pas l'examen ; car il n'est guère raisonnable de proposer à un homme qui essaie une perruque à Paris, d'aller la tremper dans l'Océan pour en éprouver la solidité ; au lieu que la proposition du perruquier anglais est toute naturelle, c'est un essai qu'on peut faire sur-le-champ. Sterne conclut donc de là que si les Français ont des conceptions vastes et pleines de feu, en revanche les Anglais brillent par le sang froid et le jugement : et en effet, tout cela n'est-il pas bien judicieux? Sterne avait la manie de son temps, de vouloir paraître profond avec un air frivole. « Je ne sais si je me trompe,
« dit-il en finissant sa dissertation, mais il me sem-
« ble que ces minuties sont des marques beaucoup
« plus sûres et beaucoup plus distinctives des ca-

« ractères nationaux que les affaires les plus importantes de l'État, etc. » Voilà qui est étonnant ! Qui aurait jamais cru que ce chapitre sur une perruque fût si instructif ?

Le *Tristram Shandy* est un ouvrage prodigieusement diffus, dont l'intérêt et la philosophie ne s'élèvent pas de beaucoup au-dessus de la scène du perruquier parisien. Madame Shandy devient grosse au premier chapitre. Le second traite de l'embryon; cet embryon est le héros de l'ouvrage, qui ne vient au monde qu'au bout de plusieurs volumes : et ce héros est l'auteur lui-même qui écrit son histoire, et qui, en attendant l'époque de sa naissance, disserte à tort et à travers sur tout ce qui se présente à son esprit. Il y a des scènes de ménage qu'on admire beaucoup. Madame Shandy est un caractère parfait, c'est une femme qui à tout moment met son mari hors des gonds de la manière la plus agréable, car il ne s'impatiente jamais que parce qu'elle est toujours de son avis. Voici, par exemple, un petit dialogue qui fait bien connaître le génie de l'auteur, et qui met dans un beau jour le caractère de M. et de madame Shandy.

« Nous devrions, dit mon père, en se retournant
« à moitié dans son lit, nous devrions penser, ma-
« dame Shandy, à mettre cet enfant en culottes.
« Vous avez raison, monsieur Shandy, dit ma mère.
« Il est même honteux, ma chère, dit mon père,
« que nous ayons différé si long-temps. Je le pense
« comme vous, dit ma mère. Ce n'est pas, dit mon
« père, que l'enfant ne soit très bien comme il est.

« Il est très bien comme il est, dit ma mère. Et en
« vérité, dit mon père, c'est presque un péché de
« l'habiller autrement. Oui, en vérité, dit ma mère.
« Je ne puis, dit mon père, imaginer à qui diantre
« il ressemble. Je ne saurait l'imaginer, dit ma
« mère. Ouais, dit mon père...... apparemment,
« continua-t-il, qu'il est fait comme tous les en-
« fans des hommes. Exactement, dit ma mère. Je
« veux, dit mon père, qu'il ait des culottes de peau.
« Elles dureront plus long-temps, repondit ma mè-
« re. Il vaut mieux pourtant, reprit mon père,
« qu'elles soient de futaine. Il n'y a rien de meilleur
« en effet, dit ma mère. Excepté le basin, répli-
« qua, mon père. Oui, oui, le basin vaut mieux,
« dit ma mère. Mais, dit mon père en insistant,
« ne trouvez-vous pas que cela est bien? Très bien,
« dit ma mère, s'il vous plaît ainsi, monsieur Shan-
« dy. S'il me plaît ! s'écrie mon père, perdant toute
« patience, parbleu ! vous voilà bien; s'il me plaît !
« ne distinguerez-vous jamais, madame Shandy, ne
« vous apprendrai-je jamais à distinguer?.... Minuit
« vint à sonner. »

Tout l'ouvrage est un long tissu de conversations aussi familières que celle-là. Il n'y a presque pas d'action, mais un enchaînement de discours et réflexions qui ne finissent point. A chaque mot l'auteur se jette dans des digressions, dans des dissertations qui veulent être plaisantes, mais qui ne réussissent pas toujours à faire rire. Il y a du feu et de l'originalité dans les peintures. Les caractères sont vifs et singuliers ; mais ce sont des caricatures plutôt que des portraits. Le docteur *Slop* qui, en tombant dans la boue, s'y enfonce d'un pied et demi, et se trouve là comme dans son élément; *le caporal Trim* qui monte en chaire; *l'oncle Tobie* qui ne rêve que fortifications, contrescarpes, ravelins, et qui a la tête remplie *d'ouvrages à cornes....* A ce mot d'ouvrages à cornes, M. Shandy prétendit qu'il aimerait mieux qu'on lui donnât une *chiquenaude sur le nez.....* M. Shandy n'aimait pas les équivoques. Mais que dire de la bonne madame Shandy, qui est morte sans savoir si la terre était ronde ou carrée? Son mari le lui avait bien expliqué cent fois; mais à mesure qu'il l'expliquait, madame Shandy, l'oubliait bien vite pour avoir le plaisir de l'apprendre de nouveau, et de l'oublier encore.

Il faut avouer que Sterne a peint la nature; mais une nature qui est souvent basse et ignoble. Ce sont des tableaux de l'école flamande, pleins de vérité, si vous voulez, mais d'un style commun; et quel est l'homme de mauvais goût qui préférera la tête d'un bourgmestre hollandais à une vierge de Raphaël? Cependant, à travers toutes ces folies, on trouve quelques pages qui étincellent d'esprit, et d'une éloquence sans art, mais pleine de sentiment: il y en a même d'extrêmement touchantes. *La mort d'Yorick*, par exemple, est un tableau vraiment extraordinaire dans son genre. C'est sa propre destinée que Sterne a voulu peindre dans ce tableau, et avec quelles couleurs! Il y a de quoi frémir sur le sort d'un homme si gai. Cet homme meurt, comme il a vécu, en faisant des plaisanteries, et cependant il arrache des larmes ; il ne dit qu'un mot, un adieu, mais qui vous remue le cœur. Tout le monde l'a abandonné ; il ne lui reste qu'un ami, un jeune homme qui pleure auprès de son lit. Accablé par la douleur, ce jeune homme s'éloigne un moment : il sort doucement de la chambre. *Yorick* le suit des yeux jusqu'à la porte. Alors il les ferme..... et ne les ouvre plus. Cette mort silencieuse a quelque chose de plus touchant que des cris.

Le *Voyage sentimental* m'a paru généralement mieux écrit que le *Tristram Shandy*. Il y a plus de précision et plus de finesse dans les idées ; il y a aussi des scènes plus gracieuses. C'est d'ailleurs la même manière et le même ton, comme on en peut juger par la dissertation *sur la perruque*. On remarquera dans des ouvrages si frivoles, quelques morceaux d'une érudition recherchée, qui sont comme des pièces de marqueterie assez adroitement rapportées. Ils auraient pu faire beaucoup d'honneur au savoir de Sterne ; mais un maudit critique anglais s'est avisé de faire là-dessus des recherches remplies d'une sagacité détestable. Il a déterré et mis au jour quantité de petits larcins ; et ce qu'il y a de plus cruel, c'est qu'il a prétendu prouver que l'auteur n'avait pas seulement pillé des traits d'érudition, mais même qu'une partie de son esprit devait être mise sur le compte de sa mémoire. C'était un rude coup porté à la gloire de Sterne. Heureusement la critique était savante ; elle n'a fait que glisser. La réputation d'originalité que Sterne avait acquise n'a pas même été ébranlée. Je doute pourtant que ses fondements soient bien solides. Bien des gens se persuadent que c'est la force du génie et du naturel qui a entraîné Sterne dans un genre d'écrire aussi bizarre que le sien. Pour moi, je trouve qu'il y a de fortes raisons de croire que l'extrême envie de paraître et de se singulariser qui a dominé tous les esprits de ce siècle, cette fureur d'écrire, qui s'est signalée par tant d'ouvrages déraisonnables, tant d'imaginations extravagantes, qui a enfanté tant de poètes licencieux; tant d'écrivains sans jugement, tant de philosophes sans sagesse, ce démon d'un amour-propre insensé, a précipité Sterne dans une carrière pour laquelle il n'était point fait, où il n'a trouvé que des malheurs très réels et une vaine gloire, qui même est menacée de décroître, comme toutes les réputations contemporaines, qui se trouvent aujourd'hui remises en question par des esprits plus fermes et plus sensés que ceux qui les ont faites. Il y a dans la vie de cet homme singulier quelques circonstances qui autorisent cette opinion. D'abord simple vicaire de campagne, et ensuite chanoine de la cathédrale d'Yorck, il avait très long-temps rempli ses fonctions de la manière la plus régulière et la plus édifiante, lorsque tout-à-coup la lecture de Rabelais lui tourna la tête, au point de lui faire abandonner tous les devoirs de sa place, et renoncer même à son état. Mais un trait qui le peint tout entier, c'est d'avoir publié, sous le nom d'*Yorick*, des sermons qu'il avait fait pendant son vicariat. *Yorick* est le nom d'un bouffon que Shakspeare a fait figurer dans la tragédie d'*Hamlet*, d'une manière qui ne peut convenir qu'au théâtre anglais et à Shakspeare. Il faudrait connaître sa situation pour sentir tout ce qu'il y a d'incompréhensible dans le choix d'un pareil nom. Ce mépris des bienséances, dans un état qui doit commander le respect plus qu'aucun autre, donnerait de terribles impressions sur le caractère de Sterne. Mais la critique doit être généreuse, il suffit de décréditer un genre d'écrire dont on a fait voir le danger. Sterne est comme le docteur Swift, et comme Rabelais qu'il a beaucoup imité, un de ces hommes dont on peut admirer l'esprit, mais qu'on ne doit pas prendre pour modèle.

Delalot.

STROPHE. Dans la tragédie grecque, les personnages qui composaient le chœur exécutaient une espèce de marche, d'abord à droite et puis à gauche, et ces mouvements qui figuraient, dit-on, ceux de la terre d'un tropique à l'autre, se terminaient par une station. Or la partie du chant qui répondait au mouvement du chœur allant à droite s'appelait strophe; la partie du chant qui répondait à son retour s'appelait anti-strophe; et la troisième, qui répondait à son repos, s'appelait *épode* ou *clôture*. Il en était de même des chants religieux.

C'est vraisemblablement de là que la poésie lyrique avait pris le nom de strophe, qu'elle a donné à ces couplets de vers dont l'ode ancienne était composée, au moins le plus souvent, comme on le voit dans celles de Pindare, et dans les deux qui restent de Sapho.

Lorsque j'ai dit que dans la poésie lyrique des anciens la période poétique, ou la strophe, avait été moulée sur la période musicale, je n'ai pas entendu que chaque poète n'eût jamais qu'un chant et qu'une même coupe de vers, ni que l'ode eût toujours cette structure symétrique. Le vers d'Anacréon est toujours le même; mais on n'aperçoit dans ses odes aucune coupe régulière, aucune égalité d'intervalle entre les repos. Peut-être en était-il de même d'Alcman, d'Alcée, etc.

Horace, dans ses odes, semble s'être joué non-seulement à les imiter tour à tour, en employant les vers qu'ils avaient inventés, mais à mêler ces vers de vingt manières différentes, en leur associant tantôt l'ïambe, et tantôt l'héroïque : il les a même décomposés; et de leurs éléments il a fait à son gré de nouvelles combinaisons, pour en varier l'harmonie.

Cependant ni toutes les odes d'Horace ne sont écrites en vers mêlés, ni elles ne sont toutes divisées en strophes.

Il y en a trois en vers asclépiades, sans mélange et sans autres divisions que les repos mêmes du sens. Il y en a trois encore en une espèce de vers alcaïques, qui ne diffèrent de l'asclépiade que par un choriambe - ◡ ◡ -, intercalé après la césure.

Comme cet article est expressément destiné aux jeunes gens curieux de connaître le mécanisme de la poésie ancienne, je crois devoir pour eux en figurer les éléments.

Vers asclépiade.

« Gēns hūmānă rŭĭt pēr vĕtĭtūm nĕfās. »

STROPHE.

Grand alcaïque.

« Seū plūrēs hĭĕmēs, seū trĭbŭīt Jŭpĭtĕr ūltĭmām. »

Horace a de plus un grand nombre d'odes qui semblent coupées en distiques, et qui cependant ne le sont pas. Elles sont composées chacune de deux espèces de vers, alternativement croisés et comme accouplés l'un à l'autre; mais vainement y chercherait-on des divisions régulières et marquées par des repos.

Il est bien vrai que par la coupe du dialogue, l'ode *Donec gratus eram tibi*, est divisée en parties égales, il est vrai aussi que dans les odes, *Mater sæva cupidinum. Intermissa Venus diù*, et dans quelques autres encore la même coupe est observée; mais dans les odes, *Sic te diva potens Cypri, Quem tu, Melpomene semel, Quantum distet ab Inacho, Intactis opulentior, Quò me, Bache, rapis*, etc., les espaces et les repos n'ont plus aucune symétrie.

> Quem tu, Melpomene, semel
> Nascentem placido lumine videris,
> Illum non labor isthmius
> Clarabit pugilem; non equus impiger
> Curru ducet achacio
> Victorem; neque res bellica deliis
> Ornatum foliis ducem,
> Quod regum tumidas contuderit minas,
> Ostendet Capitolio :
> Sed quæ Tibur aquæ fertile præfluunt,
> Et spissæ nemorum comæ,
> Fingent æolio carmine nobilem.

Dans cette continuité de sens, dont le repos n'est qu'au douzième vers, on voit une période soutenue et développée, mais nullement cette coupe en distiques dont les érudits ont parlé.

Dans Horace, les seules de ses odes qui soient réellement divisées en strophes sont celles où la période est composée de quatre vers d'espèce différente, mais les mêmes dans leur retour, et toujours combinés de même. Ces odes sont au nombre de soixante-dix-neuf, et de quatre formes diverses.

Dans les unes, la strophe est celle de Sapho, composée de trois saphiques et du petit vers adonique.

« O dĕcūs Phōebi, ēt dăpĭbūs sŭprēmī
« Grātă tēstūdō Jŏvīs, ō lăbōrūm
« Dūlcĕ lēnīmēn, mĭhī cūmquĕ sălvĕ
        « Rītĕ vŏcāntī. »

Celles-là sont au nombre de vingt-six, et c'est le rhythme du *Carmen sæculare*.

Dans quelques autres ce sont deux vers asclépiades, un vers hémihexamètre et un glyconique.

« Vītās hīnnŭlēō mē sĭmĭlīs, Chlŏĕ,
« Quaerēntī păvĭdām mōntĭbŭs īnvĭīs
    « Mātrēm, nōn sĭnĕ vānō
        « Aūrārum ēt sĭlŭæ mĕtū. »

Celles-ci sont au nombre de sept ; et le rhythme en est agréable.

D'autres sont composées de trois asclépiades et d'un glyconique. Elles sont au nombre de neuf, et rien de plus harmonieux.

« Quāntō quīsquĕ sĭbī plŭră nĕgāvĕrĭt,
« A dīs plŭră fĕrēt. Nīl cŭpĭēntĭūm

« Nŭdŭs cāstrā pĕto ; ēt trānsfŭgă dīvĭtŭm
« Pārtēs līnqŭĕrĕ gēstĭŏ. »

Mais la forme qu'Horace paraît avoir le plus aimée, et qui lui est la plus familière, est celle où deux vers alcaïques, divisés comme l'asclépiade, et terminés de même, mais ayant un ïambe, ◡ -, à la place du premier dactyle, sont suivis d'un vers ïambique de quatre pieds et demi, et d'un alcaïque formé de deux dactyles et de deux chorées.

« Fōrtēs crĕāntūr fōrtĭbŭs ēt bŏnīs :
« Est īn jŭvēncīs, ēst īn ĕquīs pătrŭm
   « Vīrtūs ; nĕc īmbēllēm fĕrōcēs
   « Prōgĕnĕrānt ăquĭlāc cŏlūmbām. »

Ces odes sont au nombre de trente-sept. Le rhythme en est majestueux, et le poète y a répandu les pensées et les images avec la plus riche abondance. Ainsi, dans les odes d'Horace, la strophe est composée de quatre façons différentes ; et avec la plus légère attention de l'oreille, on en distinguera le rhythme.

Il en sera de même des odes en distiques ; et si parmi les formes qu'Horace leur a données, il en est quelques-unes dont l'harmonie n'est pas sensible à notre oreille, le plus grand nombre a pour nous encore une cadence assez marquée : celles, par exemple, qui sont mêlées d'un vers gliconique et et d'un asclépliade :

Virtutem incolumen odimus ;
Sublatam ex oculis quærimus invidi.

Celles aussi qui sont composées d'un hexamètre et d'un fragment d'hexamètre.

> Mixta senum ac juvenum densantur funera : nullum
> Sævo caput Proserpina fugit.

Ou d'un hexamètre et de son premier hémistiche en dactyles:

> Immortalia ne speres monet annus, et almum
> Quæ rapit hora diem.

Ou d'un vers ïambique de six mesures, et d'un vers iambique de quatre :

> Videre fessos vomerem inversum boves
> Collo trahentes languido.

Ou d'un hexamètre et d'un ïambique de quatre pieds :

> Nox erat, et cœlo fulgebat luna sereno,
> Inter minora sidera.

Ou d'un hexamètre et d'un ïambique pur :

> Barbarus heu cineres insistet victor, et urbem
> Eques sonante verberabit ungulâ.

Mais ce qui ne laisse pas d'être une énigme pour nous, et ce qui nous semble une négligence inexplicable dans un poëte aussi attentif et aussi habile qu'Horace à donner à ses vers lyriques tous les charmes de l'harmonie, c'est de voir, même dans les odes qu'il a divisées en quatrains, le sens enjamber à tout moment d'une strophe à l'autre, sans qu'il ait cru devoir se donner aucun soin de les couper par des repos.

Tantôt la phrase commence à la fin ou au milieu d'une strophe, et va se terminer au milieu ou à la fin

STROPHE.

de l'autre. Tantôt le vers, et quelquefois le mot, qui devait clore en même temps la pensée et le rhythme, et qui manque à la strophe pour en fixer le sens, se trouve jeté et isolé au commencement de la strophe suivante.

> . . . . Valet ima summis-
> Mutare, et insignem attenuat Deus,
> Obscura promens. Hinc apicem rapax
>   Fortuna, cum stridore acuto,
>   Sustulit; hic posuisse gaudet.
>   (*Od.* I, 34.)

> . . . . Quid nos dura refugimus
> Ætas? quid intactum nefasti
> Liquimus? Unde manum juventus-
> Metu deorum continuit? quibus
>   Pepercit aris? . . . .
>   (*Ibid.* I, 35.)

> Ausa et jacentem visere regiam
> Vultu sereno, fortis et asperas
>   Tractare serpentes, ut atrum
>   Corpore combiberet venenum, -
> Deliberatâ morte ferocior.
>   (*Ibid.* I, 36.)

> Olim juventas et patrius labor
> Nido laborum propulit inscium :
>   Vernique jam nimbis remotis,
>   Insolitos docuere nisus-
> Venti paventes.
>   (*Ibid.* IV, 4.)

Dans les odes mêmes où la strophe est composée de trois vers asclépiades et d'un gliconique, et dont par conséquent la coupe est si marquée par le rhythme, le sens ne laisse pas d'enjamber d'une strophe à l'autre sans aucune suspension.

> Nos, Agrippa, neque hæc dicere nec gravem
> Pelidæ stomachum cedere nescii. . . . .
> . . . . . . Tenues grandia.
> (*Od.* I, 6.)

> Quam virga semel horrida.-
> Non lenis precibus fata recludere,
> Nigro compulerit Mercurius gregi.
> (*Ibid.* I, 24.)

Enfin jusque dans l'ode saphique, où la strophe est encore plus détachée par la clôture de l'adonique, vous trouverez le même enjambement.

> . . . . . . Quorum simul alba nautis
> Stella refulsit;-
> Defluit saxis agitatus humor. . . .
> (*Ibid.* I, 12.)

> . . . . . . Ego apis matinæ
> More modoque-
> Grata carpentis thyma per laborem
> Plurimum, etc.
> (*Ibid.* IV, 2.)

> Cessit immanis tibi blandienti
> Janitor aulæ-
> Cerberus.
> (*Ibid.* III, 11.)

> Neve te nostris vitiis iniquum
> Ocior ora-
> Tollat.
> (*Ibid* I, 2.)

J'ai cru expliquer ailleurs, cette négligence, en diqu'Horace ne chantait pas ses odes, et que l'enjambement ne blessait pas l'oreille dans la simple récitation. Mais il est bien sûr que Pindare et Sapho chantaient leurs odes sur la lyre, et ils s'y sont permis ce même enjambement *. Il est à croire que, dans les retours périodiques de l'air, la liaison était si facile et le passage si rapide qu'il n'y fallait aucun repos. Quoiqu'il en soit, l'ode française ne s'est point donné cette licence, et à la fin des strophes le sens est terminé. (*Voyez* STANCE.)

Une autre énigme pour notre oreille, c'est l'étrange diversité des nombres dont les vers lyriques anciens étaient composés, et le mélange non moins singulier qu'on faisait de ces vers, si différents de mesure et de rhythme,

On vient de voir, dans les mêmes vers, le spondée, l'ïambe, le dactyle, le choriambe, pêle-mêle employés. Comment des mesures de trois, de quatre, de six temps, pouvaient-elles aller ensemble et former un chant régulier? On vient de voir des strophes composées de vers dactyliques et de vers ïambiques; comment le mouvement de l'un n'était-il pas rompu, contrarié par l'autre? Les anciens n'avaient-ils donc pas le sentiment de la mesure et du mouvement comme nous? Ils l'avaient si bien, que leur vers héroïque en est un modèle accompli. Ne nous fatiguons pas à vouloir, de si loin et à travers

* Marmontel répond ici lui-même à une erreur de fait qu'il avait légèrement avancée à ce sujet, et que nous avons relevée. Tom. XVIII, pag. 178 de notre *Répertoire*.

H. P.

tant de nuages, expliquer comment s'alliaient leur poésie et leur musique. Celle-ci nous est inconnue, et l'autre, par le vice d'une prononciation excessivement altérée, ne peut être sentie que très confusément du côté du nombre et du mètre. Ce qu'il nous importe de connaître d'Horace et d'imiter s'il est possible, c'est la précision, la rapidité, la plénitude de son style, cette *curieuse félicité*, comme dit Quintilien, dans le choix des mots qu'il emploie, le précieux de sa couleur toujours vraie et toujours brillante, et sur-tout cette merveilleuse affluence de pensées, de sentiments, d'images, de tableaux variés, qui font de ses poésies lyriques l'un des plus beaux et des plus riches monuments de l'antiquité.

Marmontel, Élémens de littérature.

STYLE. C'est, dans la langue écrite, le caractère de la diction; et ce caractère est modifié par le génie de la langue, par les qualités de l'esprit et de l'âme de l'écrivain, par le genre dans lequel il s'exerce, par le sujet qu'il traite, par les mœurs ou la situation du personnage qu'il fait parler, ou de celui qu'il revêt lui-même, enfin par la nature des choses qu'il exprime.

On a dit que le style d'un écrivain portait toujours l'empreinte du génie national. Cela doit être; et cela vient de ce que le génie national imprime lui-même son caractere à la langue.

Il n'est point de nation chez laquelle ne se rencontrent plus ou moins fréquemment tous les caractères individuels qui sont donnés par la nature. Mais dans chacune d'elles, tel ou tel caractère est plus commun, tel ou tel est plus rare ; et c'est le caractère dominant qui, communiqué à la langue, en constitue le génie. La langue italienne est molle et délicate; la langue espagnole est noble et grave; la langue anglaise est énergique, et sa force a de l'âpreté.

Ainsi, lorsqu'il se trouve, parmi la multitude, un esprit d'une trempe singulière, et pour ainsi dire hétérogène, il est contrarié sans cesse, en écrivant, par le génie de la langue. Il faut donc qu'il le dompte, ou qu'il en soit dompté; ou, ce qui arrive le plus souvent, que chacun des deux cède du sien et s'accommode à l'autre : et de cet espèce de conciliation se forme un style mitoyen, qui participe plus ou moins et du génie de la langue et du génie de l'auteur.

Il arrive de là que moins le caractère d'une nation est prononcé, plus celui de sa langue est susceptible des différents modes du style. Une langue qui de sa nature serait molle comme l'or pur, ne serait pas susceptible de la trempe de l'acier ; tous ses instruments seraient faibles : il faut donc qu'elle réunisse la souplesse avec l'énergie ; et ce mélange paraît tenir au caractère national. Aussi voit-on que celles des nations qui sont connues pour avoir eu en même temps le plus de souplesse et de ressort dans le caractère, sont aussi celles dont la langue a été le plus susceptible de toutes les qualités du style. La plus belle des langues, la plus habile à tout exprimer, fut celle du peuple du monde qui eut dans le caractère le plus éminemment ce mélange de force, de mobilité, de souplesse : je n'ai pas besoin de nommer les Grecs.

La langue des Romains, pour devenir presque aussi susceptible des métamorphoses du style, fut obligée d'attendre que le génie de Rome se fût lui-même détendu et comme assoupli. Tant qu'il eut sa rudesse et son austérité, elle fut inflexible et indomptable comme lui. L'un et l'autre se polirent en même temps; mais ils gardèrent tous les deux assez de leur première force pour être mâles et vigoureux, dans le même temps qu'ils connurent les délicatesses du luxe; et de là résulte l'étonnante beauté de la langue de Cicéron, de Tite-Live et de Virgile.

Me sera-t-il permis de dire qu'à un grand intervalle de ces deux langues incomparables, la langue française a dû peut-être aussi les facultés qui la distinguent à la souplesse, à la mobilité et en même temps au ressort du caractère national ? Le génie français n'a exclusivement aucun caractère, et de là vient aussi qu'il n'en a aucun éminemment : mais au besoin il les prend tous, et à un assez haut degré : il en est de même de la langue française. Sa qualité distinctive et dominante, c'est la clarté, elle s'est donné tout le reste à force de peine et de soin : et cependant elle n'a manqué ni au génie de Corneille et de Bossuet, ni à celui de Pascal, de La Fontaine et de Molière, ni à l'éloquente raison de Bourdaloue, ni à la touchante sensibilité de Massillon, ni à l'abondance inépuisable des sentiments que Racine avait à répandre, ni aux émanations célestes de la belle âme de Fénelon, ni à la véhémence et à la profondeur du pathétique de Voltaire.

Aux hardiesses et aux libertés que les langues se sont permises, ou à la timide exactitude de leur syntaxe, on reconnaît quelle sorte d'esprit a présidé à leur formation successive.

Ces façons de parler, que nous appelons *figures de mots*, et dont le plus grand nombre nous est interdit, étaient, dans les langues anciennes, autant de licences que les grands écrivains s'étaient données et avaient fait passer. L'italien a pris de ces langues la liberté des inversions : il s'est donné celle d'employer l'infinitif des verbes en guise de nom substantif, *un bel pensier, un dolcer parlar, un luongo morir*; il fait usage de deux épithètes sans aucune liaison expresse, sans aucune articulation, *spatiose atre caverne*; il a un grand nombre d'adjectifs dont la terminaison varie pour diminuer ou agrandir, pour ennoblir ou dégrader ; il syncope les mots quand il plaît à l'oreille.

Le français a peu d'inversions, moins de diminutifs encore, et pas un seul augmentif dans le langage noble. Il s'est fait quelques noms abstraits de l'infinitif de ses verbes, comme *penser, parler, sourire, souvenir*; et ces deux derniers sont restés dans la classe des noms abstraits, *un long souvenir, un doux sourire* : mais il en est peu de ce nombre que la langue noble ait conservés. *Un doux parler* n'est plus que du langage familier et naïf; et quelque nécessaire que fût *penser*, il n'est reçu qu'en poésie. Enfin la poésie elle-même n'a presque point de privilège; et pour elle les lois de l'usage, comme celles de la syntaxe, sont presque aussi inviolables et inflexibles que pour la prose. D'où nous vient cette exactitude ? d'où nous viennent ces privations ? De la délicatesse pointilleuse et craintive de l'esprit de société, qui s'est rendu l'arbitre de la langue. En Italie, Dante, Pétrarque, Boccace, l'Arioste furent les maîtres de l'usage; Montaigne et Amyot le furent aussi parmi nous de leur temps : ce bon temps est passé. (*Voyez* USAGE.)

Autant le génie national aura influé sur celui de la langue, autant le génie de la langue influera sur le style des écrivains.

Dans une langue qui n'a rien de séduisant par elle-même, ni du côté de la couleur, ni du côté de l'harmonie, le besoin d'intéresser par la pensée et par le sentiment, et de captiver l'esprit et l'âme en dépit de l'oreille et sans le prestige de l'imagination, force l'écrivain à serrer son style, à lui donner du poids, de la solidité et une plénitude d'idées qui ne laisse pas le temps de regretter ce qui lui manque d'agrément. Au contraire, dans une langue naturellement flatteuse et séduisante par l'abondance, la richesse, la beauté de l'expression, l'écrivain ressemble souvent aux habitants d'un heureux climat, que la fertilité naturelle de leurs campagnes rend à la fois indolents et prodigues. Sûr de parler avec grace en disant peu de chose, il se complaît dans l'élégance de sa langue; et séduit le premier par son élocution, il croit en faire assez pour plaire, en déployant, sur des idées communes, la parure d'une expression harmonieuse et brillante : son style est une symphonie qui peut flatter l'oreille, mais qui ne dit presque rien à l'âme, et ne laisse rien à l'esprit.

L'habile écrivain est celui qui sait en même temps user et n'abuser jamais des avantages de sa langue, et suppléer, autant qu'il est possible, aux avantages qu'elle n'a pas.

« Ce qui me distingue de Pradon, disait Racine, « c'est que je sais écrire. Homère, Platon, Virgile, « Horace ne sont au-dessus des autres écrivains, dit « La Bruyère, que par leurs expressions et par leurs « images. » Racine a été trop modeste ; et La Bruyère n'a pas été assez juste.

La première et la plus essentielle différence des styles est celle des esprits. L'esprit, ou la pensée en activité, a divers caractères. Un esprit clair distingue ses idées, les démêle sans peine, ou plutôt les produit comme une source pure répand une eau l'impide ; un esprit juste en saisit les rapports, les circonscrit et les met à leur place ; un esprit fin les analyse, et en aperçoit les nuances : un esprit léger les effleure, et s'il est vif, il en parcourt la cime avec une brillante rapidité ; un esprit vaste en réduit un grand nombre à l'unité de perception, et les embrasse d'un coup d'œil ; un esprit méthodique en forme une longue chaîne et un ensemble régulier ; un esprit transcendant s'élance vers le terme de la pensée, et franchit les milieux ; un esprit profond ne s'arrête jamais aux apparences superficielles : sa méditation s'exerce à sonder son objet, et à tirer comme de ses entrailles, *ex visceribus rei*, ce qu'il y a de plus riche et de plus enfoui; un esprit lumineux rayonne, et fait partir du centre même de sa pensée comme des gerbes de lumière, qui en éclairent tout l'horizon; un esprit fécond fait enfanter à une idée toutes celles qui en peuvent naître : et le gland, qui produit le chêne chargé de glands, est le symbole de sa fécondité; un esprit élevé ne daigne apercevoir dans son objet que les rapports qui l'agrandissent : ses conceptions ressemblent à ces pins qui percent les nues, et qui laissent sécher leurs branches les plus voisines de la terre, afin de pousser vers le ciel avec plus de vigueur et de rapidité. Or toutes ces manières de concevoir se distinguent dans la manière de s'exprimer; et des nuances infinies qui résultent de leur mélange résulte aussi une variété inépuisable dans les caractères du style.

Le caractère de l'écrivain se communique aussi à ses écrits : ses pensées en sont imbues, son expression en est teinte, et l'énergie ou la faiblesse, la hardiesse ou la timidité, la langueur ou la véhémence du style, dépendent plus des qualités de l'âme que des facultés de l'esprit.

Mais de la tournure habituelle de son esprit, comme des affections habituelles de son âme, résulte encore, dans le style de l'écrivain, un caractère particulier, que nous appelons sa manière, et celle-ci lui est naturelle, au lieu que les singularités qu'il se donne par affectation, par imitation, décèlent toujours l'artifice, et l'écrivain, qui croit alors avoir une manière à soi, n'est que maniéré, n'a que *de la manière*.

A ces différences de style se joignent celles qui doivent naître de la diversité des genres.

Le style de l'histoire est naturellement grave et d'une simplicité noble; mais ce caractère universel est modifié par le génie de l'écrivain, il l'est aussi par la nature des évènements qu'il raconte : harmonieux, haut en couleur et souvent oratoire dans Tite-Live ; plus précis, plus serré et non moins éloquent dans Salluste; énergique, profond, plein de substance dans Tacite : ainsi des autres historiens.

En parlant des différents genres d'éloquence et de poésie, j'ai pris soin d'indiquer le style convenable et propre à chacun d'eux.

Mais à l'égard de la poésie héroïque, je vais placer ici quelques observations qui pourraient m'échapper ailleurs.

Le style de l'épopée et celui de la tragédie sont très distincts par la nature des deux poèmes; car l'hypothèse du poème épique est que le poète est inspiré; et quoique l'enthousiasme y soit plus calme que celui de l'ode, qui est le délire prophétique, il ne laisse pas d'être encore dans le système du merveilleux. Dans la tragédie, au contraire, les personnages sont des hommes d'un caractère et d'un rang élevé, mais simplement des hommes, et leur langage pour être vrai, doit être plus près de la nature que celui du poète inspiré par un dieu. C'est ce qu'Eschyle n'avait pas encore bien senti quand il inventa la tragédie, mais ce qu'Euripide et Sophocle ne manquèrent pas d'observer.

Leur style est simple, rarement figuré : ils ne s'y

permettent jamais ni des images trop hardies, ni des épithètes ambitieuses ; on croit toujours entendre le personnage qu'ils font parler, et aucune invraisemblance dans l'expression ne décèle le poète. Homère leur avait donné l'exemple de cette sagesse de style dans tous les morceaux dramatiques de ses poëmes, et en cela on a eu raison de dire qu'il avait été le modèle de la tragédie en même temps que de l'épopée.

Le style tragique, chez les Grecs, me semble donc avoir été moins poétique, moins figuré, moins artificiel qu'il ne l'est parmi nous. Cette simplicité se conciliait mieux peut-être avec la noblesse de leur langue. Peut-être aussi, comme le pathétique dominait plus absolument sur leur théâtre, trouvaient-ils que le naturel de l'expression en faisait la force, comme nous l'observons nous-mêmes dans le langage des passions ; et la preuve que, dans la scène, ils s'attachaient au naturel par discernement et par choix, c'est que dans les chœurs, qui étaient des odes, ils élevaient le ton et prenaient le style lyrique.

Les Italiens, pour distinguer les caractères de la poésie, lui ont attribué trois instruments : la *cythare*, la *trompette* et la *lyre*. Je ne crois pas leur division complète ; car aucun de ces caractères, métaphoriquement exprimés, ne convient à la tragédie.

Quelques-uns, parmi nous, l'ont prise au ton d'Eschyle et de Sénèque, lorsqu'on n'avait pas encore apprécié l'avantage d'une noble simplicité. Mais Racine s'est rapproché de cet heureux naturel, et jamais on n'a fait un plus harmonieux mélange de la langue usuelle et de la langue poétique. Cependant j'ose dire qu'il a formé son style plutôt sur celui de Virgile, que sur celui des poètes grecs ; j'entends de Sophocle et d'Euripide, auxquels on l'a tant comparé. Il est encore moins simple, plus poétique, enfin moins naturel que l'un et l'autre, et en cela il a subi peut-être la loi de la nécessité, n'ayant pas, comme eux, une langue dont la simplicité continue fût assez noble pour soutenir la majesté de la tragédie. Voltaire s'est encore un peu plus éloigné du naturel et approché du ton de l'épopée, parce qu'il a trouvé les esprits disposés à recevoir ces hardiesses, et peut-être le goût de la nation décidé à vouloir plus de poésie dans le style tragique. Enfin dirai-je ce que je sens ? Corneille, dont le goût n'était pas assuré, parce que le goût national était encore à naître ; Corneille, qui, par l'impulsion de son génie, s'élevait si haut, et qui tombait si bas lorsque son génie l'abandonnait ; Corneille, par ce sublime instinct qui lui fit créer tant de beautés à côté de tant de défauts, nous a donné, à ce qu'il me semble, les plus parfaits modèles du langage tragique ; et quand son naturel est dans sa pureté rien n'est plus digne d'admiration que la majestueuse simplicité de son style.

C'est un hommage que Voltaire lui a rendu plus d'une fois. « Il n'y a point là (dit-il en parlant du « discours de Sabine, dans le premier acte des *Ho-* « *races : je suis romaine hélas ! puisqu'Horace est* « *romain*), il n'y a point là de lieux communs. point

« de vaines sentences; rien de recherché, ni dans les
« idées ni dans les expressions. *Albe, mon cher
« pays!* c'est la nature seule qui parle.

» Dans ce discours (dit-il encore en parlant de la
« harangue du dictateur), dans ce discours imité
« de Tite-Live, l'auteur français est au-dessus du
« romain, plus nerveux, plus touchant; et quand
« on songe qu'il était gêné par la rime et par une
« langue embarrassée d'articles et qui souffre peu
« d'inversions, qu'il a surmonté toutes ces diffi-
« cultés, qu'il n'a employé le secours d'aucune épi-
« thète, que rien n'arrête l'éloquente rapidité de
« son discours, c'est là qu'on reconnaît le grand
« Corneille. »

Un beau vers, dans le style tragique, est donc celui où parle la nature avec force et avec noblesse, sans que la facilité, la justesse, la vérité de l'expression y laissent entrevoir aucun art; c'est un vers *dieu-donné*, si je puis m'exprimer ainsi, qui, comme à l'insu du poète, a coulé de sa plume ; c'est une pensée qu'il a produite revêtue de son expression, et qui, par un heureux hasard, semble se trouver adaptée à la mesure, au nombre, à la cadence et à la rime. Et Corneille n'est pas le seul qui nous en donne des exemples : Racine a des morceaux, quelquefois des scènes entières, tout aussi simplement écrites que les belles scènes de Corneille. Mais je ne dois pas dissimuler que cette manière d'écrire a un écueil, où Corneille lui-même a souvent échoué.

Les passions tragiques, les sentiments élevés et

les hautes pensées ont communément, dans les langues, une expression noble qui leur est propre ; et quand il s'agit de les rendre, la majesté du style est naturellement soutenue par la grandeur de son objet. Mais comme dans la tragédie tous les sentiments et toutes les idées n'ont pas la même noblesse, et qu'il y a une infinité de détails qui ont besoin d'être relevés, le poète, qui ne connaît que les ressources et les beautés du style simple, s'abaissera nécessairement jusqu'à devenir familier et commun toutes les fois qu'il n'aura pas de grandes choses à exprimer. De là vient, pour les commençants, le vrai danger d'imiter Corneille ; car ce qu'il peut avoir quelquefois de trop emphatique est un défaut qu'il est aisé d'apercevoir et d'éviter.

Je conseillerais donc d'étudier plutôt l'art dont Racine a su tout ennoblir, et au risque d'être un peu moins naturel, de rechercher en écrivant son élégance enchanteresse, mais en se tenant comme lui en deçà du style de l'épopée et aussi près de la nature qu'il l'a été lui-même dans les morceaux de ses tragédies les plus parfaitement écrits.

Le comble de l'art serait d'être simple dans les grandes choses et dans l'expression des sentiments naturellement élevés ou intéressants par eux-mêmes, et de garder les ornements du style, les circonlocutions et les images poétiques pour les objets qui auraient besoin d'être ennoblis, comme dans ce discours d'Orosmane à Zaïre :

J'atteste ici la gloire, et Zaïre, et ma flamme,
De ne choisir que vous pour maîtresse et pour femme ;

De vivre votre ami, votre amant, votre époux;
De partager mon cœur entre la gloire et vous.
Ne croyez pas non plus que mon honneur confie
La vertu d'une épouse *à ces monstres d'Asie,*
Du sérail des soudans gardes injurieux,
Et des plaisirs d'un maître esclaves odieux:
Je sais vous estimer autant que je vous aime,
Et sur votre vertu me fier à vous-même, etc.

Je ne m'étendrai point sur les variétés que doit produire dans le style la diversité des objets ou la différence des personnages : ces détails seraient infinis, et on les trouvera çà et là répandus dans les articles de cet ouvrage où il s'agit de l'art d'exprimer et de peindre. Je termine donc celui-ci, par une analyse succinte de quelques-unes des qualités du style en général.

Comme il y a du côté de l'esprit des facultés indispensables et communes à tous les genres, il y a aussi du côté du style des qualités essentielles dont l'écrivain n'est pas dispensé.

La première de ces qualités essentielles est la clarté. Avant d'écrire, il faut se bien entendre et se proposer d'être bien entendu. On croirait ces deux règles inutiles à prescrire : rien de plus commun cependant que de les voir négliger. On prend la plume avant d'avoir démêlé le fil de ses idées, et leur confusion se répand dans le style. On laisse du vague et du louche dans la pensée, et l'expression s'en ressent.

L'obscurité vient le plus souvent de l'indécision des rapports, et c'est de tous les vices du style le plus inexcusable, au moins dans notre langue. Elle a, je le sais bien, des équivoques inévitables, et qui veut chicaner en trouve mille dans l'ouvrage le mieux écrit. Mais, comme La Mothe l'a très bien observé, il n'y a que l'équivoque de bonne foi qui soit vicieuse dans le style, et celle-là n'est jamais difficile à éviter pour l'écrivain français qui veut bien s'en donner le soin. « Les beaux esprits veu- « lent trouver obscur ce qui ne l'est pas », dit La Bruyère ; mais les bons esprits trouvent clair ce qui l'est, et, à leur égard, il est aisé de lever l'équivoque de ces pronoms et de ces homonymes dont on fait aux enfants une si effrayante difficulté. Il n'y a peut-être pas un vers dans Racine, dans Massillon une seule phrase, dont l'intelligence coûte au lecteur ni à l'auditeur un moment de réflexion, et j'oserais bien assurer qu'il n'y en a pas une dans *Télémaque*.

Il n'est pas moins facile d'éviter, dans la contexture du style, les incidents trop compliqués qui jettent de la confusion et du louche dans les idées ; pour cela il suffit de les répandre à mesure qu'elles naissent, tant que la source en est pure, et de leur donner, si elle est trouble, le temps de s'éclaircir dans le repos de la méditation. L'entassement confus des mots et des phrases entrelassées est un vice de l'art plus souvent que de la nature. Si on ne le cherche pas, on y tombe rarement : la preuve en est que, dans le langage familier, presque personne ne s'embarrasse dans de longs circuits de paroles, et en général l'affectation nuit plus à la clarté que la négligence.

Personne, sans doute, n'est assez insensé pour écrire à dessein de n'être pas entendu ; mais le soin de l'être est sacrifié au désir de paraître fin, délicat, mystérieux, profond. Pour ne pas tout dire, on ne dit pas assez ; et de peur d'être trop simple, on s'étudie à être obscur. Rien de plus mal entendu que cette affectation dans les grandes choses, rien de plus vain dans les petites. « Vous voulez me dire « qu'il fait froid ? que ne disiez-vous : Il fait froid ? « Est-ce un si grand mal d'être entendu quand on « parle et de parler comme tout le monde ? » (La Bruyère.)

Cependant faut-il renoncer à s'exprimer d'une façon nouvelle, ingénieuse et piquante ? Faut-il s'interdire les finesses, les délicatesse du style ? Non, il faut seulement les concilier avec clarté, ne pas vouloir briller à ses dépens et ne rien soigner avant elle. Le style fin a son demi-jour, le style délicat a son voile ; mais c'est dans le secret de rendre les ombres diaphanes, le voile transparent, que consiste l'art d'être fin et délicat sans être obscur.

C'est peu d'être clair, il faut être précis ; car tous les genres d'écrire ont leur précision, et l'on va voir qu'elle n'exclut aucun des agréments du style.

La première difficulté qui se présente est de réunir la précision et la clarté. Mais qu'on ne s'y trompe pas, l'expression la plus précise est la plus claire, et c'est au moyen de la correction et de la justesse du langage que la clarté se concilie avec la précision, je dirais au moyen de la propriété, si je ne parlais que du style philosophique ; mais le style oratoire et le style poétique ont plus de latitude, et la justesse leur suffit. Dès que l'expression, ou simple ou figurée, répond exactement à la pensée, elle est précise et claire. Tout ce qui intercepte la lumière du style en éteint la chaleur ou en ternit l'éclat. (*Voy.* IMAGE.)

Un écueil plus dangereux pour la précision, c'est la sécheresse. Mais émonder un bel arbre, ce n'est pas le mutiler ; c'est le délivrer d'un poids inutile. *ramos compesce fluentes* : voilà l'image de la précision. Il n'y a pas un seul mot à retrancher de ces vers de Corneille :

Rome, si tu te plains que c'est là te trahir,
Fais-toi des ennemis que je puisse haïr.

ni de ces vers de Racine :

L'imbécile Ibrahim, sans craindre sa naissance,
Traîne, exempt de périls, une éternelle enfance ;
Indigne également de vivre et de mourir,
On l'abandonne aux mains qui daignent le nourrir.

On voit, par ces exemples, que la précision, loin d'être ennemie de la facilité, en est la compagne fidèle. Un vers, une phrase où tous les mots sont appelés par la pensée et placés naturellement, semble naître au bout de la plume. Une période, un vers, où des mots inutiles ne sont placés que pour la symétrie, pour la rime, ou pour la mesure, annoncent la gêne et le travail. (*Voyez* DIFFUS.)

Je sais que rien n'est moins facile que de concilier ainsi la précision et la facilité ; mais l'art se cache, comme le ver à soie, sous le tissu qu'il a formé.

La précision, comme on doit l'entendre, n'exclut ni la richesse ni l'élégance du style. Voyez, dans un dessin de Bouchardon, ce trait qui décrit la figure d'une belle femme : il est aussi moelleux qu'il est pur ; il suit, dans ses douces inflexions, tous les contours de la nature, et l'œil y trouve réunies l'exactitude et la liberté, la correction et la grace : telle est encore la précision, car elle est toujours relative à l'effet que l'on se propose, et ne consiste qu'à se réduire aux vrais moyens de l'obtenir. Ainsi, la précision du style de l'orateur et du poète n'est pas la précision du style du philosophe et de l'historien ; mais le principe en est le même, savoir, d'aller droit à son but. Or, le style philosophique a pour but de démêler la vérité ; l'historique, de la transmettre ; l'oratoire, de l'amplifier ; le poétique, de l'embellir. Tout ce qui rend l'idée plus lumineuse et plus frappante, l'image plus vive et plus forte, le sentiment plus pénétrant, la passion plus véhémente ; tout ce qui ajoute à la persuasion, à l'illusion, aux moyens d'émouvoir, au plaisir d'être ému, n'est donc pas moins nécessaire au style de l'orateur et du poète, que ne l'est au style du philosophe et de l'historien ce qui rend l'instruction plus facile et plus attrayante : *ne quid nimis* est leur règle commune ; et si, d'un côté, l'emphase, l'enflure, la redondance, sont un excès contraire à la précision, la sécheresse est l'excès opposé. Le poète ou l'orateur qui ferait gloire de préférer une expression laconique, mais faible, froide et sans couleur, à une expression moins serrée, mais revêtue d'éclat, ou de force, ou de grâce, ne serait pas seulement économe ; il serait avare et se priverait du nécessaire, en s'abstenant du superflu.

Le style du poète et celui de l'orateur a besoin d'être orné : la richesse, le coloris, l'élégance en sont la parure ; la parure en est la décence ; à moins que la beauté naïve de la pensée ou du sentiment ne demande, pour s'exprimer, que le mot simple de la nature. Encore alors la simplicité même aura-t-elle sa noblesse et son élégance : car il faut savoir être naturel avec choix, simple avec dignité, et négligé même avec grace.

Ainsi la vérité et le naturel sont, dans le style, inséparables de la décence. La vérité consiste à faire parler à chacun son langage, dans la situation réelle ou fictive où il est placé ; le naturel, à dire ou à faire dire ce qui semble avoir dû se présenter d'abord sans étude, et sans aucun effort de réflexion et de recherche ; la décence, à dire les choses comme il convient à celui qui parle, à l'objet dont il parle, et à ceux qui l'écoutent. (*Voyez* BIENSÉANCES, CONVENANCES, ANALOGIE DU STYLE, VÉRITÉ RELATIVE ; et pour le choix du naturel le plus exquis, *voyez* IMITATION.)

Après ces qualités essentielles et communes à tous les genres, viennent celles qui les distinguent, et que je nomme accidentelles, comme la délicatesse, la grace, la finesse, la légèreté, l'énergie, la gravité, la véhémence et tous les degrés de noblesse et d'élévation, depuis l'humble jusqu'au sublime.

Comme la plupart de ces qualités sont indiquées

et définies dans leurs articles, ou à propos de genres qui le demandent, je me borne ici à donner une idée de celles dont je n'ai pas encore expressément parlé.

La légèreté ne fait qu'effleurer la surface des choses ; son nom exprime son caractère : la nommer c'est la définir. Que dans ces vers d'une épître que tout le monde sait par cœur,

> Contente d'un mauvais soupé,
> Que tu changeais en ambroisie,
> Tu te livrais, dans ta folie,
> A l'amant heureux et trompé
> Qui t'avait consacré sa vie.

que le poète, dis-je, au lieu d'indiquer légèrement ce souper que l'on voit sans qu'il le décrive, en eût fait le détail ; qu'il eût appuyé sur le sens de ces deux mots, *heureux* et *trompé*, qui disent tant de choses ; son style n'avait plus cette légèreté que nous peint l'image de l'abeille.

La gravité du style est la manière dont parle un homme profondément occupé de grands intérêts ou de grandes choses : tout ce qui ressemble à l'amusement, à la dissipation, au soin de parer son langage, lui répugne. Exprimer sa pensée avec le moins de mots et le plus de force qu'il est possible, voilà le style austère et grave. Ce caractère est celui de Tite-Live et de Tacite, dans leurs harangues. Voyez, dans la vie d'Agricola, l'exhortation de cet éloquent Galcagus aux Bretons, pour leur inspirer le courage du désespoir : rien de plus simple, rien de plus pressant; il n'y a pas un mot qui ne porte à l'âme une impression. Le style grave tire son nom du poids des mots et des pensées. De sa nature, il est donc énergique : car l'énergie du style consiste à serrer l'expression, afin de donner plus de ressort au sentiment ou à la pensée. On la reconnaît dans ces vers de Cléopâtre, dans *Rodogune* :

> Tombe sur moi le ciel, pourvu que je me venge....
> Si je verse des pleurs, ce sont des pleurs de rage....
> Puisse naître de vous un fils qui me ressemble....
> Je maudirais les dieux, s'ils me rendaient le jour....

Et de Camille, dans les *Horaces* :

> Voir le dernier Romain à son dernier soupir,
> Moi seule en être cause, et mourir de plaisir.

Et de Néron, dans *Britannicus* :

> J'embrasse mon rival, mais c'est pour l'étouffer.

Souvent l'énergie est dans le mot simple.

> *Summum* crede *nefas* animam præferre pudori....
> Virtutem videant, *intabescant*que relicta.

Le grand Condé, à Rocroi, sur le champ de bataille jonché de morts, demande à un officier espagnol quel était le nombre de leur infanterie. L'Espagnol lui répond : *Comptez, ils y sont tous.*

Souvent elle est dans la force que l'image communique à l'idée :

> . . . . . . Animum rege, qui, nisi paret,
> Imperat: hunc *frenis*, hunc tu compesce *catenâ*.

Catilina dit en sortant du Sénat, où il venait d'être dénoncé : *Incendium meum ruinâ restinguam.* Rien de plus beau, rien de plus juste, rien de plus énergique que cette image.

Souvent aussi l'énergie résulte du contraste des idées, lorsque l'expression réunit en deux mots les deux extrêmes opposés : *Nunc seges est ubi Troja fuit;*

Cinna, tu t'en souviens, et veux m'assassiner!

Médée dans Sénèque,

Servari potui, perdere an possim rogas?

Hécube dans Ovide,

Dominum matri vix reperit Hector.

Galcagus aux Bretons, *Proinde ituri in aciem, et majores vestros et posteros cogitate.* En allant au combat, pensez à vos ancêtres et à votre postérité.

Les mots sur lesquels se réunissent les forces accumulées d'une foule d'idées et de sentiments sont toujours plus énergiques : *Erravit sine voce dolor* (Lucan.); *Dies per silentium vastus, et ploratibus inquies.* (Tac.)

La véhémence dépend moins de la force des termes que du tour et du mouvement impétueux de l'expression : c'est l'impulsion que le style reçoit des sentiments qui naissent en foule et se pressent dans l'âme, impatients de se répandre et de passer dans l'âme d'autrui. La conviction est pressante, énergique; elle fait violence à l'entendement : la persuasion seule est véhémente, elle entraîne la volonté.

La célérité des idées qui s'échappent comme des

traits de lumière, communiquée à l'expression, fait la vivacité du style; leur facilité à se succéder, même sans vitesse, imitée par le style, en fait la volubilité. Mais ces qualités réunies ne font pas la véhémence : elle veut être animée par la chaleur du sentiment; elle en est l'explosion rapide; et lorsqu'elle part d'une âme forte et ardente, elle entraîne tout : c'était la foudre de Périclès, c'était celle de Démosthène. C'est encore plus éminemment le caractère de l'éloquence poétique et le langage des passions.

Je ne t'écoute plus, va-t-en, monstre exécrable;
Va, laisse-moi le soin de mon sort déplorable;
Puisse le juste ciel dignement te payer!
Et puisse ton supplice à jamais effrayer
Tous ceux qui, comme toi, par de lâches adresses,
Des princes malheureux nourrissent les faiblesses;
Les poussent au penchant où leur cœur est enclin,
Et leur osent du crime aplanir le chemin :
Détestables flatteurs, présent le plus funeste
Que puisse faire aux rois la colère céleste!

Rien de plus difficile à définir que les graces. Celles du style consistent dans l'aisance, la souplesse la variété de ses mouvements, et dans le passage naturel et facile de l'un à l'autre. Voulez-vous en avoir une idée sensible? appliquez à la poésie ce que M. Watelet dit de la peinture. « Les mouvements de « l'âme des enfants sont simples; leurs membres, « dociles et souples. Il résulte de ces qualités une « unité d'action et une franchise qui plaisent......
« La simplicité et la franchise des mouvements de

« l'âme contribuent tellement à produire les graces,
« que les passions indécises ou trop compliquées les
« font rarement naître. Le naïveté, la curiosité in-
« génue, le désir de plaire, la joie spontanée, le
« regret, les plaintes et les larmes mêmes qu'occa-
« sione un objet chéri, sont susceptibles de graces,
« parce que tous ces mouvements sont simples. »
Mettez le langage à la place de la personne, croyez
entendre au lieu de voir, et cet ingénieux auteur
aura défini les graces du style.

MARMONTEL, *Eléments de Littérature*.

Même sujet.

Il s'est trouvé, dans tous les temps, des hommes qui ont su commander aux autres par la puissance de la parole : ce n'est néanmoins que dans les siècles éclairés que l'on a bien écrit et bien parlé. La véritable éloquence suppose l'exercice du génie et la culture de l'esprit. Elle est bien différente de cette facilité naturelle de parler qui n'est qu'un talent, une qualité accordée à tous ceux dont les passions sont fortes, les organes souples et l'imagination prompte. Ces hommes sentent vivement, s'affectent de même, le marquent fortement au dehors; et, par une impression purement mécanique, ils transmettent aux autres leur enthousiasme et leurs affections. C'est le corps qui parle aux corps; tous les mouvements, tous les signes, concourent et servent également. Que faut-il pour émouvoir la multitude et l'entraîner? Que faut-il pour ébranler la plupart même des autres hommes et les persuader ? un ton véhément et pathétique, des gestes expressifs et fréquents, des paroles rapides et sonnantes; mais pour le petit nombre de ceux dont la tête est ferme, le goût délicat et le sens exquis, et qui comptent pour peu le ton, les gestes et le vain son des mots, il faut des choses, des pensées, des raisons; il faut savoir les présenter, les nuancer, les ordonner : il ne suffit pas de frapper l'oreille, d'occuper les yeux; il faut agir sur l'âme et toucher le cœur en parlant à l'esprit.

Le style n'est que l'ordre et le mouvement qu'on met dans ses pensées; si on les enchaîne étroitement, si on les serre, le style ferme devient nerveux et concis; si on les laisse se succéder lentement, et ne se joindre qu'à la faveur de mots, quelqu'élégants qu'ils soient, le style sera diffus, lâche et traînant.

Mais, avant de chercher l'ordre dans lequel on présentera ses pensées, il faut s'en être fait un autre plus général et plus fixe, où ne doivent entrer que les premières vues et les principales idées; c'est en marquant leur place sur ce premier plan, qu'un sujet sera circonscrit, et que l'on en connaîtra l'étendue; c'est en se rappelant sans cesse ces premiers linéaments, qu'on déterminera les justes intervalles qui séparent les idées accessoires et moyennes qui serviront à les remplir. Par la force du génie, on se représentera toutes les idées générales et particulières sous leur véritable point de vue; par une grande finesse de discernement, on distinguera les pensées stériles des idées fécondes; par la sagacité que donne la grande habitude d'écrire, on sentira d'avance quel sera le produit de toutes ces opérations de l'esprit. Pour peu que le sujet soit vaste ou compliqué, il est bien rare qu'on puisse l'embrasser d'un coup d'œil ou le pénétrer en entier d'un seul et premier effort de génie; et il est rare encore qu'après bien des réflexions on en saisisse tous les rapports. On ne peut donc trop s'en occuper; c'est même le seul moyen d'affermir, d'étendre et d'élever ses pensées : plus on leur donnera de substance et de force par la méditation, plus il sera facile ensuite de les réaliser par l'expression.

Ce plan n'est pas encore le style, mais il en est la base; il le soutient, il le dirige, il règle son mouvement et le soumet à des lois : sans cela le meilleur écrivain s'égare, sa plume marche sans guide et jette à l'aventure des traits irréguliers et des figures discordantes. Quelque brillantes que soient les couleurs qu'il emploie, quelques beautés qu'il sème dans les détails, comme l'ensemble choquera ou ne se fera pas assez sentir, l'ouvrage ne sera point construit; et, en admirant l'esprit de l'auteur, on pourra soupçonner qu'il manque de génie. C'est par cette raison que ceux qui écrivent comme ils parlent, quoiqu'ils parlent très bien, écrivent mal; que ceux qui s'abandonnent au premier feu de leur imagination, prennent un ton qu'ils ne peuvent soutenir; que ceux qui craignent de perdre des pensées isolées, fugitives, et qui écrivent en différents temps des morceaux détachés, ne les réunissent jamais sans transitions forcées; qu'en un mot, il y a tant d'ouvrages faits de pièces de rapport, et si peu qui soient fondus d'un seul jet.

Cependant, tout sujet est un; et, quelque vaste qu'il soit, il peut être renfermé dans un seul discours. Les interruptions, les repos, les sections ne devraient être d'usage que quand ont traite des sujets différents, ou lorsque, ayant à parler de choses grandes, épineuses et disparates, la marche du génie se trouve interrompue par la multiplicité des obstacles, et contrainte par la nécessité des circonstances; autrement le grand nombre de divisions, loin de rendre un ouvrage plus solide, en détruit l'assemblage; le livre paraît plus clair aux yeux, mais le dessein de l'auteur demeure obscur; il ne peut faire impression sur l'esprit du lecteur; il ne peut même se faire sentir que par la continuité du fil, par la dépendance harmonique des idées, par un développement successif, une gradation soutenue, un mouvement uniforme que toute interruption détruit ou fait languir.

Pourquoi les ouvrages de la nature sont-ils si parfaits? c'est que chaque ouvrage est un tout, et qu'elle travaille sur un plan éternel dont elle ne s'écarte jamais. Elle prépare en silence les germes de ses productions; elle ébauche, par un acte unique, la forme primitive de tout être vivant, elle la développe, elle la perfectionne par un mouvement continu et dans un temps prescrit. L'ouvrage étonne, mais c'est l'empreinte divine dont il porte les traits qui doit nous frapper. L'esprit humain ne peut rien créer : il ne produira qu'après avoir été fécondé par l'expérience et la méditation : ses connaissances sont les germes de ses productions. Mais s'il imite la nature dans sa marche et dans son travail, s'il s'élève par la contemplation aux vérités les plus sublimes, s'il les réunit, s'il les enchaîne, s'il en forme un tout, un système par la réflexion, il établira, sur des fondements inébranlables, des monuments immortels.

C'est faute de plan, c'est pour n'avoir pas assez réfléchi sur son objet, qu'un homme d'esprit se trouve embarrassé et ne sait par où commencer à écrire : il aperçoit à la fois un grand nombre d'idées; et, comme il ne les a ni comparées ni subordonnées, rien ne le détermine à préférer les unes aux autres; il demeure donc dans la perplexité. Mais lorsqu'il se sera fait un plan, lorsqu'une fois il aura rassemblé et mis en ordre toutes les pensées essentielles à son sujet, il s'apercevra aisément de l'instant auquel il doit prendre la plume, il sentira le point de maturité de la production de l'esprit, il sera pressé de la faire éclore, il n'aura même que du plaisir à écrire; les idées se succéderont aisément, et le style sera naturel et facile, la chaleur naîtra de ce plaisir, se répandra partout et donnera de la vie à chaque expression : tout s'animera de plus en plus; le ton s'élèvera, les objets prendront de la couleur; et le sentiment, se joignant à la lumière, l'augmentera, la portera plus loin, la fera passer de ce que l'on a dit à ce qu'on va dire, et le style deviendra intéressant et lumineux.

Rien ne s'oppose plus à la chaleur que le désir de

mettre partout des traits saillants; rien n'est plus contraire à la lumière, qui doit faire un corps et se répandre uniformément dans un écrit, que ces étincelles qu'on ne tire que par force en choquant les mots les uns contre les autres, et qui ne nous éblouissent pendant quelques instants que pour nous laisser ensuite dans les ténèbres. Ce sont des pensées qui ne brillent que par l'opposition; l'on ne présente qu'un côté de l'objet, on met dans l'ombre toutes les autres faces; et, ordinairement, ce côté qu'on choisit est une pointe, un angle sur lequel on fait jouer l'esprit avec d'autant plus de facilité, qu'on l'éloigne davantage des grandes faces sous lesquelles le bon sens a coutume de considérer les choses.

Rien n'est encore plus opposé à la véritable éloquence que l'emploi de ces pensées fines, et la recherche de ces idées légères, déliées, sans consistance, et qui, comme la feuille du métal battu, ne prennent de l'éclat qu'en perdant de la solidité : aussi, plus on mettra de cet esprit mince et brillant dans un écrit, moins il aura de nerf, de lumière, de chaleur et de style, à moins que cet esprit ne soit lui-même le fond du sujet, et que l'écrivain n'ait pas eu d'autre objet que la plaisanterie; alors l'art de dire de petites choses devient peut-être plus difficile que l'art d'en dire de grandes.

Rien n'est plus opposé au beau naturel que la peine qu'on se donne pour exprimer des choses ordinaires ou communes d'une manière singulière ou pompeuse : rien ne dégrade plus l'écrivain. Loin de l'admirer, on le plaint d'avoir passé tant de temps à faire de nouvelles combinaisons de syllabes, pour ne rien dire que ce que tout le monde dit. Ce défaut est celui des esprits cultivés, mais stériles; ils ont des mots en abondance, point d'idées; ils travaillent donc sur des mots, et s'imaginent avoir combiné des idées, parce qu'ils ont arrangé des phrases, et avoir épuré le langage, quand ils l'ont corrompu en détournant les acceptions. Ces écrivains n'ont point de style, ou, si l'on veut, ils n'en ont que l'ombre : le style doit graver des pensées; ils ne savent que tracer des paroles.

Pour bien écrire, il faut donc posséder pleinement son sujet; il faut y réfléchir assez pour voir clairement l'ordre de ses pensées et en former une suite, une chaîne continue, dont chaque point représente une idée; et lorsqu'on aura pris la plume, il faudra la conduire successivement sur ce premier trait, sans lui permettre de s'en écarter, sans l'appuyer trop inégalement, sans lui donner d'autre mouvement que celui qui sera déterminé par l'espace qu'elle doit parcourir. C'est en cela que consiste la sévérité du style; c'est aussi ce qui en fera l'unité et ce qui en réglera la rapidité, et cela seul aussi suffira pour le rendre précis et simple, égal et clair, vif et suivi. A cette première règle, dictée par le génie, si l'on joint de la délicatesse et du goût, du scrupule sur le choix des expressions, de l'attention à ne nommer les choses que par les termes les plus généraux, le style aura de la noblesse; si l'on y joint encore de la défiance pour son premier mouvement du mépris pour tout ce qui n'est que brillant, et une

STYLE. 167

répugnance constante pour l'équivoque et la plaisanterie, le style aura de la gravité, il aura même de la majesté ; enfin, si l'on écrit comme l'on pense, si l'on est convaincu de ce que l'on veut persuader, cette bonne foi avec soi-même, qui fait la bienséance pour les autres, et la vérité du style, lui fera produire tout son effet, pourvu que cette persuasion intérieure ne se marque pas par un enthousiasme trop fort, et qu'il y ait partout plus de candeur que de confiance, plus de raison que de chaleur.

Les règles ne peuvent suppléer au génie : s'il manque, elles seront inutiles. Bien écrire, c'est tout à la fois bien penser, bien sentir et bien rendre ; c'est avoir en même temps de l'esprit, de l'âme et du goût. Le style suppose la réunion et l'exercice de toutes les facultés intellectuelles ; les idées seules forment le fond du style, l'harmonie des paroles n'en est que l'accessoire, et ne dépend que de la sensibilité des organes : il suffit d'avoir un peu d'oreille pour éviter les dissonances, et de l'avoir exercée, perfectionnée par la lecture des poètes et des orateurs, pour que, mécaniquement, on soit porté à l'imitation de la cadence poétique et des tours oratoires. Or, jamais l'imitation n'a rien créé : aussi cette harmonie de mots ne fait ni le fond, ni le ton du style, et se trouve souvent dans des écrits vides d'idées.

Le ton n'est que la convenance du style à la nature du sujet. Il ne doit jamais être forcé ; il naîtra naturellement du fond même de la chose, et dépendra beaucoup du point de généralité auquel on aura porté ses pensées. Si l'on s'est élevé aux idées les plus générales, et si l'objet en lui-même est grand, le ton paraîtra s'élever à la même hauteur; et si, en le soutenant à cette élévation, le génie fournit assez pour donner à chaque objet une forte lumière, si l'on peut ajouter la beauté du coloris à l'énergie du dessin; si l'on peut, en un mot, représenter chaque idée par une image vive et bien terminée, et former de chaque suite d'idées un tableau harmonieux et mouvant, le ton sera non seulement élevé, mais sublime.

Les ouvrages bien écrits seront les seuls qui passeront à la postérité : la quantité des connaissances, la singularité des faits, la nouveauté même des découvertes ne sont pas de sûrs garants de l'immortalité. Si les ouvrages qui les contiennent ne roulent que sur de petits objets, s'ils sont écrits sans goût, sans noblesse et sans génie, ils périront, parce que les connaissances, les faits et les découvertes s'enlèvent aisément, se transportent, et gagnent même à être mis en œuvre par des mains plus habiles. Ces choses sont hors de l'homme; le style est l'homme même. Le style ne peut donc ni s'enlever, ni se transporter, ni s'altérer. S'il est élevé, noble, sublime, l'auteur sera également admiré dans tous les temps, car il n'y a que la vérité qui soit durable, et même éternelle. Or, un beau style n'est tel en effet que par le nombre infini des vérités qu'il présente : toutes les beautés intellectuelles qui s'y trouvent, tous les rapports dont il est composé, sont autant de vérités aussi utiles, et peut-être plus précieuses pour l'esprit humain que celles qui peuvent faire le fond d'un sujet.

Le sublime ne peut se trouver que dans les grands sujets. La poésie, l'histoire et la philosophie ont toutes le même objet, et un très grand objet : l'homme et la nature. La philosophie décrit et dépeint la nature, la poésie la peint et l'embellit; elle peint aussi les hommes; elle les agrandit, elle les exagère; elle crée les héros et les dieux. L'histoire ne peint que l'homme, et le peint tel qu'il est: ainsi le ton de l'historien ne deviendra sublime que quand il fera le portrait des plus grands hommes, quand il exposera les plus grandes actions, les plus grands mouvements, les plus grandes révolutions, et partout ailleurs, il suffira qu'il soit majestueux et grave. Le ton du philosophe pourra devenir sublime toutes les fois qu'il parlera des lois de la nature, de l'être en général, de l'espace, de la matière, du mouvement et du temps, de l'âme, de l'esprit humain, des sentiments, des passions; dans le reste, il suffira qu'il soit noble et élevé. Mais le ton de l'orateur et du poète, dès que le sujet est grand, doit toujours être sublime, parce qu'ils sont les maîtres de joindre à la grandeur de leur sujet autant de couleur, autant de mouvement, autant d'illusion qu'il leur plaît; et que devant toujours peindre et toujours agrandir les objets, ils doivent aussi partout employer toute la force, et déployer toute l'étendue de leur génie.

Buffon. *Discours de réception
à l'Académie Française.*

Même sujet.

Le style n'est pas, comme on l'a dit souvent, une représentation exacte des objets de la nature, à moins qu'on ne veuille confondre ces objets avec les impressions qu'ils font si diversement dans nos âmes. Nos discours peignent les choses, mais ils les peignent telles que nous les voyons, telles que nous les sentons ; c'est moins elles que nous-mêmes qu'ils représentent. Tel est le sens de ce mot aussi juste que profond : *le style, c'est l'homme même.* Notre imagination, notre sensibilité, voilà donc ce qui décide le caractère de notre style, et le diversifie. La vérité absolue ne pourrait se dire que d'une seule manière ; la raison parfaite n'aurait qu'un style, ou plutôt n'en aurait point : car ici l'expression et la chose exprimée se confondraient et ne seraient qu'un.

De même que chaque âge de notre vie a ses dispositions propres et sa manière particulière d'être affecté ; ainsi, chacune de ses époques, qui peuvent être considérées comme des âges différents de la vie universelle du genre humain, a aussi une façon particulière de revoir et de rendre les impressions naturelles. C'est pourquoi l'art d'écrire varie de siècle en siècle au gré de mille circonstances, pour les sujets qui sont du ressort de l'imagination ou du sentiment. La géométrie et la logique ne sont point sujettes à ces révolutions, qui se font principalement ressentir à l'éloquence et à la poésie.

Dans le commencement des sociétés, lorsque la

vie toute sensible et tout extérieure ne laisse, pour ainsi dire, point encore de place à la réflexion qui retire l'homme du dehors et ramène ses pensées sur elles-mêmes, le langage offre dans les ouvrages de l'esprit une image vive et fidèle des scènes de la nature, et des primitives et simples affections du cœur. Ne demandez aux productions de ce temps, ni l'expression des idées abstraites, ni bien moins encore l'art de les lier les unes aux autres. A peine y trouverez-vous quelques raisonnements, que la nature et l'instinct ont formés seuls à l'insu du poète, car alors quiconque écrit est poète. Les livres saints et les poèmes d'Homère sont des monuments de cette époque, où le principal caractère du style est la naïveté, charme intransmissible, et que tous les âges suivants sont condamnés à regretter.

Mais à mesure que les hommes avancent, ils apprennent à méditer sur les objets qui les frappent, sur eux-mêmes et sur les relations que la nature a établies entre eux et ces objets. Leurs connaissances s'augmentent, il les rapprochent, les comparent, les jugent: ils les rendent fécondes par le raisonnement et la réflexion. Le langage cesse d'être une expression presque instinctive, semblable au son de l'instrument qui s'ignore lui-même. Les idées de raison se mêlent aux images sensibles, aux émotions de l'âme, et empruntent aux unes leur éclat, aux autres leur chaleur, en même temps qu'elles leur donnent de la force, et les lient solidement dans le tissu d'un discours précis et nerveux. Le style est moins poétique et plus sévère même dans la poésie, qu'il ne l'avait été précédemment même dans la prose. Il a perdu la naïveté; mais le naturel lui reste. Qui ne se rappellerait avec un enthousiasme plein de regrets amers, les siècles enchantés où la lyre d'Homère ravissait les peuples de la Grèce et de l'Ionie? Toutefois, je sens que c'est aux âges des Sophocle et des Démosthène, des Cicéron et des Horace, des Corneille et des Bossuet, qu'il a été donné de nous montrer le génie de l'homme dans son plus haut point de perfection. Le style des ouvrages qu'ils ont vu naître, en est la marque éternelle.

Après cette époque où les grands écrivains ont fixé la langue, en la moulant, pour ainsi dire, sur leur génie, le style, plein de vie et d'originalité au sortir de leurs mains, arrive au temps de l'élégance où fleurissent les hommes diserts. Ceux-ci le reçoivent tout formé, instruit à tout dire, prévenant presque toujours leurs pensées, et ayant d'avance des expressions pour tout ce qu'ils le chargent d'énoncer. Ils s'en servent donc avec une merveilleuse facilité; ils en employent les ressources avec discernement; en étalent avec une profusion de bon goût, toutes les richesses et toutes les beautés; mais dans leur diction brillante et fleurie, on cherche en vain les marques de l'invention; ils usent encore la langue en la polissant, et la laissent affaiblie et languissante aux dangereuses tentatives de leurs successeurs.

C'est ici que s'ouvre le temps de la décadence. Malheur à l'art d'écrire, lorsque tous les sentiments ont été exprimés, lorsque toutes les images ont été retracées avec toutes les nuances, lorsque la nature entière, lorsque l'esprit et le cœur humain ont été réduits en quelque sorte à des formules que l'usage a rendues banales, et où l'écrivain trouve sans travail ce que les anciens tiraient d'eux-mêmes ! Alors, dans la plupart des ouvrages de poésie et d'éloquence, la sensibilité, l'imagination, la raison, les idées, les passions, ne sont plus que de spécieux dehors, d'élégantes apparences, de beaux vases d'où la liqueur a été retirée. Nous n'avons presque plus alors que de vaines étiquettes, qui rappellent inutilement à un petit nombre d'hommes le génie de nos devanciers. Le champ de la littérature n'offre plus qu'une fécondité infructueuse, ou plutôt qu'une inépuisable stérilité, qu'une surface sans bornes comme sans profondeur. Jamais l'art d'écrire ne fut plus facile pour la médiocrité ; jamais le vrai talent n'y rencontra plus de difficultés et n'éprouva avec plus de désespoir le sentiment de son impuissance. La pensée originale se décourage à l'aspect de la forme usée où elle est condamnée à entrer, pour y mourir méconnue avant même de naître ; elle se renferme donc dans l'esprit qui l'a conçue, ou cherche pour se produire une autre voie ; mais dans ce second cas, qui est le plus ordinaire, l'expression devient étrange pour être significative, et à demi fausse pour conserver de la vérité. C'est ainsi que la langue s'altère, que le goût se corrompt, que le naturel disparaît sans retour, sur-tout lorsqu'à ces causes de déclin s'en joignent d'autres qui ne manquent guère de se rencontrer à la même époque, je veux dire la confusion des mœurs et des langages des différentes nations, et principalement de celles qui ne sont pas également avancées dans la civilisation, le désir inconsidéré qu'ont les auteurs d'exciter l'étonnement par des tours, des images et des figures empruntés à des climats et à des idiômes lointains, l'abus des termes techniques, que le progrès des arts et des sciences a rendus vulgaires ; enfin, et par-dessus tout peut-être, je ne sais quel ordre de passions et de sentiments vraiment nouveau, né du nouvel état d'une société vieillie, qui cherche à se faire une jeunesse artificielle, ou du moins à se déguiser sa décrépitude et son dépérissement, et dans laquelle l'esprit, après avoir presque détruit toutes les affections de l'âme en les soumettant à ses analyses, essaie d'en créer d'autres à sa manière, tourmente le cœur, afin de féconder son épuisement, et ne réussit à le féconder que pour en tirer des fruits monstrueux et stériles. De la réunion de ces circonstances résulte un jargon inconnu jusqu'alors, où les hommes supérieurs impriment le sceau de leur talent, dont les auteurs médiocres s'emparent et se servent en y mettant le cachet de leur faiblesse ambitieuse, que le public admire inconsidérément, séduit par les uns, ou blâme témérairement, rebuté par les autres, tandis que quelques juges seulement savent discerner dans ce mélange vicieux les principes de bien et de mal qui y sont confondus. Ce n'est pas que le goût classique et l'imitation des bons modèles soient alors entièrement proscrits ; mais parmi les écrivains raisonnables qui en conservent avec soin les règles et les traditions, les uns, fidèles à ce culte antique par une sorte d'impuissance, paraissent, ce qu'ils sont en effet, corrects et froids, élégants et inanimés, éloignés de l'affectation, de l'enflure, de la recherche, en un mot naturels, s'il avaient une chose indispensable qui leur manque, la vie; les autres, qui ne sont pas privés de ce don précieux, le cachant, pour ainsi dire, sous la simplicité commune d'un langage où le vulgaire ne reconnaît plus ni force ni hardiesse, passent pour nuls, s'ils sont médiocres, et pour médiocres, s'ils sont supérieurs. Encore faut-il dire que, soumis malgré eux aux lois de la nécessité, ils paient de temps en temps et plus ou moins un inévitable tribut au goût dominant, et laissent voir aux connaisseurs que leur simplicité même n'est pas toujours exempte de recherche, ni leur naturel pur de toute affectation.

Ch. Loyson.

SUARD (J.-B.-A.), littérateur, né à Besançon en 1732, fit ses études dans cette ville, et vint ensuite à Paris, où il eut le bonheur d'être introduit auprès des écrivains qui faisaient à cette époque les réputations littéraires. Il se lia avec plusieurs d'entre eux, et travailla avec l'abbé Arnaud, l'abbé Prevost et plusieurs autres au *Journal Étranger*, ensuite avec l'abbé Arnaud seul à la *Gazette littéraire de l'Europe*. Quelques compilations et des traductions qu'il publia en même temps étendirent sa réputation, et lui méritèrent en 1774 les honneurs du siège académique. Dans son discours de réception à l'Acadé-

mie, il fit un éloge, ou plutôt une apologie, en plus de vingt pages, de la philosophie du dix-huitième siècle. « Le style en est facile, correct et faible, dit
« Dussault; il y a quelques raprochements ingénieux
« et justes ; mais, en général, cette longue amplifica-
« tion pèche par un défaut absolu de sens et de lo-
« gique : l'auteur n'avait pas même appris à l'école
« dont il était élève, l'art d'enchaîner des sophismes
« et de les colorer. »

Entraîné par le désir de venger et de justifier le parti auquel il était attaché, Suard oublia presque dans son discours l'éloge de l'abbé de La Ville, grand diplomate, auquel il succédait, et l'on a remarqué que ce discours est presque le seul, dans la collection, qui porte un tel caractère.

Suard devint censeur royal, et dans la suite secrétaire perpétuel de l'Académie.

A cette époque, sa vie était douce et tranquille, et ne fut un moment agitée que par l'espèce d'acharnement qu'il mit à soutenir Gluck, dans la fameuse querelle qui s'éleva entre les partisans de ce musicien et ceux de Piccini. Tous les matins Suard lançait dans le public, sous le nom de *l'anonyme de Vaugirard*, une *lettre* dans laquelle il harcelait ses adversaires et les désolait par ses railleries fines et mordantes.

Lorsque la révolution arriva, « il en embrassa les
« principes avec ardeur, dit un de ses panégyriques,
« mais son esprit juste, son âme honnête, lui en fi-
« rent détester les excès. » Proscrit en 1797, il fut obligé de s'expatrier pendant quelques temps, et revint

ensuite à Paris, où il reprit ses travaux accoutumés. Il mourut en juillet 1817, à l'âge de 85 ans.

Ses principales productions sont : une traduction de l'*Histoire de Charles-Quint*, par Robertson, Paris, 1771, ou 1817, 4 vol. in-8° ; celle de l'*Histoire de l'Amérique* du même auteur, Paris, 1818, 3 vol. in-8°, et celle de divers *Voyages*. Suard a fourni un grand nombre d'articles dans des journaux; les principaux ont été réunis dans des *Mélanges de littérature*, publiés en 5 vol. in-8°. Il a aussi travaillé à la *Biographie universelle*. D. J. Garat a donné des *Mémoires sur la vie de Suard*, 1820, 2 volumes in-8°. (Voy., dans le *Répertoire*, les notices de Suard sur La Bruyère, La Rochefoucauld et Vauvenargues.)

SUBLIME. Ce qu'on appelle le style sublime appartient aux grands objets, à l'essor le plus élevé des sentiments et des idées. Que l'expression réponde à la hauteur de la pensée, elle en a la sublimité. Supposez donc aux pensées un haut degré d'élévation : si l'expression est juste, le style est sublime ; si le mot le plus simple est aussi le plus clair et le plus sensible, le sublime sera dans la simplicité; si le terme figuré embrasse mieux l'idée et la présente plus vivement, le sublime sera dans l'image. « Tout « était Dieu, excepté Dieu même » *(Bossuet)* : voilà le sublime dans le simple. « L'univers allait s'enfon- « çant dans les ténèbres de l'idolâtrie » *(le même)* : voilà le sublime dans le figuré.

« Il n'y a point de style sublime, a dit un philo-

« sophe de nos jours, c'est la chose qui doit l'être. « Et comment le style pourrait-il être sublime sans « elle, ou plus qu'elle ? » En effet de grands mots et de petites idées ne font que de l'enflure : la force de l'expression s'évanouit, si la pensée est trop faible ou trop légère pour y donner prise.

Ventus ut amittit vires, nisi robore densæ
Occurrant sylvæ, spatio diffusus inani.
Lucret.

De ce sublime constant et soutenu, qui peut régner dans un poème comme dans un morceau d'éloquence, on a voulu, en abusant de quelques passages de Longin, distinguer un sublime instantané, qui frappe, dit-on, comme un éclair ; on prétend même que c'est là le caractère du vrai sublime, et que la rapidité lui est si naturelle, qu'un mot de plus l'anéantirait. On en cite quelques exemples, que l'on ne cesse de répéter, comme le *moi* de Médée, le *qu'il mourût* du vieil Horace, la réponse de Porus, *en roi*, le blasphème d'Ajax, le *fiat lux* de *la Genèse* : encore n'est-on pas d'accord sur l'importante question, si tel ou tel de ces traits est sublime ? Laissons là ces disputes de mots.

Tout ce qui porte une idée au plus haut degré possible d'étendue et d'élévation, tout ce qui se saisit de notre âme et l'affecte si vivement que sa sensibilité, réunie en un point, laisse toutes ses facultés comme interdites et suspendues ; tout cela, dis-je, soit qu'il opère successivement ou subitement, est sublime dans les choses, et le seul mérite du style est de ne pas les affaiblir, de ne pas nuire à l'effet qu'elles produiraient seules, si les âmes se communiquaient sans l'entremise de la parole.

Homines ad deos nullâ re propiùs accedunt quàm salutem hominibus dando. (Cic.) Il y a peu de pensées plus simplement exprimées, et certainement il y en a peu d'aussi sublimes que celles-là, et celle-ci qui en est le développement est sublime encore : « Il est au pouvoir du plus vil, comme du plus « féroce des animaux, d'ôter la vie ; il n'appartient « qu'aux dieux et aux rois de l'accorder. » Cette maxime d'Aristote : « Pour n'avoir pas besoin de « société, il faut être un dieu ou une brute », est encore sublime dans la pensée, quoique très simple dans l'expression.

Dans le *Macbeth* de Shakspeare on annonce à Macduff que son château a été pris, et que Macbeth a fait massacrer sa femme et ses enfants. Macduff tombe dans une douleur morne ; son ami veut le consoler, il ne l'écoute point, et méditant sur le moyen de se venger de Macbeth, il ne dit que ces mots terribles : *Il n'a point d'enfants !*

Dans Sophocle, OEdipe, à qui l'on amène les enfants qu'il a eus de sa mère, leur tend les bras et leur dit : *Approchez, embrassez votre...* Il n'achève pas, et le sublime est dans la réticence.

En général, comme le sublime est communément une perception rapide, lumineuse et profonde, un résultat soudainement saisi de sentiments ou de pensées, il est plus dans ce qu'il fait entendre que dans ce qu'il exprime : c'est quelquefois le vague et l'immensité de la pensée ou de l'image qui en fait la force et la sublimité. Telle est cette peinture de l'état du pécheur après sa mort : « N'ayant que « son péché entre son Dieu et lui, et se trouvant « de toutes parts environné de l'éternité (La Rue) ; » telle est cette expression de Bossuet, déjà citée, pour peindre le règne de l'idolâtrie : « Tout était « Dieu, excepté Dieu même ; » tel est l'*erravit sine voce dolor*, et le *nec se Roma ferens* de la *Pharsale*; tel est l'*utinam timerem!* d'Andromaque, et cette reponse, encore plus belle, de la *Mérope* de Maffei :

O Cariso, non avrian gia mai gli dei
Ciò comandato ad una madre.

Dans un voyage de Pinto, je me souviens d'avoir lu ce recit terrible d'un naufrage :

« Au milieu d'une nuit orageuse, nous aperçumes, « dit-il, à la lueur des éclairs, un autre vaisseau, « qui, comme nous, luttait contre la tempête ; « tout à coup, dans l'obscurité, nous entendîmes « un cri épouvantable, et puis nous n'entendîmes « plus rien que le bruit des vents et des flots. »

Quelquefois même le sublime se passe de paroles, la seule action peut l'exprimer : le silence alors ressemble au voile qui, dans le tableau de Thimante, couvrait le visage d'Agamemnon ; ou ces feuillets déchirés par la muse de l'histoire, dans le fameux tableau de Chantilly. C'est par le silence que, dans les enfers, Ajax répond à Ulysse, et Didon à Énée, et c'est l'expression la plus sublime de l'indignation et du mépris. Cela prouve que le sublime n'est pas dans les mots : l'expression y peut nuire sans doute, mais elle n'y ajoute jamais. On dira que plus elle est serrée, plus elle est frappante; j'en conviens, et l'on en doit conclure que la précision est du style sublime, comme du style énergique et pathétique en général; mais la précision n'exclut pas les gradations, les développements, qui font eux-mêmes quelquefois le sublime. Lorsque les idées présentent le plus haut degré concevable d'étendue et d'élévation, et que l'expression les soutient, ce n'est plus un mot qui est sublime, c'est une suite de pensées, comme dans cet exemple : « Tout ce que nous voyons du « monde n'est qu'un trait imperceptible dans l'ample « sein de la nature ; nulle idée n'approche de l'éten- « due de ses espaces ; nous avons beau enfler nos « conceptions, nous n'enfantons que des atômes, « au prix de la réalité des choses ; c'est une sphère « infinie dont le centre est partout et la circonférence « nulle part. » (PASCAL, *Pensées*.)

On cite comme sublime, et avec raison, le *qu'il mourût* du vieil Horace, mais on ne fait pas réflexion que ces mots doivent leur force à ce qui les précède : la scène où ils sont placés est comme une pyramide dont ils couronnent le sommet. On vient annoncer au vieil Horace que, de ses trois fils, deux sont morts et l'autre a pris la fuite ; son premier mouvement est de ne pas croire que son fils ait eu cette lâcheté.

Non, non, cela n'est point; on vous trompe, Julie.
Rome n'est point sujette, ou mon fils est sans vie.
Je connais mieux mon sang, il sait mieux son devoir.

On l'assure que, se voyant seul, il s'est échappé du combat; alors, à la confiance trompée, succède l'indignation :

Et nos soldats trahis ne l'ont point achevé!

Camille, présente à ce récit, donne des larmes à ses frères.

HORACE.

Tout beau, ne les pleurez pas tous :
Deux jouissent d'un sort dont leur père est jaloux.
Que des plus nobles fleurs leur tombe soit couverte;
La gloire de leur mort m'a payé de leur perte....
Pleurez l'autre; pleurez l'irréparable affront
Que sa fuite honteuse imprime à notre front;
Pleurez le déshonneur de toute notre race,
Et l'opprobre éternel qu'il laisse au nom d'Horace.

JULIE.

Que vouliez-vous qu'il fît contre trois ?

HORACE.

Qu'il mourût.

Ce qui est sublime dans cette scène, ce n'est pas seulement cette réponse, c'est toute la scène, c'est la gradation des sentiments du vieil Horace, et le développement de ce grand caractère, dont le *qu'il mourût* n'est qu'un dernier éclat.

On voit par cet exemple ce qui distingue les deux genres du sublime, ou plutôt ce qui les réunit en un seul.

On attache communément l'idée du sublime à la grandeur physique des objets, et quelquefois elle y contribue; mais ce n'est que par accident et en vertu de nouveaux rapports ou d'un caractère singulier et frappant que l'imagination ou le sentiment leur imprime; leur point de vue habituel n'a rien d'étonnant ni pour l'âme ni pour l'imagination ; la familiarité des prodiges mêmes de la nature les a tous avilis, et dans une description qui réunirait tous les grands phénomènes du ciel et de la terre, il serait très possible qu'il n'y eût pas un mot de sublime.

Ce qui, du côté de l'expression, est le plus favorable au sublime, c'est l'énergie et la précision ; ce qui lui répugne le plus, c'est l'abondance et l'ostentation de paroles.

En éloquence, on a distingué le sublime, le simple et le tempéré, ou, comme disaient les Grecs, l'*abondant*, le *grêle* et le *médiocre*. Dans l'un, se déploient toutes les pompes de l'éloquence ; dans l'autre, c'est le langage nu de la raison et du sentiment ; dans le troisième, une beauté noble et modeste, une parure ménagée et décente. Au premier appartient la grandeur des pensées, la majesté de l'expression, la véhémence, la fécondité, la richesse, la gravité, les grands mouvements pathétiques : tantôt avec une austérité triste, une âpreté sauvage et dédaigneuse de toute espèce d'élégance ; tantôt avec un soin industrieux de polir, d'arrondir les formes du discours. « Nam et grandiloqui, ut ita
« dicam, fuerunt, cum amplâ et sententiarum gra-
« vitate et majestate verborum, vehementes, varii,
« copiosi, graves, ad permovendos et convertendos

« animos instructi et parati ; quod ipsum alii asperâ,
« tristi, horridâ oratione, neque perfectâ, neque
« conclusâ ; alii lævi et instructâ et terminatâ. » (Cic.
Orat.)

Le second s'attache au contraire à la finesse, à la justesse d'une expression châtiée et subtile, où les mots pressent la pensée et la rendent avec clarté : satisfait de tout éclaircir, il n'amplifie et n'agrandit rien ; et dans ce genre, les uns déguisent leur adresse sous un air d'ignorance et de grossièreté ; les autres, pour cacher leur indigence, affectent un air d'enjouement et se parent de quelques fleurs. « Et contra
« tenues, acuti, omnia docentes, et dilucidiora,
« non ampliora, facientes, subtili quâdam et pressâ
« oratione limati ; in eodemque genere alii callidi,
« sed impoliti, et consulto rudium similes et impe-
« ritorum ; alii in eâdem jejunitate concinniores,
« id est faceti, florentes etiam, et leviter ornati. »
(*Ibid.*)

La troisième n'a ni la force et l'élévation du premier, ni la subtilité du second ; il participe de l'un et de l'autre, et d'un cours uni et soutenu, il coule sans rien avoir qui le distingue, que la facilité et que l'égalité ; seulement çà et là il se permet quelques reliefs dans l'expression et dans la pensée dont il se fait de légers ornements. « Est autem quidam inter-
« jectus, inter hos medius, et quasi temperatus,
« nec acumine posteriorum, nec fulmine utens su-
« periorum, in neutro excellens, utriusque parti-
« ceps... isque uno tenore, ut aiunt, in dicendo fluit,
« nihil afferens præter facilitatem et æquabilitatem...

« omnemque orationem ornamentis modicis verbo-
« rum sententiarumque distinguit. » *(Ibid.)*

Le premier de ces trois genres était celui de Démosthène; il a été souvent celui de Cicéron; il est celui de Bossuet.

Écoutons Longin parlant de Démosthène. Après lui avoir reproché ses défauts, comme d'être mauvais plaisant, de ne pas bien peindre les mœurs, de n'être point étendu dans son style (ce qui n'est pas un vice dans un fort raisonneur), d'avoir quelque chose de dur (ce qui, dans Démosthène comme dans Bossuet, tient peut-être au caractère d'une expression brusque et forte), de n'avoir ni pompe ni ostentation (ce qui est un éloge plutôt qu'une critique); « Démosthène, ajoute Longin, ayant
« ramassé en soi toutes les qualités d'un orateur vé-
« ritablement né pour le sublime, et entièrement
« perfectionné par l'étude ce ton de majesté et
« de grandeur, ces mouvements animés, cette ferti-
« lité, cette adresse, cette promptitude, et, ce
« qu'on doit sur-tout estimer en lui, cette véhémence
« dont jamais personne n'a su approcher; par toutes
« ces grandes qualités, que je regarde en effet comme
« autant de rares présents qu'il avait reçus des dieux
« et qu'il ne m'est pas permis d'appeler des qualités
« humaines, il a effacé tout ce qu'il y a eu d'orateurs
« célèbres dans tous les siècles, les laissant comme
« abattus et éblouis, pour ainsi dire, de ses ton-
« nerres et de ses éclairs.... et certainement il est plus
« aisé d'envisager, fixement et les yeux ouverts,
« les foudres qui tombent du ciel, que de n'être point

« ému des violentes passions qui règnent en foule
« dans ses ouvrages. »

C'est là, dans son plus haut degré, le sublime de l'éloquence : étonner, enlever, transporter l'âme des auditeurs, les ébranler, les terrasser, ou par des coups imprévus et soudains, ou par la force et la rapidité d'une impulsion qui va croissant, jusqu'à cette impétuosité entraînante à laquelle rien ne résiste ; bouleverser l'entendement, dominer, maîtriser la volonté, contraindre l'inclination, la passion même, la gourmander, si j'ose le dire, et tour à tour la forcer d'obéir au frein ou à l'éperon, comme un cheval fougueux que dompterait un maître habile; voilà les fonctions du sublime. Il sera aisé de le reconnaître partout où il se trouvera, même inculte, agreste, sauvage : *asperd, tristi, horridâ oratione.*

La Mothe, en définissant le sublime, y a demandé de l'élégance et de la précision. Le sage Rollin a très bien observé que l'élégance y est inutile, quelquefois nuisible, et que la précision nécessaire à un mot sublime est absolument le contraire de ces beaux développements d'où résulte la sublimité d'un discours. Il n'y a point d'élégance dans le *fiat lux*, il n'y a point de précision, comme l'entend La Mothe, dans la dernière partie de la *Milonienne*.

A l'égard des deux autres genres, *voyez* SIMPLE et TEMPÉRÉ.

MARMONTEL, *Éléments de Littérature.*

SUÉTONE était fils de Suetonius Lenis, tribun

de la treizième légion, qui se trouva à la journée de Bédriac, où les troupes de Vitellius vainquirent celles d'Othon. Il a fleuri sous l'empire de Trajan et sous celui d'Adrien.

Pline le jeune l'aimait beaucoup, et voulait l'avoir toujours auprès de lui. Il dit que plus il le connaissait, plus il l'aimait, à cause de sa probité, de son honnêteté, de sa bonne conduite, de son application aux lettres, de son érudition, et il lui rendit plusieurs services.

Suétone composa un fort grand nombre de livres, qui sont presque tous perdus. Il ne nous reste que son histoire des douze premiers empereurs, et une partie de son traité des illustres grammairiens et rhéteurs.

Cette histoire est fort estimée par les savants. Elle s'attache beaucoup moins aux affaires de l'empire qu'à la personne des empereurs dont elle fait connaître les actions particulières, la conduite domestique, et toutes les inclinations tant bonnes que mauvaises. Suétone n'observe point l'ordre des temps, et jamais *histoire* ne fut plus différente des *annales* que celle-ci. Il réduit tout à certains faits généraux et met ensemble ce qui se rapporte à chaque chef. Son style est fort simple, et on voit bien qu'il a plus recherché la vérité que l'éloquence. On lui reproche avec raison d'avoir donné trop de licence à sa plume, et d'avoir été aussi libre et aussi peu mesuré dans ses récits, que les empereurs dont il fait l'histoire l'avaient été dans leur vie.

ROLLIN, *Histoire ancienne.*

JUGEMENT.

Suétone est exact jusqu'au scrupule, et rigoureusement méthodique : il n'omet rien de ce qui concerne l'homme dont il écrit la vie; il rapporte tout; mais il ne peint rien. C'est proprement un anecdotier, si l'on peut se servir de ce terme, mais fort curieux à lire et à consulter. On rit de cette attention dont il se pique dans les plus petites choses; mais souvent on n'est pas fâché de les trouver. D'ailleurs, il cite des ouï-dire, et ne les garantit pas. S'il abonde en détails, il est fort sobre de réflexions. Il raconte sans s'arrêter, sans s'émouvoir : sa fonction unique est celle de narrateur *. Il résulte de cette indifférence un préjugé bien fondé en faveur de son impartialité. Il n'aime ni ne hait personnellement aucun des hommes dont il parle; il laisse au lecteur à les juger.

La Harpe, Cours de Littérature.

SULLY (Maximilien de BÉTHUNE, baron de Rosny), né à Rosny en 1559, entra dès l'âge de 16 ans au service de Henri, roi de Navarre, et s'illustra dès sa jeunesse par ses talents militaires et par une multitude d'actions éclatantes qui lui valurent le ti-

---

* Deux chefs-d'œuvre : la mort de César dans Plutarque, et celle de Néron dans Suétone. Dans l'une, on commence par avoir pitié des conjurés qu'on voit en péril, et ensuite de César qu'on voit assassiné. Dans celle de Néron, on est étonné de le voir obligé par degrés de se tuer, sans aucune cause qui l'y contraigne, et cependant de façon à ne pouvoir l'éviter.

Montesquieu, Pensées diverses

tre de grand capitaine. Mais ce n'était pas à ce seul titre que Sully voulait borner sa gloire : ses talents se multiplièrent par l'amour qu'il portait à son souverain et à son pays, et il se fit bientôt une brillante renommée comme homme d'état.

Nommé intendant des finances en 1598, il porta l'ordre et l'économie dans tous les départements, et s'occupa sans cesse du bonheur des peuples. « Tous « les monuments de son administration attestent la « grandeur de ses vues et la justesse de son esprit, « dit M. Daru. Grand maître de l'artillerie, il ne se « borne point à approvisionner les arsenaux, il tra- « vaille à la perfection de l'art. Administrateur, il or- « ganise les premiers hôpitaux militaires qu'on ait « vus à la suite de l'armée, fonde un asyle pour les « soldats blessés, et conçoit le plan d'une maison « d'éducation pour les jeunes officiers. Sur-inten- « dant des fortifications, il répare les places de guerre. « Comme sur-intendant des bâtiments, nous lui de- « vons la terrasse de Saint-Germain, le pavé de Paris, « la place Royale, la place Dauphine, la galerie du « Louvre, le Pont-Neuf. Comme grand-voyer de « France, une multitude de ponts, des chemins « ouverts ou réparés ; le canal qui joint la Seine à la « Loire, sont ses bienfaits ; et, si tous ses projets eus- « sent reçu leur exécution, on aurait vu, dès ce « temps-là, le Rhône, la Loire et la Meuse, lier en- « tre elles les villes de Marseille, de Nantes et de « Rotterdam.

« Il ne put pas accomplir de telles entreprises « sans une grande économie, ni maintenir cette

« économie sans une extrême vigilance. Toutes ces
« communications ouvertes au commerce, et ces
« monuments qui décoraient les villes, n'empêchè-
« rent pas qu'à la mort de Henri IV, il ne se trouvât
« au trésor plus de quarante-trois millions dispo-
« nibles, et le mininistre avait, dit-on, éteint ou
« remboursé des rentes jusqu'à concurrence de
« cent millions. »

Aussi habile négociateur que grand ministre, Sully, envoyé en Angleterre en qualité d'ambassadeur extraordinaire, eut encore la gloire de fixer dans le parti de Henri IV le successeur d'Élizabeth. Ce fut à son retour qu'il fut nommé gouverneur du Poitou, grand-maître des ports et hâvres de France ; et que sa terre de Sully-sur-Loire fut érigéé en duché-pairie.

Ami du meilleur des rois, il osait souvent lui dire la vérité, et s'opposer à ses démarches quand il les désapprouvait. Henri IV ayant eu la faiblesse de signer une promesse de mariage à la marquise de Verneuil, Sully auquel il la montra, eut le courage de la déchirer devant lui. « Comment, mor-
« bleu (dit le roi en colère), vous êtes donc fou ?
« — Oui, Sire (répondit le ministre), je suis fou :
« mais je voudrais l'être si fort, que je le fusse tout
« seul en France. »

Tant de vertus, et des travaux si honorables, n'empêchèrent point que Sully ne fût disgracié à la mort de Henri IV. Il se retira alors dans ses terres, et conserva non-seulement le calme qui accompagne toujours l'homme de bien, mais encore un grand appareil de puissance et de dignité. Ce ne fut que vingt-trois ans après sa retraite, en 1634, qu'on lui envoya le bâton de maréchal de France. Il mourut en 1641, âgé de quatre-vingt-deux ans.

Sully a laissé, sous le titre d'*Économies royales*, des mémoires qui sont l'histoire de son administration, et qui n'ont « pas moins contribué que la Hen- « riade, dit Marmontel *, à rendre le souvenir « du bon Henri IV, présent et cher à tous les Fran- « çais. » Ces mémoires sont négligemment écrits, et dans un vieux langage ; mais l'abbé de l'Écluse qui en a donné une édition en 8 vol. in-12, et en 1778 en 10 vol. in-12, les a rajeunis et en a rendu la lecture aussi facile qu'attrayante. Le libraire E. Ledoux a publié en 1822 une jolie édition des *Mémoires* de Sully en 6 vol. in-8° avec portraits ; elle contient un *Éloge de Sully*, par M. le comte Daru.

SUPERVILLE (Daniel de), ministre de l'église wallone de Rotterdam, naquit en 1657 à Saumur, en Anjou, où il fit d'excellentes études ; il étudia ensuite à Genève, où il ne se distingua pas moins, sous les plus habiles professeurs de théologie. Il passa en Hollande en 1685, année de la révocation de l'édit de Nantes, et mourut à Rotterdam en 1728. Ses sermons, recueillis en quatre volumes in-8°, sont dignes d'être placés à côté de ceux de Saurin,

* *Voyez* les jugements de Marmontel et de La Harpe sur les *Mémoires de Sully*, tome XIX du *Répertoire*, pag. 105 et 116, art. MÉMOIRES.

et offrent plusieurs morceaux aussi bien écrits que bien pensés.

MORCEAU CHOISI.

Les merveilles de la nature annoncent à l'homme l'existence de Dieu.

Peut-on voir seulement d'une vue générale la multitude des corps qui composent l'univers, leur variété, leur beauté, leur étendue, leur enchaînement, leurs mouvements si réguliers et si constants, sans penser qu'ils ont été faits et arrangés par une main puissante et sage? Les Pères, et les philosophes avant eux, ont fort bien dit qu'un homme nourri dans l'obscurité d'un cachot ou dans une caverne depuis l'enfance jusqu'à un âge avancé, sortant ensuite tout d'un coup à la lumière, ne pourrait s'empêcher, après une longue admiration de tout ce que ses yeux auraient découvert, de s'informer de l'auteur d'un si grand ouvrage, et de reconnaître qu'il doit réunir la puissance et l'intelligence : mais l'impie ne veut point sortir de son cachot, il ne veut rien voir; je le regarde comme un homme qui, fermant les yeux tout exprès, ou se tenant toujours renfermé dans l'obscurité de quelque chaumière enfumée, soutiendrait avec audace qu'il n'y a point de soleil au monde; il s'enveloppe des ténèbres de la malice, et dit : je ne vois point, je ne connais point ce créateur dont vous me parlez. Quoi ! il n'y a point de Dieu ! il n'y a point de fondement ! eh ! comment est-ce que l'édifice se tient debout? Il n'y a point d'architecte ! comment est-ce que la maison a été faite ? Il n'y a point de pilote ! comment le vaisseau peut-il si sûrement voguer ? S'il n'y a point de Dieu, que fais-tu ici toi-même ? qui t'y a placé ? d'où viens-tu ? quel est le premier de tes pères ? Tu vis dans la maison de Dieu, et tu nies qu'elle soit à lui ! Pourquoi la remplis-tu de tes blasphêmes ? Ou paie le loyer de la maison, ou hâte-toi d'en sortir. S'il n'y a point de Dieu d'où peut venir l'ordre du monde, la régularité du mouvement des cieux, l'enchaînement des saisons, le retour réglé du jour et de la nuit, ces lois si constantes et si uniformes que la nature observe dans ses productions ? Quelle main a étendu les cieux, a renfermé tous ces grands cercles les uns dans les autres, a formé la lumière, et rassemblé cette lumière dans certains globes qui la répandent continuellement sans jamais s'épuiser ? Comment le soleil s'est-il frayé lui-même sa route au milieu du ciel, et fournit-il si régulièrement sa carrière ? Qui lui a marqué ses tropiques et a prescrit des bornes à sa course ? Qui l'a placé dans ce juste éloignement de la terre, qu'il laisserait morte s'il en était plus éloigné, et qu'il consumerait par sa chaleur s'il en était plus proche ? Est-ce le hasard qui a fait tout cela ? Quoi ! ce bel astre, qui travaille toujours et ne s'arrête jamais, qui brûle sans se consumer, qui ne vieillit point par la suite des années, subsiste dans cet état par une cause toute fortuite ? Le hasard peut-il avoir produit cette imperturbable vicissitude du jour et de la nuit ? Le hasard a-t-il fait l'enchaînement des saisons, dont aucune n'est sans son utilité particulière ? Est-ce le hasard qui a marqué la place de chaque élément, qui tient la terre balancée au milieu des airs, et qui fait que la mer n'a pas innondé la terre? Monte, monte sur cette mer, malheureux impie, et tu verras les merveilles du Tout-Puissant; regarde si tu peux sans effroi l'océan en fureur, ces montagnes de flots, ces abymes ouverts qui sont si souvent le tombeau des navigateurs; vois en même temps les flots qui s'élèvent si haut, qui roulent avec tant de fracas et viennent se briser contre le rivage; ils se laissent arrêter par une barrière de sable; on dirait qu'ils viennent baiser les caractères du doigt de Dieu, imprimés sur l'arène, et qu'après les avoir reconnus ils se retirent, ils se recourbent avec respect en se reculant*.

Sermon sur l'Extravagance de l'Impiété.

SURVILLE (Marguerite-Éléonore-Clotilde de VALLON-CHALYS de), plus connue sous le simple nom de *Clotilde*, dame poète du 15ᵉ siècle, naquit vers l'an 1405 à Vallon, château situé sur la rive gauche de l'Ardèche, dans le Bas-Vivarais.

Sa mère, Pulchérie de Fay-Collan, qui brilla par son esprit et ses connaissances à la cour de Gaston-Phébus, comte de Foix et de Béarn, lui donna une éducation des plus soignée, peu commune dans ce temps-là, et lui inspira de si bonne heure le goût des lettres, que Clotilde, dès l'âge de onze ans, traduisit en vers une ode de Pétrarque.

* Ce passage a été imité par Le Franc de Pompignan. Voyez l'art. BIBLE, tom. IV, pag. 317 du *Répertoire*. F.

Un talent si extraordinaire dans un âge si tendre, fit dire à la célèbre Christine de Pisan : « Il me faut « céder à cette enfant tous mes droits au sceptre « du Parnasse. »

Le mariage de Clotilde avec Béranger de Surville, en 1421, ne refroidit pas son ardeur pour l'étude. Elle effaça bientôt tous les poètes qui l'avaient précédée, par la grace, la pureté, et l'élégance dans son style, et sa réputation s'étendit à tel point que plusieurs souverains cherchèrent à l'attirer à leur cour ; mais elle préférait les douceurs d'une vie paisible à l'éclat des grandeurs, et ne voulut jamais quitter sa retraite du Vivarais, où sa muse était si bien inspirée.

Elle n'en reçut pas moins les témoignages les plus flatteurs de l'admiration qu'on avait pour elle. La reine Marguerite d'Écosse, à qui le duc d'Orléans avait fait connaître les poésies de Clotilde, ne pouvant réussir à l'attirer auprès d'elle, lui envoya une couronne de lauriers artificiels surmontée de douze marguerites à boutons d'or et à fleurs d'argent, avec cette devise : *Marguerite d'Écosse à Marguerite d'Hélicon.*

Ses vertus, ses talents, la gloire attachée à son nom, l'amour d'un époux qu'elle adorait, la tendresse de sa famille, tout semblait devoir concourir au bonheur de Clotilde, au fond de la retraite qu'elle s'était choisie ; mais elle eut la douleur de survivre aux objets de sa plus tendre affection, et, si l'on en juge par la vive sensibilité répandue dans ses écrits, sa vie ne dut plus être qu'un long deuil.

La date de sa mort est incertaine ; on sait seulement qu'elle mourut âgée de plus de quatre-vingt-dix ans, puisqu'elle chanta, en 1495, la victoire remportée à Fornovo par Charles VIII sur les princes d'Italie. Elle fut inhumée à Vessaux, dans la même tombe qui renfermait déjà les restes de son fils et de sa belle-fille.

La plupart des poésies de Clotilde sont égarées ; et celles qui nous restent, ont été, comme celles de Charles, duc d'Orléans, fort long-temps inconnues. Ce ne fut qu'en 1792, qu'un de ses descendants, Joseph-Étienne de Surville, militaire distingué, en retrouva le manuscrit dans des archives de famille. Il désirait le faire connaître au public; mais obligé de fuir pendant le régime de la terreur, sans avoir eu le temps de le publier, il ne rentra en France que pour y trouver la mort. Le manuscrit passa alors entre les mains d'un ami de M. de Surville et ensuite dans celles de M. Vanderbourg, qui le fit imprimer en 1802, en 1 vol. in 8°. On en a fait une seconde édition en 1804, in-18.

Parmi les poésies de Clotilde on cite une charmante pièce intitulée : *Verselets à mon premier né*, et une *Héroïde*, datée de 1422, où elle exprime ses vifs regrets du départ de son mari, qui avait été rejoindre Charles VII, alors Dauphin, au Puy-en-Velay. Quoique cette pièce soit un modèle de sensibilité, de grace et d'élégance, Alain Chartier en fit cependant la critique dans son recueil intitulé : *Flour de belle Rhétorique*; mais Clotilde répondit à cette critique par des *Rondeaux* piquants, et le poète jaloux fut réduit au silence.

Ses autres pièces sont : une ode, où elle célèbre la victoire de Charles VIII ; les trois *Plaids d'or* ; des odes en éloge de son fils et de sa belle-fille, des *Poésies légères*, etc. Elle avait composé, dit-on, de 1423 à 1428, un grand poème intitulé le *Lygdamir*, et un roman héroïque, le *Châtel d'amour*, dont les manuscrits n'existent plus. « Les principales quali-
« tés qu'on trouve dans les poésies de Clotide, dit un
« de nos biographes, sont une naïveté exquise, de
« la vérité et de la force dans les sentiments, de la
« concision et de la liaison dans les idées, et beaucoup
« d'adresse dans les transitions et dans les figures.
« Elle entrelaçait souvent les rimes masculines avec
« les féminines ; règle que suivirent les poètes
« anciens, comme Henry de Croy, Jean Molinet,
« etc., mais qui ne fut pas adoptée par Clément
« Marot, qui vécut cent ans après Clotilde. Cepen-
« dant on a contesté à ses poésies le mérite essentiel
« de l'authenticité [*]. On y a remarqué, dit-on, des
« expressions qui n'ont été connues que long-temps
« après la mort de l'auteur. Cela supposerait, dans
« ces critiques, une connaissance exacte de la langue
« qu'on parlait dans le siècle de Clotilde, ce qui n'est
« guère prouvé ; outre cela, comme ce sont les écri-
« vains un peu marquants qui embellissent les lan-
« gues, il ne serait pas extraordinaire que Clotilde,
« douée d'une imagination brillante, et connaissant
« à fond l'italien, eût enrichi la sienne de nouvelles

[*] On peut voir, dans l'édition des poésies de Clotilde, publiée par M. Vanderbourg, les faits parfaitement établis de cette intéressante critique littéraire.

« expressions. Il se pourrait aussi que Joseph-Étienne
« de Surville, ou l'éditeur qui a publié ces poésies,
« ait éclairci quelques passages obscurs par des ex-
« pressions plus modernes. Quoi qu'il en soit, ces
« poésies seront toujours un beau monument de
« l'ancien Parnasse français. »

W.

MORCEAU CHOISI.

Verselets à mon premier-né.

O cher enfantelet, vrai portrait de ton père,
   Dors sur le sein que ta bouche a pressé !
Dors, petiot ; clos, ami, sur le sein de ta mère
   Tien doux œillet par le somme oppressé.

Bel ami, cher petiot, que ta pupille tendre
   Goûte un sommeil qui plus n'est fait pour moi !
Je veille pour te voir, te nourrir, te défendre....
   Ainz qu'il m'est doux ne veiller que pour toi !

Dors, mien enfantelet, mon souci, mon idole !
   Dors sur mon sein, le sein qui t'a porté !
Ne m'éjouit encor le son de ta parole,
   Bien ton souris cent fois m'aye enchanté.

O cher enfantelet, etc.

Me souriras, ami, dès ton réveil peut-être ;
   Tu souriras à mes regards joieux....
Jà prou m'a dit le tien que me savais connaître,
   Jà bien appris te mirer dans mes yeux.

Quoi ! tes blancs doigtelets abandonnent ta mamme,
   Où vint puiser ta bouchette à plaisir !....
Ah ! dusses la sécher, cher gage de ma flamme,
   N'y puiserais au gré de mon désir !

Cher petiot, bel ami, tendre fils que j'adore!
  Cher enfançon, mon souci, mon amour!
Te vois toujours; te vois et veux te voir encore ?
  Pour ce trop bref me semblent nuit et jour.

O cher enfantelet, etc.

Étend ses brasselets; s'épand sur lui le somme;
  Se clot son œil; plus ne bouge.... il s'endort....
N'était ce teint fleuri des couleurs de la pomme,
  Ne le diriez dans les bras de la mort?....

Arrête, cher enfant!... J'en frémis toute entière!...
  Réveille-toi!... chasse un fatal propos!
Mon fils!... pour un moment.... ah! revois la lumière!
  Au prix du tien rends-moi tout mon repos!...

Douce erreur! il dormait.... C'est assez, je respire;
  Songes légers, flattez son doux sommeil!
Ah! quand verrai celui pour qui mon cœur soupire,
  Aux miens côtés jouir de son réveil?

O cher enfantelet, etc.

Quand te verra celui dont as reçu la vie,
  Mon jeune époux, le plus beau des humains?
Oui, déjà cuide voir ta mère aux cieux ravie,
  Que tends vers lui tes innocentes mains!

Comme ira se duyzant à ta prime caresse!
  Aux miens baisers com' t'ira disputant!
Ainz ne compte, à toi seul, d'épuiser sa tendresse,
  A sa Clotilde en garde bien autant....

Qu'aura plaisir, en toi, de cerner son image,
  Ses grands yeux verts, vifs et pourtant si doux!
Ce front noble, et ce tour gracieux d'un visage
  Dont l'Amour même eût fors été jaloux!

O cher enfantelet, etc.

Pour moi, des siens transports onc ne serai jalouse,
    Quand ferais moins qu'avec toi les partir :
Fais, ami, comme lui, l'heur d'une tendre épouse,
    Ainz tant que lui ne la fasse languir !

Te parle, et ne m'entends... Eh ! que dis-je ? insensée ;
    Plus n'oyrait-il quand fut moult évaillé....
Pauvre cher enfançon ! des fils de ta pensée
    L'échevelet n'est encore débrouillé....

Tretous avons été, comme es toi, dans cette heure ;
    Triste raison que trop tôt n'adviendra !
En la paix dont jouis, s'est possible, ah ! demeure !
    A tes beaux jours même il n'en souviendra.

O cher enfantelet, etc.

Ce quatrain isolé se lit au long d'une marge :

Voilà ses traits.... son air ! voilà tout ce que j'aime !
    Feu de son œil, et roses de son teint....
D'où vient m'en ébahir ? autre qu'en tout lui-même
    Pût-il jamais éclore de mon sein ?

SWIFT (JONATHAN), surnommé *le Rabelais d'Angleterre*, naquit à Dublin en 1667. Le chevalier Temple, qui avait épousé une parente de sa mère, devint son protecteur, et fournit aux frais de son éducation. Destiné à l'état ecclésiastique, Swift prit ses degrés à Oxford, obtint un bénéfice, le quitta ensuite, et, après la mort de son protecteur, se trouva dénué de toute ressource. Il vint alors à Londres solliciter une nouvelle prébende, qu'il ne put d'abord obtenir, et l'on prétend que c'est au peu de succès de cette démarche qu'il faut attribuer l'aigreur répandue dans tous ses ouvrages contre les rois et les courtisans.

Il fut pourvu cependant quelque temps après de plusieurs bénéfices, entre autre du doyenné de Saint-Patrice, en Irlande, qui lui valait près de 30,000 livres de rente. En 1735, Il fut attaqué d'une fièvre violente, qui eut pour lui des suites très fâcheuses; sa mémoire s'affaiblit; un noir chagrin s'empara de son âme, et il tomba ensuite dans un état de démence qui dura jusqu'à sa mort, arrivée en 1745. Avant que de mourir, il retrouva cependant quelques instants de raison, et en profita pour faire son testament, par lequel il a laissé une partie de son bien pour la fondation d'un hopital de fous.

Swift était dit-on un homme capricieux et inconstant. Né ambitieux, il ne se nourrissait que de projets vastes, mais chimériques, et il échouait dans presque tous ses desseins. Sa fierté était extrême, et son humeur indomptable. Il recherchait l'amitié et le commerce des grands, et il se plaisait à converser avec le petit peuple.

On a de lui un grand nombre d'écrits en vers et en prose, recueillis à Londres, en 9 volumes in-8°, 1762. L'ouvrage le plus long et le plus estimé qu'il ait fait en vers, est un poème intitulé: *Cadenus et Vanessa*. C'est l'histoire de ses amours ou plutôt de son indifférence pour une femme qui l'aima. Ses ouvrages en prose les plus connus sont: les *Voyages de Gulliver à Lilliput, à Brodingnac, à Laput*, etc., 2 vol. in-12, traduits en français par l'abbé Desfontaines; le *Conte du Tonneau*, traduit en français par Van-Effen; le *Grand Mystère, ou l'Art de méditer sur la garde-robe, avec des Pensées hardies sur les études, la grammaire, la rhétorique et la poétique*; la Haye, 1729, in-8°, *Productions d'esprit, contenant tout ce que les arts et les sciences ont de rare et de merveilleux*, Paris, 1736, en deux vol. in-12, avec des notes.

Voltaire dit que cet auteur offre plusieurs morceaux dont on ne trouve aucun exemple dans l'antiquité, il l'a mis au-dessus de notre Rabelais; mais divers critiques prétendent qu'il est plus sec, et qu'il n'en a pas la naiveté originale.

Toutes les *Œuvres de Swift* ont été recueillies à Londres, 1755, 22 vol. in-8°. Dean Swift, son parent, qui a publié aussi quelques ouvrages, a donné un *Essai sur la vie et les écrits de Jonathan Swift*.

SYMBOLE. Signe ou marque distinctive d'une personne ou d'une chose.

On a vu dans *l'article* EMBLÊME que cette espèce de métaphore demande une ressemblance entre l'objet sensible et la pensée qu'il exprime. Il n'en est pas de même du symbole : celui-ci ne suppose qu'une liaison d'idées établie par l'habitude. Ainsi, entre le caractère de l'aigle ou du lion, et le caractère d'une âme élevée ou d'une âme forte et courageuse, il y a réellement de l'analogie et de la ressemblance; c'est un emblême : au lieu qu'entre les signes du Zodiaque et les saisons de l'année, il n'y a qu'un rapport de coexistence et d'affinité; et ce ne sont que des symboles.

Entre les deux idées du symbole, c'est-à-dire entre celle du signe et celle de la chose, le rapport est réel, lorsque, dans la réalité, les objets mêmes se correspondent; le rapport est fictif ou conventionnel, lorsque la liaison des idées est l'ouvrage de l'opinion ou de l'imagination : c'est ainsi que le caducée est le symbole de l'éloquence. Comme il est rare que la liaison des deux idées soit assez étroite et assez exclusive pour ne laisser aucune équivoque sur leur rapport, l'intelligence du symbole a toujours besoin d'un peu d'aide, et sa signification est un mystère auquel il faut être initié : par exemple, quoique le printemps commence sous le signe du bélier, quoique le soc soit le principal instrument de l'agriculture, l'image du bélier et celle de la charrue n'éveilleraient dans l'âme que l'idée de leur objet, si l'on n'était pas convenu d'y attacher les idées du printemps et du labourage.

On doit voir à présent quelle est la différence du symbole et de l'emblême, et comment la même figure peut être l'un et l'autre sous différents rapports. Ainsi l'image du lion sert d'emblême pour exprimer le caractère d'un héros, et de symbole pour désigner un des mois de l'année : ainsi le gouvernail est tantôt employé comme symbole, pour réveiller l'idée de la navigation; et tantôt comme emblême pour exprimer allégoriquement l'administration d'un état.

Le symbole diffère de l'emblême comme l'idée

particulière diffère de l'idée générale : en sorte que, pour restreindre la signification de l'emblême, on y ajoute le symbole. Némésis est la Conscience personnifiée : qu'on lui mette en main une balance, c'est la Justice distributive; qu'on lui donne une bride et un glaive pour attributs, c'est la Justice cohibitive et vengeresse; qu'on l'arme d'un fouet, c'est le Remords.

Vénus représente la beauté, ou la femme par excellence. Dans la statue que Zeuxis en a faite, il lui a mis sous le pied une tortue; et avec ce symbole de la lenteur, Vénus devient l'emblême d'un sexe destiné à une vie tranquille et retirée.

Les sages de Memphis exprimaient par des symboles les mystères de leur doctrine, et c'est ce que les Grecs appelaient *hiéroglyphes*, ou gravures sacrées. Ces caractères, inventés d'abord, comme la métaphore dans les langues, par le besoin de s'exprimer et manque de signes plus simples, servirent ensuite de voile aux idées religieuses que les prêtres d'Égypte voulaient dérober aux profanes et transmettre aux initiés.

Depuis, on appela symbole toute expression allégorique dans le langage des philosophes. On nous en a conservé des exemples dans quelques maximes de Pythagore, comme dans celle-ci : *Ne vous asseyez point sur le boisseau*, pour dire, travaillez à acquérir à mesure que vous dépensez. *Ne tendez pas la main droite à tout venant*, pour dire, choisissez vos amis. *Ne portez pas un anneau trop étroit*, pour dire, évitez tout engagement qui gêne votre liberté. *Ne remuez pas le feu avec l'épée*, pour dire, n'irritez pas l'homme colère et violent. *Abstenez-vous de fèves*, pour dire, ne vous mêlez pas des affaires publiques. *Ne vous promenez pas sur les grands chemins*, pour dire, ne vous réglez point sur l'opinion de la multitude. *Aidez celui qui soulève un fardeau*, pour dire, encouragez le travail. *Ne logez point sous vos toits l'hirondelle*, pour dire, ne formez point de liaisons passagères, ne vivez point avec les babillards. *Abstenez-vous des coqs blancs*, pour dire, passez-vous des biens difficiles et rares. *Ne ramassez point les fruits qui tombent*, pour dire, attachez-vous à des idées saines et mûres. *Ne semez pas du bois sur les chemins*, pour dire, ne soyez pas difficile à vivre, ne vous rendez pas embarrassant. *En adorant, tournez autour de vous*, pour dire, voyez Dieu partout, et adorez-le en toutes choses.

Les symboles de convention sont encore aujourd'hui une langue mystérieuse, et qui n'est entendu que des hommes instruits : c'est pour eux seulement que le pavot réveille l'idée de la fécondité ; l'olivier, celle de la paix ; la palme ou le laurier, celle de la victoire ; le lierre, celle du talent poétique : le cyprès, celle de la mort.

Mais comme l'instruction s'est répandue, cette langue est devenue plus familière et n'est plus une énigme pour un peuple civilisé. Quand le maréchal de Saxe, après la bataille de Fontenoi, revint en France, il voulut, pour l'exemple, qu'à la barrière de Péronne ses équipages fussent fouillés, afin qu'on vît s'il n'y avait rien qui fût sujet aux droits d'entrée. *Passez, Monseigneur,* lui dit un commis, *les lauriers ne paient rien.* Je ne veux pas taire que, pour ce mot, les fermiers généraux donnèrent au commis une gratification qu'il n'aurait pas eue du temps des Turcaret dont la pie était le symbole.

Chez les anciens, on donnait par extension le nom de symbole à l'étiquette des vases, à l'empreinte des monnaies, aux mots de ralliement dans les guerres civiles, et à ce qu'on appelle le mot du guet dans nos armées. Le mot de ralliement de Marius était *le dieu Lare;* celui de Sylla, *Apollon delphique;* celui de César, *Vénus mère.* Dans les camps, le mot de l'ordre était, comme aujourd'hui, donné aux sentinelles, et on le changeait tous les jours : c'était *palme, gloire, valeur,* etc.

L'usage des symboles, établi une fois et transmis d'âge en âge, a donné lieu aux armoiries, et cette institution, l'une des plus dégradées par la sottise et la vanité, était peut-être une des plus précieuses à conserver dans l'esprit de son origine, car le symbole était communément l'expression du caractère de celui qui en décorait ses armes, et un engagement public de ne se démentir jamais. Ce caractère personnel au chef d'une famille, passait à ses enfants avec ses armoiries et avec la résolution d'être dignes de les porter. Ainsi, dans chaque race, il y avait un type de mœurs, j'entends de vertu militaire, car on n'en connaissait pas d'autre, et, de la part de la noblesse, c'était un garant pour l'état, de son ardeur à le servir.

Cet usage est d'une antiquité très réculée. On dit qu'à la guerre de Thèbes chacun des chefs avait sur ses armes un symbole particulier : Polynice, un *sphinx;* Capanée, une *hydre;* Amphiaraüs, un *dragon*, etc.*. A la guerre de Troie, si l'on en croit Homère, Agamemnon avait de même sur son bouclier un *lion;* Ulysse, un *dauphin;* Hippomédon, un *typhon vomissant des feux.* Le symbole d'Alcibiade était un *Amour, la foudre à la main.*

Dans la guerre de Marius contre les Cimbres et les Teutons, on observa que ces barbares portaient sur leurs armes des figures de bêtes féroces. Marius lui-même avait un *aigle* sur son bouclier, et l'*aigle* commença dès-lors à être l'enseigne des Romains qui jusque-là n'avaient porté que le *manipule* pour étendard. Les légions prirent aussi des enseignes particulières, et sur ces enseignes des figures diverses, de loup, de cheval, de chevreau, de minotaure, etc. Le cachet de Pompée, que César reçut en pleurant, portait l'image d'un lion tenant une épée. César lui-même avait pris pour symbole un papillon avec une écrevisse, pour réunir les deux idées de célérité et de lenteur. Il avait aussi sur son cachet un sphinx, symbole de la pénétration et du mystère dans les projets. On sait que dans la suite il prit sur son anneau l'image d'Alexandre, l'objet de son émulation.

Les nations eurent aussi leurs symboles particuliers; les Athéniens, l'oiseau de Minerve; les Thé-

* Eschyle et Euripide, l'un dans ses *Sept chefs*, l'autre dans ses *Phéniciennes*, donnent la description de ces symboles.   H. P.

bains, l'image du sphinx; les Perses, un aigle d'or ou l'image du soleil. Les nations modernes ont suivi cet usage : les Suisses ont pour symbole des ours; les Belges, des lions; les Anglais, des léopards, etc.

Les rois, les princes, les guerriers avaient aussi leur symbole: la mode en est passée. (*Voy.* DEVISE.) Ce qui en reste est en armoirie; mais les armoiries nouvelles n'ont plus de caractère, et ne signifient plus rien; leur bon temps fut celui de la chevalerie, et ce temps est fort loin de nous; je dis de *nous* moralement parlant; car nous avons encore et des Renaud et des Bayard.

MARMONTEL, Éléments de Littérature.

SYMMAQUE (QUINTUS-AURELIUS-AVIANUS SYM-MACHUS), proconsul d'Afrique, préfet de Rome, prince du sénat, souverain pontife, eut par dessus tous ces titres la réputation de grand orateur et fut comparé à Cicéron.

Symmaque, au premier rang des sénateurs de Rome, se trouvait engagé dans la défense du polythéisme, par cet intérêt commun et cet amour-propre d'une grande assemblée, si puissant sur l'esprit de ceux même qui la dominent. Du reste, on ne trouve dans ses écrits nulle expression de haine contre le christianisme : comme Pline le jeune, il va même jusqu'à louer la vertu des chrétiens. Ce n'est pas le seul trait de ressemblance que l'on aperçoive entre ces deux orateurs, qui, à trois siècles de distance brillèrent dans le sénat romain. Symmaque, avec moins de goût et de pureté, travaille à reproduire l'ingénieuse élégance de Pline, plus accessible à l'imitation que la grande éloquence des beaux siècles de Rome. Le hasard a voulu que ces deux hommes, qui, chacun dans leur temps, parurent le modèle de l'éloquence, ne nous soient guère connus que par un recueil de lettres *. Les lettres de Symmaque respirent également le goût de l'étude et de la vertu ; quelques-unes sont adressées à Ausone, qui passait alors pour un grand poète, et que ses vers, et la reconnaissance de l'empereur, son disciple, portèrent au consulat.

Le seul monument précieux qui nous soit resté du génie de Symmaque, c'est le discours adressé à Valentinien pour le rétablissement de l'autel de la Victoire, peu de mois avant la chute et la mort de ce jeune empereur. C'est l'impuissant et dernier effort du paganisme. La destinée de cet autel de la Victoire avait été fort incertaine et fort changeante. Placé au milieu du sénat de Rome, il avait subsisté même sous Constantin. Il fut enlevé par l'ordre de Constance son fils. Julien le rétablit. Valentinien, grand et heureux capitaine, respecta, malgré son zèle pour l'Église, une dernière superstition qui se confondait avec celle de la gloire. Gratien, son successeur, parmi les sévérités qu'il exerça sur le culte

* M. Angelo Maio, si justement célèbre par ses précieuses découvertes, et par ses manuscrits palimpsestes, a trouvé et publié quelques fragments des panégyriques de Symmaque. Mais ces débris d'un genre d'ouvrage insignifiant par lui-même, n'offrent aucun intérêt pour l'histoire ou pour le goût. Que faire aujourd'hui de compliments adressés à Valentinien ou à Gratien ?

payen, dont il supprima les pensions et les privilèges, détruisit de nouveau cet autel, qui choquait la vue des membres chrétiens du sénat. La plus grande partie de l'assemblée réclama dès-lors par le conseil et la voix de Symmaque. Mais la protestation des sénateurs chrétiens avait déjà prévenu l'empereur; et Symmaque ne fut pas même écouté. On ne voit cette discussion reparaître que quinze ans plus tard, et dans la faiblesse du règne de Valentinien II.

Un célèbre écrivain de nos jours, saisissant tout ce qu'il y avait de poétique dans le choix d'une pareille divinité, a placé sur une scène animée par son éloquence le débat de cette grande question, à laquelle il donne pour auditeurs et pour juges le sénat et Dioclétien. Dans la fiction de son ouvrage, le christianisme est encore opprimé; et cependant il élève une voix libre contre la religion de l'empire, qui s'appuie tout à la fois sur les raisonnements d'une philosophie sceptique, sur les traditions de la fable, sur les souvenirs et les monuments de la gloire de Rome. Suivant la vérité historique, cette fameuse controverse pour l'autel de la déesse, autrefois si chère à Rome, ne s'est pas élevée sous les yeux d'un empereur payen et victorieux qui, dans le culte d'une semblable idole, aurait voulu défendre et respecter sa propre gloire. Ce n'est point le christianisme, encore faible et persécuté, qui vient ébranler le piédestal de la puissante déesse, devant le trône guerrier de son adorateur; c'est l'idolatrie, qui, cent ans plus tard, vaincue, terrassée, n'osant plus défendre tous ses dieux, ne cherchant plus à les expliquer par de subtiles allégories, s'attache obstinément à un souvenir moins religieux que politique, et, reconnaissant déjà le triomphe et la possession paisible du culte nouveau, cherche à se ménager un étroit asyle, et une dernière tolérance, dans l'orgueil du prince et la dignité de l'empire.

Sous ce rapport, le discours de Symmaque peut servir à caractériser une des époques décisives de la lutte entre les deux religions : et il montre à quel point les progrès de la loi nouvelle avaient amené l'ancienne religion, chassée successivement de tout le terrain qu'elle occupait, perdant les mensonges de la tradition sacerdotale, les illusions de la théurgie, les subtilités du platonisme, et n'étant plus qu'un antique préjugé, un reste de coutume locale défendu sans chaleur et sans conviction. « Nous redeman-
« dons, disait Symmaque, le système de religion
« qui long-temps fut profitable à la république.
« Comptez tous les empereurs de l'une et de l'autre
« secte, de l'une et de l'autre opinion. Parmi ceux
« qui sont le plus près de nous, l'un a observé lui-
« même les cérémonies de nos aïeux, l'autre les a
« permises. Si la religion des anciens ne fait pas au-
« torité, que du moins la dissimulation des mo-
« dernes soit un exemple. Quel homme est assez
« ami des barbares, pour ne pas redemander l'au-
« tel de la Victoire ? Nous avons d'ordinaire une
« prévoyance inquiète, et nous évitons ce qui peut
« paraître un fâcheux augure. Eh bien, sachons au

« moins rendre au nom de la Victoire l'hommage
« que nous refusons à sa divinité ! Prince, votre
« éternité lui doit déjà beaucoup ; elle lui devra da-
« vantage. Qu'ils détestent sa puissance, ceux-là
« qui n'ont pas éprouvé son secours! Mais vous,
« n'abandonnez pas une protection amie des succès
« et de la gloire. Cette puissance a droit sur les
« prières de tout le monde. Que si l'on oubliait les
« hommages dus à la déesse, on devrait du moins
« respecter la majesté du sénat. Faites, je vous en
« supplie, que les traditions reçues dans notre en-
« fance, nous puissions dans notre vieillesse les
« transmettre à notre postérité. L'amour de l'habi-
« tude est puissant. » Puis, faisant allusion aux serments d'obéissance à l'empereur, autrefois jurés sur
cet autel, il s'écriait : « Où prêterons-nous serment
« à vos lois et à vos paroles? Quelle religion épou-
« vantera l'âme perfide, et lui interdira le mensonge
« dans les témoignages? Tout est plein de Dieu,
« sans doute; et il n'y a pas de lieu, d'asyle pour les
« parjures. Mais c'est un puissant secours contre la
« pensée du crime, que d'être pressé par la pré-
« sence même d'un objet sacré. Cet autel est le lien
« de la concorde, la garantie de la fidélité. Rien ne
« donne plus de crédit à nos décisions, que de pa-
« raître rendues sous la foi du serment. Cette as-
« semblée, devenue profane, sera donc ouverte au
« parjure! Et voilà ce qu'approuveront des princes
« illustres, qui sont eux-mêmes sous la sauve garde
« du serment public! Mais le divin Constance, me
« dira-t-on, a fait la même chose. Imitons plutôt les

« autres actions de ce prince, qui n'aurait rien en-
« trepris de semblable si, avant lui, un autre avait
« commis la même faute. La chute de nos devan-
« ciers nous corrige; et la réforme naît du blâme
« qui s'attache à l'exemple d'un premier tort. On
« peut croire que le père de votre majesté, en es-
« sayant une chose nouvelle, n'était pas en garde
« contre ce qu'elle avait d'odieux. La même justifi-
« cation peut-elle vous convenir, si nous imitons
« une chose désapprouvée? Que votre éternité em-
« prunte plutôt au même prince d'autres exemples,
« qu'elle pourra dignement mettre en usage. Cons-
« tance n'a rien soustrait aux privilèges des vierges
« sacrées. Il a conservé le sacerdoce dans les familles
« nobles. Il n'a point refusé les dépenses nécessaires
« aux cérémonies du culte romain. Marchant à tra-
« vers les rues de la ville éternelle, sur les pas du
« sénat satisfait, il a vu nos autels d'un regard paci-
« fique. Il a lu le nom des dieux gravé sur les mo-
« numents. Il a demandé les origines des temples.
« Il a rendu hommage à leurs fondateurs; et, tandis
« que lui-même suivait d'autres croyances, il a con-
« servé à l'empire ses rites antiques. En effet, cha-
« cun a ses coutumes et son culte. L'intelligence
« éternelle assigne à toutes les villes différents pro-
« tecteurs. De même que les âmes sont partagées
« aux mortels naissants, ainsi de célestes génies
« sont fatalement assignés aux différents peuples.
« Vient ensuite l'intérêt public, au nom duquel sur-
« tout l'homme revendique les dieux. »

L'orateur, s'attachant alors à l'autorité de la tra-

dition et des siècles, introduisait dans son discours, par une figure de rhéteur, l'antique Rome venant plaider pour ses dieux : « Prince, lui fait-il
« dire, père de la patrie, respectez la vieillesse où
« je suis parvenue sous cette loi sacrée ; laissez-moi
« mes antiques solennités. Je n'ai pas lieu de m'en
« repentir : ce culte a mis l'univers à mes pieds ;
« ces sacrifices, ces cérémonies saintes, ont écarté
« Annibal de nos murs, et les Gaulois du Capitole.
« Ai-je vécu si long-temps pour recevoir l'affront
« d'un tel blâme ? etc. Ainsi, reprenait l'orateur,
« nous demandons la paix pour les dieux de la pa-
« trie, pour les dieux indigènes. Il est juste de re-
« connaître, sous tant d'adorations différentes une
« seule divinité. Nous contemplons les mêmes astres ;
« le même ciel nous est commun ; le même monde
« nous enferme. Qu'importe de quelle manière
« chacun cherche la vérité ? Une seule voie ne peut
« suffire, pour arriver à ce grand secret de la na-
« ture. »

Que ne doit-on pas remarquer dans ce singulier morceau d'éloquence ? Quelle fidèle peinture d'un peuple, qui n'existe plus que dans des souvenirs ! Quelle notion curieuse sur l'état du paganisme, et sur la manière dont les esprits élevés envisageaient alors les formes religieuses, qu'ils essayaient de défendre ! Quels symptômes de mort pour le paganisme dans cette facile reconnaissance d'un culte naguère persécuté ! Quelle froideur dans cette éloquence pompeuse ! Symmaque, dans le reste de cette harangue, réclamait les revenus et les titres enlevés au sacerdoce païen, et le droit de tester en faveur des prêtres et des vestales. « Que le trésor « des bons princes, disait-il, se remplisse des dé- « pouilles de l'ennemi, et non de celles des prêtres. « Que les mourants dictent leurs volontés avec con- « fiance, et qu'ils sachent que sous des princes qui « ne sont point avares, les testaments sont inviola- « bles. Eh quoi! la religion de Rome est-elle mise « hors du droit romain? quel nom donner à cette « usurpation de fortunes particulières que nulle loi « n'a frappées? Les affranchis reçoivent les biens « qui leur sont légués. On ne conteste pas aux es- « claves les avantages qu'un testament leur accorde. « Les nobles vierges de Vesta et les ministres des « saints mystères se voient seuls exclus des posses- « sions transmises par héritage. Que leur sert-il de « dévouer au salut de la patrie la chaste pureté de « leur corps, d'appuyer l'éternité de l'empire sur « les secours célestes, d'étendre sur vos armes et « sur vos drapeaux la salutaire influence de leurs « vertus, et de former des vœux efficaces pour tous? « Ils ne jouissent pas des droits assurés à tous. Eh « quoi! l'obéissance que l'on rend aux hommes est « donc mieux payée que le dévouement aux dieux ? « Par là, nous faisons tort à la république, qui ne « gagne jamais à être ingrate. »

A ce langage philosophique et grave Symmaque ne craint pas de mêler l'ancien argument du peuple, qui attribuait à l'oubli du culte des dieux les maux de la guerre, les désastres et les stérilités des saisons. Cependant il associe volontiers la religion nouvelle

au privilége de protéger l'empire. « Que les mys-
« tères secourables, secrets appuis de toutes les re-
« ligions, dit-il, favorisent votre clémence ; que
« ceux-là sur-tout qui protégèrent vos ancêtres, vous
« défendent, et soient honorés par nous. Nous de-
« mandons cette forme de religion qui a conservé
« l'empire à votre divin père, et lui a donné, après
« un règne heureux, de légitimes successeurs. »
Combien cette apologie sans conviction, cette obscure profession de déisme, bizarrement unie à certaines formes de culte, devait-elle sembler faible
devant la victoire et l'enthousiasme des orateurs
chrétiens ! Animés de tous les souvenirs d'une lutte
si longue, conservant au milieu de leur triomphe,
encore nouveau, toutes les vertus amassées dans la
proscription, puissants au nom de la justice, ils ac-
cablent sans effort les opinions vacillantes et les
préjugés décrépits du polythéisme. Mais pourquoi,
dans ce salutaire renouvellement du monde, la persécution, changée de mains, vint-elle plus d'une
fois au secours de la parole chrétienne, qui avait
presque achevé sa tâche ? On s'étonne, en voyant
à quel degré de faiblesse étaient réduites les croyances païennes, que les empereurs chrétiens ne les
aient pas laissées tranquillement mourir.

L'éloquence de Symmaque ne resta pas sans réponse. L'église avait alors en Occident un illustre
apôtre, un homme dont la vertu faisait à moitié le
génie, une de ces âmes généreuses qui, dans la
lutte de la civilisation et de la barbarie, époque la
plus féconde en grands crimes, paraissent çà et là

sur la terre, pour justifier et consoler l'espèce humaine, c'était saint Ambroise.

On conçoit aisément combien saint Ambroise, animé de la ferveur et de la sainte jalousie de son culte, devait repousser avec avantage les faibles assertions de Symmaque. « Eh quoi ! dit-il dans une « première adresse à l'empereur, ils se plaignent « de la perte de quelques biens, ceux qui n'ont ja- « mais épargné notre sang; ils demandent des pri- « vilèges, ceux qui naguère, par les lois de Julien, « nous refusaient le droit de parler et d'instruire. » Saint Ambroise affirme d'ailleurs que le plus grand nombre des membres du sénat romain est chrétien, et que le rétablissement de l'autel de la Victoire serait une persécution contre tant de sénateurs, forcés d'assister aux sacrifices impurs que l'on offrirait sous leurs yeux, et de respirer la vapeur du sacrilège.

Dans une seconde adresse à l'empereur, l'orateur chrétien presse plus étroitement Symmaque, et, joignant aux impérieux démentis qu'il lui oppose, une émulation d'éloquence, il l'imite, en le réfutant; « Ce n'est pas là, dit-il, ce que Rome vous a « chargé de dire; elle parle un autre langage : Pour- « quoi, dit-elle, m'ensanglantez-vous chaque jour « par le stérile sacrifice de tant de troupeaux? Ce « n'est pas dans les fibres palpitantes des victimes, « mais dans la valeur des guerriers, que se trouve la « victoire. C'est par une autre science que j'ai con- « quis le monde. Ce fut les armes à la main que « Camille, renversant les Gaulois du haut de la Ro- « che Tarpéienne, enleva leur étendard déjà flottant

« sur le Capitole. Le courage vainquit ceux que les
« dieux n'avaient pas repoussés. Ce n'est pas au
« milieu des autels du Capitole, mais dans les ba-
« taillons d'Annibal, que Scipion a trouvé la victoire.
« Pourquoi m'objectez-vous l'exemple de nos aïeux?
« Je hais le culte de Néron. J'ai regret de mes er-
« reurs passées ; je ne rougis pas dans ma vieillesse
« de changer avec le monde entier. Il n'est jamais
« trop tard pour apprendre. Il n'y a point de honte
« à passer dans un meilleur parti. J'avais cela de
« commun avec les nations barbares de ne point
« connaître Dieu. Vos sacrifices se bornent à verser
« le sang des bêtes. Cherchez-vous la voix de Dieu
« dans les entrailles des victimes ? Venez et entrez
« sur la terre dans la céleste milice : c'est là que
« nous vivons et que nous combattons. Que j'ap-
« prenne les mystères du ciel par les témoignages
« du Dieu qui l'a créé, et non par celui de l'homme
« qui ne se connaît pas ! Qui croirai-je sur Dieu,
« plutôt que Dieu lui-même ! Comment puis-je vous
« croire, vous qui confessez que vous ne savez pas
« ce que vous adorez ? » Combien ces vives affirma-
tions, cette certitude de croyance, ne donnaient-
elles pas d'ascendant à saint Ambroise ! La victoire
du christianisme est là. Ses disciples étaient fervents
et convaincus ; ils savaient, ils croyaient, ils voulaient ; tandis que leurs adversaires erraient, acca-
blés d'avance par le doute, entre les fables insoute-
nables du polythéisme et les subtiles explications
de la philosophie, à la lueur faible d'un déisme
qu'ils n'osaient avouer.

A cette autorité des temps antiques, invoquée par Symmaque, l'orateur chrétien oppose le progrès continuel de la vie sociale et le perfectionnement de l'espèce humaine, qui renonce aux erreurs de l'enfance pour un culte plus raisonnable et plus épuré. C'était l'argument des chrétiens : avec un immortel avenir, leur sainte loi promettait la justice et l'égalité sur la terre. L'imagination de saint Ambroise est du reste animée de toutes les inspirations du génie profane; son style ingénieux et brillant se pare quelquefois avec trop peu de discrétion des ornements que sa mémoire emprunte aux écrivains de l'ancienne Rome. C'est un chrétien, disciple des poètes profanes. Sa diction porte cependant la marque de son siècle, et n'est exempt ni d'affectation ni de rudesse. Cet ordre habile et secret, cet heureux enchaînement d'idées qui règne dans le style des grands écrivains, n'étaient plus connus. Une précision quelquefois obscure et forcée, une grandeur inégale et jamais simple, de l'affectation jusque dans les mouvements de l'âme, voilà les défauts de cet orateur, auquel il n'a manqué qu'un siècle plus heureux et des contemporains plus dignes de lui. Mêlant l'irrégularité du génie oriental à l'imitation des formes élégantes du siècle d'Auguste, il a moins de pompe et de goût que son adversaire, dont le style est resté tout romain et tout profane.

Villemain, *de Symmaque et de saint Ambroise.*

TACITE (Caius-Cornélius-Tacitus) était plus âgé que Pline le jeune, qui était né en l'an de J.-C. 61.

Vespasien commença à l'élever aux dignités, Tite continua et Domitien y en ajouta de plus grandes. Il fut préteur sous ce dernier, et consul sous Nerva, subrogé à Verginius Rufus, dont il fit le panégyrique. (Plin., *Epist. II*, 1.)

L'an 77 ou 78 de J. C. il épousa la fille de Cn. Julius Agricola, célèbre par la conquête de l'Angleterre. Il était hors de Rome depuis quatre ans avec sa femme, lorsqu'Agricola mourut. Lipse croit que Tacite laissa des enfants, parce que l'empereur Tacite se disait descendu de lui ou de la même famille.

Les lettres ont rendu Tacite plus illustre que ses dignités. Il plaida, même après avoir été consul, avec une grande réputation d'éloquence, dont le caractère particulier était la gravité et la majesté. Il avait été fort estimé dès ses premières années.

Pline le jeune fut un de ses premiers admirateurs, et ils s'unirent ensemble par une amitié très étroite. Ils se corrigeaient mutuellement leurs ouvrages : grand secours pour un auteur ! Je l'éprouve tous les jours avec une vive reconnaissance, et je sens bien que je dois le succès de mon travail à un pareil secours que me rendent des amis également éclairés et affectionnés.

Il paraît que Tacite avait donné au public quelques harangues ou plaidoyers. Il avait fait aussi quelques vers. Il nous est resté de lui une lettre parmi celles de Pline.

Mais on ne le connaît aujourd'hui que parce qu'il a écrit sur l'histoire, à laquelle saint Sidoine (*Epist. IV*, 22.) dit qu'il ne s'appliqua qu'après avoir tâché inutilement de porter Pline à l'entreprendre.

Il composa sa *Description de l'Allemagne* durant le second consulat de Trajan : du moins il y a lieu de le conjecturer ainsi.

La *Vie d'Agricola* son beau-père paraît aussi, par la préface, être un de ses premiers ouvrages, et faite au commencement de Trajan. Il emploie une partie de cette préface à décrire les temps orageux d'un règne cruel et ennemi de toute vertu : *Sæva et infesta virtutibus tempora*. C'était celui de Domitien. Il la conclut, en marquant « qu'il consacre cet écrit à la gloire d'Agricola son beau-père, « et il « ajoute qu'il espère que le sentiment de respect et « de reconnaissance qui l'a porté à entreprendre cet « ouvrage le fera paraître louable, ou du moins « excusable. »

Il entre ensuite en matière, et expose les principales actions de la vie de son beau-père. Cet écrit est un des plus beaux et des plus précieux de l'antiquité. Les gens de guerre, les courtisans, les magistrats y peuvent trouver d'excellentes instructions.

Le grand ouvrage de Tacite est celui dans lequel il avait écrit l'histoire des empereurs, en commençant à la mort de Galba et finissant à celle de Domitien : c'est ce que nous appelons ses *Histoires*. Mais des vingt-huit ans que cette histoire contenait, depuis l'an 69 jusqu'en 96, il ne nous reste que l'année 69 et une partie de 70. Pour composer cet ouvrage, il demandait des mémoires aux particuliers, comme il en demanda à Pline le jeune sur la mort de son oncle. Et ceux qui étaient bien-aises que la postérité les connût, lui en envoyaient d'eux-mêmes ; ce que nous voyons par le même Pline, qui espéra de s'immortaliser par ce moyen. Les lettres qu'il lui en écrivit semblent être de l'an 102 ou 103; et l'on peut juger par là du temps auquel Tacite travaillait à cet ouvrage.

Il avait dessein, après l'avoir achevé, de faire aussi l'histoire de Nerva et de Trajan : temps heureux, dit-il, où l'on pouvait penser ce qu'on voulait et dire ce qu'on pensait. Mais il ne paraît pas qu'il ait exécuté ce projet.

Au lieu de cela, il reprit l'histoire romaine, depuis la mort d'Auguste jusqu'à Galba ; et c'est ce qu'il appelle lui-même ses *Annales*, parce qu'il tâchait d'y marquer tous les évènements sur leur année, ce qu'il n'observe pas néanmoins toujours quand il rapporte quelque guerre.

Dans un endroit de ses *Annales* (XI, 11), il renvoie à l'histoire de Domitien qu'il avait écrite auparavant : ce qui marque que les *Histoires* sont antérieures aux *Annales*, quoique celles-ci soient placées les premières. Aussi l'on remarque que le style de ses *Histoires* est plus fleuri et plus étendu, et celui de ses *Annales* plus grave et plus resserré, sans doute, parce que, porté naturellement à la concision, il se fortifiait de plus en plus dans cette habitude à mesure qu'il écrivait davantage. Des quatre empereurs dont Tacite avait écrit l'histoire dans ses *Annales*, savoir : Tibère, Caligula, Claude, Néron, il n'y a que le premier et le dernier dont nous ayons l'histoire à-peu-près entière ; encore nous manque-t-il trois années de Tibère et les dernières de Néron. Caligula est perdu tout entier, et nous n'avons que la fin de Claude.

Il avait dessein d'écrire aussi l'histoire d'Auguste : mais saint Jérôme paraît n'avoir connu de lui que ce qu'il avait fait depuis la mort de ce prince jusqu'à celle de Domitien : ce qui, dit-il, faisait trente livres.

Si ce que Quintilien dit d'un historien célèbre de son temps qu'il ne nomme point, doit s'entendre de Tacite, comme quelques auteurs l'ont cru, il paraîtrait qu'il aurait été obligé de retrancher des endroits trop libres et trop hardis, voici le passage de Quintilien : « Il est un historien qui vit encore « pour la gloire de notre siècle, et qui mérite de « vivre éternellement dans la mémoire des siècles « à venir. On le nommera un jour : maintenant on « voit bien de qui je veux parler. Ce grand homme « a des admirateurs et peu d'imitateurs ; l'amour « de la vérité lui ayant nui, quoiqu'il ait supprimé « une partie de ce qu'il avait écrit. Dans ce qui « est resté, on ne laisse pas de sentir parfaitement « un génie élevé et une façon de penser hardie et « généreuse. »

Il est fâcheux qu'on ne soit pas plus instruit des circonstances de la vie d'un écrivain si célèbre. On ne sait rien non plus de sa mort. L'empereur Tacite, qui tenait à honneur de descendre de la famille de notre historien, ordonna qu'on mît ses ouvrages dans toutes les bibliothèques, et qu'on en fît tous les ans dix copies aux dépens du public, afin qu'elles fussent plus correctes. C'était une sage et louable précaution qui aurait dû, ce me semble, nous conserver en entier un ouvrage si digne, dans toutes ses parties, de passer à la postérité.

Rollin, *Histoire ancienne.*

JUGEMENTS *.

I.

Tacite se vante d'avoir écrit sans haine et sans prévention, *sine irâ et studio*, et d'avoir suivi en tout l'exacte vérité, ce qui est le principal devoir d'un historien. Pour remplir ce devoir, Tacite aurait eu besoin, non-seulement d'un grand amour pour le vrai, mais d'un discernement très fin, et de beaucoup de précaution. « Car il remarque lui-
« même, en parlant des histoires de Tibère, de
« Caius, de Claude. de Néron, que, soit qu'elles
« fussent écrites de leur vivant, ou peu après leur
« mort, la fausseté y régnait également, parce que
« la crainte avait dicté les unes, et la haine les au-
« tres. »

« Il y a, dit-il ailleurs, deux grands défauts qui
« donnent atteinte à la vérité : la fureur de louer
« outrément les puissances pour leur plaire; le
« plaisir secret d'en dire du mal pour se venger. Il
« ne faut pas s'attendre que de tels historiens qui
« sont ou flatteurs, ou ennemis déclarés, ménagent
« fort l'estime de la postérité. »

« On est choqué d'une basse flatterie, parce qu'elle
« sent la servitude : mais on ouvre volontiers ses

---

* Voyez à l'article histoire le jugement de Marmontel sur Tacite, tome XV, pag 255 et suiv. du *Répertoire*. F.

« oreilles à la médisance, dont la malignité se cou-
« vre d'un air de liberté. » Tacite promet de s'écarter de ces deux excès, et proteste d'une fidélité à
l'épreuve de toute séduction.

Le morceau du règne de Tibère passe pour le
chef-d'œuvre de Tacite par rapport à la politique.
Le reste de son histoire, dit-on, pouvait être composé par un autre que par lui; et Rome ne manquait pas de déclamateurs, pour dépeindre les vices
de Caligula, la stupidité de Claude et les cruautés
de Néron. Mais, pour écrire la vie d'un prince
comme Tibère, il fallait un historien comme Tacite,
qui pût démêler toutes les intrigues du cabinet,
assigner les causes véritables des évènements, et
discerner le prétexte et l'apparence d'avec la vérité.

Il est utile et important, je l'avoue, de démas-
quer les fausses vertus, de pénétrer dans les ténèbres où l'ambition et les autres passions se cachent,
et de mettre les vices et les crimes dans tout leur
jour pour en inspirer de l'horreur. Mais n'est-il
point à craindre qu'un historien, qui affecte presque partout de fouiller dans le cœur humain, et
d'en sonder les replis les plus cachés, ne donne ses
idées et ses conjectures pour des réalités, et ne
prête souvent aux hommes des intentions qu'ils
n'ont point eues, et des desseins auxquels ils n'ont
jamais pensé? Salluste ne manque pas de jeter dans
son histoire des réflexions de politique, mais il le
fait avec plus d'art et de réserve, et par là se rend
moins suspect. Il semble que Tacite, dans l'histoire
des empereurs, est plus attentif à faire apercevoir

le mal, qu'à montrer le bien : ce qui vient peut-être de ce que ceux dont nous avons les vies, sont presque tous de mauvais princes.

Pour ce qui regarde le style de Tacite, on ne peut pas nier qu'il ne soit fort obscur : il est même quelquefois dur, et n'a pas toute la pureté des bons auteurs de la langue latine. Mais il excelle à renfermer de grands sens en peu de mots, ce qui donne à son discours une force, une énergie, une vivacité toute particulière. Il excelle encore à peindre les objets, tantôt d'une manière plus courte, tantôt avec plus d'étendue, mais toujours avec de vives couleurs, qui rendent sensible ce qu'il décrit, et (ce qui est son caractère propre) qui font beaucoup plus penser qu'il ne dit. Quelques exemples en convaincront mieux que mes paroles. Je les tirerai seulement de la vie d'Agricola.

Endroits de Tacite pleins de vivacité.

1. Tacite parle des peuples de la Grande-Bretagne qui fournissaient volontiers les levées, payaient les tributs et satisfaisaient à toutes les autres charges, quand les gouverneurs envoyés de Rome les conduisaient avec douceur, « Mais qui souffraient avec « peine les traitements durs et violents, assez « domptés pour obéir, non pour être traités en « esclaves. » (*Agric. XIII.*)

2. « Agricola s'étant appliqué dès la première an-« née à arrêter ces désordres, remit la paix en « honneur chez ces peuples, laquelle auparavant, « soit par la négligence, soit par la connivence des

« gouverneurs, était autant appréhendée que la
« guerre. » (*Ibid. XX.*)

3. La réception d'Agricola par Domitien au retour de ses glorieuses campagnes, est un des beaux endroits de Tacite, mais dont on ne peut rendre la vivacité dans une traduction. « Après une embras-
« sade froide, sans que l'empereur lui dît un mot, il se
« confondit dans la foule des courtisans.»(*Ibid. XL.*)

4. Il en faut dire autant de ce qui suit immédiatement. Agricola, qui connaissait parfaitement le génie de la cour, et qui savait combien la réputation d'un homme de guerre qui a réussi est à charge à ces courtisans oisifs et sans mérite, pour en tempérer l'éclat et pour amortir l'envie, se réduisit à une vie tranquille et retirée. « Il avait un équipage
« médiocre, se rendait affable à tout le monde, et
« marchait accompagné seulement d'un ou de deux
« amis : de sorte que le grand nombre, qui a coutume de juger du mérite des hommes par l'éclat
« et la magnificence de leur train, après avoir vu et
« considéré Agricola, se demandait si c'était donc
« là cet homme si célèbre, et peu le reconnaissaient
« sous cet extérieur. » (*Ibid.*)

5. Tacite mêle quelquefois aux faits qu'il expose des réflexions bien sensées. C'est ce qu'il fait d'une manière merveilleuse, en relevant la sagesse et la modération avec laquelle Agricola ménageait et adoucissait l'humeur violente de Domitien, quoiqu'il en eût reçu beaucoup de mauvais traitements. « Quoique ce soit
« le propre de l'homme de haïr celui qu'on a offensé,
« et que Domitien fût d'un naturel violent et d'au-

« tant plus irréconciliable, que sa haine et sa colère
« étaient plus cachées ; Agricola savait l'adoucir par
« sa modération et sa prudence, parce qu'il ne pro-
« voquait point le courroux du prince et n'allait
« point au trépas et à la réputation par une vaine
« et fière affectation de liberté, qui tient de la ré-
« volte. Que ceux qui n'admirent qu'une générosité
« téméraire, apprennent, par son exemple, qu'il
« peut y avoir de grands hommes sous de mauvais
« princes, et que la soumission et la modestie,
« si elles sont soutenues d'une vigueur et d'une
« activité propres aux grandes affaires, peuvent
« arriver au même point de gloire où tendent la plu-
« part des hommes par des procédés hardis et vio-
« lents, sans aucun avantage pour le bien public, et
« sans autre fruit pour eux-mêmes que de se signaler
« par une chute éclatante. » (*Ibid. XLII.*)

ROLLIN, *Histoire ancienne*.

II.

Pour peu qu'on soit sensible au nom de Tacite, l'imagination s'échauffe et l'âme s'élève. Si on demande. Quel est l'homme qui a le mieux peint les vices et les crimes, et qui inspire mieux l'indignation et le mépris pour ceux qui ont fait le malheur des hommes? Je répondrai : c'est Tacite. Qui donne un plus saint respect pour la vertu malheureuse, et la représente d'une manière plus auguste, ou dans les fers, ou sous les coups d'un bourreau? c'est Tacite. Qui a le mieux flétri les affranchis et les esclaves, et tous ceux qui trompaient, flattaient, pillaient et corrompaient à la cour des empereurs ? c'est encore Tacite. Qu'on me cite un homme qui ait jamais donné un caractère plus imposant à l'histoire, un air plus terrible à la postérité. Philippe II, Henri VIII et Louis XI n'auraient jamais dû voir Tacite dans une bibliothèque, sans une espèce d'effroi.

Si de la partie morale nous passons à celle du génie, quel homme a dessiné plus fortement les caractères ? Qui est descendu plus avant dans les profondeurs de la politique ? a mieux tiré de grands résultats des plus petits évènements ? et mieux fait, à chaque ligne, dans l'histoire d'un homme, l'histoire de l'esprit humain et de tous les siècles ? a mieux surpris la bassesse qui se cache et s'enveloppe ? a mieux démêlé tous les genres de crainte, tous les genres de courages, tous les secrets des passions, tous les motifs des discours, tous les contrastes entre les sentiments et les actions, tous les mouvements que l'âme se dissimule ? a mieux tracé le mélange bizarre des vertus et des vices, l'assemblage des qualités différentes et quelquefois contraires, la férocité froide et sombre dans Tibère, la férocité ardente dans Caligula, la férocité imbécille dans Claude, la férocité sans frein comme sans honte dans Néron, la férocité hypocrite et timide dans Domitien ; les crimes de la domination et ceux de l'esclavage ; la fierté qui sert d'un côté pour commander de l'autre ; la corruption tranquille et lente, et la corruption impétueuse et hardie ; le caractère et l'esprit des révolutions, les vues opposées des chefs, l'instinct féroce et avide du soldat, l'instinct tumultueux et faible de la multitude; et dans Rome, la stupidité d'un grand peuple, à qui le vaincu, le vainqueur sont également indifférents, et qui, sans choix, sans regret, sans désir, assis aux spectacles, attend froidement qu'on lui annonce son maître; prêt à battre des mains au hazard à celui qui viendra, et qu'il aurait foulé aux pieds si un autre eût vaincu.

Enfin, dix pages de Tacite apprennent plus à connaître les hommes, que les trois quarts des histoires modernes ensemble. C'est le livre des vieillards, des philosophes, des citoyens, des courtisans et des princes. Il console des hommes celui qui en est loin, il éclaire celui qui est forcé de vivre avec eux. Il est trop vrai qu'il n'apprend pas à les estimer : mais on serait trop heureux que leur commerce à cet égard ne fût pas plus dangereux que Tacite même.

J'ai parlé de son éloquence, elle est connue. En général, ce n'est pas une éloquence de mots et d'harmonie, c'est une éloquence d'idées qui se succèdent et se heurtent. Il semble partout que la pensée se resserre pour occuper moins d'espace. On ne la prévient jamais, on ne fait que la suivre. Souvent elle ne se deploie pas tout entière, et elle ne se montre, pour ainsi dire, qu'en se cachant. Qu'on imagine une langue rapide comme les mouvements de l'âme; une langue qui, pour rendre un sentiment, ne le décomposerait jamais en plusieurs mots; une langue dont chaque son exprimerait une collection d'idées; telle est presque la perfection de la langue romaine dans Tacite. Point de signe superflu, point de cortège inutile. Les pensées se pressent et entrent en foule dans l'imagination ; mais elles la remplissent sans la fatiguer jamais. A l'égard du style, il est hardi, précipité, souvent brusque, toujours plein de vigueur, il peint d'un trait. La liaison est plus entre les idées qu'entre les mots. Les muscles et les nerfs y dominent plus que la grace. C'est le Michel-Ange des écrivains. Il a sa profondeur, sa force, et peut-être un peu de sa rudesse.

Étant consul sous Nerva, Tacite prononça l'éloge funèbre de Virginius ; c'est ce même général qui avait refusé trois fois l'empire, qui, par là, déplut aux armées dont il méprisa la haine, qui les fit obéir en dédaignant leur présent, et qui vécut tranquille et respecté sous six empereurs, quoiqu'il n'eût tenu qu'à lui d'être à leur place. Pline le jeune, dont Virginius avait été le tuteur et l'ami, en parle avec transport dans plusieurs de ses lettres. « Il a « joui trente ans de sa gloire, nous dit-il ; il a vu des « poèmes composés en son honneur, il a lu lui-« même son histoire, et la postérité a commencé « pour lui de son vivant. Sa pompe funèbre, ajoute-« t-il, a honoré le prince, son siècle, Rome et la « tribune romaine ; et il n'a rien manqué au bonheur « de sa vie ; car il a été loué après sa mort par le « plus éloquent des hommes. »

Un tel éloge, prononcé par Tacite, devait être intéressant, mais nous ne l'avons plus ; heureusement il nous reste de lui le chef-d'œuvre et le modèle de tous les éloges historiques, c'est sa *Vie d'Agricola*.

Le début, qui est d'une grande beauté, est d'une

éloquence tout à la fois simple et forte ; il parle de l'ancien usage de célébrer les grands hommes, de l'indifférence de son siècle pour ceux qui l'honorent, du danger de louer la vertu sous les tyrans, des effets de l'oppression, qui fait mourir les arts en étouffant le génie : « Le dernier siècle, dit-il, a vu ce qu'il « y avait d'extrême dans la liberté, le nôtre a vu « ce qu'il y a d'extrême dans l'esclavage. Les recher- « ches des délateurs nous ont ôté jusqu'à la liberté « de parler et d'entendre, et nous eussions perdu « le souvenir même avec la voix, s'il était aussi facile « à l'homme d'oublier que de se taire. » (II.) Il se représente ensuite, au sortir du règne de Domitien, comme échappé aux chaînes et à la mort, survivant aux autres, et, pour ainsi dire, à lui-même, privé de quinze ans de sa vie, qui se sont écoulés dans l'inaction et le silence, mais voulant du moins employer les restes d'un talent faible et d'une voix presqu'éteinte, à transmettre à la postérité et l'esclavage passé, et la félicité présente de Rome : « En « attendant, dit-il, je consacre ce livre en l'honneur « d'Agricola mon beau-père ; et dans ce projet, ma « tendresse pour lui me servira ou d'excuse ou d'é- « loge. » (III.) Alors il parcourt les principales époques de la vie de son héros, peignant partout comme il sait peindre, et montrant un grand homme à la cour d'un tyran, coupable par ses services même, forcé de remercier son maître de ses injustices, et obligé d'employer plus d'art pour faire oublier sa gloire, qu'il n'en avait fallu pour conquérir des provinces et vaincre des armées. « On hait, dit Tacite, ceux qu'on

« a offensés. Domitien, naturellement féroce, et
« d'autant plus implacable dans sa haine, qu'elle
« était plus cachée, était cependant retenu par la
« prudence et la modération d'Agricola ; car il n'af-
« fectait point ce faste de vertu et ce vain fanatisme
« qui, en bravant tout, veut attirer sur soi l'œil
« de la renommée. Que ceux qui n'admirent que
« l'excès, sachent que même, sous de mauvais
« princes, il peut y avoir de grands hommes ; et
« qu'une vertu calme et modeste, soutenue par la
« fermeté et les talents, peut parvenir à la gloire,
« comme ces hommes qui n'y marchent qu'à travers
« les précipices, et achètent la célébrité par une
« mort éclatante, mais inutile à la patrie. » (XLII.)

Toutes les fois que Tacite parle des vertus d'Agricola, son âme fière et ardente paraît s'adoucir un peu ; mais il reprend la mâle sévérité de son pinceau, pour peindre le tyran soupçonné d'avoir fait empoisonner ce grand homme ; s'informant avec une curiosité inquiète, des progrès de sa maladie, attendant sa mort de moment en moment, et osant feindre de la douleur, lorsqu'assuré qu'Agricola n'est plus, il est enfin tranquille sur l'objet de sa haine. L'orateur (car Tacite l'est dans ce moment) félicite Agricola de sa mort ; il n'a point vu les derniers crimes du tyran, il n'a point vu ces temps où Domitien, las de verser le sang goutte à goutte, frappa, pour ainsi dire, la république et Rome, d'un seul coup, lorsque le sénat se vit entouré d'assassins, quand le tyran lui-même, spectateur des meurtres qu'il ordonnait, jouissait de la pâleur des mourants, et calculait, au milieu des bourreaux, les soupirs et les plaintes : « Tu as été heureux, « lui dit-il ; mais ta fille et moi, qui nous consolera « d'avoir perdu un père ! qui nous consolera de « n'avoir pu, dans ta maladie, te rendre les devoirs « et les soins les plus tendres, de n'avoir pu te serrer « dans nos bras, nous rassasier d'une vue si chère, « recueillir de ta bouche mourante tes derniers « soupirs et tes derniers avis ! Sans doute, ô le « meilleur des pères ! puisque tu avais auprès de toi « une épouse qui t'adorait, tu as reçu les honneurs « qui étaient dus à ta cendre, cependant, moins de « larmes ont coulé sur ta tombe, et tes yeux, en « se fermant, ont désiré quelque chose. S'il est un « séjour pour les ombres vertueuses ; si, comme le « disent nos sages, les âmes des grands hommes « survivent à leurs cendres, oh ! repose en paix, fixe « les yeux sur ta famille, fais cesser nos plaintes et « nos lâches soupirs, pour nous élever à la contem- « plation de tes vertus ! Non, elles ne doivent point « être outragées par des pleurs ; c'est en les admi- « rant, et si notre faiblesse n'est pas au-dessous « d'un grand modèle, c'est en les imitant sur-tout « que nous devons les honorer : voilà l'hommage « qui t'est dû. Moi-même, quand j'exhorterai ton « épouse et ta fille à honorer ta mémoire, je leur « dirai de se rappeler sans cesse et tes actions et tes « discours, d'embrasser ta renommée, et pour ainsi « dire ton âme, plutôt que de vaines statues ; non « que je veuille défendre de reproduire sur le marbre « ou l'airain, les traits des grands hommes ; mais

« ces images sont mortelles comme ce qu'elles re-
« présentent, au lieu que l'empreinte de l'âme est
« éternelle. Ce n'est point par l'art, ce n'est point
« par de vils métaux qu'on peut représenter l'âme
« d'un grand homme, c'est par notre conduite et
« par nos mœurs, etc. » (XLIII, XLVI.)

Dans cet ouvrage, qui est, comme on le voit, un véritable éloge, Tacite a réuni la philosophie à l'histoire, et l'histoire à l'éloquence : on y retrouve, à chaque ligne, l'âme d'un citoyen qui porte tout le poids du malheur de la vertu, et qui, en peignant les maux de sa patrie, les éprouve une seconde fois. Toute la fin est d'un pathétique tendre, mais en même temps plein de noblesse. Il semble que Tacite, fatigué des émotions douloureuses et profondes que lui ont données l'indignation du crime et le spectacle de la cour d'un tyran, cherche, pour écarter ces images, à se reposer sur les sentiments les plus doux de la nature, c'est la sensibilité d'un grand homme qui, tout à la fois, vous attendrit et vous élève.

Thomas, *Essai sur les Éloges.*

III.

On ne peut pas dire de Tacite comme de Salluste, que ce n'est qu'un parleur de vertu : il la fait respecter à ses lecteurs, parce que lui-même paraît la sentir. Sa diction est forte comme son âme, singulièrement pittoresque sans jamais être trop figurée, précise sans être obscure, nerveuse sans être tendue. Il parle à la fois à l'âme, à l'imagination, à l'esprit.

On pourrait juger des lecteurs de Tacite par le mérite qu'ils lui trouvent, parce que sa pensée est d'une telle étendue, que chacun y pénètre plus ou moins, selon le degrès de ses forces. Il creuse à une profondeur immense, et creuse sans effort. Il a l'air bien moins travaillé que Salluste, quoiqu'il soit, sans comparaison, plus plein et plus fini. Le secret de son style, qu'on n'égalera peut-être jamais, tient non-seulement à son génie, mais aux circonstances où il s'est trouvé.

Cet homme vertueux, dont les premiers regards, au sortir de l'enfance, se fixèrent sur les horreurs de la cour de Néron; qui vit ensuite les ignominies de Galba, la crapule de Vitellius et les brigandages d'Othon; qui respira ensuite un air plus pur sous Vespasien et sous Titus, fut obligé, dans sa maturité, de supporter la tyrannie ombrageuse et hypocrite de Domitien. Obscur par sa naissance, élevé à la questure par Titus, et se voyant dans la route des honneurs, il craignit pour sa famille, d'arrêter les progrès d'une illustration dont il était le premier auteur, et dont tous les siens devaient partager les avantages. Il fut contraint de plier la hauteur de son âme et la sévérité de ses principes, non pas jusqu'aux bassesses d'un courtisan, mais du moins aux complaisances, aux assiduités d'un sujet qui espère, et qui ne doit rien condamner, sous peine de ne rien obtenir. Incapable de mériter l'amitié de Domitien, il fallut ne pas mériter sa haine, étouffer une partie des talents et du mérite d'un sujet pour ne pas effaroucher la jalousie du maître; faire taire à tout moment son cœur indigné; ne pleurer qu'en secret les blessures de la patrie et le sang des bons citoyens, et s'abstenir même de cet extérieur de tristesse qu'une longue crainte répand sur le visage d'un honnête homme, et toujours suspect à un mauvais prince, qui sait trop que dans sa cour il ne doit y avoir de triste que la vertu.

Dans cette douloureuse oppression, Tacite, obligé de se replier sur lui-même, jeta sur le papier tout cet amas de plaintes et ce poids d'indignation dont il ne pouvait autrement se soulager; voilà ce qui rend son style si intéressant et si animé. Il n'invective point en déclamateur; un homme profondément affecté ne peut pas l'être : mais il peint avec des couleurs si vraies tout ce que la bassesse et l'esclavage ont de plus dégoûtant, tout ce que le despotisme et la cruauté ont de plus horrible, les espérances et les succès du crime, la pâleur de l'innocence et l'abattement de la vertu; il peint tellement tout ce qu'il a vu et souffert, que l'on voit ce que l'on souffre avec lui. Chaque ligne porte un sentiment dans l'âme; il demande pardon au lecteur des horreurs dont il l'entretient, et ces horreurs même attachent au point qu'on serait fâché qu'il ne les eût pas tracées. Les tyrans nous semblent punis quand il les peint. Il représente la postérité et la vengeance, et je ne connais point de lecture plus terrible pour la conscience des méchants.

On a dit qu'il voyait partout le mal, et qu'il calomniait la nature humaine; mais pouvait-il calomnier le siècle où il a vécu? Et peut-on dire que celui qui nous a tracé les derniers moments de Germanicus, de Baréa, de Thraséas, et qui a fait le panégyrique d'Agricola, ne voyait pas la vertu où elle était? Ce dernier morceau, cette vie d'Agricola, est le désespoir des biographes ; c'est le chef-d'œuvre de Tacite, qui n'a fait que des chefs-d'œuvre. Il l'écrivit dans un temps de calme et de bonheur. Le règne de Nerva, qui le fit consul, et ensuite celui de Trajan, le consolaient d'avoir été préteur sous Domitien. Son style a des teintes plus douces et un charme plus attendrissant : on voit qu'il commence à pardonner. C'est là qu'il donne cette leçon si belle et si utile à tous ceux qui peuvent être condamnés à vivre dans des temps malheureux. « L'exemple d'Agricola, dit-il, nous apprend qu'on « peut être grand sous un mauvais prince, et que « la soumission modeste, jointe aux talents et à la « fermeté, peut donner une autre gloire que celle où « sont parvenus des hommes plus impétueux, qui « n'ont cherché qu'une mort illustre et inutile à la « patrie. »

Il n'y a pas bien long-temps que le mérite supérieur de Tacite a été senti parmi nous. Les modernes ne lui avaient pas rendu d'abord toute la justice que lui rendaient ses contemporains. Des écrivains philosophes ont fait revenir la multitude des préjugés de quelques rhéteurs outrés dans leurs principes, et d'une foule de pédants scolastiques, qui, ne voulant reconnaître d'autre manière d'écrire que celle de Cicéron, comme si le style des orateurs devait être celui de l'histoire, nous avaient accoutumés dans notre jeunesse à regarder Tacite comme un écrivain du second ordre et d'une latinité suspecte, comme un auteur obscur et affecté. C'est à de pareilles gens qu'il faut citer Juste-Lipse, un des critiques du XVIe siècle, que d'ailleurs je n'aurais pas choisi pour garant. Voici ce qu'il dit en assez mauvais style, mais fort sensément : « Chaque page, « chaque ligne de Tacite, est un trait de sagesse, « un conseil, un axiome. Mais il est si rapide et si « concis, qu'il faut bien de la sagacité pour le suivre « et pour l'entendre. Tous les chiens ne sentent pas « le gibier, et tous les lecteurs n'entendent pas « Tacite*. »

Les harangues, dans Tacite, sont ordinairement courtes, mais toujours substantielles ; et dans sa précision il ne manque point de mouvement, quoiqu'il en ait moins que Tite-Live dans son abondance. Je prends le discours de Cremutius Cordus, accusé dans le sénat, sous le règne de Tibère, d'avoir appelé dans ses écrits Brutus et Cassius *les derniers des Romains*.

« On m'inculpe dans mes paroles, pères conscrits, « tant je suis innocent dans mes actions. Cependant « mes paroles mêmes n'ont attaqué ni César ni ses « parents, les seuls qui soient compris dans les accu- « sations de lèse-majesté. On me reproche d'avoir « loué Brutus et Cassius : beaucoup d'auteurs en

---

* Tacite est le livre des vieillards : les jeunes gens ne sont pas faits pour l'entendre. Il faut apprendre à voir dans les actions humaines les premiers traits du cœur de l'homme, avant d'en vouloir sonder les profondeurs.

J.-J. Rousseau, *Émile*, liv. IV.

« ont écrit l'histoire, aucun ne les a nommés sans
« éloges. Tite-Live, distingué entre tous les écrivains
« par son éloquence et sa véracité, a donné tant de
« louanges à Pompée, qu'il en eut d'Auguste le nom
« de *Pompéien*, sans en être moins aimé. Nulle part
« chez lui, Scipion, Afranius, ni ce même Cassius,
« ni ce même Brutus, ne sont traités de brigands
« et de parricides, comme on les appelle aujourd'hui,
« et souvent il les appelle de grands hommes. Asinius
« Pollion, dans ses écrits, rend hommage à leur
« mémoire : Messala Corvinus, dans les siens, cé-
« lébrait Cassius comme son général, et tous
« les deux furent en crédit et en honneur auprès
« d'Auguste. Quand Cicéron publia l'ouvrage * où il
« élève Caton jusqu'aux cieux, le dictateur César
« lui répondit-il autrement qu'en le refutant comme
« il aurait fait devant des juges? Les lettres d'Antoine,
« les harangues de Brutus, sont remplies de repro-
« ches contre Auguste, injustes, il est vrai, mais
« très amers; et on lit encore les vers de Bibaculus
« et Catulle, pleins de satire contre les Césars. Mais
« Jules-César et le divin Auguste les souffrirent et
« les oublièrent avec autant de modération que de
« prudence; car les satires s'effacent, si on les mé-
« prise; mais si l'on s'en irrite, on paraît s'y recon-
« naître. Je ne parle pas des Grecs, chez qui non-
« seulement la liberté, mais même la licence des paro-
« les, n'a jamais été punie, ou n'a été repoussée qu'a-
« vec les mêmes armes. Mais sur-tout il a toujours été

* Celui qui avait pour titre *Cato*, auquel César répondit par l'*Anti-Cato*. tous les deux sont perdus.

« libre et innocent de dire sa pensée sur les morts :
« pour eux il n'y a plus ni faveur ni haine. Mes
« écrits sont-ils des harangues incendiaires, des trom-
« pettes de guerre civile en faveur de Brutus et de
« Cassius, armés dans les champs de Philippe? Il
« y a soixante et dix ans qu'ils ne sont plus ; et,
« comme on les retrouve dans leurs images, que le
« vainqueur lui-même n'a pas détruites, leur mé-
« moire garde sa place dans l'histoire. La postérité
« rend à chacun l'honneur qui lui est dû ; et s'il
« faut que je sois condamné, il ne manquera pas
« d'écrivains qui se souviendront, non-seulement de
« Brutus et de Cassius, mais aussi de moi. »

La Harpe, *Cours de Littérature.*

TASSE (le) Torquato Tasso, naquit le 11 mars 1544, à Sorrento, dans le royaume de Naples, de Bernardo Tasso et de Porcia de Rossi. La famille du Tasse était ancienne et illustre. Cette circonstance ajoute peu d'éclat à la gloire de son nom ; mais elle a eu sur sa destinée une influence qu'il n'est pas indifférent de remarquer.

Une autre circonstance, plus heureuse pour le Tasse, c'est d'avoir eu pour père un des meilleurs poètes qu'eût alors l'Italie, et l'un des écrivains qui contribuèrent le plus efficacement à mettre en honneur la poésie italienne. Bernardo composa des pastorales et d'autres poésies, qui eurent du succès. Mais ce qui le plaça au rang des premiers poètes de son temps, ce fut un poème intitulé : *Amadigi,* imité du roman espagnol, alors très célèbre d'*Amadis des Gaules*.

Son fils commença dès le berceau à bégayer les vers de son père, et à former son oreille à l'harmonie poétique. Les premiers développements de son esprit furent étonnants. Les historiens de sa vie en racontent des prodiges : ils disent qu'il n'avait pas encore un an, lorsqu'il commença non-seulement à prononcer distinctement et exactement sa langue, mais encore à raisonner et à répondre avec bon sens aux questions qu'on lui faisait; ils disent qu'il n'y avait dans ses discours rien d'enfantin que le son de sa voix; qu'on le voyait rarement rire ou pleurer, et que même, dans les émotions vives de plaisir ou de peine qui excitaient en lui le rire ou les larmes, il donnait déjà des marques de la force de caractère et de l'égalité d'âme, qu'il a montrées depuis dans ses malheurs. Il est permis de rabattre quelque chose de ces exagérations, trop communes chez la nation et dans le siècle où elles ont été écrites ; mais on ne peut douter que le jeune Torquato n'ait montré dès ses premières années des germes d'un génie extraordinaire.

Ses malheurs commencèrent presque avec sa vie. Sa famille avait perdu sa fortune : son père, qui joignait au goût des lettres l'esprit des affaires, avait été obligé de s'attacher à Ferrante San Severino, prince de Salerne. Mais ce prince, à la suite de quelques démêlés avec le vice-roi de Naples, fut obligé de s'expatrier, et de quitter le service de Charles-Quint, pour passer à celui du roi de France, Henri II. Bernardo, qui le suivit, se trouva enveloppé dans sa proscription; il eut ses biens confisqués comme rebelle, et les frères de sa femme, profitant de sa disgrace, refusèrent de lui payer la dot de leur sœur, qui mourut de chagrin, laissant à son mari deux enfants Cornelia et Torquato.

Le fils de Bernardo, âgé seulement de neuf ans, fut compris nominativement dans la proscription de son père, et fut obligé de sortir du royaume de Naples [*]. Il était dans un collége de jésuites, où il étonnait ses maîtres par la rapidité de ses progrès, et par des traits de génie fort au-dessus d'un âge si tendre. Il savait déjà le grec et le latin; il écrivait en prose et en vers. On a conservé quelques discours qu'il avait prononcés en public, ainsi que des vers fort touchants qu'il adressa à sa mère lorsqu'il la laissa à Naples pour suivre la fortune de son père.

Bernardo avait accompagné en France le prince de Tarente, mais il y éprouva bientôt tous les inconvénients d'un malheur obscur, d'un dénuement sans ressource, et se vit obligé de retourner en Italie. Il se fixa à la cour de Guillaume de Gonzague, duc de Mantoue, qui le combla de bienfaits, et le traita moins comme un serviteur que comme un ami. Bernardo voulut avoir près de lui son fils qu'il avait envoyé à Rome, où il l'avait recommandé à un ami pour lui faire continuer ses études. Torquato avait alors douze ans. Son père en le

---

[*] M. Ginguené dément cette circonstance dans l'*Histoire littéraire d'Italie*. Il prétend que le jeune Torquato resta plus de deux ans à Naples après la sentence portée contre son père, et qu'il n'y fut point inquiété.

revoyant, fut étonné des progrès de son esprit. Il le trouva profondément versé dans les langues savantes, également familiarisé avec les philosophes et avec les poètes de l'antiquité, et passionné pour Aristote comme pour Homère. Bernardo s'appliqua à cultiver de si rares dispositions; il envoya son fils à Padoue pour y étudier le droit. L'université de cette ville était déjà célèbre. Torquato y accompagna le jeune Scipion de Gonzague, qui fut depuis cardinal, et il se forma entre ces deux jeunes gens une amitié qui dura jusqu'à la mort du Tasse.

Torquato resta cinq ans à Padoue. Il s'y livra aux nouvelles études qu'on lui fit faire, avec l'application qu'il mettait à tout ce qu'il voulait apprendre, et avec un succès qui étonnait ses maîtres. Il soutint avec un éclat extraordinaire des thèses publiques sur la théologie, la philosophie et la jurisprudence, et reçut le bonnet de docteur dans ces différentes facultés; mais au milieu de ces graves études, c'était toujours la poésie qui l'attirait avec le plus d'empire, et l'occupait avec le plus de charme. C'était là qu'il voyait la gloire. Il passait peu de jours à Padoue sans faire des vers; à dix-sept ans il y composa un poème intitulé *Rinaldo*. C'était le premier ouvrage d'une certaine étendue qu'il eût composé; car jusque-là il n'avait fait que des sonnets et quelques pièces fugitives. Il s'occupa de le faire imprimer; mais en communiquant son projet à son père, il éprouva une difficulté à laquelle il ne s'attendait point. Bernardo Tasso, découragé par les revers de la fortune et par l'inconstance de la faveur des grands, jugeant par sa propre expérience combien les talents et la célébrité même servaient peu au bonheur, voulait détourner son fils de la carrière littéraire, et lui faire embrasser un état plus propre à réparer la fortune délabrée de sa famille. Il fallut tout le crédit, l'autorité même du cardinal d'Est, pour déterminer Bernardo à permettre à son fils de publier son *Rinaldo*, qui fut imprimé à Venise en 1562, et le jeune auteur le dédia à son protecteur le cardinal d'Est.

L'éclatant succès que ce poème obtint dans toute l'Italie ne fit que fortifier les alarmes du père sur la passion du fils pour les lettres et la poésie. Bernardo prit le parti d'aller à Padoue pour essayer de ramener son fils à ses vues; mais celui-ci résista aux instances paternelles, et s'abandonna au penchant naturel qui le destinait à être un grand poète.

A peine avait-il publié son premier poème qu'il conçut le plan de celui qui devait assurer sa gloire. Mais avant que d'y travailler, il voulut faire de nouvelles études sur l'art, dont le champ s'agrandissait à ses yeux par la méditation. Ce fut alors que pour son instruction, et pour se rendre compte de ses propres idées autant que pour les soumettre aux amis en qui il avait confiance, il composa trois discours sur la poésie héroïque, qui sont peut-être le premier exemple de règles qui aient précédé le modèle. Corneille a composé des discours sur la poésie dramatique, qui renferment sans doute les meilleurs préceptes de cet art, mais il les composa après ses tragédies; il les composa de tout ce que lui avaient fourni de lumières, dans le cours de sa longue vie, ses travaux, ses succès et ses revers. Le Tasse n'avait que dix-huit ans lorsqu'il écrivit ses discours; il s'était retiré à Padoue, où, ne vivant qu'avec des gens de lettres, n'étant distrait de ses études par aucune contrariété, il pouvait se livrer sans contrainte à tous les goûts de son esprit. Mais il ne jouit pas long-temps de cette heureuse liberté. La fortune bornée de Bernardo, peut-être aussi un reste de mécontentement, ne lui permettait pas d'entretenir ainsi son fils dans un loisir philosophique. Il le détermina à passer à Ferrare, où il fut reçu comme gentilhomme du cardinal Louis d'Est, frère d'Alphonse, duc de Ferrare.

Torquato avait dédié à ce cardinal son poème de *Rinaldo*. Il se présentait à la cour de Ferrare avec tous les avantages qu'une réputation commencée sous d'heureux auspices devait lui assurer dans cette cour particulièrement distinguée par le goût des lettres. Il y fut accueilli avec une grande distinction par les deux princesses Lucrèce et Léonore d'Est. Lucrèce, depuis duchesse d'Urbin, avait alors trente-un ans; Léonore en avait trente. Le Tasse n'en avait que vingt-un. Il était grand et bien fait; ses traits avaient de la noblesse et de la beauté; mais il était un peu louche, et manquait de grace dans son maintien. Il parlait avec élégance, mais avec une gravité qui touchait à la pédanterie, et un bégaiement naturel lui donnait dans la conversation de l'embarras et de la disgrace.

Peu de temps après son arrivée à Ferrare, le

cardinal fit un voyage en France pour aller conférer avec Charles IX sur les affaires des calvinistes. Il mena avec lui le Tasse, qui y avait été précédé par sa réputation. Charles IX, dont le nom a été flétri depuis par l'horrible massacre de la Saint-Barthélemi, était un prince instruit et protecteur des lettres. Versé dans la littérature italienne, il avait goûté le poème de *Rinaldo* et connaissait déjà quelques fragments de la *Jérusalem*, dont le Tasse avait laissé prendre des copies. Ce poème, où les Français jouent un rôle si honorable, ne pouvait manquer de plaire à la cour de Charles IX ; il procura à l'auteur, de la part des courtisans, comme de celle du prince, l'accueil le plus flatteur et le plus empressé.

L'anecdote suivante prouve les égards que Charles lui témoignait : Un poète français, qui avait quelque réputation, s'était rendu coupable d'un crime honteux pour lequel il avait été condamné à mort. Le roi avait déjà rejeté plusieurs sollicitations en faveur du coupable, et avait donné ordre que l'exécution se fît sans délai. Le Tasse touché de compassion pour le sort du poète, mais n'osant pas demander ouvertement sa grace, que le roi paraissait si peu disposé à accorder, employa pour l'obtenir un moyen un peu détourné. Il se présenta devant le roi et lui dit : « Sire, je viens, au nom de la philo-
« sophie prier V. M. de faire mourir promptement
« un malheureux qui par son crime a appris au
« monde combien les principes de la philosophie
« sont d'un faible secours contre la fragilité humai-
« ne. » Charles IX fut frappé de cette manière de

solliciter pour un coupable, et accorda sans hésiter la grace qu'il avait refusée jusque-là. Mais il paraît que la faveur dont jouissait le Tasse à la cour se bornait à de simples démonstrations d'estime et de considération. Il se trouva cependant dans une situation qui réclamait des marques de bienveillance plus solides, de la part d'un prince qui montrait un goût si vif pour les lettres. Balzac a écrit que le Tasse se trouva pendant son voyage à Paris dans un tel dénuement qu'il fut obligé d'emprunter un écu d'une dame de sa connaissance. Il ajoute que l'auteur de la *Jérusalem* quitta la cour de France avec le même habit qu'il y avait apporté.

Le récit de Balzac se trouve fortifié par un passage des lettres de Guy-Patin : « Le Tasse était réduit « à une extrémité si grande, qu'il fut contraint d'em- « prunter un écu à un de ses meilleurs amis, pour « subsister pendant une semaine. Il fit un joli son- « net pour prier sa chatte de lui prêter durant la « nuit la lumière de ses yeux, parce qu'il n'avait « pas de quoi acheter de la chandelle. »

Il est difficile de concevoir cet état d'indigence où se trouvait un poète célèbre, carressé par un monarque qui ne manquait pas de générosité, et attaché à une légation dont le chef était son protecteur et même son ami.

Il se peut que Charles IX se crût dispensé d'exercer sa libéralité à l'égard d'un homme qui, étant employé à sa cour par un souverain étranger, n'était pas censé avoir besoin de ses secours. L'abbé Serassi, auteur de la vie du Tasse la plus récente et la plus exacte, prétend que son héros refusa, par un sentiment de fierté philosophique, des offres d'argent que lui fit le roi : il ne reste aucune preuve de ce refus, mais une circonstance plus certaine peut servir à expliquer le fait. Le Tasse avait tenu quelques discours qui avaient déplu au cardinal ambassadeur, et celui-ci lui avait ôté le traitement qu'il lui avait assigné pour le mettre en état de vivre convenablement en France. Dans cet état de disgrace, n'ayant par lui-même aucune ressource pour subsister, le Tasse put éprouver en effet les embarras de fortune dont parlent quelques écrivains. Il prit le parti de demander au cardinal la permission de retourner en Italie. Ce fut à la fin de l'année 1571 qu'il quitta la France pour retourner à Ferrare. Il y fut reçu par le duc avec la même bienveillance, et le plaisir que témoignèrent les princesses à le revoir, lui fit oublier les désagréments qu'il avait éprouvés à Paris.

Il s'occupa avec une grande ardeur à finir sa *Jérusalem*, mais, pour se délasser de ce grand travail, il s'amusait à faire de temps en temps des ouvrages en prose et en vers, moins considérables et moins difficiles. Ce fut dans ces intervalles qu'il composa la pastorale de l'*Aminta*, qui fut représentée sur le théâtre de la cour (1572) avec le plus brillant succès. Ce charmant poème, comme tous les ouvrages originaux qui réussissent, eut bientôt des imitateurs; l'Italie, dit Tiraboschi, fut inondée de comédies pastorales; mais, dans la foule de ces copies, on ne se rappelle aujourd'hui que le *Pastor fido* de Guarini, et la *Filli di Sciro* de Bonarelli.

Le Tasse avait peint l'amour, dans son *Aminte*, avec trop de sensibilité et de délicatesse, pour ne pas faire soupçonner que cette passion n'était pas étrangère à son cœur. Dans quelques autres pièces de vers, il exprimait des sentiments tendres pour une beauté qu'il n'osait pas faire connaître; mais dans un sonnet il donna le nom de Léonore à l'objet de sa flamme secrète; dès-lors les soupçons durent se porter sur Léonore d'Est, et ces soupçons se trouvaient fortifiés par d'autres circonstances. Le Tasse fit alors un sonnet, dans lequel il se compare à Icare et à Phaëton, qui périrent l'un et l'autre victimes d'une ambition téméraire. « Mais ajoute-« t-il, quel danger peut effrayer celui que l'amour « encourage ? Diane, brûlant pour une beauté hu-« maine, n'enleva-t-elle pas dans le ciel le jeune « pasteur du mont Ida? »

La supposition d'une intrigue secrète entre la princesse Léonore et le Tasse n'était donc pas sans vraisemblance, et cette supposition a été adoptée par la plupart des écrivains postérieurs qui ont parlé de notre poète. Ils ont cru que, semblable à Ovide, il avait élevé ses vœux trop haut, et qu'une passion imprudente, mais trop bien récompensée par celle qui en était l'objet, avait été la cause de la disgrace qu'il éprouva bientôt, et des malheurs qui en furent la suite. Cette conjecture n'est cependant appuyée sur aucune preuve positive.

Les intrigues de cour et les petits intérêts de la galanterie purent jeter quelques distractions dans les travaux du Tasse, mais ne ralentirent jamais l'application sérieuse qu'il mettait à la composition de sa *Jérusalem*. Ce fut au commencement de l'année 1575 qu'il termina enfin ce poème; mais avant de le mettre au jour, il voulut le soumettre à une critique sévère ; il l'envoya à Scipion de Gonzague, depuis cardinal, qui était alors à Rome ; il le pria de lire son ouvrage avec l'attention la plus sévère, et de le faire examiner par les hommes qu'il jugerait les plus propres à l'éclairer. Scipion de Gonzague, fidèle aux intentions de son ami, s'associa quatre hommes de lettres, estimés pour leur goût et leurs lumières; ils firent de concert un examen détaillé de l'ouvrage, et Scipion en renvoya au Tasse le résultat.

Le Tasse reçut les remarques de ses censeurs avec reconnaissance, et se livra à la correction de son poème avec une nouvelle ardeur. Constamment occupé de ce travail, il se réveillait souvent la nuit pour corriger ses vers ou en faire de nouveaux. Cette application continue échauffa son sang, et peut-être d'autres inquiétudes contribuèrent à altérer sa santé. Il était d'un caractère sérieux et mélancolique ; les graves frivolités d'une petite cour convenaient aussi peu aux goûts de son esprit que les asservissements du métier de courtisan à la fierté naturelle de son caractère. Depuis long-temps il était dégoûté de son esclavage ; mais il ne savait comment s'en affranchir.

Cet état de trouble et d'agitation augmenta son inquiétude naturelle, et donna à la disposition mélancolique qui formait le fond de son caractère, un degré d'activité qui empoisonna le reste de sa vie et en abréga le cours. On voit que son imagination se remplit de vaines terreurs et de tristes défiances. Il se crut entouré d'ennemis et d'envieux. Il imagina que des hommes jaloux de sa réputation et de sa faveur interceptaient ses lettres et faisaient faire de fausses clefs pour s'introduire chez lui en son absence, et lui dérober ses papiers. On le voit s'irriter et s'alarmer de ce que les amis à qui il avait confié son poème ne le lui renvoyaient pas assez promptement, et les craintes qu'il témoigne à cet égard paraissent justifiées par l'évènement. Il apprend tout-à-coup que sa Jérusalem s'imprime sans son aveu dans une cour d'Italie; c'est sur la publication de son poème qu'il a fondé les espérances de fortune qui le mettront en état de vivre dans l'indépendance, et il voit ses espérances détruites par une infidélité dont il ne peut accuser que des amis. Son désespoir est au comble. Il conjure le duc Alphonse d'écrire dans toutes les cours d'Italie pour faire défendre la publication de son ouvrage. Il va jusqu'à le prier de solliciter auprès du pape un bref d'excommunication contre ceux qui lui ont dérobé son manuscrit pour le faire imprimer malgré lui; mais bientôt, frappé lui-même de l'inconvenance d'une telle mesure, il retire sa demande. D'autres terreurs s'emparent de son esprit. Il imagine qu'on l'a déféré à l'inquisition; il craint même d'avoir donné lieu aux censures de ce tribunal; sa conscience s'alarme; il court en hâte à Bologne pour se jeter aux pieds du grand inquisiteur, qui le rassure, et lui accorde toutes les absolutions qu'il peut désirer, mais qui sont à peine suffisantes pour le calmer.

Sans cesse de nouveaux incidents venaient apporter de nouveaux aliments à l'inquiétude de son imagination. Il rencontre un jour dans une rue de Ferrare un homme qu'il soupçonnait de lui avoir rendu de mauvais offices; il l'aborde, lui fait des reproches, et veut le forcer de s'expliquer. Celui-ci lui ayant fait vraisemblablement une réponse offensante, le Tasse lui donna un soufflet. Cet homme reçut cet affront sans dire un seul mot; mais quelques jours après il alla, accompagné de ses deux frères, attendre le Tasse au moment où il sortait de la ville; tous trois fondirent sur lui l'épée à la main. Le Tasse était adroit et brave; il se défendit avec un tel succès, qu'il blessa deux de ces assassins, et les força de s'enfuir; ils furent même obligés de sortir du territoire de Ferrare. Cette aventure fit un grand bruit, et ajouta à l'estime qu'on faisait déjà de notre poète. Long-temps on ne parla que de sa valeur, et l'on répéta, comme une phrase proverbiale, que *le Tasse, avec son épée comme avec sa plume, était au-dessus des autres hommes.*

Cette nouvelle gloire put flatter l'amour-propre du Tasse, mais ne contribua pas à rendre le calme à son esprit. Dès ce moment au contraire il ne goûta plus de repos. Persuadé qu'on en voulait à sa vie, qu'on emploierait contre lui le fer et le poison, il entra dans une sombre méfiance de tout ce qui l'approchait, sur-tout de ses domestiques. Son état était vraiment digne de pitié. On voit dans une de ses lettres qu'il prie un de ses amis de lui envoyer un domestique dont il puisse être sûr. Il sollicite ce service au nom de l'amitié, de l'honneur, de la religion : c'est une chose, lui dit-il, d'où dépend mon repos et ma vie. Je vous la demande comme gentilhomme, comme chrétien *(Perch'e cavaliero, perch'e cristiano)*.

Ce fut peu de jours après avoir écrit cette lettre (juin 1577), qu'une aventure, bien plus fâcheuse et moins honorable que la précédente, acheva d'altérer sa raison. Étant un soir chez la duchesse d'Urbin, il voulut tuer d'un coup de couteau un des domestiques de cette princesse, qu'il regardait comme un de ses ennemis. On prévint heureusement le coup; on se saisit du Tasse, et on l'enferma dans une prison. Le désespoir où le plongea sa détention fut si violent, que le duc, touché de compassion, le fit, au bout de deux jours, ramener dans sa maison, en exigeant seulement de lui qu'il se ferait traiter par un médecin.

On a écrit que l'ordre d'emprisonner le Tasse avait été l'effet d'un mécontentement antérieur de la part d'Alphonse; mais cette opinion est démentie par le témoignage même du poète. Dans un temps postérieur, où il croyait avoir à se plaindre du duc, il écrivait que dans cette occasion ce prince lui avait montré, *non l'affection d'un maître, mais la tendresse d'un père ou d'un frère*. En effet il emmena le Tasse dans sa maison de plaisance de *Bel-Riguardo*, où il mit tous ses soins à le distraire de ses chagrins, et à le rassurer particulièrement sur les terreurs qu'il avait conservées au sujet de l'inquisition; car notre malheureux poète n'avait pu être calmé par les assurances de l'inquisiteur de Bologne, et il était resté persuadé que les absolutions qu'il avait reçues n'étaient pas en bonne forme.

Le duc fut obligé de le faire ramener à Ferrare, où, d'après son propre désir, il fut conduit chez les moines de Saint-François. Là, plus agité que jamais, il voulut à peine consentir à faire les remèdes qu'on lui prescrivait, parce que d'abord il ne croyait pas en avoir besoin, ensuite parce qu'il craignait toujours d'être empoisonné dans les remèdes mêmes qu'on lui présentait. Ses inquiétudes augmentaient chaque jour. Le duc fatigué des lettres dont il l'accablait pour demander des explications et des assurances qu'on lui avaient données cent fois, offensé peut-être aussi des expressions inconvenantes qui lui échappaient, lui fit défendre de lui écrire davantage ainsi qu'aux princesses. Cet acte de sévérité acheva d'aliéner tout à fait un esprit malade; de sorte que le Tasse, ne se croyant plus en sûreté dans le couvent, prit le moment où il était moins observé qu'à l'ordinaire, et sortit secrètement de Ferrare, le 20 juin 1577.

Il partit sans argent, sans guide, et cependant en peu de jours il se trouva sur les confins du royaume de Naples; là, ayant changé ses habits contre ceux d'un pâtre, il continua son voyage jusqu'à la capitale de ce royaume, où demeurait sa sœur

Cornelia. En entrant chez elle, il s'annonça comme un messager qui lui apportait des nouvelles de son frère. Sa sœur qui ne l'avait pas vu depuis bien des années, ne le reconnut pas ; elle ouvrit la lettre où le malheureux Torquato se représentait comme étant dans la position la plus cruelle, et en danger de perdre la vie. La tendre Cornelia, en lisant ces effrayantes nouvelles, témoigna une si vive douleur, que le Tasse ne put soutenir son déguisement, et se hâta de la consoler en se jetant dans ses bras.

Le repos dont il commença à jouir chez sa sœur, les caresses et les soins dont elle le combla, le beau climat de Naples, l'éloignement de tous les objets qui avaient agité son âme, calmèrent pendant quelque temps son humeur mélancolique ; mais ce calme ne fut pas de longue durée. La maladie réelle dont il était atteint avait jeté de trop profondes racines ; de nouveaux fantômes vinrent assaillir son imagination. On essaya en vain les secours de la médecine ; il ne voulait se soumettre à aucun régime, et il détruisait l'effet des remèdes qu'il consentait à prendre, par des excès contraires à son état. Il se dégoûta bientôt de la vie tranquille et monotone qu'il menait à Naples, et le désir de retourner à Ferrare devint plus fort que tous les motifs qui auraient pu l'en éloigner.

Il écrivit au duc Alphonse et à ses sœurs pour obtenir la permission de revenir près d'eux ; mais son impatience était si vive, que sans attendre la réponse à ses lettres, il partit de Naples, malgré sa sœur et tous ses amis, qui redoutaient encore quelque indiscrétion de sa part. Il revint donc à Ferrare un an après l'avoir quitté ; son pardon lui fut aisément accordé ; il rentra dans ses anciennes places, et fut reçu avec les marques de faveur les plus distinguées : mais l'enthousiasme n'existait plus. Le Tasse, malheureux, souffrant, affaibli par une maladie funeste, n'était plus cet homme dont la gloire se répandait en quelque sorte sur ceux qui rendaient à ses talents un hommage mérité. C'était sa gloire passée qu'on honorait encore en lui ; et l'on sait comme on honore sur-tout à la cour des princes, le mérite qui ne se compose plus que de souvenirs. Il s'aperçut bientôt qu'il n'obtenait plus la considération dont il avait joui si long-temps. Il crut voir que le duc, pensant avoir tout fait désormais pour lui, en lui procurant les douceurs d'une vie aisée et tranquille, cherchait à le détourner des travaux de la littérature, auxquels sans doute on ne le jugeait plus en état de se livrer avec succès. On ne lui avait pas rendu ses papiers, qu'on avait saisis après sa fuite, et il réclamait sur-tout avec les plus vives instances le manuscrit de son poème, qu'il croyait entre les mains d'un homme de la cour. On ignore par quel motif le duc n'avait pas égard à une demande si légitime. Les plus petites circonstances s'exagéraient dans l'esprit du malheureux poète ; tout aigrissait sa mélancolie, et le rendait chaque jour plus insociable. On avait fini par lui refuser l'entrée de l'appartement des princesses : cet affront acheva de le mettre au désespoir. Ne pouvant plus supporter le séjour de Ferrare, il en partit secrètement une seconde fois, sans avoir annoncé sa résolution.

Le voilà de nouveau rejeté dans le monde, marchant au hasard sans savoir où il trouvera un asyle. Il tourna d'abord ses espérances vers Mantoue; il crut que son père ayant été long-temps au service du duc, ce prince l'accueillerait avec bienveillance: mais il n'en éprouva que froideur et dédain. Comme il avait épuisé le peu d'argent qu'il avait emporté, il fut obligé de vendre ce qu'il avait de plus précieux, et cette ressource le mit en état de se rendre dans les états du duc d'Urbin, mari de Lucrèce d'Est, l'une des deux sœurs du duc de Ferrare.

Cette fois-ci les espérances de l'illustre fugitif ne furent point trompées. Le duc d'Urbin, qui avait passé avec lui une partie de sa jeunesse, le revit comme un ancien ami, et joignit aux démonstrations de sa joie et de son amitié les offres les plus généreuses. Un accueil si favorable et si inespéré releva l'esprit abattu d'un homme que tant de malheurs réels ou imaginaires avaient tout-à-fait découragé.

Mais les fantômes de bonheur qui s'offrirent à son imagination dans son nouvel asyle, s'évanouirent bientôt pour faire place à ses inquiétudes ordinaires et à ses vaines terreurs. Il se crut de nouveau entouré de pièges et de dangers imaginaires; et, sans avoir éprouvé aucun dégoût réel à la cour du duc d'Urbin, il s'enfuit brusquement une nuit, et résolut d'aller implorer la protection du duc de Savoie contre des ennemis qui n'existaient que dans ses reves. Il fit son voyage à pied, sans argent, sans hardes, et il arriva à la porte de Turin dans un état si misérable, que les sentinelles lui refusèrent l'entrée de la ville.

Il s'éloignait tristement, sans savoir ce qu'il allait devenir, lorsque par un hasard heureux il rencontra un homme de lettres qui l'avait vu autrefois à Venise, le reconnut, et le fit entrer dans Turin. Après lui avoir donné les petits secours dont il avait besoin, ce nouvel ami le présenta au marquis Philippe d'Est, gendre du duc de Savoie, et ensuite au prince de Piémont, Charles-Emmanuel. Ces deux princes, amis zélés des lettres et des talents, accueillirent avec toute sorte de distinctions un poète illustre et malheureux. Le prince de Piémont lui fit les offres les plus avantageuses pour le retenir à son service. Le Tasse, à son ordinaire, s'enivra quelques moments de ce retour inattendu de prospérité; mais il retomba bientôt dans toutes les misères de son état habituel. Son imagination se reportait toujours vers Ferrare; c'était là qu'il avait passé les plus beaux jours de sa vie; c'était là qu'il espérait retrouver le repos d'esprit dont il était privé depuis si long-temps. La perte de ses papiers sur-tout l'occupait sans cesse; il croyait qu'on ne les lui retenait que pour lui dérober les moyens d'assurer sa renommée; car au milieu des tristes chimères qui avaient égaré sa raison, on voit par ses lettres que l'amour de la gloire était sa passion dominante.

Le duc Alphonse avait perdu sa seconde femme, et venait de se remarier avec la fille du duc de

Mantoue. Le Tasse pensa que ce mariage était une circonstance favorable pour lui, et que la protection du duc de Mantoue et de sa fille pourrait le faire rentrer en grace avec son premier bienfaiteur. Malgré les conseils et les instances des nouveaux amis qu'il avait trouvés à Turin, il voulut en partir pour retourner à Ferrare, où il arriva le 21 février 1579; mais loin d'y recouvrer la faveur qu'il avait espérée et le repos dont il avait tant de besoin, il n'y trouva que l'excès de l'humiliation et du malheur. Le duc et ses sœurs refusèrent de le voir; les courtisans l'évitèrent; rebuté même des domestiques du prince, il eut beaucoup de peine à obtenir un asyle obscur. Son désespoir fut extrême, et dans ses fureurs il ne garda aucune mesure. Il éclatait en injures contre toute la maison d'Est, contre le duc, contre toute sa cour. Toutes ces violences furent regardées comme l'effet d'une entière aliénation d'esprit. Alphonse le fit arrêter et conduire à l'hôpital de Sainte-Anne, où l'on enfermait les fous.

Nous sommes aujourd'hui trop éloignés des temps dont nous parlons, pour être en état de porter un jugement équitable sur la conduite du duc de Ferrare à l'égard du Tasse. Tant que celui-ci avait conservé toute la liberté de son esprit, le duc lui avait donné des preuves d'une admiration constante pour ses talents et d'une généreuse affection pour sa personne; même après les écarts où l'entraînèrent les premiers accès de sa mélancolie, Alphonse avait montré beaucoup d'indulgence; mais la rigueur du traitement que ce prince fit éprouver à la fin au même homme qu'il avait si long-temps traité comme son ami, ne peut guère se concilier avec des idées de justice et de générosité. Les excès où était tombé le Tasse étaient évidemment l'effet d'une véritable aliénation, et devaient inspirer à un souverain généreux de la pitié, non de la colère; c'était dans l'hôpital des malades, non dans la maison des fous, qu'il fallait placer cet infortuné, et lui prodiguer les soins de la médecine, non des humiliations aussi déraisonnables que cruelles.

On ne peut point expliquer, encore moins justifier, les indignités que le Tasse eut à souffrir dans cette humiliante détention. Il resta plusieurs mois dans un tel abandon, dans un dénuement si absolu, qu'il paraît avoir manqué des secours les plus nécessaires. *Le désordre de ma barbe et de mes cheveux*, écrivait-il à un de ses amis; *le défaut de vêtements et l'horrible malpropreté qui m'environne, ne sont qu'une partie de mes maux; la solitude, mon ennemie naturelle, la solitude que j'ai en horreur aggrave le poids de mes souffrances, et rend ma situation intolérable.* Et en effet, elle devait l'être; car l'espèce de manie dont il était atteint ne troublait son esprit que sur certains points, et c'était pour le tourmenter par des dangers imaginaires; tandis qu'il conservait sa raison pour sentir dans toute leur étendue les maux réels dont il était accablé. S'il obtint quelque adoucissement à sa captivité, il ne le dut qu'à l'intérêt qu'il inspira à un jeune homme nommé Mosti, neveu du prieur de l'hôpital. Ce jeune homme avait de l'instruction et le goût des lettres: vivement touché de voir un si grand homme réduit à un tel excès de misère, il lui rendit toutes sortes de services ; il venait le voir tous les jours, entendre ses vers, et sur-tout l'entretenir de littérature et de poésie, objets qui, dans toutes les occasions où s'est trouvé notre infortuné poëte, ont toujours fait la plus douce occupation de sa vie.

Il resta deux ans entiers dans ce déplorable état. Ce ne fut qu'en 1581 qu'il obtint un logement plus commode, avec la permission de recevoir quelques personnes, et même de sortir de temps en temps de sa chambre pour entendre la messe et se confesser : il avait long-temps sollicité cette faveur ; car les sentiments de religion qu'il avait toujours professés, s'étaient encore exaltés par une suite de sa disposition mélancolique et des malheurs qui en avaient été la suite.

On a vu plus haut que, pour obtenir les avis de quelques hommes éclairés, le Tasse avait communiqué sa *Jérusalem* à quelques amis, qui, par négligence ou par infidélité, en laissèrent prendre des copies. On en annonçait depuis long-temps des éditions subreptices ; le Tasse en avait déjà arrêté une par le crédit du duc de Ferrare. Enfin, en 1581, il en parut une imprimée à Venise, mais tronquée et défigurée. L'année suivante, on en fit une autre plus correcte à Casal-Maggiore, et bientôt après une troisième à Parme. Enfin, en trois ans, il en parut quatre éditions en Italie et une en France, toutes publiées à l'insu de l'auteur. On en fit cinq traductions en vers latins. Le succès de la *Jérusalem* fut universel. Parmi les admirateurs passionnés de ce poëme, il s'en trouva qui, pressés du désir de connaître l'auteur, se rendirent à Ferrare pour le voir, et furent surpris de trouver dans l'hôpital des fous celui dont le génie avait excité leur enthousiasme, et dont le nom retentissait dans toute l'Europe.

Les témoignages d'admiration et d'intérêt qu'il recevait de toutes parts suspendirent quelque temps en lui le sentiment de ses humiliations et de ses souffrances. Mais tant de gloire réveilla l'envie, et ses malheurs ne purent la désarmer. Malgré la brillante réputation dont jouissait en Italie l'*Orlando furioso*, plusieurs hommes éclairés lui préférèrent la *Jérusalem*. Les partisans de l'Arioste se soulevèrent contre ce jugement. Des écrits sans nombre furent publiés pour et contre: cette querelle occupa toute l'Italie; elle y a divisé long-temps les hommes qui avaient le plus de lumières et de goût.

L'Académie de la Crusca venait de s'établir; ceux qui la composaient étaient d'anciens admirateurs de l'Arioste, qui prirent parti contre le nouvel objet de l'enthousiasme public. Cette Académie signala son existence nouvelle par une critique de la *Jérusalem délivrée*, comme l'Académie-Française, cinquante ans après, signala ses premiers travaux par la critique du *Cid*; mais il faut convenir que celle-ci traita Corneille avec plus d'égards et de justice, que l'Académie italienne n'avait traité le Tasse.

Cependant le succès éclatant de la *Jérusalem* ne pouvait manquer d'attirer l'attention sur son auteur et la connaissance de ses malheurs excita en sa faveur un intérêt universel. Le duc de Ferrare pressé, par les sollicitations puissantes qu'il reçut de toutes parts, sentit qu'il ne pouvait retenir plus longtemps dans une humiliante servitude celui que la renommée proclamait dans toute l'Europe comme l'honneur de l'Italie et même de son siècle.

Le Tasse fut mis en liberté le 6 juillet 1586, après sept ans et deux mois de prison. Il se rendit peu de jours après à Mantoue, où il fut reçu du prince de la manière la plus honorable et la plus affectueuse. Ce fut alors qu'il finit et corrigea le poème de *Floridan*, que son père avait laissé imparfait, et qu'il refondit entièrement; il termina aussi sa tragédie de *Torrismond*, commencée long-temps avant sa captivité.

Dans un des voyages qu'il fit à Naples, le prince de Conca, admirateur des talents du Tasse, lui offrit un logement dans son palais; le Tasse accepta avec sa facilité ordinaire; mais bientôt dégoûté de la sorte de dépendance que semblaient lui imposer les soins et les distinctions qui l'avaient d'abord flatté, il regretta sa liberté, et il alla loger chez son ami Manso *, qui était aussi l'ami du prince de Conca.

C'est là qu'il acheva et qu'il publia sa *Jérusalem conquise* (Gierusalemme conquistata). Ce n'était qu'une refonte de la *Jérusalem délivrée*. Trop docile aux critiques qu'on en avait faites, troublé d'ailleurs par les scrupules de sa conscience timorée, il

---

* Jean-Baptiste Manso, marquis de Villa, qui a écrit une *Vie du Tasse*, remplie de détails très curieux, mais très suspects. L'Abbé Serrasi y a relevé beaucoup d'erreurs graves.

avait cru devoir supprimer de son poëme tous les enchantements, tous les ornements profanes, et beaucoup de détails qu'il trouvait lui-même trop voluptueux; il en avait fait disparaître entièrement le personnage de Renaud. Il avait aussi retouché le style auquel il avait voulu donner une couleur plus sévère. Mais il n'avait fait que refroidir l'action de son poëme, pour la rendre plus sage; et il en avait desséché l'intérêt pour éviter un scandale imaginaire. Ces corrections ne furent approuvées de personne: il essaya de refondre une troisième fois son poëme; mais ces tentatives malheureuses pour gâter un bel ouvrage n'eurent aucun succès, et sont oubliées aujourd'hui. La *Jérusalem délivrée,* telle que le Tasse l'a publiée d'abord, est restée comme le véritable monument de sa gloire.

Pendant que notre poète menait chez Manso une vie doucement remplie par ses travaux littéraires et les soins de l'amitié, un nouvel incident vint réveiller son inconstance naturelle. Le cardinal Hippolyte Aldobrandini venait d'être élevé à la Papauté, sous le nom de Clément VIII. Son neveu, Cinthio Aldobrandini fut fait cardinal, et prit le nom de cardinal de Saint-George. Il aimait les lettres et protégeait les savants. Il avait connu le Tasse pendant le dernier séjour que celui-ci avait fait à Rome, et avait conçu pour lui la plus grande estime. Il lui écrivit pour le presser de revenir à Rome, où il devait compter sur tous les agréments que pourrait lui procurer la bienveillance de l'oncle et l'amitié du neveu. Le Tasse ne put résister aux instances flatteuses du cardinal, et il se détermina à quitter encore sa paisible retraite ; mais en se séparant de son ami, il eut un triste pressentiment de sa destinée, et dit à Manso un adieu qu'il regardait comme éternel.

Son âme était flétrie par tout ce qu'il avait souffert, et il était devenu insensible même à la gloire. La fortune cependant avait cessé de le poursuivre. Il venait d'obtenir sur l'héritage de sa mère une pension de 200 ducats, le cardinal de Saint-George lui en avait fait obtenir une autre de 200 écus. Il était comblé de marques de considération, de bienveillance et d'intérêt. Tout se réunissait pour le faire jouir d'une vie honorée et tranquille, et il aurait trouvé à Rome le dédommagement de toutes ses souffrances, s'il avait pu goûter les biens qui lui étaient offerts. Mais tout était fini pour lui. Les agitations continuelles, les maux réels et les inquiétudes imaginaires qui avaient tourmenté si long temps sa vie, en avaient usé les ressorts, et avaient épuisé les forces de son âme comme celles de son corps ; son imagination même n'était plus susceptible d'illusions.

Le cardinal Cinthio avait pour le Tasse une véritable amitié ; touché de l'état où il le voyait, il chercha les moyens de relever son âme abattue.

Il crut qu'en ranimant dans cette âme découragée le sentiment de la gloire par une distinction éclatante et inusitée, il y ranimerait l'amour et le sentiment de la vie ; mais il n'était plus temps. Le Tasse, frappé de l'idée de sa fin prochaine, ne songeait plus qu'à s'y préparer ; et ses principes religieux, qui chaque jour prenaient plus d'empire sur son âme, lui laissaient apercevoir cet instant avec résignation et avec calme. Il refusa d'abord la proposition de son couronnement au Capitole. « C'est un cercueil, disait-il, « qu'il faut me préparer, et non un char de triom- « phe. Si vous me destinez une couronne, réser- « vez-la pour orner ma tombe. Toute cette pompe « n'ajoutera rien au mérite de mes ouvrages, et ne « peut m'apporter le bonheur. Elle a empoisonné « les derniers jours de Pétrarque * » Comme le Tasse était faible, il céda aisément aux instances de ses amis Le cardinal Cinthio le présenta au pape, qui devait le couronner de ses propres mains, et qui lui dit avec une grace flatteuse : « Vous hono- « rerez cette couronne de laurier, qui a honoré « jusqu'ici ceux qui l'ont reçue. » Tous les préparatifs de la cérémonie se pressaient avec activité; lorsqu'ils furent achevés le mauvais temps en fit suspendre l'exécution. Mais la nouvelle secousse que ces apprêts donnèrent aux organes affaiblies de notre malheureux poète, acheva d'épuiser ses forces. Une fièvre violente le saisit ; il se fit transporter dans le couvent de Saint-Onuphre, où il succomba à ses maux, après quatorze jours de maladie, le 15 avril 1595, à l'âge de cinquante et un ans.

La couronne qui devait orner sa tête au Capitole fut déposée sur son cercueil. Ses obsèques se firent

* Petrarque écrivait à un de ses amis, quelque temps après son couronnement au Capitole: « Hæc laurea, hoc mihi præstitit ut noscerer et vexarer. (Cette couronne n'a servi qu'à me faire connaître et à me faire persécuter.) » Il dit dans une autre lettre · « Hæc mihi laurea scientiæ nihil, plurimùm verò quæsivit insidiæ. (Le laurier ne m'a apporté aucune lumière, mais m'a attiré beaucoup d'envie) »

avec une grande pompe, et une foule immense accompagna le convoi funéraire. Le cardinal Cinthio se chargea de lui faire élever un tombeau, et en attendant il fit composer des oraisons funèbres et des épitaphes pour célébrer la mémoire du poète illustre dont il s'honorait d'être l'ami. Cependant le tombeau qu'il avait annoncé ne s'exécuta point, et l'on en ignore la raison. La sépulture du Tasse resta sans monument jusqu'en 1608, où le cardinal Bevilacqua fit construire celui qu'on voit dans l'église de Saint-Onuphre, où il avait été enterré *.

Le Tasse avait laissé tous ses manuscrits au cardinal Cinthio, qui, loin de s'empresser de les publier, ne voulut pas permettre qu'on imprimât le poème de *la Création du Monde (il Mondo Creato)*, dont le Tasse avait donné des copies. Ce poème, ainsi qu'un grand nombre d'autres ouvrages en prose et en vers, que le Tasse n'avait jamais voulu publier, ne fut imprimé que long-temps après.

Les détails qu'on vient de lire sur la vie de cet illustre et malheureux écrivain, font assez connaître son esprit et son caractère. Son âme était sensible, généreuse et reconnaissante; il s'irritait aisément, et s'apaisait de même; il allait au-devant de ses ennemis les plus acharnés, lorsqu'il les voyait malheureux. Une imagination trop mobile et trop active le rendit

* On a écrit et répété qu'on n'avait gravé sur le tombeau du Tasse que ces mots : *Ossa Torquati Tassi*. On s'est trompé. L'épitaphe qu'on lit sur le monument de Saint-Onuphre est très longue et d'un style élégant. C'est sur la tombe du père du Tasse qu'on a mis pour inscription: *Ossa Bernardi Tassi*.

sombre et défiant; elle l'obséda de fantômes et de chimères, que sa raison, toute forte qu'elle était, ne pouvait pas dissiper. Cette disposition tenait sans doute à son organisation, et fut la cause ou l'effet de la maladie hypocondriaque, qui a flétri une destinée qui devait être si glorieuse, et accéléré le terme d'une vie qu'elle a dévoué au malheur.

Il est difficile de n'être pas frappé des rapports sensibles qui se trouvent entre le caractère de J.-J. Rousseau et celui du Tasse. Ce mélange d'abaissement et de grandeur, ce sentiment d'un malheur imaginaire avec tous les moyens de bonheur réel, cette association déplorable des faiblesses d'une imagination malade avec les dons de l'esprit et du génie, tout cela semble expliquer les uns par les autres les phénomènes bizarres qui étonnent dans la vie de ces deux hommes célèbres.

SUARD.

JUGEMENTS.

I.

Le temps, qui sape la réputation des ouvrages médiocres, a assuré celle du Tasse. La *Jérusalem délivrée* est aujourd'hui chantée en plusieurs endroits de l'Italie, comme les poèmes d'Homère l'étaient en Grèce; et on ne fait nulle difficulté de le mettre à côté de Virgile et d'Homère, malgré ses fautes et malgré la critique de Despréaux.

La *Jérusalem* paraît, à quelques égards, être d'après l'*Iliade*: mais si c'est imiter que de choisir dans l'histoire un sujet qui a des ressemblances avec la fable de la guerre de Troie; si Renaud est une copie d'Achille, et Godefroi d'Agamemnon, j'ose dire que le Tasse a été bien au-delà de son modèle. Il a autant de feu qu'Homère dans ses batailles, avec plus de variété. Ses héros ont tous des caractères différents, comme ceux de l'*Iliade*; mais ces caractères sont mieux annoncés, plus fortement décrits, et mieux soutenus; car il n'y en a presque pas un seul qui ne se démente dans le poète grec, et pas un qui ne soit invariable dans l'italien.

Il a peint ce qu'Homère crayonnait; il a perfectionné l'art de nuancer les couleurs et de distinguer les différentes espèces de vertus, de vices, et de passions, qui ailleurs semblent être les mêmes. Ainsi Godefroi est prudent et modéré; l'inquiet Aladin a une politique cruelle; la généreuse valeur de Tancrède est opposée à la fureur d'Argant; l'amour, dans Armide, est un mélange de coquetterie et d'emportement; dans Herminie, c'est une tendresse douce et aimable. Il n'y a pas jusqu'à l'ermite Pierre qui ne fasse un personnage dans le tableau, et un beau contraste avec l'enchanteur Isméno; et ces deux figures sont assurément au-dessus de Calchas et de Taltibius. Renaud est une imitation d'Achille; mais ses fautes sont plus excusables, son caractère est plus aimable, son loisir est mieux employé. Achille éblouit, et Renaud intéresse.

Je ne sais si Homère a bien ou mal fait d'inspirer tant de compassion pour Priam l'ennemi des Grecs;

mais c'est sans doute un coup de l'art d'avoir rendu Aladin odieux. Sans cet artifice, plus d'un lecteur se serait intéressé pour les mahométans contre les chrétiens; on serait tenté de regarder ces derniers comme des brigands ligués pour venir, du fond de l'Europe, désoler un pays sur lequel ils n'avaient aucun droit, et massacrer de sang-froid un vénérable monarque âgé de quatre-vingts ans, et tout un peuple innocent qui n'avait rien à démêler avec eux.

Le Tasse fait voir, comme il le doit, les croisades dans un jour tout opposé. C'est une armée de héros qui, sous la conduite d'un chef vertueux, vient délivrer du joug des infidèles une terre consacrée par la naissance et la mort d'un Dieu. Le sujet de la Jérusalem, à le considérer dans ce sens, est le plus grand qu'on ait jamais choisi. Le Tasse l'a traité dignement; il y a mis autant d'intérêt que de grandeur. Son ouvrage est bien conduit; presque tout y est lié avec art; il amène adroitement les aventures; il distribue sagement les lumières et les ombres. Il fait passer le lecteur des alarmes de la guerre aux délices de l'amour, et de la peinture des voluptés il le ramène aux combats; il excite la sensibilité par degrés, il s'élève au-dessus de lui-même de livre en livre. Son style est presque partout clair et élégant; et, lorsque son sujet demande de l'élévation, on est étonné comment la mollesse de la langue italienne prend un nouveau caractère sous ses mains, et se change en majesté et en force.

On trouve, il est vrai, dans la *Jérusalem* environ

deux cents vers où l'auteur se livre à des jeux de mots et à des concetti puérils ; mais ces faiblesses étaient un espèce de tribut que son génie payait au mauvais goût de son siècle pour les pointes, qui même a augmenté depuis lui, mais dont les Italiens sont entièrement désabusés.

Si cet ouvrage est plein de beautés qu'on admire par-tout, il y a aussi bien des endroits qu'on n'approuve qu'en Italie, et quelques-uns qui ne doivent plaire nulle part. Il me semble que c'est une faute par tous pays d'avoir débuté par un épisode qui ne tient en rien au reste du poème : je parle de l'étrange et inutile talisman que fait le sorcier Isméno avec une image de la Vierge Marie, et de l'histoire d'Olindo et de Sophronia. Encore si cette image de la Vierge servait à quelque prédiction ; si Olindo et Sophronia, près d'être les victimes de leur religion, étaient éclairés d'en-haut, et disaient un mot de ce qui doit arriver; mais ils sont entièrement hors d'œuvre. On croit d'abord que ce sont les principaux personnages du poème; mais le poète ne s'est épuisé à décrire leur aventure avec tous les embellissements de son art, et n'excite tant d'intérêt et de pitié pour eux que pour n'en plus parler du tout dans le reste de l'ouvrage. Sophronie et Olinde sont ausi inutiles aux affaires des chrétiens que l'image de la Vierge l'est aux mahométans.

Il y a dans l'épisode d'Armide, qui d'ailleurs est un chef-d'œuvre, des excès d'imagination qui assurément ne seraient point admis en France ni en Angleterre : dix princes chrétiens métamorphosés en poissons, et un perroquet chantant des chansons de sa propre composition, sont des fables bien étranges aux yeux d'un lecteur sensé accoutumé à n'approuver que ce qui est naturel. Les enchantements ne réussiraient pas aujourd'hui avec des Français ou des Anglais; mais du temps du Tasse ils étaient reçus dans toute l'Europe, et regardés presque comme un point de foi par le peuple superstitieux d'Italie. Sans doute un homme qui vient de lire Locke ou Addison sera étrangement surpris de trouver dans la Jérusalem un sorcier chrétien qui tire Renaud des mains des sorciers mahométans. Quelle fantaisie d'envoyer Ubalde et son compagnon à un vieux et saint magicien qui les conduit jusqu'au centre de la terre! Les deux chevaliers se promènent là sur le bord d'un ruisseau rempli de pierres précieuses de tous genres. De ce lieu on les envoie à Ascalon, vers une vieille qui les transporte aussitôt dans un petit bateau aux îles Canaries. Ils y arrivent sous la protection de Dieu, tenant dans leurs mains une baguette magique: ils s'acquittent de leur ambassade, et ramènent au camp des chrétiens le brave Renaud, dont toute l'armée avait grand besoin. Encore ces imaginations, dignes des contes de fées, n'appartiennent-elles pas au Tasse; elles sont copiées de l'Arioste, ainsi que son Armide est une copie d'Alcine. C'est là sur-tout ce qui fait que tant de littérateurs italiens ont mis l'Arioste beaucoup au-dessus du Tasse.

Mais quel était ce grand exploit qui était réservé à Renaud? Conduit par enchantement depuis le Pic de Ténérif jusqu'à Jérusalem, la Providence l'avait destiné pour abattre quelques vieux arbres dans une forêt : cette forêt est le grand merveilleux du poème. Dans les premiers chants, Dieu ordonne à l'archange Michel de précipiter dans l'enfer les diables répandus dans l'air, qui excitaient des tempêtes, et qui tournaient son tonnerre contre les chrétiens en faveur des mahométans. Michel leur défend absolument de se mêler désormais des affaires des chrétiens. Ils obéissent aussitôt, et se plongent dans l'abyme : mais bientôt après le magicien Isméno les en fait sortir. Ils trouvent alors les moyens d'éluder les ordres de Dieu, et, sous le prétexte de quelques distinctions sophistiques, ils prennent possession de la forêt où les chrétiens se préparaient à couper le bois nécessaire pour la charpente d'une tour. Les diables prennent une infinité de différentes formes pour épouvanter ceux qui coupent les arbres : Tancrède trouve sa Clorinde enfermée dans un pin, et blessée du coup qu'il a donné au tronc de cet arbre ; Armide s'y présente à travers l'écorce d'un myrte, tandis qu'elle est à plusieurs milles dans l'armée d'Égypte. Enfin les prières de l'ermite Pierre et le mérite de la contrition de Renaud rompent l'enchantement.

Je crois qu'il est à propos de faire voir comment Lucain a traité différemment dans sa *Pharsale* un sujet presque semblable. César ordonne à ses troupes de couper quelques arbres dans la forêt sacrée de Marseille, pour en faire des instruments et des machines de guerre. Je mets sous les yeux du lecteur les vers de Lucain, et la traduction de Brébœuf, qui, comme toutes les autres traductions, est au-dessous de l'original:

Lucus erat longo nunquam violatus ab ævo,
Obscurum cingens connexis aera ramis,
Et gelidas altè summotis solibus umbras.
Hunc non ruricolæ Panes, nemorumque potentes
Sylvani, Nymphæque tenent; sed barbara ritu
Sacra deûm, structæ diris feralibus aræ,
Omnis et humanis lustrata cruoribus arbos.
Si qua fidem meruit superos mirata vetustas,
Illis et volucres metuunt insistere ramis,
Et lustris recubare feræ: nec ventus in illas
Incubuit silvas, excussaque nubibus atris
Fulgura: non ullis frondem præbentibus auris,
Arboribus suus horror inest. Tùm plurima nigris
Fontibus unda cadit, simulacraque moesta deorum
Arte carent, cæsisque exstant informia truncis.
Ipse situs, putrique facit jam robore pallor
Attonitos: non vulgatis sacrata figuris
Numina sic metuunt: tantùm terroribus addit,
Quos timeant, non nosse deos! Jam fama ferebat
Sæpè cavas motu terræ mugire cavernas,
Et procumbentes iterùm consurgere taxos,
Et non ardentis fulgere incendia silvæ,
Roboraque amplexos circumfulsisse dracones.
Non illum cultu populi propiore frequentant,
Sed cessere deis. Medio cùm Phœbus in axe est,
Aut coelum nox atra tenet, pavet ipse sacerdos
Accessus; dominumque timet deprendere luci.
Hanc jubet immisso silvam procumbere ferro:
Nam vicina operi, belloque intacta priori
Inter nudatos stabat densissima montes.
Sed fortes tremuere manus, motique verendâ
Majestate loci, si robora sacra ferirent,
In sua credebant redituras membra secures.

Implicitas magno Cæsar terrore cohortes
Ut vidit, primus raptam vibrare bipennem
Ausus, et aeriam ferro proscindere quercum,
Effatur merso violata in robora ferro :
Jam ne quis vestrûm dubitet subvertere silvam,
Credite me fecisse nefas. Tunc paruit omnis
Imperiis non sublato secura pavore
Turba, sed expensâ superorum et Cæsaris irâ.
Procumbunt orni, nodosa impellitur ilex,
Silvaque Dodones, et fluctibus altior alnus,
Et non plebeios luctus testata cupressus.
Tùm primùm posuere comas, et fronde carentes
Admisere diem, propulsaque robore denso
Sustinuit se silva cadens. Gemuere videntes
Gallorum populi : muris sed clausa juventus
Exultat. Quis enim læsos impunè putaret
Esse deos ?

Voici la traduction de Brébœuf, on sait qu'il était plus empoulé encore que Lucain; il gâte souvent son original en voulant le surpasser; mais il y a toujours dans Brébœuf quelques vers heureux:

On voit auprès du camp une forêt sacrée,
Formidable aux humains, et des dieux révérée,
Dont le feuillage sombre, et les rameaux épais,
Du dieu de la clarté font mourir tous les traits.
Sous la noire épaisseur des ormes et des hêtres,
Les faunes, les sylvains et les nymphes champêtres,
Ne vont point accorder aux accents de leur voix
Le son des chalumeaux ou celui des hautbois.
Cette ombre, destinée à de plus noirs offices,
Cache aux yeux du soleil ses cruels sacrifices;

Et les vœux criminels qui s'offrent en ces lieux
Offensent la nature en révérant les dieux.
Là, du sang des humains on voit suer les marbres,
On voit fumer la terre, on voit rougir les arbres :
Tout y ressent l'horreur ; et même les oiseaux
Ne se perchent jamais sur ces tristes rameaux.
Les sangliers, les lions, les bêtes les plus fières,
N'osent pas y chercher leur bauge ou leurs tanières.
La foudre, accoutumée à punir les forfaits,
Craint ce lieu si coupable, et n'y tombe jamais.
Là, de cent dieux divers les grossières images
Impriment l'épouvante et forcent les hommages ;
La mousse et la pâleur de leurs membres hideux
Semblent mieux attirer les respects et les vœux :
Sous un air plus connu la divinité peinte
Trouverait moins d'encens, produirait moins de crainte ;
Tant aux faibles mortels il est bon d'ignorer
Les dieux qu'il leur faut craindre et qu'il faut adorer !
Là, d'une obscure source il coule une onde obscure,
Qui semble du Cocyte emprunter la teinture.
Souvent un bruit confus trouble ce noir séjour,
Et l'on entend mugir les roches d'alentour ;
Souvent du triste éclat d'une flamme ensoufrée
La forêt est couverte et n'est pas dévorée ;
Et l'on a vu cent fois les troncs entortillés
De cérastes hideux et de dragons ailés.
Les voisins de ce bois si sauvage et si sombre
Laissent à ces démons son horreur et son ombre ;
Et le druide craint, en abordant ces lieux,
D'y voir ce qu'il adore, et d'y trouver ses dieux.
Il n'est rien de sacré pour des mains sacrilèges ;
Les dieux même, les dieux n'ont point de privilèges :
César veut qu'à l'instant leurs droits soient violés,

Les arbres abattus, les autels dépouillés;
Et de tous les soldats les âmes étonnées
Craignent de voir contre eux retourner leurs cognées.
Il querelle leur crainte, il frémit de courroux,
Et, le fer à la main, porte les premiers coups :
« Quittez, quittez, dit-il, l'effroi qui vous maîtrise ;
« Si ces bois sont sacrés, c'est moi qui les méprise :
« Seul j'offense aujourd'hui le respect de ces lieux,
« Et seul je prends sur moi tout le courroux des dieux. »
A ces mots tous les siens, cédant à leur contrainte,
Dépouillent le respect, sans dépouiller la crainte :
Les dieux parlent encore à ces cœurs agités ;
Mais quand Jules commande, ils sont mal écoutés.
Alors on voit tomber sous un fer téméraire
Des chênes et des ifs aussi vieux que leur mère ;
Des pins et des cyprès, dont les feuillages verts
Conservent le printemps au milieu des hivers.
A ces forfaits nouveaux tous les peuples frémissent;
A ce fier attentat tous les prêtres gémissent.
Marseille seulement, qui le voit de ses tours,
Du crime des Latins fait son plus grand secours.
Elle croit que les dieux, d'un éclat de tonnerre,
Vont foudroyer César et terminer la guerre.

J'avoue que toute la *Pharsale* n'est pas comparable à la *Jérusalem délivrée*; mais au moins cet endroit fait voir combien la vraie grandeur d'un héros réel est au-dessus de celle d'un héros imaginaire, et combien les pensées fortes et solides surpassent ces inventions qu'on appelle des beautés poétiques, et que les personnes de bon sens regardent comme des contes insipides propres à amuser les enfants.

Le Tasse semble avoir reconnu lui-même sa faute,

et il n'a pu s'empêcher de sentir que ces contes ridicules et bizarres, si fort à la mode alors, non-seulement en Italie, mais encore dans toute l'Europe, étaient absolument incompatibles avec la gravité de la poésie épique. Pour se justifier, il publia une préface dans laquelle il avança que tout son poème était allégorique : L'armée des princes chrétiens, dit-il, représente le corps et l'âme; Jérusalem est la figure du vrai bonheur, qu'on acquiert par le travail et avec beaucoup de difficulté; Godefroi est l'âme; Tancrède, Renaud, etc., en sont les facultés; le commun des soldats sont les membres du corps; les diables sont à la fois figures et figurés, *figura e figurato*; Armide et Ismeno sont les tentations qui assiègent nos âmes; les charmes, les illusions de la forêt enchantée représentent les faux raisonnements, *falsi sillogismi*, dans lesquels nos passions nous entraînent.

Telle est la clef que le Tasse ose donner de son poème. Il en use en quelque sorte avec lui-même comme les commentateurs ont fait avec Homère et avec Virgile : il se suppose des vues et des desseins qu'il n'avait pas probablement quand il fit son poème; ou si, par malheur, il les a eus, il est bien incompréhensible comment il a pu faire un si bel ouvrage avec des idées si alambiquées.

Si le diable joue dans son poème le rôle d'un misérable charlatan, d'un autre côté tout ce qui regarde la religion y est exposé avec majesté, et, si j'ose le dire, dans l'esprit de la religion; les processions, les litanies, et quelques autres détails des pratiques religieuses sont représentés dans la *Jérusalem délivrée* sous une forme respectable : telle est la force de la poésie qui sait ennoblir tout, et étendre la sphère des moindres choses.

Il a eu l'inadvertance de donner aux mauvais esprits les noms de Pluton et d'Alecton, et d'avoir confondu les idées payennes avec les idées chrétiennes. Il est étrange que la plupart des poètes modernes soient tombés dans cette faute : on dirait que nos diables et notre enfer chrétien auraient quelque chose de bas et de ridicule qui demanderait d'être ennobli par l'idée de l'enfer payen. Il est vrai que Pluton, Proserpine, Rhadamante; Tisiphone, sont des noms plus agréables que Belzébut et Astaroth ; nous rions du mot de diable, nous respectons celui de furie. Voilà ce que c'est que d'avoir le mérite de l'antiquité; il n'y a pas jusqu'à l'enfer qui n'y gagne.

VOLTAIRE, *Essai sur la Poésie épique*.

II.

La *Jérusalem délivrée* est un poème régulièrement et strictement épique dans son ensemble, orné de tout ce qui peut embellir ce genre de composition. Le sujet est la reprise de Jérusalem sur les infidèles par les forces réunies de la chrétienté, entreprise par elle-même grande, respectable, héroïque, mais qui devait le paraître plus encore dans le siècle que le Tasse a illustré. C'est un contraste intéressant que celui qui existe entre les chrétiens et les Sarrasins. Le sujet n'offre pas de ces scènes terribles et féroces qu'enfantent les guerres civiles et qui révoltent dans Lucain ; il ne présente que les nobles efforts du zèle et du courage qui concourent à un but honorable. La part que la religion avait à cette entreprise contribue à la rendre plus imposante, fournit un moyen naturel d'y introduire le merveilleux, et ouvre un champ plus vaste aux descriptions sublimes. L'action en outre se passe dans une contrée et à une époque assez éloignée pour permettre que les traditions fabuleuses et les fictions viennent se mêler à la vérité historique.

Dans la conduite de l'action, le Tasse a déployé une étonnante richesse d'invention, et c'est pour un poète une qualité bien précieuse. Son ouvrage est rempli d'incidents entre lesquels il a su jeter la plus heureuse variété ; les descriptions de combats ne sont ni assez longues, ni assez multipliées pour fatiguer le lecteur. La scène change souvent de place ; du théâtre des armes, du tumulte des camps il nous transporte au milieu d'une nature douce et pleine de charmes. Des cérémonies religieuses, des intrigues d'amour, des aventures de voyages, des scènes pastorales intéressent et délassent tour à tour le lecteur. Cependant toutes les parties du poème sont liées avec beaucoup d'art ; leur variété n'altère point l'unité du plan. La conquête de Jérusalem est l'objet auquel tout se rapporte, et l'ouvrage se termine avec cette entreprise. Chaque épisode, excepté celui d'Olinde et de Sophronie, se trouve suffisamment lié au sujet principal.

Une grande variété de caractères donne au poème

de la vie et du mouvement, et ces caractères sont à la fois bien prononcés et bien soutenus. Godefroi, le chef de l'entreprise, est prudent, modéré, brave ; Tancrède est tendre, généreux, intrépide, et fait un heureux contraste avec le furieux et brutal Argant; Renaud, qui, à proprement parler, est le héros du poème, est copié sur l'Achille d'Homère; c'est un guerrier passionné, sensible à l'injure, séduit par les artifices d'Armide, mais qui se montre toujours plein de zèle, d'honneur et de courage. Le vaillant et fier Soliman, la tendre Herminie, l'artificieuse et violente Armide, et la mâle Clorinde sont tous des personnages supérieurement dessinés. C'est pour la peinture des caractères que le Tasse est sur-tout remarquable; à cet égard il est bien supérieur à Virgile, et ne le cède à aucun poète, excepté Homère.

Il a prodigué le merveilleux, et dans cette partie son mérite est plus contesté. Ses êtres célestes agissent partout avec beaucoup de dignité. Dieu abaissant ses regards sur les armées en présence, envoyant quelquefois un ange pour arrêter les infidèles et contenir les esprits malins, produit un effet sublime. La description de l'enfer, au commencement du quatrième livre, est singulièrement frappante, ainsi que l'apparition et le discours de Satan ; néanmoins Milton, qui a évidemment imité ce passage du Tasse, peut se flatter d'avoir surpassé le poète italien. Les diables, les enchanteurs, les magiciens prennent une part trop active à l'action, et forment un genre de merveilleux trop sombre pour plaire à l'imagination. La forêt enchantée, dont le poète a fait presque entièrement dépendre le nœud ou l'intrigue, les messagers envoyés à Renaud pour l'aider à rompre le charme qui le retient, cette caverne au centre de la terre où les conduit un ermite, leur voyage miraculeux aux îles fortunées, la manière dont ils arrachent Renaud aux voluptueux enchantements d'Armide, sont des scènes sans doute très amusantes et embellies de tous les charmes de la poésie, mais dans lesquelles il faut avouer que l'auteur a poussé le merveilleux jusqu'à l'extravagance.

En général, ce que l'on peut encore à plus juste titre reprocher au Tasse, c'est le ton romantique qu'il a répandu sur la plupart des aventures et des incidents de son poème. Les objets qu'il nous présente ont toujours de la grandeur, mais pas assez de vraisemblance. Il n'a pas tout-à-fait échappé au goût de son siècle, encore follement enthousiasmé des contes de la chevalerie errante, contes que l'imagination extravagante, mais riche et gracieuse de l'Arioste, venait de rajeunir en leur prêtant de nouveaux charmes. Cependant pour rendre justice au Tasse, il faut convenir qu'il n'est effectivement ni plus merveilleux, ni plus romantique qu'Homère et Virgile ; toute la différence, c'est que ceux-ci ont employé les fables du paganisme, et le poète italien, les miraculeuses traditions de la chevalerie errante.

Le Tasse est plein de beautés poétiques et de descriptions magnifiques. Il met dans son style la même variété que dans les objets qu'il décrit. Ses vers sont tour à tour grands et majestueux, s'il peint des scènes imposantes; doux et gracieux s'il dessine des images aimables et tendres, comme l'asyle champêtre d'Herminie au septième livre, les enchantements et la beauté d'Armide au quatrième. Ces deux descriptions sont entre autres d'un art et d'un goût exquis. Ses combats sont très animés, les incidents y sont heureusement variés; cependant ils sont bien inférieurs à ceux d'Homère pour la force et la chaleur.

Le Tasse, dans la peinture des sentiments, n'a pas aussi bien réussi que dans les descriptions. Son poème nous intéresse par les actions et les caractères, mais il n'y a rien, presque rien pour la sensibilité. Virgile est bien plus tendre et bien plus touchant que lui. Si dans un discours il cherche à paraître pathétique, il laisse trop apercevoir l'art et le travail.

Quant aux pointes et à l'afféterie dont on l'accuse, on a fort exagéré ce reproche. L'affectation n'est point le caractère général du Tasse; sa manière est au contraire mâle, forte et correcte. Quelquefois, il est vrai, et particulièrement comme je viens de le dire, lorsqu'il veut devenir touchant, ses idées prennent un air de contrainte et s'écartent de la nature; mais ces fautes ne sont point aussi fréquentes qu'on l'a prétendu; et je suis persuadé, qu'en retranchant de son poème soixante ou quatre-vingt vers au plus, on pourrait le purger complètement de tous ces passages défectueux.

Boileau, Dacier, et d'autres critiques français du

dernier siècle eurent la manie de décrier le Tasse, et la communiquèrent à quelques écrivains anglais. Mais on serait tenté de croire que cet auteur leur était peu connu, ou qu'ils l'avaient lu sous la trompeuse influence des préventions ; car il me paraît évident, que la *Jérusalem délivrée* est, pour le mérite et le rang, le troisième des poèmes épiques réguliers, qui existe à notre connaissance ; et que sa place est immédiatement après l'*Iliade* et l'*Énéide*.

On peut avec raison déclarer le Tasse inférieur à Homère pour la chaleur et la simplicité ; à Virgile pour la tendresse et la sensibilité ; à Milton pour l'audace et la sublimité du génie. Mais à tout autre égard son talent poétique ne reconnaît point de supérieur parmi ses rivaux. Et pour la fertilité de l'invention, la variété des incidents, l'expression des caractères, la richesse des descriptions et la beauté du style, je ne connais aucun poète, à l'exception des trois que je viens de nommer, qui puisse soutenir avec lui la comparaison.

BLAIR, *Cours de Rhétorique.*

III

La *Jérusalem délivrée* est un modèle parfait de composition. C'est là qu'on peut apprendre à mêler les sujets sans les confondre. L'art avec lequel le Tasse nous transporte d'une bataille à une scène d'amour, d'une scène d'amour à un conseil, d'une procession à un palais magique, d'un palais magique à un camp, d'un assaut à la grotte d'un solitaire, du tumulte d'une cité assiégée à la cabane d'un pasteur; cet art, disons-nous, est admirable. Le dessin des caractères n'est pas moins savant: la férocité d'Argant est opposée à la générosité de Tancrède, la grandeur de Soliman à l'éclat de Renaud, la sagesse de Godefroy à la ruse d'Aladin; il n'y a pas jusqu'à l'ermite Pierre, comme l'a remarqué Voltaire, qui ne fasse un beau contraste avec l'enchanteur Ismen. Quant aux femmes, la coquetterie est peinte dans Armide, la sensibilité dans Herminie, l'indifférence dans Clorinde. Le Tasse eût parcouru le cercle entier des caractères des femmes, s'il eût représenté *la mère*. Il faut peut-être chercher la raison de cette omission dans la nature de son talent, qui avait plus d'enchantement que de vérité, et plus d'éclat que de tendresse.

Homère semble avoir été particulièrement doué de génie, Virgile de sentiment, le Tasse d'imagination.* On ne balancerait pas sur la place que le poète

---

* Delille, dans son poème de l'*Imagination*, a dit, en comparant le Tasse à l'Arioste :

> Avec plus de grandeur, avec non moins de charmes,
> Le Tasse sur l'autel va consacrer les armes
> Qui du tombeau d'un dieu doivent venger l'affront.
> Des palmes dans les mains, le casque sur le front,
> Sous les drapeaux du ciel et l'œil sacré des anges,
> Du Christ aux fiers combats il conduit les phalanges;
> Et la religion, et la gloire, et l'amour,
> De lauriers et de fleurs le parent tour à tour.
> Que ces pinceaux sont vrais! qu'il trace avec génie
> Et la fière Clorinde, et la tendre Herminie!
> Ami de la férie, en ses vers séducteurs,
> Lui-même est le premier de tous les enchanteurs;
> Et noble, intéressante, et brillante, et rapide,
> Sa muse a pour charmer la baguette d'Armide.

F.

italien doit occuper, s'il faisait quelquefois rêver sa muse, en imitant les soupirs du cygne de Mantoue. Mais le Tasse est presque toujours faux quand il fait parler le cœur ; et comme les traits de l'âme sont les véritables beautés, il demeure nécessairement au-dessous de Virgile.

CHATEAUBRIAND, *Génie du Christianisme.*

MORCEAUX CHOISIS *.

I. Combat de Tancrède et de Raimbaud.

Sur ce pont tout-à-coup paraît un chevalier ;
Il agite en sa main le menaçant acier ;
Son air est arrogant, sa parole hautaine :
« Que le sort ou ton choix jusqu'en ces lieux t'amène,
« Qui que tu sois, dit-il, ne crois pas m'échapper.
« La puissance d'Armide a su t'envelopper.
« C'est ici son séjour : viens, que tes mains dociles
« Echangent pour ses fers leurs armes inutiles.
« Obéis à la loi prescrite à ses sujets :
« A la clarté du jour renonce pour jamais,
« Ou jure que, d'Armide embrassant la querelle,
« Tu feras aux chrétiens une guerre éternelle. »
A l'armure, à la voix de cet audacieux,
Tancrède reconnaît..... quelle surprise, ô cieux !
Raimbaud, né dans la France et son compagnon d'armes,
Qui sur les pas d'Armide, asservi par ses charmes,
Et leur sacrifiant son honneur et sa foi,
Soldat des musulmans, suit leur infâme loi.
A son étonnement un saint courroux succède :
« Vil apostat, dit-il, sais-tu que c'est Tancrède

---

* *Voyez*, à l'article BAOUR-LORMIAN, la célèbre description des jardins d'Armide.

« Qui s'honore du nom de vengeur de la croix ?
« La vois-tu sur mon cœur? Sais-tu que mille fois
« J'ai de ses ennemis terrassé l'insolence?
« Toi-même en vas bientôt faire l'expérience.
« La justice du ciel m'a conduit en ces lieux,
« Pour punir en son nom ton parjure odieux. »
Tancrède en se nommant a fait pâlir le traître;
Mais d'un trouble honteux Raimbaud se rendant maître:
« C'est toi-même, dit-il, qui viens pour ton malheur,
« D'un chevalier d'Armide éprouver la valeur !
« Superbe, tu mourras ; mon bras armé pour elle,
« Mon bras fera tomber cette tête rebelle.
« Je destine à Bouillon ce don de ma fureur. »
Les ténèbres déjà répandaient leur horreur.
Des lampes, des flambeaux, des feux qui s'allumèrent,
Le ciel et le château tout-à-coup s'enflammèrent.
Aux fêtes du théâtre avec un art pareil,
S'éclaire de ses jeux le nocturne appareil.
A l'ombre des créneaux, Armide sur le faîte
Peut voir, sans se montrer, le combat qui s'apprête.
Un combat inégal dégrade le guerrier :
Tancrède sur-le-champ a quitté son coursier.
L'adversaire est à pied, Tancrède à pied s'avance :
Dans ses yeux, dans sa main, il porte la vengeance.
Il est sans bouclier : moins généreux que lui,
Raimbaud couvert du sien, et fort de cet appui,
Tourne autour du héros, et redoublant les feintes,
Il cherche le moment d'assurer ses atteintes.
Mais Tancrède le serre et le pousse, et du fer
Aux visières du casque il fait briller l'éclair.
Tout affaibli qu'il est de blessures récentes,
Le combat seul lui rend des forces renaissantes.
C'est aux endroits mortels qu'il adresse ses coups;

De son glaive animé l'impétueux courroux,
Montrant toujours la mort, la fait craindre sans cesse.
En vain de cent détours la prompte et souple adresse
Y dérobe Raimbaud sous ses armes caché :
Son bouclier fendu, son cimier arraché,
Prêtent à peine encor leur défense mal sûre ;
Son sang plus d'une fois humecta son armure.
Ses coups sont sans effet : le dépit et l'amour,
La honte et le remords l'irritent tour à tour.
Pour un effort dernier rappelant son courage,
Il y veut rassembler ses forces et sa rage,
S'approche, et loin de lui jetant son bouclier,
Sur son glaive à deux mains il pèse tout entier.
Le balance et l'abat avec un cri terrible ;
Dans le flanc du héros il porte un coup horrible,
Et le coup sur sa tête est soudain redoublé.
Le casque a retenti, Tancrède a chancelé.
Sans entamer l'airain, ces atteintes pesantes
Font sentir au guerrier des angoisses cuisantes.
Mais plus que ses douleurs il ressent tout l'affront
Du coup audacieux qui fit courber son front.
La vengeance étincelle à travers sa visière.
Raimbaud ne soutient pas l'aspect de sa colère,
Et voyant se lever le redoutable bras,
Sent déjà dans son cœur le fer et le trépas.
Il recule, et le coup qui dans les airs résonne,
Des limites du pont va frapper la colonne,
Dont le bronze en éclats se disperse à grand bruit.
A ce coup foudroyant, Raimbaud tremble et s'enfuit ;
Il ne peut plus dompter l'effroi qui le possède.
Il remonte le pont, le parcourt ; mais Tancrède
Suit et presse ses pas, et le bras étendu
Il l'atteignait déjà, Raimbaud était perdu.

Inespéré secours! les clartés disparaissent,
Les flambeaux sont éteints, les ténèbres renaissent,
Tout se noircit, tout rentre en la profonde nuit,
Le ciel est un désert où nul astre ne luit.
Tancrède enveloppé de ces magiques ombres,
Ne voit, n'entend plus rien ; il erre en ces lieux sombres.
Dans ce silence affreux s'avançant pas à pas,
Il passe sur un seuil que son pied ne sent pas,
Entre sans le savoir sous cette voûte obscure,
Et la porte retombe avec un long murmure.
Dans le plus noir cachot il demeure enfermé.
Tel aux rives de Côme, à ce lac renommé,
Le poisson abusé, s'éloignant de l'orage,
Se vient emprisonner au sein du marécage,
Insidieux asyle, et d'un tel art formé,
Que l'accès est ouvert et le retour fermé :
Tel Tancrède attiré dans ce piège funeste,
S'y jette, et d'en sortir nul espoir ne lui reste.
L'obstacle est au-dessus de tout effort humain.
Il tentait d'ébranler d'une puissante main
Ce rempart imprévu, cette porte terrible.
Une voix lui cria : « La fuite est impossible !
« D'Armide prisonnier, ne crains point pour tes jours :
« Au tombeau des vivants tu gémiras toujours. »
Jérusalem délivrée, Chant VII, traduction de La Harpe.

II. La Sécheresse.

Mais déjà le soleil, dans sa vaste carrière,
Du céleste Lion embrase la crinière.
Une chaleur brûlante accable de son poids
Ces généreux chrétiens, chevaliers de la croix.
Dans l'enceinte du camp tous les travaux languissent.
D'un ciel long-temps si pur les clartés s'obscurcissent.

Des astres teints de sang, abreuvés de poison,
Éclairent faiblement un rougeâtre horizon.
Leur maligne influence en ces lieux exhalée
Enveloppe le mont, le coteau, la vallée,
Et sans cesse répand dans le sein des guerriers
Des plus cruels tourments les germes meurtriers.
Un livide soleil chaque matin se lève :
Soit que son cours commence, ou que son cours s'achève,
Il se place à regret sur un char pâlissant,
Et ceint d'un crêpe noir, dans les flots redescend.
A ce présage affreux tous les cœurs s'épouvantent,
Et des maux à venir les maux présents s'augmentent.
On voit à chaque instant et la fleur se flétrir,
Et la feuille tomber, et les sources tarir.
Tout le ciel est d'airain ; la vue épouvantée
Se perd dans les torrents d'une flamme empestée.
Les nuages épars, stériles, sans fraîcheur,
Importunent les yeux d'une morne blancheur.
Les zéphirs sont muets. Des rivages du Maure
Accourt un vent mortel dont le souffle dévore.
En vain, pour émousser les traits brûlants du jour,
Les chrétiens de la nuit implorent le retour.
Hélas ! comme le jour la nuit même enflammée
De comètes, d'éclairs, de trombes parsemée,
Apparaît menaçante, et ses voiles obscurs
S'allument aux lueurs des phosphores impurs.
Pour toi plus de repos, ô terre misérable !
Le ciel à tes désirs se montre inexorable.
Hélas ! et pour combler l'excès de tes douleurs,
La lune est sans rosée, et l'aurore sans pleurs.
Ces effroyables maux qui pèsent sur l'armée
S'irritent par la soif dont elle est consumée.
Depuis qu'un roi barbare empoisonna les eaux,

Les chrétiens n'osaient plus aborder les ruisseaux.
Du Siloé long-temps la source fraîche et pure
Tempéra ces ardeurs que leur constance endure ;
Mais lui-même, appauvri, dans son cours épuisé,
A peine de son eau mouille un sable embrasé.
Non, l'Éridan, le Gange, ou le Nil, quand ses ondes
Couvrent l'Égypte entière et ses plaines fécondes,
Prodiguant tous leurs flots aux chrétiens malheureux,
Ne pourraient de leur soif éteindre tous les feux.
Souvent à leur mémoire un vain désir rappelle
Des bois de l'occident la verdure éternelle,
L'ombre de ces vallons, où, sur l'émail des fleurs,
D'un soleil en courroux ils fuyaient les chaleurs,
Et sur-tout ces ruisseaux, ces sources argentines
En cascades tombant du sommet des collines,
Et qui, sous un berceau par Zéphyr agité,
Promenaient leur fraîcheur et leur limpidité.
Mais à ces souvenirs combien croît et s'allume
L'épouvantable horreur du feu qui les consume !
Ces guerriers dont l'audace eût bravé l'univers,
Qui, cent fois assiégés, battus par les revers,
Ont toujours dans leur âme étouffé le murmure,
Qui jamais n'ont fléchi sous la pesante armure,
Sur la terre étendus, en cris, en hurlements,
Et la nuit et le jour exhalent leurs tourments.
Le coursier languissant, et la tête penchée,
Broute à regret une herbe amère et desséchée.
Il ne se souvient plus de ces jours glorieux
Où, dans les champs de mort, fier et victorieux,
A l'appel des clairons levant sa tête altière,
Il volait à travers le sang et la poussière.
Ces panaches, cet or dont il était si vain,
Ne sont qu'un vil fardeau qu'il porte avec dédain.

Haletant sous le poids d'une chaleur cruelle,
Loin de son maître, ici, voyez le chien fidèle
Dans la plaine au hasard péniblement courir,
Humer un air de feu, palpiter et mourir.
Les chrétiens en tumulte au loin jettent leurs armes,
Leurs yeux secs et sanglants, ne versent plus de larmes.
« Que prétend Godefroi ? qu'ose-t-il espérer ?
« A de nouveaux combats croit-il se préparer ?
« Lui seul ne voit-il pas la colère divine
« De ce camp malheureux prononcer la ruine ?
« Pense-t-il désormais que nos faibles efforts
« Puissent briser ces murs, puissent dompter ces forts ?
« Ah ! pour lui conserver et le sceptre et l'empire
« Faut-il que dans les feux chacun de nous expire ?
« Et le pouvoir d'un seul est-il d'un si grand bien
« Qu'on le doive acheter de tout le sang chrétien ?
« Mais qu'importe à l'orgueil d'un tyran qui nous brave
« Le supplice et la mort de tout un peuple esclave ?
« Et voilà ce héros si grand, si généreux,
« Ce loyal chevalier, ce prince valeureux !
« Tandis que sous les traits dont le ciel nous accable,
« Inconnus, méprisés, nous mourons sur le sable,
« Que les fleuves riants pour nous se sont taris,
« Le barbare, entouré de lâches favoris,
« Voit au vins de Lesbos, réservés pour sa table,
« L'eau du Jourdain mêler sa fraîcheur délectable,
« Et, défiant du sort les redoutables jeux,
« Au milieu des festins lève un front courageux ! »
Ils disaient. Mais Tazin, qui sans cesse déplore
L'absence des soleils levés sur le Bosphore,
Tazin de tous ses Grecs attise le courroux.
« Sous ces drapeaux ingrats, amis, resterons-nous ?
« Que Bouillon, s'il le veut, enchaîne à sa folie

« Les destins et les bras des peuples d'Italie ;
« Qu'il reçoive avec eux une mort qui l'attend,
« Peu m'importe : pour moi je m'éloigne à l'instant. »
Et l'ombre de sa fuite a caché le mystère.
Tous ceux que le trépas d'Hugues et de Clotaire
Avait laissés sans chefs, ceux dont le désespoir
Ne connaît plus de frein, reste sourd au devoir,
S'apprêtent à quitter ces rives homicides.
Godefroi les entend : il voit fuir les perfides....
Il les voit, et, contre eux justement irrité,
Il ne veut point s'armer de son autorité.
Mais, plein de cette foi qui peut dans les campagnes
Changer le cours des eaux, transporter les montagnes,
Le héros sur son cœur croise humblement les mains,
Et s'adresse en ces mots au maître des humains :
« O mon père ! ô mon Dieu ! dans l'Égypte embrasée
« Si jadis, épanchant la manne et la rosée,
« Tu daignas secourir ton peuple malheureux ;
« Soumis à ton pouvoir, si le chef des Hébreux,
« Sous la verge d'airain, d'une montagne aride
« Fit jaillir le torrent d'une eau fraîche et limpide,
« En faveur des chrétiens désolés, sans appui,
« Près de la ville sainte, ô mon père, aujourd'hui
« Daigne renouveler cet éclatant prodige !
« Vois en pitié nos maux, vois nos pleurs...mais que dis-je?
« Peut-être à ton amour n'avons-nous plus de droits.
« Si notre ingratitude a méconnu tes lois,
« Par ces affreux tourments elle est assez punie ;
« Et ta miséricorde est toujours infinie.
« De ces infortunés le trépas est certain :
« Puisqu'ils sont tes soldats, relève leur destin. »

Ainsi Bouillon priait : un ange de lumière

L'écoute, et dans l'espace enlève sa prière.
Elle pénètre au ciel. Le Dieu fort et puissant
Jette sur les chrétiens un œil compatissant,
Et de ce front serein qui chasse les tempêtes :
« Écartons les fléaux amassés sur leurs têtes.
« Assez les éléments, le monde et les enfers
« Ont déchaîné les maux que mon peuple a soufferts.
« Pour ces guerriers que j'aime un nouveau sort commence.
« Couverts de mon appui, certains de ma clémence,
« Aux succès de leurs vœux ils verront désormais
« Et la terre et le ciel s'attacher à jamais.
« Que le jeune Renaud vers les champs de la gloire
« Revole, et sur l'Égypte obtienne la victoire.
« Je le veux. » En ces mots l'Éternel a parlé.
Aux sons de cette voix tous les cieux ont tremblé.
L'orageux Océan, les plaines, les abymes,
Les coteaux et les monts aux gigantesques cimes,
Tout frémit : sur la gauche on voit briller l'éclair ;
La foudre au même instant gronde, éclate dans l'air ;
Et déjà les chrétiens par mille cris de joie
Ont salué la foudre et le Dieu qui l'envoie.
L'horizon s'obscurcit de nuages épais.
Ils ne s'élèvent point du milieu des marais,
Ne se composent point de ces vapeurs grossières
Que pompent du soleil les flammes nourricières ;
Mais formés dans le ciel, mais du ciel descendus,
En masse de cristal ils flottent suspendus.
La nuit sur l'univers étend ses voiles sombres.
L'eau céleste à longs flots tombe du sein des ombres,
Se répand en ruisseaux dans les champs inondés,
Et chasse de leurs lits les fleuves débordés.
Et tels que mille oiseaux à la voix discordante,
Aux bords d'un lac tari par la saison ardente,

D'une pluie argentée attendent le bienfait ;
Qu'elle tombe, aussitôt dans leur vol satisfait,
On les voit déployer leurs ailes desséchées,
Y recevoir les eaux à grand bruit épanchées,
Et, vers le lac profond ramenant leur essor,
S'y plonger, en sortir, s'y replonger encor.
Tels les soldats chrétiens, réjouis par l'orage,
Reprennent à la fois leur force et leur courage.
L'un tout entier se roule en ses flots écumants ;
L'autre y baigne son sein, ses bras, ses pieds fumants ;
Tous veulent étancher la soif qui les embrase ;
Tous s'arment d'une coupe, ou d'un casque, ou d'un vase ;
Sur leurs mains, leurs cheveux, leurs visages, leurs corps,
Versent abondamment ces liquides trésors,
Et boivent à longs traits la bienfaisante ondée,
Après de longs ennuis à leurs vœux accordée.
D'autres, plus prévoyants, l'emportent avec soin,
Comme un secours utile en un pressant besoin.
La terre, jusqu'alors aride, languissante,
Tressaille, ouvre son sein à l'eau rafraîchissante,
Remplit tous ses canaux, et de vives couleurs
S'apprête à nuancer les plantes et les fleurs.

Dans l'âge de l'amour, ainsi pâle et charmante,
Une jeune beauté, qu'un mal secret tourmente,
D'heure en heure s'avance aux portes du tombeau
Et de ses jours naissants voit mourir le flambeau ;
Mais qu'un art bienfaiteur la rappelle à la vie,
De ses charmes nouveaux elle-même ravie,
Admire de son teint l'incarnat vif et pur ;
Lève ses yeux, où brille un éclatant azur ;
Et libre de ses maux, pour les fêtes dispose
Ses blonds cheveux flottants et couronnés de rose.

L'orage cesse enfin, et dans ses arsenaux
Le ciel a renfermé les foudres et les eaux.
L'horizon s'éclaircit, le jour naît, l'air s'épure;
Le soleil amoureux carresse la verdure.
O reine des vertus! ô foi de nos aïeux!
Tu changes des saisons le cours impérieux,
Et, des astres jaloux désarmant la colère,
De ta sainte ferveur tu reçois le salaire.
Ibid, Chant XIII, Traduction de Baour-Lormian.

III. Funérailles de Dudon.

Ces travaux achevés, il veut revoir encore,
Avant que pour jamais la tombe le dévore,
D'un ami qui n'est plus les restes précieux;
Et d'un pas incertain il se rend vers les lieux
Où du brave Dudon une foule éplorée
Surveille en gémissant la dépouille sacrée.
Il approche, il le voit couché dans un cercueil
Qu'une pompe guerrière entoure de son deuil.
A son premier aspect les plaintes retentissent;
De pleurs nouveaux soudain tous les yeux se remplissent;
Mais le sage Bouillon, calme et triste à la fois,
A ces tristes regrets ne mêle point sa voix.
Il recueille un moment ses lugubres pensées;
Contemple avec respect les dépouilles glacées
D'un héros défenseur de la cause des cieux,
Et laisse enfin tomber ces mots religieux :
« Non, ce n'est pas à toi que nous devons des larmes.
« Tu n' s mort dans ce monde et d'exil et d'alarmes
« Que pour vivre à jamais au céleste séjour.
« Sur les bords où tes yeux se sont fermés au jour,
« En héros, en chrétien, finissant ta carrière,
« Tu ne laisses de toi qu'une froide poussière.
« Ame heureuse, à présent loin de tous les hasards,

« De l'aspect de ton Dieu tu repais tes regards,
« Et, parmi les splendeurs dont l'éclat t'environne,
« De l'ange et du martyr tu portes la couronne.
« C'est nous qu'il faut pleurer, nous qui perdons en toi
« L'âme de nos combats, le vengeur de la foi.
« Du moins quand le Très-Haut, à tes vœux favorable,
« Vient de nous retirer ton appui secourable,
« Quand il daigne t'admettre au rang de ses élus,
« Sollicite pour nous ses décrets absolus.
« Mortel, dans les travaux de notre sainte guerre,
« On te vit employer les armes de la terre;
« Immortel, obtiens-nous les secours plus certains
« De ces armes du ciel qui fixent les destins;
« Veille encore sur nous; accepte nos hommages;
« Et dans Jérusalem, consacrant tes images,
« Nous irons quelque jour, pleins d'un zèle empressé,
« Rendre graces au Dieu qui t'a recompensé. »

Il se tait : mais la nuit, jetant ses voiles sombres,
Chasse le jour qui fuit et s'éteint dans les ombres.
Le sommeil sur l'armée épanche ses pavots.
Bouillon, seul occupé de mille soins nouveaux,
Sous sa tente au sommeil refuse ses paupières.
Il songe à préparer des machines guerrières,
Et demande au vieux bois qui vers le nord s'étend
Tous les vastes apprêts de ce siége important.

Le soleil a paru. Bouillon d'un chef célèbre,
Avec recueillement, suit la pompe funèbre.
Au pied de la colline on élève sans frais
Un odorant tombeau de pins et de cyprès.
De ses rameaux touffus un haut palmier l'ombrage.
C'est là que d'un héros illustre d'âge en âge
Les amis tout en pleurs, ont déposé le corps.

C'est là que, soupirant l'hymne antique des morts,
Les prêtres du Seigneur, qu'un zèle saint enflamme,
Chantent pour le repos et la paix de son âme.
On voit des deux côtés suspendus aux rameaux
Des cuirasses, des traits, des lances, des drapeaux,
Qu'en des jours plus heureux, d'une main aguerrie,
Dudon sut enlever aux peuples de Syrie ;
Éternels monuments qui retracent aux yeux
Tout ce qu'osa tenter son bras audacieux.
Au tronc du haut palmier un nœud d'airain attache
Son glaive, son écu, son casque, son panache,
Et sur le bouclier on grave enfin ces mots :
Ci-gît Dudon : passant, respecte ce héros.
>>*Ibid, Chant III,* Traduction du même.

IV. Mort de Gildippe et d'Odoard.

O Gildippe, Odoard, époux infortunés,
Des roses de l'hymen par l'amour couronnés,
Que puissent vos malheurs, votre touchante histoire,
Vivre éternellement gravés dans la mémoire !
Heureux, en vous chantant, si la postérité
Consacre à vos deux noms un tribut mérité !
Vos vertus, vos exploits, votre immortel courage
Des siècles à venir iront braver l'outrage,
Et plus d'une beauté, sensible à vos revers,
De pleurs délicieux arrosera ces vers.
   Gildippe la première attaque le barbare.
La fortune d'abord pour elle se déclare.
Son fer du bouclier a traversé l'airain,
Et va blesser au flanc le cruel Sarrasin.
Mais lui : « Te voilà donc, vagabonde guerrière !
« Ah ! pour te conserver la céleste lumière,
« L'aiguille et le fuseau te conviendraient bien mieux
« Que le vil spadassin qui te suit en tous lieux. »

En achevant ces mots il lève son épée,
Et d'un revers mortel l'amazone est frappée.
Le détestable fer rompt tout, ose percer
Ce sein que l'Amour seul avait droit de blesser.
Gildippe de ses sens perd tout à coup l'usage.
La pâleur de la mort couvre son beau visage.
A ce spectacle affreux que devient Odoard?
Il vole à sa défense; il vole, mais trop tard!
Que fera-t-il? comment, dans ce péril extrême,
Secourir ou venger une épouse qu'il aime?
Comment servir ensemble et la haine et l'amour?
Entre ses soins divers partagé tour à tour,
D'une main de pitié, de rage, frémissante,
L'infortuné soutient Gildippe languissante,
Et de l'autre s'apprête à punir l'assasin.
Le sort, l'injuste sort a trompé son dessein.
Soliman, d'un revers de son arme cruelle,
Tranche ce bras, appui d'une amante fidèle.
Elle tombe : Odoard, qui tombe au même instant,
Foule de tout son corps ce beau corps palpitant.

Tel qu'un ormeau qu'embrasse une vigne amoureuse
Quand, battu par les vents, par la tempête affreuse,
De ses rameaux brisés il parsème le mont
Que domina long-temps la hauteur de son front ;
Il déchire en tombant, il écrase lui-même
Les pampres, de sa tête ondoyant diadème,
Et ces fruits savoureux, brillants d'un jus vermeil,
Qu'au feu de ses rayons colorait le soleil ;
Tel périt Odoard ; mais, dédaignant la vie,
Il ne plaint que l'épouse à sa flamme ravie.
Ils voudraient se parler... hélas ! vœux impuissants !
En mots entrecoupés expirent leurs accents.

Avant que de quitter la lumière céleste,
Odoard soulevant le seul bras qui lui reste,
Presse contre son cœur, pour la dernière fois,
Sa compagne d'amour, et d'hymen, et d'exploits.
La mort en même temps vient fermer leurs paupières,
Ensemble les moissonne; et leurs âmes guerrières,
Ensemble abandonnant cette terre d'un jour,
S'envolent dans le sein de l'éternel séjour.
Ibid, Chant XX, Traduction du même.

V. Herminie chez un berger.

Cependant Herminie, encore intimidée,
Par un destin propice en fuyant secondée,
Et n'osant s'assurer si quelqu'un la poursuit,
Sans guide, sans conseil, erre toute la nuit,
Et tout le jour suivant s'abandonne incertaine
A l'instinct du coursier dont la fougue l'entraîne.
Mais lorsque le soleil, ne dorant plus les cieux,
Détèle les coursiers de son char radieux,
Aux bords que le Jourdain d'une eau limpide arrose
Elle s'arrête enfin, descend, et se repose.
Là, cette infortunée, en ses vives douleurs,
Se nourrit de sanglots et s'abreuve de pleurs,
Jusqu'à l'heure tranquille où, déployant ses ailes,
Le Sommeil, seul trésor des misères mortelles,
Vient rafraîchir ses yeux d'un souffle caressant,
Et lui verse l'oubli des maux qu'elle ressent.
L'oubli... mais non... l'Amour, si cruel même en songe,
Redouble les ennuis où son âme se plonge,
Se plaît à lui montrer l'image du bonheur,
Et dissipe soudain le charme suborneur.
Sitôt que dans les cieux dont la voûte s'argente
Éclate la fraîcheur de l'aube diligente,

L'amoureuse Herminie, aux doux chants des oiseaux,
Au murmure des fleurs, du zéphir et des eaux,
S'éveille, ouvre ses yeux languissants et timides.
Des perles du matin ces campagnes humides
Lui montrent quelques toits de chaume recouverts.
Tout à coup du milieu de ces dédales verts,
S'élève je ne sais quelle vague harmonie,
Qui mollement s'unit aux plaintes d'Herminie.
Il lui semble d'abord que les sources, les bois,
Pour la rendre à ses maux empruntent une voix.
Elle pleure : bientôt les sons de la musette
Consolent son oreille, un moment inquiète.
Surprise elle se lève, et s'avance à pas lents.
Un vieillard entouré de ses troupeaux bêlants,
Écoute trois bergers qui chantent sous l'ombrage,
Assis auprès d'un cèdre à l'odorant feuillage,
L'œil joyeux, le front calme, il travaille, et l'osier
S'arrondit sous ses mains en rustique panier.

A l'éclat inconnu de cette blanche armure,
Tous frémissent : mais elle aussitôt les rassure,
Les salue avec grace et découvre à leurs yeux
L'albâtre de son front et l'or de ses cheveux.
« Pasteurs chéris du ciel, vous qui peuplez ces rives,
« Poursuivez vos travaux et vos chansons naïves.
« Ce bouclier, ce casque, à vos yeux étrangers,
« N'apportent point le trouble en vos heureux vergers.
« Mais vous, mon père, vous, quand la guerre allumée
« Comme un vaste incendie embrase l'Idumée,
« Si voisin du théâtre et du choc des combats
« Pouvez-vous sans terreur habiter ces climats ? »

« Mon fils, lui répond-il, le bruit de ces ravages
« N'a point encore troublé nos paisibles rivages ;

« Ma famille, mes champs, mon jardin, mes troupeaux,
« Sur ces bords ignorés jouissent du repos.
« Soit qu'en effet du ciel la suprême puissance
« D'un peuple de bergers protège l'innocence;
« Soit que tous ses fléaux déchaînés à la fois
« Éclatent seulement sur la tête des rois,
« Comme on voit le tonnerre, effroi de nos campagnes,
« Épargner les vallons et frapper les montagnes.
« La fureur des soldats et leur avidité
« S'éloigneront toujours de notre pauvreté,
« Seul rempart, seul asyle où notre paix se fonde.
« Mais cette pauvreté, si vile aux yeux du monde,
« Est si chère à mon cœur, que je ne voudrais pas
« L'échanger pour le sceptre et l'or des potentats.
« Loin de moi les grandeurs! loin de moi les richesses!
« J'aime mieux la nature et ses humbles largesses.
« Tous ces mets que des grands repousse le dédain,
« Le lait de mon troupeau, les fruits de mon jardin,
« Et les simples trésors que cette plaine étale
« Suffisent chaque jour à ma table frugale,
« Où mes enfants et moi, sans craindre le poison
« Qu'à la table des rois verse la trahison,
« Nous buvons à longs traits l'eau fraîche d'une source
« Dont le riant cristal s'épure dans sa course.
« Avec peu de désirs on a peu de besoins.
« Ici nuls serviteurs ne me vendent leurs soins,
« Mes troupeaux sont gardés par ma jeune famille;
« De santé, de fraîcheur à vos yeux elle brille.
« Tandis qu'elle préside aux rustiques travaux,
« Je vois bondir les cerfs, folâtrer les chevreaux,
« Les poissons se jouer dans la fraîcheur de l'onde.
« Et, lorsque du soleil la lumière féconde
« Luit au sein des vallons tout parsemés de fleurs,

« Mille oiseaux déployer leurs mobiles couleurs.

« Autrefois, je l'avoue, en ma folle jeunesse,
« Age où les vains désirs étouffent la sagesse,
« Égaré par des vœux au bonheur étrangers,
« Dédaignant la houlette et le toit des bergers,
« J'ai déserté ces bois témoins de ma naissance;
« J'ai contemplé Memphis dans sa magnificence;
« Et, des ambitieux habitant le séjour,
« Vécu près du calife et servi dans sa cour.
« Là, de ses grands jardins dirigeant la culture,
« Mes yeux ont vu de près la fraude et l'imposture.
« Dans le fond de mon cœur je dévorai long-temps
« Les mépris orgueilleux, les rebuts insultants.
« Mais avec mes beaux jours, flétris dans la souffrance,
« Quand j'eus vu des grandeurs s'envoler l'espérance,
« Je dis : Adieu palais ! adieu faste des cours !
« Et, de mes bois amis implorant le secours,
« Je vins leur demander un destin plus prospère,
« Et vivre sous le chaume où naquit mon vieux père. »

Étonnée, attentive, Herminie en son cœur
Des accents du vieillard recueille la douceur.
Cette voix consolante et ce simple langage,
De ses sens par degré calment le long orage.
Ces bords silencieux, ces feuillages épais,
Tout l'enchante : elle veut y retrouver la paix,
Ou du moins dans ces lieux, loin des périls, attendre
Qu'à son amant un jour le ciel daigne la rendre.
« Heureux vieillard, dit-elle, heureux d'avoir un temps
« Éprouvé la fortune et ses jeux inconstants !
« Laissez-moi près de vous goûter un sort tranquille;
« Laissez-moi partager votre riant asyle.
« Peut-être vos conseils et l'ombre de ces bois

« D'une part de mes maux allègeront le poids.
« Si l'or, les diamants, idoles du vulgaire,
« Contentent vos désirs, je puis les satisfaire. »

A ces mots, de ses yeux voilés par les douleurs
Comme un brillant cristal s'échappent quelques pleurs.
Elle conte au vieillard les peines qu'elle endure;
Toutefois de son cœur lui cache la blessure;
Sensible à tant de maux, touché de ses accents,
Il prodigue à ses pleurs des pleurs compatissants.
D'un paternel amour déjà brûlant pour elle
Il la conduit auprès d'une épouse fidèle
Que le Ciel, dès long-temps, ami de ce lien,
Favorisa d'un cœur aussi pur que le sien.

L'amoureuse beauté, dépouillant son armure,
Sous le chaume bientôt s'enveloppe de bure,
Et d'un tissu grossier couvre ses cheveux d'or;
Mais ces nobles regards la trahissent encor.
Ce n'est point des forêts une simple habitante :
La majesté des rois, dans ses traits éclatante,
L'accompagne au milieu des plus simples travaux.
Bergère, elle surveille et guide les troupeaux;
Dans les prés, les vallons chaque jour les promène;
Au bercail protecteur chaque soir les ramène,
Et sous ses blanches mains un lait pur exprimé
Dans le jonc souple et frais se durcit comprimé.

Parfois, quand du midi les chaleurs dévorantes
Dessèchent les gazons et les fleurs odorantes,
A l'heure où son troupeau, qu'invite le sommeil
S'étend sous un feuillage oublié du soleil,
Sur le pin, le laurier, le jeune sycomore,
Elle grave le nom du guerrier qu'elle adore;

D'une tremblante main, sous mille aspects divers,
Reproduit son amour, ses ennuis, ses revers ;
Et quand elle relit ces tristes caractères,
Ses yeux sont arrosés de pleurs involontaires.

« Arbres aimés, dit-elle, ô vous seuls confidents
« Des chagrins de mon cœur et de mes feux ardents,
« Croissez et conservez toujours à la mémoire
« De mes adversités la déplorable histoire.
« Sous vos ombrages verts, si jamais quelque amant
« Fidèle et malheureux se repose un moment ;
« Touché de mes ennuis, qu'il dise dans son âme :
« Ah ! de si longs malheurs, une si pure flamme,
« Devaient intéresser la fortune et l'amour !...
« Mais, ô nouvel espoir ! peut-être aussi qu'un jour
« (Si le destin pour moi cesse d'être inflexible),
« Peut-être de mes maux que l'auteur insensible
« Visitera ces bois et que ses yeux surpris
« A travers les rameaux par l'automne flétris,
« Apercevant la tombe où mes cendres glacées
« Du reste des humains languiront délaissées,
« Il viendra, mais trop tard, affligé de mon sort,
« Donner quelques soupirs, quelques pleurs à ma mort ;
« Et si durant ma vie errante et passagère
« L'espérance à mon cœur fut toujours étrangère,
« Que mon ombre du moins, dans la nuit du trépas,
« Jouisse d'un bonheur que je ne connus pas !
Chant VII, Traduction du même. *Ibid*

VI. **Renaud tue Soliman, et se réconcilie avec Armide**

Comme un lion féroce agitant sa crinière,
Tout prêt à s'élancer du fond de sa tanière,
Roule et traîne sa voix en longs rugissements,

Ainsi le Sarrasin, fidèle à ses serments,
A l'aspect du héros ranime sa furie.
Il fait siffler le fer dans sa main aguerrie,
Et, de son large écu se couvrant tout entier,
Sur Renaud qui l'attend se jette le premier.
Les deux partis, témoins de la lutte homicide,
Font trêve à leur colère, et, d'un regard avide,
De ces nobles rivaux contemplent les efforts;
Tissapherne, affaibli par ses fougueux transports,
Ne faisait que frapper; mais Renaud, plein d'adresse,
Se dérobant aux coups qui l'assiégent sans cesse,
Frappait tout à la fois et blessait son rival.
Armide suit des yeux tout ce combat fatal,
Et voit du Sarrasin dont la vigueur chancelle
Les armes en lambeaux et le sang qui ruisselle.
Elle voit ses amants, faible et dernier soutien,
Déjà prêts à briser le fragile lien
Qui les attache encore à son destin contraire;
Aux plus mortels affronts rien ne peut la soustraire.
Assise sur son char, où seule et dans les pleurs
Nul espoir désormais ne flatte ses douleurs,
Elle abhorre le jour; elle craint l'esclavage.
Juste ciel! quoi! des fers deviendraient son partage....!
Elle descend du char, monte un coursier, s'enfuit.
Mais l'implacable amour l'obsède et la poursuit.
Telle on vit autrefois la belle Cléopâtre,
Du combat d'Actium désertant le théâtre,
S'enfuir loin du Romain de ses charmes épris.
De ce lâche abandon le triumvir surpris,
A son heureux rival que le destin seconde
Cesse de disputer la couronne du monde.
De son nom pour jamais il flétrit la splendeur,
Part et suit sur les flots l'objet de son ardeur.

Sitôt que Tissapherne a vu fuir son amante,
Effrayé des périls d'une tête charmante,
Il croit qu'à ses regards interdits et troublés
Du grand astre du jour les feux se sont voilés.
A voler sur ses pas c'est en vain qu'il s'apprête.
Le glaive vigilant le prévient et l'arrête.
Il se retourne alors, et, d'un bras affermi,
Il porte et fait tomber sur le casque ennemi
Un coup semblable à ceux dont l'antre du Cyclope
Gronde sous le marteau de Bronte et de Stérope.
Renaud du coup terrible est presque renversé,
Son invincible front un moment s'est baissé ;
Mais brûlant de courroux bientôt il se relève,
Traverse la cuirasse, au cœur plonge son glaive ;
Et dans les profondeurs de l'éternelle nuit,
L'âme du roi barbare en murmurant s'enfuit.
Il n'est plus. Du vainqueur les regards téméraires
Ont dans la plaine au loin cherché des adversaires.
Partout autour de lui le combat est désert.
Sur le sable, de sang et de débris couvert,
Partout des musulmans les corps épars languissent,
Et du pieux Bouillon les destins s'accomplissent.
L'indomptable Renaud, quitte envers son devoir,
Alors à la pitié permet de l'émouvoir.
Il apaise son glaive, et d'Armide éplorée,
D'Armide qui s'enfuit, de périls entourée,
Le touchant souvenir se réveille en son cœur.
Lorsque, pour obéir à la voix de l'honneur,
Et rendre aux saints combats sa valeur et son zèle,
Le héros s'éloigna d'une amante si belle,
Il lui fit le serment d'être son chevalier,
Et son cœur généreux est loin de l'oublier.
Déjà, s'abandonnant à l'espoir qu'il embrasse,

Aussi prompt que les vents, il vole sur sa trace.

Dans un sombre vallon propice à son dessein,
De terreur éperdue, et la mort dans le sein,
Armide arrive enfin, par le hasard guidée.
Là, cédant aux ennuis dont elle est obsédée,
Elle jette à ses pieds et son arc et ses traits.
« O vous qui n'avez pu consoler mes regrets,
« Armes vaines, dit-elle, en mes mains avilies,
« Au fond de ces déserts restez ensevelies !
« Si vous avez trompé mon injure et mes vœux,
« Si des jours du guerrier qui dédaigne mes feux
« Vous avez épargné la criminelle trame,
« Du moins accordez-moi le bien que je réclame,
« Le seul que ma douleur puisse attendre de vous.
« Percez mon sein tremblant ; je le livre à vos coups.
« O malheureuse Armide ! à quelle destinée,
« Par un perfide amant, te vois-tu condamnée !
« Il est temps d'échapper à des affronts nouveaux,
« Et d'appeler la mort au secours de mes maux.
« Heureuse si l'excès du feu qui me dévore
« Dans l'ombre du tombeau ne me suit pas encore !
« Impitoyable amour, cesse de déchirer
« Un cœur où tu régnas pour le désespérer !
« Fuis, barbare! et, content des maux où je succombe,
« Laisse-moi respirer sur les bords de la tombe !
« Que ma seule fureur survive à mon trépas !
« Que partout du cruel elle assiége les pas,
« Et de songes hideux épouvante sa couche !
« Que je vienne moi-même, avec un ris farouche !
« Spectre affreux et sanglant, lui reprocher ma mort,
« Retourner dans son cœur le poignard du remord,
« Et, dévouant le traître à d'horribles supplices,

« D'une douce vengeance épuiser les délices ! »

A la clarté du jour, à ces mots, renonçant,
Sa main dans le carquois choisit un trait perçant,
Le tourne vers son cœur..... Renaud d'un pas rapide
Accourt..... Ciel! quand il voit la jeune et belle Armide,
Le front enveloppé d'une sombre pâleur;
Déja prête à finir ses jours et son malheur,
Il frémit, il s'élance, et d'une main puissante
Éloigne avec horreur la pointe menaçante.
Armide pousse un cri..... l'envisage..... soudain
Détournant ses regards chargés d'un fier dédain,
Comme une tendre fleur que le soc a touchée,
Dans les bras de Renaud haletante et penchée,
Elle s'évanouit..... Ému de ses douleurs,
Renaud sur ce beau sein laisse tomber des pleurs.
Comme dans les vallons sur sa tige arrosée
Se redresse un lis pur et brillant de rosée,
Armide ainsi renaît : trois fois languissament
Lève ses yeux mouillés des pleurs de son amant,
Les referme aussitôt, et l'amour et la haine
Triomphent tour à tour dans son ame incertaine.
De son bras vigoureux le héros la soutient.
Elle veut repousser ce bras qui la retient;
Mais dans ce vain combat tous ses efforts se lassent.
Les nœuds qu'elle veut rompre obstinément l'enlacent.
Captive en ces liens qu'elle eût jadis aimés,
Et toujours ses beaux yeux de colère enflammés,
Sans regarder l'objet qu'elle adore et déteste,
Elle exhale en ces mots son désespoir funeste :
« Perfide, qui t'amène en ce fatal séjour?
« Cruel à ton départ, cruel à ton retour?
« Toi qui creuses la tombe où je m'en vais descendre,

« Toi mon seul assassin, au jour tu veux me rendre !
« De ma juste fureur tu prétends me sauver !
« A quel indigne affront m'oses-tu réserver ?
« Je lis dans tes projets : pour rehausser ta gloire,
« Barbare ! tu voudrais à ton char de victoire
« Atteler une reine, et parmi tes rivaux
« Promener en triomphe et ma honte et mes maux.
« Hélas ! il fut un temps où mon âme asservie
« Te demandait ensemble et la paix et la vie :
« Avec un froid orgueil tu repoussas mes vœux ;
« La mort seule à présent est tout ce que je veux.
« Mais cette mort, si douce à ma douleur affreuse,
« Si je te la devais, me serait odieuse.
« Je l'obtiendrai sans toi, lâche ; et dans ma prison
« Si le lacet fatal, les armes, le poison,
« Manquent à mes desseins, ou trompent ma colère,
« J'en rends graces au ciel qui m'inspire et m'éclaire :
« Tu me verras, fidèle aux vœux du désespoir,
« Échapper à la vie ainsi qu'à ton pouvoir.
« Tout prêt à des serments que son cœur désavoue,
« De mes ennuis mortels comme l'ingrat se joue ! »
— « Ah ! lui répond Renaud, invincible beauté,
« Que le calme renaisse en ton sein agité.
« Armide, à tes genoux mon amour me rappelle ;
« Je suis ton chevalier, ton esclave fidèle.
« Qui, moi, te préparer des fers injurieux !
« Je te promets le trône où régnaient tes aïeux.
« De ma sincérité, quoi ! tu doutes encore !
« Eh bien ! lis dans mes yeux l'ardeur qui me dévore,
« Et cesse de confondre avec tes ennemis
« Renaud que les destins pour jamais t'ont soumis.
« Ah ! si le juste ciel, sensible à ma prière,
« Sur ton aveuglement épanchait sa lumière,

« Si ton âme s'ouvrait à sa divine loi,
« L'Orient n'aurait point de reine égale à toi ! »
Les sons de cette voix mélodieuse et tendre,
Les pleurs que le héros ne cesse de répandre,
De la fière beauté dissipent le courroux.
C'est ainsi que l'on voit aux feux d'un ciel plus doux,
Au souffle des zéphyrs que le printemps ramène
Les frimas par degrés se fondre dans la plaine.
Armide, à son vainqueur soumise sans retour,
Et relevant ses yeux où règne seul l'amour :
« C'en est fait ; j'obéis, lui répond-elle : ordonne ;
« En esclave à tes lois Armide s'abandonne. »

Chant XX, Traduction du même. *Ibid.*

TEMPÉRÉ. Genre d'éloquence qui tient le milieu entre le sublime et le simple. On peut voir, dans l'*article* SUBLIME, que Cicéron, en définissant le genre *tempéré* ne lui accorde que la *facilité*, l'*égalité* et quelques légers ornements. Ailleurs pourtant il reconnaît que c'est à lui que sont permises toutes les parures du style. « Datur etiam venia concinnati sen-
« tentiarum, et arguti, certique, et circumscripti ver-
« borum ambitus conceduntur : de industriâque, non
« ex insidiis, sed apertè ac palam elaboratur, ut verba
« verbis quasi dimensa et paria respondeant ; ut cre-
« brò conferantur pugnantia, comparentur contra-
« ria, et ut pariter extrema terminentur eumdemque
« referant in cadendo sonum. » (Orat.)

Comment accorder ici avec lui-même ce grand maître de l'éloquence, me demandez-vous ? Le voici. Il a permis à l'éloquence *tempérée* ou médiocre de se parer lorsqu'elle n'aurait pour objet que le soin de plaire, comme dans les écoles des sophistes et dans les harangues publiques des rétheurs, faites pour amuser un peuple ; mais à cette même éloquence, il a prescrit d'être modeste et réservée dans sa parure lorsqu'elle se montre au barreau ; et, cette distinction, il l'exprime à la fin du passage que je viens de citer : *Quæ in veritate causarum, et rariùs multò facimus, et certè occultiùs.* Isocrate, dans l'éloge d'Athènes, a recherché curieusement, dit-il, tous ces ornements du langage, parce qu'il écrivait non pour plaider devant les juges, mais pour flatter et délecter l'oreille des Athéniens. *Non enim ad judiciorum certamen, sed ad voluptatem aurium scripserat.* (Orat.)

C'est, selon moi, une marque de mépris que Cicéron donne à cette éloquence oiseuse des sophistes, que de lui laisser avec tant d'indulgence le luxe de l'élocution et le soin curieux de plaire. N'a-t-il pas observé lui-même qu'en éloquence, comme dans tous les grands objets de la nature, le beau et l'utile doivent se réunir, et que les ornements de l'édifice oratoire doivent contribuer à sa solidité ? « Columnæ et templa et porticus sustinent; tamen « habent non plus utilitatis quàm dignitatis.... hoc « in omnibus item partibus orationis evenit, ut uti- « litatem ac prope necessitatem suavitas quædam et « lepos consequatur. » (De Orat.)

N'a-t-il pas observé que, dans le style comme dans les mets, l'assaisonnement qui d'abord pique le plus le goût, le lasse presque aussitôt et l'émousse, et qu'il n'y a, pour l'esprit, que les aliments simples

dont il ne se lasse jamais ? « difficile enim dictu est
« quænam causa sit, cur ea quæ maximè sensus
« nostros impellunt voluptate, et specie primâ
« acerrimè commovent, ab iis celerrimè fastidio
« quodam et satietate abalienemur. » Et après avoir
prouvé, par l'expérience de tous nos sens, que la
satiété suit de près les raffinements du plaisir, « Si
« omnibus in rebus voluptatibus maximis fastidium
« finitimum est, » n'a-t-il pas reconnu qu'il en était de
même en éloquence ? « In quâ vel ex poetis, vel ora-
« toribus possumus judicare concinnam, distinctam,
« ornatam, festivam, sine intermissione, sine repre-
« hensione, sine varietate, quamvis claris sit colo-
« ribus picta vel poesis vel oratio, non posse in de-
« lectatione esse diuturnam. » Enfin n'a-t-il pas établi, comme un principe général, que, dans un discours, les ornements doivent être semés légèrement
et par intervalles, jamais accumulés ni également
répandus ? « Ut porrò conspersa sit (oratio) quasi
« verborum sententiarumque floribus, id non debet
« esse fusum æquabiliter per omnem orationem,
« sed ita distinctum, ut sint quasi in ornatu dispo-
« sita quædam insignia et lumina. »

Mais dans un sujet frivole et dénué d'intérêt et
d'utilité, faut-il laisser à nu ce fonds aride, et ne
pas le couvrir de fleurs ? Il faut d'abord éviter un
sujet dont l'indigence et la sécheresse ont besoin
d'être sans cesse ornées ; ne jamais se réduire au
futile métier de beau parleur ; avoir au moins l'intention d'instruire lorsqu'on cherche à plaire, et
dans les choses où la raison et la vérité ne deman-

dent qu'à se montrer dans leur simplicité naive, se contenter d'un style naturel et décent. « In pro-« priis verbis illa laus oratoris, ut abjecta atque « obsoleta fugiat, lectis atque illustribus utatur. » Ainsi le simple se mêlera au *tempéré*, comme il s'allie même au sublime, sans détonner avec l'un ni avec l'autre, mais avec cette facilité d'ondulation, si je l'ose dire, qui doit régner dans tous les genres d'éloquence, et sans laquelle le haut style est roide, guindé, monotone, et le style fleuri n'est qu'un papillottage de couleurs, toutes vives et sans nuances, dont l'éclat fatigue les yeux.

C'est au moyen de ce mélange que l'orateur, dans le genre tempéré même, peut produire de grands effets. Je ne dis pas que le genre sublime ne s'y mêle aussi quelquefois ; mais ce sont des accidents rares, et il me semble que Rollin s'est oublié, lorsqu'à propos de l'*habileté à orner et à embellir le discours*, il rappelle ce que dit Cicéron du stoïcien Rutilius, qui avait dédaigné, comme Socrate, d'employer l'éloquence pathétique pour sa défense. Ce n'était pas des ornements de l'éloquence tempérée, mais de la force, de la chaleur de la haute éloquence de Crassus, qu'il s'agissait dans cette cause. C'est le genre sublime dans toute sa vigueur et dans toute sa véhémence, que Cicéron aurait voulu qu'on eût employé pour sauver l'innocence et la vertu même. « Cùm illo nemo neque integrior esset in civitate « neque sanctior ...... quod si tunc, Crasse, dixis- « ses .... et si tibi pro P. Rutilio, non philosopho- « rum more, sed tuo licuisset dicere, quamvis sce-

« lerati illi fuissent, sicuti fuerunt, pestiferi cives
« supplicioque digni, tamen omnem eorum impor-
« tunitatem ex intimis mentibus evellisses vi ora-
« tionis tuæ. (De Orat.)

Mais dans un degré de chaleur et de force inférieur à l'éloquence de Crassus, la clarté, les développements, l'abondance, l'éclat des pensées et des paroles, joint aux charmes de l'harmonie, peuvent encore étonner et ravir. Et remarquez qu'en parlant
de celui qui produit les plus grands effets, Cicéron
ne lui attribue rien qui s'élève au-dessus de l'éloquence tempérée. « In quo igitur homines exhorres-
« cunt? quem stupefacti dicentem intuentur ? in
« quo exclamant? quem deum, ut ita dicam, inter
« homines putant? qui distinctè, qui explicatè, qui
« abundanter, qui illuminatè et rebus et verbis di-
« cunt, et in ipsâ oratione quasi quemdam nume-
« rum, versumque conficiunt : id est quod dico, or-
« natè. » (De Orat., III.)

Mais tout cela suppose un fonds solide et riche, un
sujet sérieux, utile, intéressant; et si, sur des questions vaines, sur des objets futiles on s'efforce d'être
ingénieux et éloquent, on sera brillant tant qu'on vou-
dra, on n'éblouira qu'un moment, et à cette enluminure rhétoricienne, dont nos écoles et nos académies
ont fait vanité si long-temps, j'appliquerai ce que Cicéron disait des tableaux modernes, comparés aux
anciens : « Quanto colorum pulchritudine et varie-
« tate floridiora sunt in picturis novis pleraque
« quàm in veteribus; quæ tamen, etiamsi primo
« aspectu nos cœperunt, diutiùs non delectant :

« cùm iidem nos in antiquis tabulis illo ipso hor-
« rido obsoletoque teneamur? » (De Orat., III.)
(Voyez SIMPLE et SUBLIME.)

MARMONTEL, *Éléments de Littérature.*

TERENCE (PUBLIUS TERENTIUS) naquit à Carthage, après la seconde guerre punique, l'an de Rome 560, du monde 3818. Il fut esclave de Térentius Lucanus, sénateur romain, qui, à cause de son esprit, non-seulement le fit élever avec beaucoup de soin, mais l'affranchit fort jeune. Ce fut ce sénateur qui donna à ce poète le nom de Térence; car les affranchis portaient ordinairement le nom du maître qui les avait mis en liberté.

Il était fort aimé et fort estimé des premiers de Rome. Il vivait sur-tout très familièrement avec Lélius et Scipion l'Africain, qui prit et qui ruina Numance : ce dernier était moins âgé que lui de onze ans.

Il nous reste de Térence six comédies. Quand il vendit aux édiles la première, on voulut qu'il la lût auparavant à Cécile, poète comique comme lui, qui était fort estimé à Rome lorsque Térence commença à y paraître. Il alla donc chez lui et le trouva à table. On le fit entrer, et comme il était fort mal vêtu, on lui donna près du lit de Cécile un petit siège, où il s'assit, et commença à lire. Mais il n'eut pas plutôt lu quelques vers, que Cécile le pria de souper, et le fit mettre à table près de lui. Après le souper, il acheva d'entendre cette lecture et en fut charmé. Il ne faut pas toujours juger des hommes par les dehors : un méchant habit peut couvrir un excellent esprit.

L'*Eunuque*, qui est une des six comédies de Térence, eut un si grand succès, qu'elle fut jouée deux fois en un jour, le matin et le soir, ce qui n'était peut-être jamais arrivé à aucune pièce; et on la paya beaucoup mieux qu'aucune comédie n'avait été payée jusques-là : car Térence en eut 8,000 sesterces. (1,000 liv.)

C'était un bruit assez public que Scipion et Lélius l'aidaient dans la composition de ses pièces; et il l'a augmenté lui-même, en ne s'en défendant que fort légèrement, comme il fait, dans le prologue de ses *Adelphes,* qui est la dernière de ses comédies. « Pour « ce que disent ses envieux, qu'il est aidé dans son « travail par des hommes illustres qui composent « avec lui, bien loin d'en être offensé, comme ils « se l'imaginent, il trouve qu'on ne lui saurait don- « ner une plus grande louange, puisque c'est une « marque qu'il a l'honneur de plaire à des personnes « qui vous plaisent, messieurs, et à tout le peuple « romain; et qui, en paix, en guerre et en toutes « sortes d'affaires, ont rendu à la république en « général, et à chacun en particulier, des services « très considérables, sans en être pour cela plus « fiers ni plus orgueilleux. »

On pourrait croire pourtant qu'il ne s'est si mal défendu, que pour faire sa cour à Lélius et à Scipion, à qui il savait bien que cela ne déplaisait pas. Cependant, dit Suétone, dans la vie de Térence qui lui est attribuée, ce bruit s'est accru de plus en plus, et est venu jusqu'à notre temps.

Le poète Valgius, qui était contemporain d'Horace, dit positivement, en parlant des comédies de Térence :

Hæ quæ vocantur fabulæ, cujus sunt?
Nos has, qui jura populis recensens * dabat,
Honore summo affectus fecit fabulas?

« Ces comédies, de qui sont-elles? Ne sont-elles « pas de cet homme comblé d'honneur, et qui gouver- « nait les peuples avec tant de justice, ou qui donnait « la loi aux peuples avec puissance et autorité? »

Soit que Térence voulût faire cesser le reproche qu'on lui faisait de donner les ouvrages des autres sous son nom, ou qu'il eût dessein d'aller s'instruire à fond des coutumes et des mœurs des Grecs pour les mieux représenter dans ses pièces, quoi qu'il en soit, après avoir fait les six comédies que nous avons de lui et n'ayant pas encore trente-cinq ans, il sortit de Rome, et on ne le vit plus depuis.

Quelques-uns disent qu'il mourut sur mer, à son retour de Grèce, d'où il remportait cent huit pièces qu'il avait traduites de Ménandre; les autres assurent qu'il mourut en Arcadie, dans la ville de Stymphale. sous le consulat de Cn. Cornélius Dolabella et de M. Fulvius, et qu'il mourut d'une maladie que lui causa la douleur d'avoir perdu les comédies qu'il avait traduites, et celles qu'il avait faites lui-même.

Térence n'eut qu'une fille qui, après sa mort, fut

* Je ne sais pas ce que signifie ici ce mot; il pourrait bien s'y être glissé quelque faute.

mariée à un chevalier romain, et à laquelle il laissa une maison et un jardin de vingt arpents sur la voie Appienne.

Rollin, *Histoire ancienne*.

JUGEMENTS.

I

Cicéron, dans une pièce de vers qui avait pour titre *Léimon*, d'un mot grec qui signifie *prairie*, avait ainsi parlé de Térence :

« Et vous aussi, Térence, dont le style est si poli « et si plein de charmes, vous nous traduisez et nous « rendez parfaitement Ménandre, et lui faites parler « avec une grace infinie la langue des Romains, en « faisant un choix très juste de tout ce qu'elle peut « avoir de plus délicat et de plus doux. » Ce témoignage fait honneur à Térence : mais les vers qui l'expriment n'en font pas beaucoup à Cicéron.

César, qui écrivait avec tant de force et de justesse, et qui avait fait même une tragédie grecque intitulée *Œdipe*, dit en s'adressant à Térence : « Toi « aussi, demi-Ménandre, tu es mis au nombre des « plus grands poètes, et avec raison, pour la pureté « de ton style. Eh! plût aux dieux que la douceur « de ton langage fût accompagnée de la force qui « convient à la comédie, afin que ton mérite fût « égal à celui des Grecs, et qu'en cela tu ne fusses « pas fort au-dessous des autres ! Mais c'est ce qui « te manque, Térence, et c'est ce qui fait ma dou- « leur. »

Le grand talent de Térence consiste dans un art inimitable de peindre les mœurs et d'imiter la nature avec une simplicité si naïve et si peu étudiée, que chacun se croit capable d'écrire de la même sorte, et en même temps si élégante et si ingénieuse, que personne n'a jamais pu en approcher. Aussi est-ce par ce talent, c'est-à-dire, par cet art merveilleux, répandu dans toutes les comédies de Térence, qui charme et enlève sans avertir et sans frapper par rien de brillant, qu'Horace caractérise ce poète.

Térence joint à une extrême pureté de langage, et à un style simple et naturel, toutes les graces et toute la délicatesse dont sa langue était susceptible; et parmi tous les auteurs latins, il n'y en a point qui ait autant approché que lui de l'atticisme, c'est-à-dire, de ce qu'il y avait de plus fin, de plus délié, de plus parfait chez les Grecs. Quintilien, en parlant de Térence, dont il se contente de dire que les écrits étaient élégants, remarque que le langage romain ne rendait que très imparfaitement cette finesse de goût et cette grace inimitable, réservée aux Grecs seuls, et qui ne se trouvait même que dans le dialecte attique. Il est fâcheux que la matière de ces comédies les rende dangereuses à la jeunesse.

Le même, *Ibid.*

II.

Térence n'a pas un seul des défauts de Plaute, si ce n'est cette teinte d'uniformité dans les sujets, qu'il n'a pu faire disparaître entièrement, mais qu'il a du moins effacée, autant qu'il était possible, sur un

théâtre où il ne lui était pas permis d'établir une intrigue avec une femme libre. Il ne pouvait, comme Plaute, donner à ses jeunes gens que des courtisanes pour maîtresses. Qu'a-t-il fait? Il a trouvé moyen d'ennoblir cette espèce de personnages, de manière à y répandre une sorte d'intérêt. Il suppose ordinairement que ce sont des enfants enlevés à leurs parents et vendus par fraude ou par accident. Leur naissance est reconnue à la fin de la pièce ; dénouement qui ne contredit rien de ce qui précède, parce que l'auteur ne leur donne que des mœurs honnêtes et une passion exclusive pour un seul objet. C'est ainsi qu'il a composé son *Andrienne*, qui a été transportée avec succès sur la scène française. Il n'y a pas chez lui un seul des caractères bas qui s'offrent dans Plaute, pas une trace de bouffonnerie, nulle licence, nulle grossièreté, nulle disparate. Des comiques anciens qui nous restent, il est le seul qui ait mis sur le théâtre la conversation des honnêtes gens, le langage des passions, le vrai ton de la nature. Sa morale est saine et instructive, sa plaisanterie est de très bon goût ; son dialogue réunit la clarté, le naturel, la précision, l'élégance. Toutes les bienséances théâtrales sont observées dans le plan et dans la conduite de ses pièces. Que lui a-t-il donc manqué? Plus de force et d'invention dans l'intrigue, plus d'intérêt dans les sujets, plus de comique dans les caractères. Mais est-il bien sûr que ce soit là ce que Jules-César a voulu dire dans ces vers qu'on nous a conservés ? « Et toi aussi, demi-Mé-
« nandre, tu es placé parmi nos plus grands écri-

« vains, et tu le mérites par la pureté de ton style.
« Et plût au Ciel qu'au charme de tes écrits se joi-
« gnît cette force comique qui t'était si nécessaire
« pour égaler les Grecs, et que tu ne leur fusses pas
« si inférieur dans cette partie ! Voilà ce qui te man-
« que, Térence, et j'en ai bien du regret. »

Quels étaient donc ces Grecs qui avaient cette force comique qui manquait à Térence ? Et comment Térence n'était-il que *la moitié de Ménandre ?* On sait qu'il prenait communément deux pièces de l'auteur grec pour en faire une des siennes ; et, comme il n'a jamais de duplicité d'action, il est vraisemblable que les pièces qu'il empruntait étaient d'une extrême simplicité. Son exécution est en général fort bonne ; il n'est faible que dans l'invention : et qui l'empêchait de profiter de celle des Grecs ? Voilà une de ces questions que rendra toujours insoluble la perte que nous avons faite de tant d'ouvrages des Anciens.

Térence était né en Afrique, et fut élevé à Rome. Il faut qu'il y ait été transporté de très bonne heure, puisqu'il a écrit si parfaitement en latin. Afranius, poète comique, qui eut de la réputation dans le même siècle, dit en propres termes : *Vous ne comparerez personne à Térence.* Quand il proposa son premier ouvrage, l'*Andrienne*, aux édiles, qui étaient dans l'usage d'acheter les pièces pour les faire représenter dans les jeux publics qu'ils donnaient au peuple, les édiles, avant de conclure avec lui, le renvoyèrent à Cecilius, auteur comique, à qui ses succès avaient donné en ce genre une grande autorité. Le vieux poète était à table quand Térence, encor jeune et inconnu, se présenta chez lui avec un extérieur fort peu imposant. Cecilius lui fit donner un petit siège près du lit où il était assis. Térence commença à lire. Il n'avait pas fini la première scène, que Cecilius se leva, l'invita à souper, et le fit asseoir à sa table ; et lorsque, après le repas, il eut entendu toute la pièce, il lui donna les plus grands éloges : exemple d'équité et de bonne foi d'autant plus intéressant, qu'il est plus rare que les grands écrivains soient disposés à louer leurs rivaux et à aimer leurs successeurs.

Térence était esclave ; Phèdre le fabuliste le fut aussi. Plaute fut réduit à travailler au moulin : Horace était fils d'un affranchi. D'un autre côté, César et Frédéric ont cultivé les lettres ; ce qui prouve qu'elles peuvent relever les plus basses conditions, et qu'elles ne dégradent pas les plus hautes.

Il fallait qu'on fût persuadé à Rome de cette vérité, même long-temps avant le siècle d'Auguste ; car Scipion et Lelius passèrent pour avoir eu part aux comédies de Térence. Ce qui est certain, c'est qu'il fut honoré de l'amitié de ces grands hommes, et, ce qui est vraisemblable, c'est qu'ils l'aidèrent de leurs conseils, et que leur bon goût lui apprit à ne pas suivre celui de Plaute.

S'il eut à se louer de Cecilius, il n'en fut pas de même d'un certain Lucius, vieux poète dont il se plaint dans tous ses prologues, comme du plus ardent et du plus acharné de ses détracteurs. Ce Lucius traitait Térence de plagiaire, parce qu'il traduisait les Grecs ; et Térence lui répond : « Toutes « nos pièces sont-elles autre chose que des emprunts « faits aux Grecs ? » Il paraît que Lucius n'avait pas su emprunter avec autant de succès que Térence.

Il ne fut pourtant pas toujours heureux au théâtre. Sa pièce intitulée *Hecyra*, *la belle mère*, ne fut pas achevée, parce qu'au milieu de la représentation, on annonça un spectacle de gladiateurs, et que le peuple se porta en foule dans le cirque pour retenir ses places ; ce qui obligea les comédiens de quitter la scène quand ils se virent abandonnés. Cette pièce me paraît la plus intéressante de toutes celles de Térence, quant au sujet, car on désirerait plus d'action et de mouvement ; mais la fable pourrait servir à faire ce qu'on appelle aujourd'hui un *drame*, qui, s'il était traité avec art, serait susceptible d'effet. Voici quel est ce roman : Un jeune Athénien, dans le désordre d'une de ces fêtes des Anciens, où régnait une extrême liberté, sortant d'un repas au milieu de la nuit, et pris de vin, rencontre dans l'obscurité, et dans une rue détournée, une jeune fille, et lui fait violence. Il va chez une courtisane qu'il aimait beaucoup, et avec qui il vivait depuis long-temps ; lui conte son aventure, et lui donne un anneau qu'il avait pris à cette fille. Quelque temps après, son père le marie. Toujours épris de sa maîtresse, il traite sa nouvelle épouse pendant deux mois avec une entière indifférence. Elle souffre ses froideurs avec une douceur et une patience inaltérables, ne se plaint point, et ne songe qu'à lui plaire et à s'en faire aimer. Elle commence à faire d'autant plus d'impression sur lui, qu'il est plus mécontent de l'humeur de sa maîtresse, qui ne peut lui pardonner son mariage. Enfin il y renonce absolument et devient très amoureux de sa femme; cependant il est obligé de la quitter pour un voyage d'affaires. L'action de la pièce commence au moment du retour de Pamphile, et tout ce que je viens d'exposer s'est passé dans l'avant-scène. A son arrivée, Pamphile apprend que Philumène (c'est le nom de sa femme), ne pouvant pas vivre avec sa belle-mère, s'est retirée depuis quelque temps chez ses parents; que, dans ce même jour Sostrata (la mère de Pamphile) est allée pour rendre visite à sa bru, et n'a point été reçue chez elle. Il y va lui-même, et s'aperçoit que sa femme vient d'accoucher en secret, après avoir caché sa grossesse à tout le monde. Il n'est pas étonné qu'elle en ait fait un mystère, parce qu'il sait que l'époque où ses froideurs ont cessé, et où il a commencé à vivre avec elle, ne peut s'accorder légitimement avec la naissance de l'enfant. Il gémit d'être forcé de la juger coupable, et se résout, dans sa douleur, à ne plus la revoir. Mais ses parents et ceux de Philumène, qui ne sont pas dans le secret du lit conjugal, ne conçoivent rien à cette conduite de Pamphile, et s'imaginent que son éloignement pour sa femme n'a d'autre cause qu'un renouvellement d'amour pour Bacchis, cette courtisane qu'il aimait auparavant. Les deux pères prennent le parti de la faire venir, et de lui présenter le tort qu'elle se fait, et les dangers où elle s'expose en brouillant ainsi un fils de famille avec son épouse. Bacchis proteste que, depuis le mariage de Pamphile, elle n'a voulu avoir aucun commerce avec lui. On lui demande si elle osera bien affirmer ce fait en présence de Philumène et de sa mère. Elle y consent, et cette entrevue éclaircit tout et amène le dénouement, dont on est instruit par un récit. La mère de Philumène reconnaît au doigt de Bacchis la bague de sa fille, cette même bague que Pamphile avait arrachée du doigt de la jeune personne à qui, peu de temps avant son mariage, il avait fait violence dans l'ivresse et dans la nuit. C'était Philumène elle-même qui n'avait fait confidence de son malheur qu'à sa mère, et sa mère, ne pouvant pas prévoir ce qui se passe entre sa fille et Pamphile, et croyant que le mariage couvrirait cette fatale aventure, en avait gardé le secret.

Il est à remarquer que cette pièce, dont le fond offrait peut-être plus d'intérêt que toutes les autres du même auteur, est très froidement traitée. Philumène ne paraît point sur la scene : son état ne serait pas une raison pour Térence ; car rien n'était plus facile que de la supposer accouchée en secret chez sa mère, peu de temps avant le retour de Pamphile. Bacchis ne paraît que pour l'éclaircissement de l'intrigue ; ces deux personnages étaient ceux qui auraient pu y répandre le plus d'intérêt. Tout se passe, au contraire, en scènes de contestations entre les deux beaux-pères et la belle-mère ; scènes inutiles et ennuyeuses. Cette pièce est celle qui justifie le plus le reproche que l'on a fait à Térence, de manquer de force dramatique.

Brueys et Palaprat ont emprunté de l'*Eunuque* leur *Muet*, dont la représentation est agréable et gaie. On se doute bien que la pièce française est plus vivement intriguée que celle de Térence. Les comédies de l'ancien théâtre n'ont pas assez de mouvement et d'action, et c'est un des avantages que le nôtre s'est appropriés. La situation d'un jeune homme amoureux, introduit chez celle qu'il aime, à titre de muet, fournit nécessairement des jeux de théâtre d'un effet comique. Le *Chéréa* de Térence, introduit en qualité d'eunuque dans la maison d'une courtisane, où loge une jeune fille dont il vient de devenir amoureux en la voyant passer dans la rue et qu'il viole un moment après, ne prouve que l'extrême liberté des mœurs théâtrales chez les Anciens. Le viol est chez eux un moyen dramatique assez fréquent. Ce qui peut les excuser, c'est que les lois n'accordaient aucune vengeance de cet outrage aux filles qui n'étaient pas de condition libre. Dans l'*Eunuque* de Térence, celle qui a éprouvé les violences de Chéréa est reconnue à la fin pour être citoyenne, et il l'épouse.

Ce qui nous paraîtrait bien plus étrange, et ce qui tient aussi à cette disparité des mœurs qu'il faut soigneusement observer dans les comparaisons du théâtre ancien et du nôtre, c'est le singulier marché conclu dans cette même pièce entre Phædria, l'amant de la courtisane Thaïs et le capitaine Thrason son rival. Thaïs demande ingénument à Phædria qu'elle aime, qu'il veuille bien céder la place, pendant deux jours au capitaine, qui lui a promis une jeune esclave qu'il a achetée pour elle, et qu'elle voudrait rendre à ses parents. L'intention est bonne, mais la proposition nous semblerait un peu extraordinaire, cependant Phædria y consent. Il fait plus : à la fin de la pièce, un parasite, ami du capitaine, représente au jeune amant de Thaïs que ce capitaine est riche, qu'il aime la dépense et la bonne chère, que Thaïs aime aussi l'une et l'autre; et il conseille à Phædria, qui n'a pas les moyens de subvenir à tout, de consentir au partage avec le capitaine, et Phædria y consent. Il s'est montré cependant fort amoureux, et est fort jaloux pendant toute la pièce ; mais c'est que, les mœurs de ces peuples ne permettant guère aux jeunes gens d'autres amours que celles des courtisanes, il y entrait nécessairement plus de débauche que de passion ; et cela seul explique combien nos mœurs sont plus favorables à l'intérêt dramatique que celles des Grecs et des Romains.

Les auteurs du *Muet* ont emprunté à Térence ses plus heureux détails ; mais c'est ici que l'original prend sa revanche : les imitateurs sont bien loin d'égaler sa diction et son dialogue.

Ce n'est qu'à Molière qu'il a été donné de surpasser Térence, même dans cette partie, quand il lui fait l'honneur de l'imiter. On sait d'ailleurs combien sous tous les rapports, notre Molière est supérieur à tous les comiques anciens et modernes. Il a pris dans le *Phormion* de Térence le fond de l'intrigue de ses *Fourberies de Scapin* : ici c'est un valet fourbe qui dupe deux vieillards crédules, et leur escroque de l'argent pour servir les amours de deux jeunes gens ; là, c'est un parasite qui fait le même rôle, de concert avec un valet. Mais l'auteur français est bien au-dessus du latin par la gaieté et la verve comique. C'est pourtant dans cette pièce que Boileau lui reproche, et avec raison, d'avoir *à Térence allié Tabarin*. Molière, en effet y est descendu jusqu'à la farce, ce que Térence n'a pas fait ; mais nous savons aussi que Molière avait besoin de farces pour plaire à la multitude, qu'il n'avait pas encore assez formée ; et dans cette même pièce de *Scapin*, ce qui n'est pas de la farce est bien au-dessus de la pièce de Térence, et les scènes imitées du latin sont bien autrement comiques en français.

Il en est de même des *Adelphes*, quoique ce soit, après l'*Andrienne*, le meilleur ouvrage de l'auteur. Molière, dans l'*École des Maris*, a imité le contraste des deux frères, dont l'un a pour principe la sévérité dans l'éducation des enfants, et l'autre l'indulgence. Le mérite des *Adelphes* consiste en ce que l'intrigue est nouée de manière que celui des deux jeunes gens qui a le plus de liberté n'en abuse qu'en faveur de celui qui est élevé dans la contrainte S'il enlève une fille à force ouverte dans la maison d'un marchand d'esclaves, c'est pour la remettre à son jeune frère, dont elle est aimée. Il arrive de là que l'instituteur rigoureux, qui oppose sans cesse la sagesse de son élève aux désordres qu'il reproche à l'autre, joue sans cesse le rôle d'une dupe ; et c'est là le comique. Molière l'a fort bien saisi, et, dans l'*École des Maris*, le tuteur à *verroux* et à *grilles* est dupé continuellement par Isabelle, dont il vante la sagesse, tandis que Léonore, élevée dans les principes d'une liberté raisonnable, ne trompe pas un moment la confiance de son tuteur. Mais l'on voit aussi que le plan de Molière remplit beaucoup mieux le but moral. Térence n'a fait qu'opposer un excès à un excès : si l'un des vieillards refuse tout à son fils, l'autre permet tout au sien ; ce sont deux extrèmes également blâmables; et qu'Eschyne commette des violences et fasse des dettes pour son compte, ou pour celui de son frère, sa conduite n'en est pas moins répréhensible. Il en résulte seulement que le vieillard trompé fait rire en s'applaudissant d'une éducation qui, dans le fait, n'a pas mieux réussi que l'autre ; au lieu que Molière au comique de la méprise a joint l'utilité de la leçon. Chez lui, le tuteur de Léonore est dans la juste mesure, et ne permet à sa pupille que ce qui est conforme à la décence. Il est récompensé par le succès, comme le tuteur tyran est puni par les disgraces qu'il s'attire : tout est dans l'ordre, et ce plan est parfait.

La plus faible des pièces de Térence est celle qui a pour titre *Heautontimorumenos*, mot grec qui signifie *l'homme qui se punit lui-même*. On voit encore ici un excès remplacé par un excès. C'est un père qui a séparé son fils d'une courtisane qu'il aimait, et l'a forcé de s'éloigner : depuis ce temps il est au désespoir du départ de son fils ; il s'est retiré à la campagne, où il se condamne aux plus rudes travaux. Ce chagrin peut se concevoir ; mais dès que son fils est revenu, il devient le flatteur de ses passions et le complice de ses esclaves, dont il encourage les mensonges et les escroqueries : toujours du trop. L'intrigue d'ailleurs roule sur une méprise à peu près semblable à celle des *Adelphes*, mais très froide ici, parce qu'il n'y a personne à tromper *.

La Harpe, *Cours de Littérature.*

TERTULLIEN (Quintus-Septimus-Florens Tertulianus), prêtre de Carthage, était fils d'un centurion dans la milice, sous le proconsul d'Afrique. La constance des martyrs lui ayant ouvert les yeux sur les illusions du paganisme, il se fit chrétien, et défendit la foi de J.-C. avec beaucoup de courage. Ses vertus et sa science le firent élever au sacerdoce. De Carthage il passa à Rome. Ce fut dans cette ville qu'il publia, durant la persécution de l'empereur Sévère, son *Apologie pour les chrétiens*, qui est un chef-d'œuvre d'éloquence et d'érudition en son genre. Tertulien avait un génie vif, ardent et fécond. Quoiqu'il parle peu avantageusement de ses études, ses livres prouvent assez qu'il avait étudié toutes sortes de sciences. On voit qu'il avait beaucoup lu saint Justin et saint Irénée. Il rendit son

---

* Les six comédies que nous avons de Térence ont été traduites par madame Dacier et par l'abbé Le Monnier. La traduction de ce dernier, qui est sans contredit la meilleure, a été reproduite avec le texte en regard, en 3 vol. in-8°, dans le *Théâtre complet des Latins*, publié par M. Levée.

F.

nom célèbre dans toutes les églises par ses ouvrages. Il confondit les hérétiques de son siècle ; il en ramena plusieurs à la foi ; il encouragea par ses exhortations les chrétiens à souffrir le martyre. Tertullien avait une sévérité naturelle, qui le portait toujours à ce qu'il y avait de plus rigoureux. « Il semblait « dit un auteur, que l'Évangile ne fût pas encore « assez sévère pour lui. Ce génie si vigoureux et « si ferme se laissa cependant séduire par les « rêveries du fanatique Montan ; et, ce qui est « plus déplorable, il ne rougit pas de devenir le disciple « de deux aventurières, Priscilla et Maxi- « milla, qui se prétendaient inspirées, et se mê- « laient de prophétiser ; destinée assez ordinaire « aux hommes dont les vertus semblent tenir quel- « que chose de la fougue des passions, et qui pa- « raissent même en faisant le bien, s'abandon- « ner à l'impétuosité de leur caractère naturel, « plutôt que remplir un devoir. De quelque côté « que se tournent des hommes de cette espèce, ils « vont plus loin que les autres. » Cet homme, à la fois si illustre et si dangereux, mourut sous le règne d'Antonin-Caracala, vers l'an 216. On croit qu'à la fin il se sépara des sectaires ; mais on ne voit nulle part qu'il ait condamné leurs erreurs. Les ouvrages de Tertullien sont de deux genres : ceux qu'il a faits avant sa chute, et ceux qu'il a donnés depuis. Les écrits du premier genre sont : 1° les livres de la *Prière du Baptême* ; 2° son *Apologétique* pour la religion chrétienne. C'est son chef-d'œuvre, et peut-être le plus parfait et le plus précieux ouvrage de l'antiquité chrétienne; 3° *Exhortation à la Patience*; 4° l'*Exhortation au Martyre*; 5° deux *Livres à sa Femme*; 6° celui du *Témoignage de l'âme*; 7° les *Traités des Spectacles* et *de l'Idolâtrie*; l'auteur démontre que les spectacles sont une occasion d'idolâtrie, de corruption et de luxure. Il parle d'une femme qui, ayant été au théâtre, en revint possédée du démon. L'exorciste demandant à l'esprit des ténèbres comment il avait osé attaquer une femme chrétienne, *c'est* répondit celui-ci, *que je l'ai trouvée dans ma maison;* 8° l'excellent *Livre des Prescriptions contre les hérétiques*; 9° deux *Livres contre les Gentils*; 10° un *contre les Juifs*; 11° un *contre Hermogène*, où il prouve contre cet hérésiarque que la matière ne peut être éternelle, mais que Dieu l'a produite de rien; vérité que les philosophes même les plus célèbres (Platon, Talès, Philolaüs, Jamblicus, Proclus et sur-tout Hiéroclès) ont reconnue comme les docteurs chrétiens, quoique d'une manière moins ferme et moins conséquente; 12° un *Livre contre les Valentiniens*, où il s'attache à les ridiculiser plutôt qu'à les réfuter. 13° *De la Pénitence;* c'est un des traités les plus achevés de Tertullien. 14° *Scorpiace*, écrit pour prémunir les fidèles contre le venin des Gnostiques qu'il appelle des scorpions. Ceux du second genre sont: 1° les cinq *Livres contre Marcion*; 2° les *Traités de l'Ame*, *de la Chair de J.-C.*; 3° *Résurrection de la Chair*; 4° le *Livre de la Couronne*; 5° l'*Apologie du Manteau philosophique*, c'est-à-dire de l'habit et du costume des philosophes, que plusieurs n'avaient pas cru devoir abandonner en se faisant chrétiens; 6° Le *Livre à Scapula* ; 7° les *Écrits contre Praxéas* ; 8° les *Livres de la Pudicité* ; *de la Fuite dans la Persécution* ; *des Jeûnes*, *contre les Psychiques* ; *de la Monogamie*, *et de l'Exhortation à la Chasteté.* Les pères latins, qui ont vécu après Tertullien, ont déploré son malheur, et ont admiré son esprit et aimé ses ouvrages. Saint Cyprien les lisait assidûment ; et lorsqu'il demandait cet auteur, il avait coutume de dire : *Donnez-moi le maître.* Vincent de Lérins assure « qu'il a été parmi les Latins ce qu'a été Origène « parmi les Grecs, c'est-à-dire le premier homme « de son siècle. » Quoique la force de son imagination, qu'il avait aussi riche que belle, lui ait quelquefois fait associer à d'excellentes raisons des arguments plus oratoires que convaincants, le caractère de ses écrits en général est la solidité. « Ils ren- « ferment, dit encore l'auteur que nous venons de « citer, autant de sentences que de paroles, et ces « paroles sont autant de victoires. » La chute de ce grand homme doit d'autant plus étonner, qu'il témoigne dans son *Apologétique, ch.* 39, avoir une extrême frayeur de l'excommunication, qu'il appelle *une anticipation du jugement à venir.* Il fut depuis orgueilleux, attaché à son sens, et il se moqua des censures de l'église. Quelque beau que fût son génie, il semble dépourvu des premiers principes; quand il veut soutenir ses erreurs, il porte l'enthousiasme presque au ridicule ; comme lorsque, d'après l'autorité des rêveries de Priscille et de Maximille, il dispute sérieusement sur la figure et la couleur d'une âme humaine. Ayant depuis abandonné les montanistes, il devint le père d'une nouvelle secte. Ceux qui la composaient prirent le nom de *Tertullianistes*. Ils eurent une église à Carthage, jusqu'au temps de saint Augustin, qu'ils renoncèrent à leurs erreurs. Vassoult a donné, en 1714 et 1715, une traduction de l'*Apologétique* pour les chrétiens, avec des notes ; l'abbé de Gourcy en a donné une autre en 1780, avec celle des *Prescriptions*. Manessier a aussi mis en français les livres du *Manteau*, de la *Patience*, et de l'*Exhortation au Martyre*. Jacques Pamèle a donné une bonne édition de Tertullien, Anvers, 1579, et Paris, 1635, in-fol. Elle a fait oublier celle que Rigault avait donnée l'année précédente, avec des notes pleines d'erreurs très graves. Elle a été réimprimée en 1641, 1664 et 1675. Pour avoir Tertullien complet, il faut y ajouter un volume de notes et de commentaires imprimés à Paris en 1635. La meilleur édition de Tertullien est celle de Venise, 1746. Thomas, seigneur du Fossé, a donné les *Vies* de Tertulien et d'Origène, sous le nom du sieur de La Motte : c'est un ouvrage estimé.

FELLER, *Dictionnaire historique.*

JUGEMENTS.

I.

Il y a des choses très estimables dans cet auteur; la grandeur de ses sentiments est souvent admirable : d'ailleurs il faut le lire pour certains principes sur la tradition, pour les faits d'histoire, et pour la discipline de son temps. Mais pour son style, je n'ai garde de le défendre; il a beaucoup de pensées fausses et obscures, beaucoup de métaphores dures et entortillées. Ce qui est mauvais en lui est ce que la plupart des lecteurs y cherchent le plus.

Beaucoup de prédicateurs se gâtent dans cette lecture; l'envie de dire quelque chose de singulier les jette dans cette étude. La diction de Tertullien, qui est extraordinaire et pleine de faste, les éblouit. Il faudrait donc bien se garder d'imiter ses pensées et son style; mais on devrait tirer de ses ouvrages ses grands sentiments et la connaissance de l'antiquité.

Fénelon, IIIe *Dialogue sur l'Éloquence.*

II.

De même que saint Ambroise est le Fénelon des Pères, Tertullien en est le Bossuet............
Il était fort savant, bien qu'il s'accuse d'ignorance; et l'on trouve dans ses écrits des détails sur la vie privée des Romains, qu'on chercherait vainement ailleurs. De fréquents barbarismes, une latinité africaine, déshonorent les ouvrages de ce grand orateur. Il tombe souvent dans la déclamation, et son goût n'est jamais sûr. « Le style de Tertullien « est de fer, disait Balzac; mais avouons qu'avec ce « fer il a forgé d'excellentes armes. »

Chateaubriand, *Génie du Christianisme.*

III.

Saint Augustin et saint Jérôme ont vanté la prodigieuse érudition de Tertullien, son éloquence mâle et généreuse; tout en raisonnements, en images, en mouvements pathétiques. Fière et imposante, elle attache l'esprit par l'élévation des principes, la profondeur, quelquefois même la hardiesse des pensées, et le cœur par une sorte de mélancolie sombre et presque dramatique, qui la rend plus intéressante encore: c'est celle du héros calme, mais sensible, qui marche à la mort en bravant ses assassins, mais en déplorant l'iniquité de ses juges. Jamais auteur ne s'est mieux peint dans ses ouvrages, que Tertullien. On sait que saint Cyprien, qui l'appelait son maître, ne passait pas un jour sans le lire. Et, dans un siècle plus récent, notre Bossuet a bien fait voir quels disciples un tel maître pouvait former. Vincent de Lérins le nomme sans difficulté le premier écrivain de l'Église latine (il est vrai qu'il n'a pu parler de saint Augustin). Il ne voit personne à qui le comparer sous les rapports de l'érudition tant sacrée que profane. Il se plaît à louer sa vivacité d'esprit, la véhémence entraînante de sa dialectique, toujours irrésistible, soit dans l'attaque, soit dans la défense, l'énergie inimitable de son style, et l'éclat de ses sentences. Sa plume est la foudre; elle brille, elle tonne, elle renverse et ne laisse dans les lieux qu'elle frappe que des ruines. Sa critique n'est pas seulement la lumière qui éclaire, c'est la flamme qui dévore. Lactance, qui juge sa diction plus sévèrement, n'en rend pas moins hommage à sa prodigieuse science, et aux services qu'il a rendus. Nous ne désavouerons pas en effet que le style de Tertullien est dur à force de vigueur, obscur à force de précision, enflé même, parce que l'idiome qu'il parle, quelque riche qu'il soit, secondant mais sa pensée et la chaleur de son sentiment, il sort de la règle et de l'usage pour se créer un langage nouveau. Au reste ces défauts, qui tiennent à son pays autant qu'à son propre génie, sont rachetés par tant de beautés, qu'on peut les exagérer, même sans nuire à la réputation de l'auteur.

M. N. Silvestre Guillon, *Bibliothèque choisie des Pères de l'Église.*

THÉOCRITE de Syracuse, fils de Praxagoras, dont le beau génie avait été cultivé par une éducation soignée, fleurit sous Ptolémée II Philadelphe, roi d'Égypte, et sous Hiéron II, roi de Syaracuse. Il était disciple d'Asclépiade de Samos et de Philétas de Cos; ensuite il fut l'ami d'Aratus et passa une partie de sa vie à Alexandrie, une autre en Sicile. Cette île possédait beaucoup de restes de l'ancienne simplicité d'un temps heureux dont la fantaisie des poètes avait fait un âge d'or. Aussi les bergers dont Théocrite peint les sentiments et les mœurs, ne sont pas, comme ceux de quelques poètes modernes, placés dans un monde idéal; ils sont pris dans la nature, et peints tels qu'il les a connus en vivant au milieu d'eux. S'ils ne sont ni aussi aimables ni aussi innocents que ceux de nos pastorales, en revanche Théocrite, peignant d'après nature, a saisi une infinité de traits naïfs et vrais, qui n'ont pu prendre naissance dans l'imagination de ses imitateurs.

THÉOCRITE.

Théocrite a porté ce genre à la perfection dont il est susceptible. Aucun de ceux qui ont voulu le surpasser, soit anciens, soit modernes, n'a pu égaler sa simplicité, sa naïveté et sa grace *. Il n'est pourtant pas entièrement exempt des défauts de son siècle, dans lequel la décadence du goût se faisait déjà remarquer.

Ses Bucoliques sont écrites en dialecte dorien, et en vers hexamètres. Elles se composent de trente poèmes qui portent le titre d'*Idylles*, Εἰδύλλια, c'est-à-dire petits tableaux ou petits poèmes (car chez les Anciens ce mot ne désigne pas nécessairement un poème bucolique); et vingt-un autres morceaux, moins étendus, sous le titre d'*Épigrammes*. Néanmoins les trente *Idylles* ne sont pas toutes de Théocrite; il paraît que, composées par divers poètes, elles ont été réunies en un seul recueil par quelque grammairien d'Alexandrie, et probablement par Arthémidor, disciple d'Aristophane de Byzance. Ces trente morceaux ne sont pas même tous du genre bucolique; quelques-uns sont des fragments de poèmes épiques; deux sont du genre des mimes, plusieurs peuvent être mis dans la cathégorie des poésies lyriques **.

SCHOELL, *Histoire de la Littérature grecque.*

* De tous les modernes, le seul *Salomon Gessner* pourrait être comparé à Théocrite, si ses *Idylles* étaient écrites en vers, au lieu de cette prose poétique qu'il a employée. Gessner a même surpassé son modèle sous un rapport : c'est que ses bergers ont des caractères plus aimables, quoique aussi vrais que ceux du poète sicilien.

** La première édition complète de Théocrite est celle de Venise, 1495, in-fol. Le second volume de la *Collection des Poètes grecs*, publiée par

JUGEMENTS.

I.

Il n'y a point de poésie plus décréditée parmi nous, ni qui soit plus étrangère à nos mœurs et à notre goût, que la pastorale. Ce n'est pas la faute du genre, qui, comme tous les autres, est bon quand il est bien traité, et qui a de l'agrément et du charme : c'est que notre manière de vivre est trop loin de la nature champêtre, et que les modèles de la vie pastorale et des douceurs dont elle est susceptible n'ont jamais été sous nos yeux. C'est dans des climats favorisés de la nature, sous un beau ciel, dans une condition douce et aisée, que les bergers et les habitants des hameaux peuvent ressembler en quelque chose aux bergers de Théocrite et de Virgile. Ce qui le prouve, c'est que les combats de la flûte, tels que nous les voyons tracés dans les églogues grecques et latines, sont encore en usage en Sicile. Il ne faut donc pas croire que ce soit un jeu de l'imagination des poètes. De tous temps la poésie a été imitatrice ; et des paysans grossiers, misérables, abrutis par la misère, la crainte et le besoin, n'auraient jamais pu inspirer aux poètes l'idée d'une églogue. Les poètes embellissent, il est vrai ; mais il faut que l'objet les ait frappés avant qu'ils songent à l'orner : ils ne peignent pas le con-

---

M. Boissonade, contient les trois poètes bucoliques Théocrite, Bion et Moschus. Longepierre a traduit en français quinze *Idylles* de Théocrite ; Chabanon, Geoffroy et M. Gail en ont donné des traductions complètes.

F.

traire de ce qu'ils voient. Sans doute nos bucoliques modernes ne sont que des imitations des Anciens, ne sont que des jeux d'esprit. Il n'y a plus parmi nous de Corydons ni de Thyrsis ; mais il y en avait en Grèce et en Italie. Le goût du chant et de la poésie n'y était point étranger aux pasteurs. Il y a des climats où ce goût est naturel, et pour ainsi dire un fruit du sol et un don de la nature. Jugeons-en seulement par nos provinces du midi de la France. Qui ne connaît pas la gaieté des danses et des chansons provençales! Leurs couplets amoureux et leurs airs tendres sont venus du fond des campagnes jusque sur les théâtres de la capitale : c'est que, partout où l'on ressent les influences d'une nature riante et bienfaitrice, on se livre aisément à tous les plaisirs faciles et simples, à tous les goûts innocents qu'elle a mis à la portée de tous les hommes. Voilà dans quel esprit il faut lire les *Idylles* champêtres de Théocrite et les *Églogues* de Virgile.

On remarque dans ses poésies du naturel et de la grace, le talent de peindre des sentiments doux, et même, dans quelques-unes de ses pièces, des passions fortement exprimées. Celle où il représente une bergère employant les enchantements pour ramener un amant volage, a été regardée par Racine comme un des morceaux les plus passionnés qu'il y eût chez les Anciens. Son caractère dominant est la simplicité et la vérité ; mais cette simplicité n'est pas toujours intéressante, et va quelquefois jusqu'à la grossièreté. Il offre au lecteur trop de circonstances indifférentes, trop de détails communs, et ses sujets ont entre eux trop de ressemblance. La plupart sont des combats de flûte et des querelles de bergers. Il est vrai qu'il a fait trente *Églogues*, et que Virgile, son imitateur, n'en a fait que dix. Mais aussi Virgile est beaucoup plus varié; il est aussi plus élégant: ses bergers ont plus d'esprit, sans jamais en avoir trop. Son harmonie est d'un charme inexprimable: il a un mélange de douceur et de finesse qu'Horace regarde avec raison comme un présent particulier que lui avaient fait les Muses champêtres, *molle atque facetum*. Il vous intéresse encore plus vivement que Théocrite aux jeux et aux amours de ses bergers: nulle négligence, nulle langueur. Tout est vrai, et pourtant tout est choisi. Enfin cette perfection de style, qui est la même dans tous ses écrits, fait qu'on ne peut pas le lire sans le savoir par cœur, et que, quand on le sait, on veut le lire encore pour le goûter d'avantage. (*Voyez* les articles ÉGLOGUE et IDYLLE.)

LA HARPE, *Cours de Littérature.*

II.

Les sujets de Théocrite ont quelque chose de plus neuf et de plus varié (que les *Églogues* de Virgile), parce que ce poète, étant né dans l'île de Sicile, a peint la terre avec la mer, des coquillage mêlés aux fleurs, et des pêcheurs aux bergers. Les marines comme nous l'avons observé, ajoutent aux charmes des paysages, qui ne sont jamais plus intéressants que quand les eaux y abondent. On peut encore dire que Théocrite doit son originalité à la nature, qui, seule, lui a servi de modèle ; tandis que Virgile a souvent imité le poète de la Sicile. Mais si l'églogue doit son invention au poète grec, elle est redevable de sa perfection au poète latin.

Le pinceau de Virgile est plus suave, et ses sujets sont moins dessinés. Ses perspectives, plus variées, ont aussi plus d'étendue, et inspirent, par la magie de leurs couleurs, une mélancolie douce, qui vous plonge dans des méditations ravissantes. Je ne suis point surpris que les Romains demandassent, le soir, après leurs grands spectacles tragiques, la lecture d'une églogue de Virgile : c'était un oreiller d'édredon, sur lequel ils voulaient reposer leur tête avant de s'endormir.

Bernardin de St-Pierre, *Harmonies de la nature*.

MORCEAUX CHOISIS.

I. La Magicienne*.

Les philtres ! les lauriers ! qu'une rouge toison
Couvre l'urne où mes mains ont versé le poison,
Thestylis ! j'ai souffert une cruelle injure ;
Et je veux que mon art me ramène un parjure.
En vain j'attends la nuit, en vain j'attends le jour ;
Le perfide, entraîné par le volage Amour,
Sans ébranler ma porte a vu dix fois l'aurore,

---

* Cette idylle est, à mon gré, la plus belle de Théocrite, et peut-être nous reste-t-il peu de morceaux de l'antiquité aussi parfaits. Il y règne d'un bout à l'autre un génie, une vivacité, une force d'expression, et sur-tout un pathétique qui touche et qui attache agréablement : aussi ai-je ouï dire à M. Racine, si bon juge et si grand maître en cette matière, « qu'il n'a « rien vu de plus vif ni de plus beau dans toute l'antiquité. »

Longepierre.

Sans daigner s'informer si je respire encore :
Je veux le voir. Je veux par mes cris et mes pleurs
Demain près du gymnase exhaler mes douleurs :
Qu'aujourd'hui de mon art la force impérieuse
Le ramène à mes pieds. Lune silencieuse,
Fais de ton front brillant resplendir la clarté :
Ma voix t'implore. Et toi, sombre divinité,
Toi, qu'annoncent des chiens les hurlements funèbres,
Quand, des lieux souterrains traversant les ténèbres,
Ton pied foule un sang noir, les morts, les ossements,
Fière Hécate ! préside à mes enchantements;
Fais que Simèthe égale, ô déité propice,
L'épouse de Jason et l'amante d'Ulysse.
« Oiseau sacré, vers moi rappelle mon amant ! »

 Déjà je vois brûler la fleur de ce froment;
Thestylis ! que par d'autre elle soit remplacée;
Thestylis ! mais où donc s'égare ta pensée?
Dieux ! suis-je pour toi-même un objet de mépris?
Jette, et dis : Je répands les cendres de Delphis.

 Delphis me brûle, et moi, par un magique emblême,
J'embrase ce laurier, pour l'embraser lui-même.
Entends-tu le rameau qui pétille enflammé?
Tout, jusques à la cendre, est déja consumé.
Ainsi puisse brûler un amant qui m'oublie :
Et comme au feu naissant la cire est amollie,
Amour, que sous ta flamme il fonde lentement.
« Oiseau sacré, vers moi rappelle mon amant ! »

 Ce globe autour de moi trace un cercle rapide;
Tu m'exauces, Vénus ! puisse ainsi le perfide,
Poussé, précipité par ta puissante main,
Du séjour qu'il aima reprendre le chemin.
Brûlons l'orge sacrée; et toi, venge une amante,

Toi, qui peux dans l'Érèbe attendrir Rhadamante ;
Qui fléchirais des cœurs plus incléments, plus durs,
Diane !... Mais des chiens hurlent près de ces murs,
Oui, leurs cris prolongés m'annoncent sa présence ;
C'est elle ! aux carrefours la déesse s'avance !
Viens, frappe, que l'airain résonne en ce moment.
« Oiseau sacré, vers moi rappelle mon amant ! »

Hélas ! la nuit s'étend sur la terre tranquille ;
Le vent se tait ; la mer se repose immobile ;
Tout dort : mais le chagrin veille au fond de mon cœur.
Je brûle encore. O dieux ! j'ai perdu la pudeur,
Trop crédule aux serments du plus doux hyménée ;
Vains serments ! au mépris Simèthe est condamnée.
Versons trois fois les sucs, et répétons trois fois :
De quelque objet nouveau que Delphis ait fait choix,
Qu'il l'oublie à l'instant, comme jadis Thésée
Oublia dans Naxos Ariane abusée :
Et tel qu'un fier coursier qui, lorsque dans son flanc
Les sucs de l'hippomane ont allumé son sang,
Part, vole au mont Cyllène, et bondit, et s'emporte :
Que du gymnase ainsi Delphis vole à ma porte.
« Oiseau sacré, vers moi rappelle mon amant ! ».

Le feu brille ; arrachons de son beau vêtement
La frange qu'autrefois mes mains avaient tissue.
Cruel Amour, pareil à l'avide sangsue,
Amour, pourquoi viens-tu, sans pitié pour mes pleurs,
Boire un reste de sang qu'ont brûlé tes fureurs ?
Broyons ce vert lézard dans la coupe enchantée ;
Cette coupe demain lui sera présentée ;
Thestylis, il est temps, emporte le poison :
Va répandre ce philtre au seuil de sa maison,
Ce doux seuil, où mon âme est encor prisonnière ;

Cours, et de ta salive humectant la poussière;
Dis : « Je viens arroser les cendres de Delphis. »

Me voilà seule : hélas ! comment, par quels récits
De mon funeste amour retracer l'origine?
Quel est le dieu cruel, auteur de ma ruine?

Pour fléchir Artémis, la fille d'Iopas
Vers le bois révéré marchait, et sur ses pas
Traînant les monstres fiers des brûlantes contrées,
Portait avec respect les corbeilles sacrées.
« Astre brillant des nuits, vois quel fut mon amour ! »
Theucarille habitait auprès de mon séjour :
Hélas ! elle n'est plus, ma nourrice fidèle.
Elle vint, me vanta la pompe solennelle :
On ne peut éviter ni prévoir son destin ;
Je la suivis. Mont front s'était voilé de lin ;
Et sous une ceinture, empruntée à Glycère,
Tombaient les plis flottants de ma robe légère.

Déja nous approchions des jardins d'Eurilas,
Lorsque je vois Delphis marchant près d'Iolas ;
D'un fin et blond duvet leur menton se décore :
Ils sortaient du gymnase; et de l'olive encore
Les sucs, resplendissant sur leur sein délicat,
O Phébé ! de ton disque auraient terni l'éclat.
Je le vis, je pâlis, je brûlai tout entière ;
Ma raison se troubla*; l'éclat de la lumière,

---

* Virgile et Racine ont imité ce passage de Théocrite : le premier, dans sa septième *Églogue*, le second, dans sa tragédie de *Phèdre* (act. 1, sc. 5) :

Ut vidi, ut perii, ut me malus abstulit error !

Je le vis, je rougis, je pâlis à sa vue ;
Un trouble s'éleva dans mon âme éperdue.

La fête, ce concours importunaient mes yeux ;
J'ignore enfin comment je sortis de ces lieux ;
On me traîna chez moi triste, faible, tremblante.
Là, sur ma couche, en proie à la fièvre brûlante,
J'ai vu dix fois mourir, dix fois naître le jour.
« Astre brillant des nuits, vois quel fut mon amour ! »
La maigreur vint sur moi porter sa main hideuse ;
Mes cheveux, de mon front parure gracieuse,
Tombant de jour en jour, dévoilaient ma pâleur,
Et mon corps du thapsos prit la sombre couleur.
De combien d'enchanteurs j'implorai la science !
En vain j'interrogeai leur longue expérience ;
Le temps, le temps fuyait sans guérir ma langueur.

A ma fidèle esclave enfin j'ouvris mon cœur.
Thestylis ! à mes maux cherche quelque remède ;
Je ne suis plus à moi, Delphis seul me possède,
Va le trouver. Des jeux dont son âge est épris
Souvent dans la palestre il dispute le prix ;
S'il est seul, fais-lui signe ; alors ta voix fidèle
Lui dira : Suivez-moi, Simèthe vous appelle.
A ces mots, elle part, et bientôt de retour,
« Astre brillant des nuits, vois quel fut mon amour ! »
Elle amène Delphis. Dieux ! quand d'un pas agile
Je le vois franchissant le seuil de mon asyle,
Je frisonne ; et transie d'une soudaine peur,
Mon corps prend du crystal l'immobile roideur.
De mon front la sueur tombe à gouttes pressées ;
Je veux parler, ma voix sur mes lèvres glacées
Expire ; ainsi l'enfant en songe quelquefois
Craint, souffre, appelle en vain ; la peur éteint sa voix.

. . . .
. . . .

Nos jours fuyaient exempts d'importunes alarmes ;
Nul reproche jamais ne fit couler nos larmes :
Mais la mère d'Alcippe, et d'Églé dont les doigts
Avec art sur la flûte accompagnent ma voix,
Vient ce matin, à l'heure où du sein de Nérée
L'Aurore s'élançait vers la voûte azurée :
Delphis aime, dit-elle, un autre objet que toi ;
Je n'en sais pas le nom, Simèthe; mais, crois-moi,
J'ai vu Delphis, épris d'une secrète flamme,
Trahir dans un festin l'ivresse de son âme,
De guirlandes de fleurs orner une maison,
Et fuir, plein d'un amour qui troublait sa raison.

De cette femme, hélas ! la bouche est véridique.
Il me laissait jadis dans son vase dorique
L'huile qu'il répandait sur ses membres nerveux :
Alors trois fois le jour Delphis m'offrait ses vœux ;
Delphis ne m'aime plus ; non : son âme légère
Goûte en paix les plaisirs d'une flamme étrangère ;
Mais je veux que l'ingrat rentre dans le devoir.
Oui, terrible Atropos, j'en jure ton pouvoir !
S'il est vrai que ma voix en vain le sollicite,
On le verra descendre aux rives du Cocyte,
Tant ils ont de vertu ces breuvages amers !

Phébé, reine des nuits, retourne au sein des mers ;
Souffrons; pour mes chagrins mon art n'a point de charmes,
Je te salue : et vous, qui, témoins de mes larmes,
Escortez de la nuit le char silencieux,
Astres, mes confidents, recevez mes adieux.

II. Le Cyclope*.

Quand l'amour nous atteint d'une flèche brûlante,
Il n'est aucun breuvage, il n'est aucune plante
Qui puisse, ô Nicias, calmer notre tourment;
Alors des doctes sœurs le commerce charmant
Est l'unique secours que l'homme ait sur la terre;
Mais ce secours est rare autant que salutaire :
Tu dois, cher Nicias, en goûter les douceurs,
Toi, l'ami d'Esculape ainsi que des neuf sœurs :
L'antique Polyphème en a connu l'usage.

A peine sur sa joue, au doux printemps de l'âge,
Brillent d'un poil fleuri les premières couleurs,
Il aime Galatée; et ce n'est point des fleurs,
Ou des cheveux bouclés qui témoignent sa flamme,
C'est l'Amour tout entier rugissant dans son âme.
Ses troupeaux au bercail retournaient sans pasteur.
Pour lui, blessé du trait qui lui perçait le cœur,
Il chantait dès l'aurore; et la rive attristée
Sans cesse répétait le nom de Galatée.
Et cependant ses maux en étaient moins amers :
Assis sur un rocher, l'œil fixé sur les mers,
Ainsi chantait jadis l'amoureux Polyphème.

Galatée, ah! pourquoi fuir un amant qui t'aime?
Toi qui viens folâtrer, plus vive qu'un chevreau,
Plus blanche que le lait, plus tendre que l'agneau,
Pourquoi donc, belle nymphe, honneur de ce rivage,
As-tu l'aigreur du fruit de la vigne sauvage?
Si je cède au sommeil, tu viens vers mon séjour;
Et, quand mon œil revoit la lumière du jour,

---

* Cette idylle, si remarquable par sa naïveté, tient un des premiers rangs parmi celles de Théocrite. On voit, par les imitations de Virgile, l'estime qu'en faisait ce grand poète. FIRMIN DIDOT.

Tu fuis, comme un chevreau fuit le loup sanguinaire.
Je commençai d'aimer, le jour qu'avec ma mère
Tu vins sur la montagne y cueillir le jasmin;
Je marchais devant toi, te montrant le chemin;
Hélas! depuis ce jour qui vit naître ma flamme,
Jamais le doux repos n'est entré dans mon âme.
Fille aimable, je sais pourquoi je te déplais;
C'est que l'arc hérissé de mon sourcil épais
Ombrage sur mon front le seul œil qui m'éclaire,
Que mon nez aplati couvre ma bouche entière :
Mais j'ai mille brebis; mais le lait en tous temps
Pour moi coule en été, dans l'automne, au printemps;
Et même, quand l'hiver attriste ce rivage,
Dans des clayons nombreux je presse un doux laitage :
O nymphe, tu le sais, nul Cyclope en ces bois
Ne m'égale dans l'art d'animer le hautbois;
Et, pour chanter mes feux et ton indifférence,
Ma voix des sombres nuits interrompt le silence.

 Cependant, je possède onze faons nouveau nés;
Je les nourris moi-même; ils te sont destinés,
Avec trois petits ours enlevés à leur mère :
Viens, je veux tout offrir à ma nymphe légère.

 Laisse les flots grondants sur les flots se briser;
Dans ma grotte, la nuit, tu peux mieux reposer;
Là, le myrte aux cyprès vient mêler sa verdure,
Le lierre y laisse errer sa noire chevelure,
La vigne fait pour moi mûrir son fruit doré;
C'est pour moi qu'en tous temps l'Etna, ce mont sacré,
Fait, à travers ses bois, rouler sur ce rivage
Des neiges de son front le céleste breuvage :
A l'asyle enchanté que je t'offre en ce jour,
Qui peut des flots bruyants préférer le séjour?

Nymphe charmante, eh bien! si ta vue est blessée
Des longs poils dont ma peau semble trop hérissée,
Viens, le feu vit chez moi sous la cendre endormi;
Je suis prêt à souffrir que ton bras ennemi
M'environne de flamme, et, si c'est ton envie,
Brûle mon œil unique, et plus cher que ma vie.

Que n'ai-je sur mon dos ces légers avirons
Que pour sillonner l'onde ont reçus les poissons!
J'irais baiser ta main, si ton humeur farouche
Défendait de cueillir un baiser sur ta bouche.
Je voudrais à ma nymphe offrir tout à la fois
Et le rouge pavot, résonnant sous les doigts,
Et le lis pur et blanc qui s'élève en colonne;
Mais l'un vient au printemps, et l'autre dans l'automne.

Oui, si vers ce rivage aborde un étranger,
Je veux qu'au sein des mers il m'enseigne à plonger;
J'irai voir quel plaisir te retient sous les ondes.
O nymphe! sors enfin de tes grottes profondes;
Viens, et sur ce rocher puisses-tu, comme moi,
Ne plus te souvenir de retourner chez toi!
Viens guider mes brebis, mes chèvres vagabondes;
Viens : tes mains presseront leurs mamelles fécondes;
Et tu verras leur lait, épaissi par degré,
En un mets délicat se changer à ton gré.

Ma mère qui pour moi ne t'a rien dit d'aimable;
Ma mère, ô Galatée, est plus que toi blâmable,
Elle, qui me voyait dépérir chaque jour.
Mais je veux pour son fils alarmer son amour;
Et crier, en pleurant au bord de l'onde amère;
« Ah! la fièvre me brûle; ah! je souffre, ma mère! »

O Cyclope, Cyclope, où donc est ta raison?
Ne ferais-tu pas mieux d'aller, dans ta maison,

THÉOGNIS. 353

Pour tes jeunes agneaux couper le vert feuillage,
Tresser le souple osier pour un utile usage?
Malheureux! ton esprit, égaré, hors de soi,
Cherche au loin le bonheur quand il est près de toi;
Tu trouveras bientôt à tes vœux moins rebelle
Une autre Galatée, et peut-être plus belle.

Dans l'ombre de la nuit les nymphes de ces bois
A leurs aimables jeux m'invitent quelquefois;
Quand je les suis, on rit, et la joie est extrême;
Ainsi pour quelque chose on compte Polyphème.

Du Cyclope amoureux tels étaient les accents:
Il trouvait des secours plus doux et plus puissants
Auprès des doctes sœurs que le Permesse adore,
Que s'il eût imploré l'art du dieu d'Épidaure.

THÉOGNIS, poète grec, né vers la LIX⁰ olympiade, au sixième siècle avant J.-C., fut un de ces poètes philosophes qui, pour hâter les progrès de la civilisation dans leur patrie, essayèrent de répandre et de faire aimer les vérités morales, en leur prêtant des attraits toujours puissants sur un peuple ingénieux et sensible, les graces du style et l'harmonie des vers. Larcher, dans sa *Chronologie d'Hérodote*, malgré le témoignage de Suidas, place la naissance de Théognis dans la XLIX⁰ olympiade, et il donne des raisons plausibles de son sentiment; mais sans vouloir entrer dans une discussion toute conjecturale, il suffit de dire que ce poète paraissait si ancien aux Grecs eux-mêmes, qu'ils se servaient d'un proverbe cité deux fois par Plutarque: « Je le savais avant que Théognis fût né. » Nous voyons par Aulu-Gelle que ce proverbe se trouvait aussi dans Lucilius. Érasme, dans ses *Adages*, croit qu'on voulait parler, non du moraliste, mais du poète tragique Théognis, compté parmi les trente tyrans d'Athènes, surnommé *la Neige* à cause de la froideur de ses ouvrages, et dont Aristophane se moque dans les *Acharniens* et dans les *Thesmophories*; mais le proverbe se rapporte beaucoup mieux à l'auteur des *Sentences élégiaques*, un des plus anciens poètes de la Grèce.

Théognis nous apprend qu'il était de Mégare. Platon et Suidas le font naître à Mégare en Sicile. Harpocration prétend que cette opinion est fausse, et qu'il s'agit de Mégare en Achaïe. On peut croire que la patrie de Théognis aurait été moins douteuse pour les Anciens eux-mêmes s'ils avaient eu sur sa vie quelques traditions certaines. Ces détails, dont ils paraissent avoir été privés, doivent nous manquer encore plus. Tout ce qu'on peut recueillir des vers qui restent de lui, c'est qu'il eut à se plaindre de ses concitoyens, qui, peut-être, l'exilèrent; qu'il choisit Thèbes pour retraite; que, né dans l'opulence, il perdit sa fortune par une confiance aveugle, et parvint à peine à en rassembler quelques débris. « Pauvre, dit-il, mais irréprochable, je vois des méchants dans l'abondance : je ne voudrais pas changer avec eux. La vertu est un bien qu'il dépend de moi de conserver; la fortune est passagère. » Cependant il se plaint quelquefois des préventions des hommes : « Les richesses, dit-il alors, cachent le vice, et la pauvreté, la vertu. » On reconnaît le plus souvent, dans ses pensées et dans son langage, une âme douce, facile, affectueuse. Tout ce qu'il dit de l'amitié prouve qu'il était digne d'avoir des amis. Il n'affiche point l'austérité; il parle quelquefois avec indulgence des attachements et des plaisirs que réprouverait une morale plus religieuse et plus austère; mais on ne voit pas que sa conduite ait jamais mérité les reproches de la postérité. Si sa mémoire n'eût pas été honorée de l'estime publique, si son caractère et sa vie avaient démenti ses maximes, on ne les aurait pas fait apprendre aux enfants comme les oracles de la sagesse, et Théognis ne serait pas cité avec tant de respect par les hommes les plus vertueux de l'antiquité, Platon, Xénophon, Isocrate, Plutarque, Dion Chrysostome, saint Basile. On exige bien plus d'un moraliste que d'un poète, d'un historien, d'un orateur même; ses ouvrages n'ont point de crédit si sa vie ne les recommande pas.

Il ne reste aujourd'hui de Théognis que les *Sentences élégiaques*. Il y a peu d'ordre dans ce recueil, tel qu'il nous est parvenu; les mêmes pensées s'y représentent, et quelquefois dans les mêmes termes; il est vraisemblable que, parmi ces maximes rassemblées presque au hasard, il s'en trouve d'une autre main, et l'on ne peut douter que deux ou trois passages n'appartiennent à Solon; plusieurs idées aussi paraissent tout à fait étrangères au genre didactique; et quand l'auteur s'y renferme davantage, sa morale est purement usuelle, et n'a rien de l'élévation du stoïcisme, quoique les fautes du texte et l'incertitude des allusions lui en donnent souvent l'obscurité. Mais quels que soient ces défauts, dont il est juste d'accuser, autant que le poète lui-même, les interpolations qui ont pu lui faire dire ce qu'il n'a pas dit, et les lacunes des abréviateurs, et la confusion introduite par les copistes, et les vicissitudes de vingt-quatre siècles, on n'en éprouve pas moins, à la lecture de ces vers moreaux, je ne sais quel charme qu'il est bien rare de rencontrer dans ces sortes d'ouvrages. Théognis n'a point, comme Phocylide, composé de simples vers *techniques* sur la morale; il est véritablement poète; les plus vives images, les formes les plus élégantes viennent comme d'elles-mêmes embellir sa pensée, et dérober la gravité des préceptes sous le voile brillant qu'il emprunte au génie d'Homère; en commençant à dicter ses leçons, il invoque les Muses et les Graces, et l'on dirait souvent qu'elles l'on entendu.

Les éditions des fragments de Théognis sont innombrables; ils sont ordinairement joints à ceux qui portent le nom de Phocylide. La dernière édition, et la plus correcte, est celle de M. Boissonade, 1 vol. in-32, Paris, Lefèvre, 1823. On y trouve les 159 vers inédits, découverts par M. Bekker en 1815, dans un manuscrit de Modène. Théognis a été traduit en français par Lévesque, dans la *Collection des Moralistes anciens*, Paris, 1783, in-18; cette traduction, qui ne manque pas d'élégance, est incomplète et infidèle. Celle de J.-L. Coupé, Paris, 1798, in-18, n'est remarquable que par les contre-sens et le mauvais style.

J.-V. Le Clerc.

THÉOPHILE.

THÉOPHILE, poète français, naquit à Clérac, village de l'Agénois, en 1590. Son père se nommait Viaud; les uns en font un avocat, d'autres un cabaretier; en renonçant au nom de sa famille, le fils semblerait accréditer cette dernière opinion; mais peu importe la naissance, et si Théophile s'était honoré lui-même par un meilleur emploi de son talent et une vie plus réglée, personne n'eût songé à sa basse origine. Ses vers le firent connaître de bonne heure : ils annonçaient quelques dispositions pour la poésie, et on accueillit ses premiers essais; mais en même temps on découvrait dans l'auteur un esprit d'irréligion et une licence de mœurs qui soulevèrent bientôt contre lui tous les bons esprits. Dès l'année 1619, il fut obligé de passer en Angleterre, d'où il ne revint qu'en abjurant le calvinisme qu'il avait professé jusqu'alors. Sa conversion changea si peu son genre de vie, qu'en 1622, lorsqu'on fit paraître le *Parnasse satirique*, recueil de pièces sales et licencieuses, on l'attribua généralement à Théophile. L'ouvrage fut flétri, et l'auteur, qui était parvenu à s'enfuir, fut déclaré coupable de lèse-majesté divine et condamné à être brûlé, ce qu'on exécuta en effigie. Arrêté au Câtelet, en Picardie, il fut ramené à Paris; son affaire ayant été examinée de nouveau, il protesta de son innocence, et comme il n'était pas sans appui parmi les grands; il en fut quitte pour le bannissement. Il obtint encore son rappel, et mourut à Paris en 1626, âgé de 36 ans.

Les titres littéraires de Théophile sont peu nombreux; il consistent en trois *Tragédies*, un *Traité de l'Immortalité de l'âme*, en prose et en vers. Des *Élégies*, des *Odes*, des *Sonnets*, etc., comme on en rencontre dans tous les recueils. Après sa mort on publia ses *Nouvelles Œuvres* (Paris, 1642, in-8°), qui n'ont pu soutenir sa réputation et la sauver du discrédit où elle est tombée de nos jours. On trouve dans ses poésies de la facilité, dont il abuse souvent, et de l'imagination, que l'on regrette de ne pas voir dirigée par un jugement plus sûr. Peu naturel, il eut les défauts de Malherbe et de Racan, ses contemporains; mais, incorrect, et travaillant peu ses ouvrages, il s'en faut qu'il ait leurs beautés; et Boileau néanmoins assurait avoir entendu un homme de qualité porter le jugement qu'il n'a fait que mettre en vers dans sa huitième satire :

> Tous les jours à la cour un sot de qualité
> Peut juger de travers avec impunité;
> A Malherbe, à Racan, préférer Théophile.

Il en est souvent ainsi de ceux qui joignent à quelque talent l'audace et la licence. Nous avons vu que Théophile n'en manquait pas, et on ne lui refuse pas une grande facilité. On en cite pour preuve ces vers qu'il improvisa devant une petite statue équestre de Henri IV :

> Petit cheval, gentil cheval,
> Doux au monter, doux au descendre,
> Bien plus petit que Bucéphal,
> Tu portes bien plus qu'Alexandre.

THÉOPHILE.

MORCEAU CHOISI.

Ode à Louis XIII, sur son exil.

Celui qui lance le tonnerre,
Qui gouverne les éléments,
Et qui, jusqu'en ses fondements
D'un clin-d'œil fait trembler la terre ;
Dieu, qui vous mit le sceptre en main,
Et qui peut vous l'ôter demain ;
Dieu, qui vous prête sa lumière,
Et qui, malgré les fleurs de lis,
Un jour fera de la poussière
De vos membres ensevelis :

Ce grand Dieu, qui met les abymes
Dans le centre de l'univers,
Et qui les tient toujours ouverts,
Pour la punition des crimes,
Veut aussi que les innocents,
A l'ombre de ses bras puissants,
Trouvent à toute heure un refuge ;
Et ne sera point irrité
Que vous tarissiez le déluge
Des maux où vous m'avez jeté.

Éloigné des bords de la Seine
Et du doux climat de la cour,
Il me semble que l'œil du jour
Ne luit plus sur moi qu'avec peine.
Dans l'horreur de mes longs ennuis,
Je cherche, insensé que je suis !
Une lionne en sa colère,
Qui, me déchirant par morceaux,
Laisse mon sang et ma misère
En la bouche des lionceaux.

Vous, grand roi, si sage et si juste,
Que l'on n'en voit pas de pareil,
Voulez-vous suivre le conseil
Qui fit jadis faillir Auguste*?
Sa faute offense ses neveux,
Et dérobe beaucoup de vœux
Aux autels qu'on doit à sa gloire;
Et même le ciel aujourd'hui
Fait des plaintes à la Mémoire
De ce qu'elle a parlé de lui.....

THÉOPHRASTE, philosophe grec, natif d'Érèse, dans l'île de Lesbos, fut envoyé jeune encore à Athènes par Mélantas, son père, et s'attacha d'abord à l'école de Platon. Étant passé ensuite dans celle d'Aristote, ce philosophe fut si charmé de la facilité de son esprit et de la douceur de son élocution, qu'il lui donna, dit-on, le nom de *Théophraste*, c'est-à-dire d'orateur divin, à la place de celui de *Tyrtame*, qu'il portait originairement.

Aristote, obligé de sortir d'Athènes, où il craignait le sort de Socrate, abandonna son école à

---

* On ne sera pas fâché de voir à ce sujet deux belles stances d'une élégie composée par le poète Jean de Lingendes, contemporain de Théophile.

    Ovide, c'est à tort que tu veux mettre Auguste
        Au rang des immortels:
    Ton exil nous apprend qu'il était trop injuste
        Pour avoir des autels.

    Aussi, t'ayant banni sans cause légitime,
        Il t'a désavoué:
    Et les dieux l'ont souffert pour te punir du crime
        De l'avoir trop loué.

                        F.

Théophraste, l'an 322 avant J.-C. Il lui confia en même temps ses écrits à condition de les tenir secrets, et c'est par le disciple que sont venus jusqu'à nous les ouvrages du maître.

Théophraste ne se borna pas à l'instruction de la jeunesse; Plutarque rapporte qu'il délivra deux fois sa patrie des tyrans qui l'opprimaient; mais il ne nous dit point les circonstances d'un fait historique que d'ailleurs nous ignorons complètement. « Quelle « satisfaction, dit-il, pour Théophraste et Phidias, « d'avoir exterminé les tyrans de leur patrie! Qu'ai-je « besoin de vous rappeler en détail les services qu'ils « rendirent par là à une multitude de personnes!... « Ils procurèrent à des bannis le retour dans leur « patrie; ils délivrèrent des captifs, rendirent à « des maris et à des pères leurs épouses et leurs « enfants. »

Théophraste mourut à l'âge de cent quatre ans, et ne cessa de travailler qu'en cessant de vivre. Ciceron dit qu'il se plaignit, en mourant « de ce que « la nature avait accordé aux cerfs et aux corneilles « une si longue vie, tandis qu'elle n'avait donné aux « hommes qu'une vie très courte. »

La plupart des écrits de Théophraste sont perdus; ceux qui nous restent sont : une *Histoire des Pierres*, dont Hill a donné une belle édition à Londres en 1746, in-fol., en grec et en anglais, avec de savantes notes; un *Traité des Plantes*, curieux et utile, Amsterdam, 1644, in-fol.; un traité du *Feu*; un des *Sueurs*; de *la Lassitude*, etc. Tous ces ouvrages qui ont rapport à la médecine ont été publiés à

Leyde, 1613, in-fol.; ses *Caractères,* qu'il composa à l'âge de quatre-vingt-dix-neuf ans, sont le principal ouvrage philosophique qui nous reste de lui et sont considérés avec raison comme un ouvrage classique. « Ce rang leur appartient, dit M.
« Schœll, non-seulement à cause de la pureté du
« style et de la précision, mais aussi à cause de la
« vérité des portraits. Théophraste a tracé avec un
« art admirable les figures qu'il se proposait de
« peindre; ses dessins sont d'un fini parfait, et ses
« nombreux imitateurs, parmi lesquels La Bruyère
« doit occuper le premier rang, ne le feront jamais
« oublier. Cependant il ne faut pas porter à la lec-
« ture de cet ouvrage les préventions que la dé-
« licatesse de notre goût, et l'état actuel de la so-
« ciété peuvent nous inspirer. Il est nécessaire de se
« rappeler que Théophraste peignait les mœurs de
« citoyens d'une république, et qu'ainsi on ne doit
« pas chercher dans ses portraits les différences sen-
« sibles que produisent parmi nous les distinctions
« des rangs. » (*Histoire de la Littérature grecque.*)

« Théophraste, dit La Bruyère, a puisé le traité
« des *Caractères des mœurs* dans les *Éthiques* et
« dans les grandes *Morales* d'Aristote, dont il fut
« le disciple. Les excellentes définitions que l'on
« lit au commencement de chaque chapitre sont
« établies sur les idées et sur les principes de ce
« grand philosophe, et le fond des caractères qui
« y sont décrits est pris de la même source. Il est
« vrai qu'il se les rend propres par l'étendue qu'il
« leur donne, et par la satire ingénieuse qu'il en tire

« contre les vices des Grecs, et sur-tout des Athéniens.

« Cet ouvrage a toujours été lu comme un chef-
« d'œuvre dans son genre : il ne se voit rien où le
« goût attique se fasse mieux remarquer, et où l'é-
« légance grecque éclate davantage : on l'a appelé
« un *livre d'or*. Les savants, faisant attention à la
« diversité des mœurs qui y sont traitées, et à la
« manière naïve dont tous les caractères y sont ex-
« primés, et la comparant d'ailleurs avec celle du
« poète Ménandre, disciple de Théophraste, et qui
« servit ensuite de modèle à Térence, qu'on a de
« nos jours si heureusement imité, ne peuvent s'em-
« pêcher de reconnaître dans ce petit ouvrage la
« première source de tout le comique, je dis de
« celui qui est épuré des pointes, des obscénités,
« des équivoques, qui est pris dans la nature, qui
« fait rire les sages et les vertueux. » (*Discours sur Théophraste.*)

Les *Caractères* traduits en français par La Bruyère, ont aussi été traduits plus récemment, avec des additions tirées d'anciens manuscrits. Isaac Casaubon a fait de savants commentaires sur ce traité. Cambridge, 1712, in-8°. Le second volume des *Caractères de La Bruyère*, publiés par M. Lefèvre, dans sa belle *Collection des Classiques français*, contient les *Caractères de Théophraste*, traduits du grec par La Bruyère, avec des additions et des notes nouvelles, par J.-G. Schweighæuser.

THIBAULT, comte de Champagne et roi de Navarre, fils posthume de Thibault III, naquit en 1201. Blanche, sa mère, fille de Sanche-le-Sage, roi de Navarre, gouverna les états de son fils pendant sa minorité. En 1234, Thibault, successeur de son oncle maternel, Sanche-le-Fort, réunit le comté de Champagne et le royaume de Navarre. Vers ce temps, saint Louis appela ses vassaux à la cinquième croisade, et Thibault, qui, par ses chants, avait tâché d'exciter la valeur des chevaliers, ne fut pas le derniers à ceindre l'épée. Ses exploits ne nous sont pas connus, et il paraît que comme guerrier sa vie n'offre rien de remarquable; mais ses chansons ont sauvé son nom de l'oubli. Avant lui, ceux qui avaient voulu faire des vers français étaient indignes du nom de poète, et il est le premier à qui l'on puisse donner ce titre. Ses contemporains le surnommèrent le *faiseur de chansons*, et la postérité lui a des obligations; il est le premier, suivant l'opinion de l'abbé Massier, qui ait mêlé des rimes féminines aux rimes masculines.

Le roi de Navarre fut très bon poète pour son temps, il fut aussi bon prince et rendit ses sujets heureux; les gens de lettres et ceux qui cultivaient les muses trouvèrent en lui un protecteur et ses sujets un père. Il mourut à Pampelune, en 1253, âgé de 52 ans, universellement regretté.

Il nous reste du comte de Champagne trente-huit chansons galantes, trois pastourelles, quelques *tensons* ou *jeux-partis*, plusieurs chansons sur la croisade, une autre où il renonce à l'amour, et quelques pièces pieuses. On trouve dans presque toutes de la grace, de la naïveté, quelquefois même de la délicatesse. La plupart de ces productions sont adressées à la reine Blanche de Castille, mère de saint Louis. Quelques écrivains ont cru pouvoir avancer, d'après ce témoignage, que le roi de Navarre avait brûlé d'amour pour cette princesse; d'autres ont combattu cette opinion; il serait possible que l'hommage du poète n'eût eu d'autre cause que la juste admiration qu'inspirait la reine Blanche à son siècle. L'évêque de la Ravallière, à qui nous devons une belle édition des *Chansons* et des *Poésies* de Thibault (1742, 2 vol. in-12), est un de ceux qui ont le plus cherché à prouver que ce poète n'était point l'amant d'une femme beaucoup plus âgée que lui. On trouve encore dans l'*Anthologie française*, une chanson attribuée à Thibault, comte de Champagne, et que l'on a souvent réimprimée sous son nom. Le style fait croire à La Harpe qu'elle est d'une époque plus rapprochée [*]. Enfin l'éditeur de la *Bibliothèque choisie des Poètes français jusqu'à Malherbe*, a inséré dans ce recueil quelques pièces de Thibault, et lui a consacré une *notice* qu'il termine par ce quatrain de l'*Anthologie*, de Monnet, que l'on nous reprocherait de n'avoir pas inséré ici :

Thibault fut roi galant et malheureux :
Ses hauts faits et son rang n'ont rien fait pour sa gloire ;
Mais il fut chansonnier, et ses couplets heureux
 Nous ont conservé sa mémoire.

---

[*] Voyez ce passage du *Cours de Littérature*, à l'art. MAROT, tome XVIII, pag. 402 de notre *Répertoire*.

THOMAS (Antoine-Léonard) naquit à Clermont-Ferrand, le 1er octobre 1732. On croit que, dans sa première enfance, il perdit son père, sur lequel on n'a aucune notion positive ; mais il fut assez heureux pour avoir une mère digne de présider à l'éducation d'un fils tel que lui. Femme d'un caractère antique, elle lui apprit à placer le bonheur dans la pratique des devoirs, et à considérer la richesse comme un simple moyen de soulager l'infortune. De si bonnes leçons fructifièrent d'autant mieux qu'elles germaient dans le naturel le plus propre à les recevoir.

Thomas avait à peine quelque idée des rudiments de la langue latine, qu'on le conduisit à Paris, avant l'âge de dix ans. Une application extraordinaire, des succès marqués le signalèrent dans ses classes : il remporta deux prix en seconde et quatre en rhétorique, où le jeune de Beauvais, depuis évêque de Senez, était son digne émule. Après avoir terminé son cours de philosophie, il fit son droit, et travailla quelque temps chez un procureur. Ses excellentes études avaient fait espérer à sa famille qu'il paraîtrait avec éclat au barreau ; mais l'amour des lettres l'éloignait des formes arides de la procédure. Sa mère, accablée de chagrin, lui ayant reproché de négliger la connaissance des lois, qui devait lui procurer une aisance qu'il partagerait avec elle et ses autres enfants, il ne put résister à de pareilles larmes. Aussitôt il rassembla tous ses essais oratoires et poétiques et les livra aux flammes. Jamais sacrifice ne fut aussi douloureux, jamais souvenir ne lui offrit aussi plus de charmes. Malgré sa résignation, le penchant l'emporta, suivant l'usage, et le fit renoncer à une profession lucrative, pour une humble chaire de sixième ou de cinquième, au collège de Beauvais, dans l'ancienne université de Paris.

Les *Réflexions philosophiques et littéraires sur le poème de la Religion naturelle*, publiées en 1756, sans nom d'auteur, furent le début de Thomas dans la carrière des lettres. Cette réfutation est l'une des plus solides que l'on ait opposées à Voltaire. Il y règne en général une discussion modérée, approfondie et méthodique, qui suppose dans un jeune homme de vingt-quatre ans une lecture immense. Le critique s'y montre avec raison toujours sévère sous le rapport de la morale; mais quelquefois il est injuste sous le rapport du goût. Son esprit porté à l'enflure, se décèle involontairement dans la plupart de ses observations: il n'est pas seulement inéxorable pour les négligences du style, pour les tournures prosaïques, pour les expressions d'une causticité burlesque; on voit qu'il supporte avec une véritable peine les locutions simples, les mots familiers, dont l'emploi bien ménagé est loin de déparer une composition sérieuse.

Voltaire, ce me semble, ne parle nulle part de cet ouvrage, dans la volumineuse collection de ses œuvres. Il est pourtant difficile de croire qu'il n'en ait pas eu connaissance : rien de ce qui intéressait son amour-propre n'échappait à l'activité de ses recherches. Quoiqu'il en soit, Thomas, quelques années après, condamna cette production à l'oubli;

il paraît même l'avoir fait désavouer dans un avertissement qui précède les premières éditions de ses *OEuvres diverses* en un volume.

En 1759, Thomas publia *Jumonville*, poème en quatre chants, dont le sujet est le meurtre d'un jeune officier de ce nom, assassiné en Amérique, six ans auparavant, par les Anglais, sans aucun respect pour le titre inviolable d'envoyé français. « Puisque, pour le malheur du genre humain, dit « l'auteur dans sa préface, il n'y a point de tribunal « où l'on puisse citer les nations coupables, du moins « que la postérité en tienne lieu ; qu'elle les flétrisse, « et que la crainte de l'infamie soit au moins un frein « qui les retienne. »

Des vues aussi pures méritaient d'être secondées par les inspirations du génie et du patriotisme. Thomas était doué plutôt des qualités du vrai citoyen que de celles du vrai poète ; mais on applaudit à ses excellentes intentions. La faveur publique protégea son ouvrage ; elle fit d'autant mieux valoir les beaux vers dont il étincelle, qu'ils se trouvent au milieu de beaucoup d'autres qui n'offrent rien de neuf, et qui semblent jetés dans le même moule. Fréron lui-même traita l'estimable professeur avec une extrême bienveillance, sans doute parce qu'il avait reconnu, dans ses premiers essais un écrivain religieux, qui n'avait pas craint de se mesurer avec Voltaire.

L'Académie-Française, à cette époque, afin de donner plus d'intérêt à ses concours, proposa pour sujet de ses prix d'éloquence, les éloges des grands hommes de la nation. On a reproché souvent à ce genre de discours d'être équivoque, en ce qu'il tient à la fois et du ton de l'histoire et de celui de l'oraison funèbre, sans avoir ni les développements instructifs de la première; ni les sublimes élans de la seconde. C'est pourtant une idée heureuse et belle, que d'avoir trouvé le moyen de rajeunir, pour ainsi dire, la renommée des rois, des ministres, des guerriers, des gens de lettres qui ont illustré la France. N'est-ce pas servir utilement son pays, que de présenter des modèles à son admiration, et d'inviter les jeunes orateurs à les célébrer ?

Thomas, le premier, parcourut avec éclat la nouvelle carrière qui s'ouvrait à son émulation. Son *Éloge du maréchal comte de Saxe* obtint le prix en 1759. L'*Éloge de Henri-François d'Aguesseau, chancelier de France*, couronné en 1760, est le second que l'Académie-Française ait proposé. Thomas avait concouru la même année pour le prix de poésie; son *Épître au Peuple* obtint le premier *accessit*. Un curé de village fit imprimer, dit-on, cette pièce à ses frais, en y supprimant quelques déclamations contre les grands. Après l'avoir lue publiquement dans son église, il en distribua les exemplaires à ses paroissiens, plus sensibles au tribut d'estime, offert par le poète à la classe obscure de la société, qu'au mérite de ses vers énergiques et habilement travaillés. Cet hommage inattendu fut celui qui toucha le plus Thomas.

Le panégyriste du maréchal de Saxe et du chancelier d'Aguesseau surpassa ces deux premiers essais dans l'*Éloge de René Duguay-Trouin, lieutenant général des armées navales*, couronné en 1761. Au milieu de plusieurs morceaux vraiment remarquables, on distingue le parallèle qu'il fait de son héros et d'un homme, également l'honneur de la marine française, le célèbre Forbin. La prosopopée qui termine ce discours causa une impression d'autant plus vive qu'elle renfermait une satire indirecte du gouvernement, qui après des défaites sur terre et sur mer, avait subi les conditions d'une paix humiliante.

Le prix de poésie fut décerné, en 1762, à son *Ode sur le Temps*. La Harpe, qui, dans son *Cours de Littérature* et dans sa *Correspondance littéraire*, fait expier à l'auteur tous les ménagements dont il avait autrefois usé dans le *Mercure de France*, a soumis cette pièce à une critique rigoureuse, mais motivée.

Ne voulant rien dérober aux devoirs de sa place de professeur, Thomas était obligé de passer une partie des nuits à l'étude, afin de pouvoir satisfaire son ardeur pour la célébrité. Ce travail opiniâtre alluma bientôt dans sa poitrine une chaleur dont il eut à souffrir toute sa vie, et qui sans doute en abrégea la durée. Chaque année, pendant les vacances, les eaux minérales du Mont-d'Or lui rendaient des forces qu'il venait perdre à Paris. Il occupait une chaire de troisième, peu compatible avec un tel état de faiblesse, lorsqu'il sortit de la carrière de l'enseignement.

Le duc de Praslin, ministre des affaires étrangères, lui offrit une place de secrétaire particulier qu'il accepta; et ce fut alors qu'il composa l'*Éloge de Maximilien de Béthune, duc de Sully*, couronné en 1763. Assurément rien ne saurait mieux prouver la fierté de son caractère, puisqu'il n'a combattu nulle part les abus du pouvoir avec une indépendance plus généreuse. Cet éloge que Thomas corrigea dans la suite, sans y faire aucune addition, obtint d'autant plus de succès, qu'il excita les plaintes des courtisans et des fermiers généraux : les uns furent blessés des traits sous lesquels ils étaient représentés ; les autres le furent de l'indignation déployée par l'orateur contre l'impôt désastreux de la gabelle, dont l'anéantissement est un bienfait.

Loin de savoir mauvais gré au panégyriste de Sully, de son courage, le duc de Praslin prit sa défense, et voulut même lui ouvrir les portes de l'Académie. Ce seigneur croyant avoir à se plaindre de Marmontel, soupçonné d'être l'auteur d'une parodie où le duc d'Aumont, le comte d'Argental et lui étaient tournés en ridicule, passait pour vouloir éloigner cet écrivain d'une place vacante dans cette compagnie, en facilitant à Thomas les moyens de l'occuper ; mais celui-ci refusa de seconder les vues de son protecteur [*]. Le motif qui ne lui permit pas de solliciter cette place, nous a valu un cinquième éloge de sa composition, celui de *René Descartes*, couronné en 1765.

[*] Ce trait, qui est un de ceux qui honorent le plus Thomas, est raconté par Marmontel, dans les *Mémoires d'un père, pour servir d'instruction à ses enfants*, liv. VII.

Thomas ayant envoyé cet éloge à Voltaire, ce dernier lui fit une de ces réponses aimables et saillantes qui coûtaient si peu à son inconcevable facilité. Il finissait par l'engager à venir dans sa solitude, pour y vivre avec lui comme un frère que l'éloquence, la poésie et la philosophie lui avaient donné. Cette lettre respire tant la cordialité, que, pour l'honneur du malin vieillard de Ferney, l'on doit croire que ce ne fut pas après l'avoir écrite, qu'il se permit, aux dépends de l'orateur, ce jeu de mots si cruel et si connu : « Il ne faut plus dire du *Gali-Mathias*, mais du *Gali-Thomas.* »

Les cinq éloges couronnés de Thomas établirent sa réputation jusque chez l'étranger, qui les traduisit. Ils se recommandent par l'enthousiasme de la gloire, des talents et de la vertu, par une véritable passion, pour tout ce qui contribue au bonheur de l'humanité ; ils supposent des veilles laborieuses, des études continuelles, approfondies et variées. L'auteur s'y montre également versé dans l'art militaire, dans la jurisprudence et la législation, dans la science de l'administrateur et de l'homme d'état, dans les mystères de la métaphysique et de la nature. Son style imposant et grave a l'empreinte d'une âme élevée et d'une imagination forte, mais on y voudrait plus de souplesse, de grace ; en un mot, plus de facilité. Enfin, l'on voudrait moins d'uniformité dans ses plans, et que les physionomies de ses personnages offrissent moins souvent le même dessin et la même couleur.

Au surplus, si la critique n'a pas épargné ces cinq

éloges, il n'y a qu'une voix sur le mérite des notes qui les accompagnent. Pleines de substances et d'intérêt, elles sont écrites d'un style toujours convenable, et quelquefois avec une ingénieuse simplicité.

Depuis plusieurs années, le fils de Louis XV, le Dauphin sur qui reposaient les espérances des Français, portait dans son sein le germe d'une maladie à laquelle il succomba le 20 décembre 1765, après avoir été, dans ses longues souffrances, le modèle d'une héroïque et pieuse résignation. Thomas se rendit l'interprète de la douleur publique, en donnant, au mois d'avril 1766, l'*Éloge de Louis, Dauphin de France*. Il composa ce discours à la prière du comte d'Angivilliers, qui, jaloux d'accueillir tous les genres de mérite, s'était lié étroitement avec lui pendant son séjour à Versailles.

Hardion, précepteur de Mesdames de France, ayant, par sa mort, laissé une place vacante à l'Académie-Française, Thomas l'obtint et prononça son discours de réception, le 22 janvier 1767. Il y considère l'homme de lettres comme citoyen, et paraît, ce me semble, trop pénétré de l'importance et de la dignité de sa profession : car son défaut est de mettre en tout un grand appareil. Il termine sa harangue en promettant de ne rien faire, de ne rien écrire dont il ne pût s'honorer auprès de ses confrères et de ses compatriotes ; mais ce qui valait encore mieux que ce serment un peu fastueux, il le respecta tant qu'il vécut. Dans la suite, il corrigea ce discours, et lui donna de nouveaux développements. A la séance même où il le prononça, il lut une partie de son poème épique sur le czar Pierre-le-Grand, c'est-à-dire le premier des trois chants dans lequel il fait voyager son héros en France.

Le 13 octobre de la même année, Thomas fit jouer, sans aucun succès, *Amphion*, opéra en un acte, dont il avait composé les paroles, et dont la musique était du célèbre et malheureux La Borde, premier valet-de-chambre de Louis XV, qui périt sur l'échafaud révolutionnaire, en 1794. Le sujet en est austère et philosophique ; le style, toujours grave et solennel, est loin d'avoir ce charme que la fable prête aux accents du héros de la pièce : on devinait aisément que ce genre de composition ne convenait point à l'auteur ; et cet essai l'a trop bien prouvé.

Après trois ans de silence, Thomas fixa sur lui, plus que jamais, les regards des connaisseurs, par la lecture qu'il fit de son *Éloge de Marc-Aurèle* à l'Académie-Française, le jour de la Saint-Louis 1770. Ce panégyrique était la meilleure réponse qu'il pût opposer à ses détracteurs : toutes ses beautés s'y fortifient, presque tous ses défauts y disparaissent.

L'*Essai sur le Caractère, les Mœurs et l'Esprit des femmes, dans les différents siècles*, publié en 1772, n'obtint qu'un faible succès. En 1773, Thomas donna une édition de ses ouvrages en prose, la seule qu'il ait avouée. Les deux premiers volumes, entièrement nouveaux, renferment l'*Essai sur les Éloges*, qui, sous ce modeste titre, offre une magnifique galerie morale, politique et littéraire. Cet ouvrage, l'un des monuments recommandables de notre littérature, met Thomas au premier rang des critiques. Il y est à la fois penseur, éloquent et peintre habile : ses jugements, le plus souvent dictés par le goût, quelquefois même par une rare sagacité, sont médités avec une attention scrupuleuse, et le coloris de ses tableaux est le fruit de savantes combinaisons. Enfin, il fournit un exemple de tout ce qu'une belle âme peut ajouter au talent réuni au savoir, et de tout ce que la patience et les efforts peuvent obtenir de la nature.

Nous avons fait connaître tous les ouvrages que publia Thomas, au milieu de souffrances presque habituelles. Sa vue, usée par l'étude, le força longtemps de recourir à des yeux étrangers ; sa poitrine était dans un état si déplorable que le docteur Tronchin finit par lui prescrire le silence, comme l'unique moyen de prolonger une existence aussi frêle que la sienne. Il fut même obligé, pendant les quatre ou cinq dernières années de sa vie, d'habiter presque constamment les provinces méridionales, et d'y chercher une température douce et favorable à sa situation. Il y travaillait à son poème de *la Pétréide*, qui l'occupait depuis vingt ans. Porté naturellement vers les jouissances paisibles de la retraite et de la campagne, il ne regrettait, sous le beau ciel de Nice et de la Provence, que la société d'un petit nombre d'amis, particulièrement celle de madame Necker. Il avait voué à cette femme respectable une sorte de culte, et chaque jour, à Paris, il s'arrachait de son cabinet pour aller régulièrement passer deux heures auprès d'elle.

Lorsque Thomas entra dans le monde, les mœurs de son siècle lui causèrent une surprise pénible, et furent sans danger pour les siennes, qui étaient d'une pureté virginale. Presque toujours occupé des moyens de plaire à la postérité, il négligeait le faible mérite d'être aimable dans un cercle. D'une gravité douce, mais recueillie, il parlait fort peu ; sans contribuer à la gaieté de la conversation, il y souriait quelquefois. Les sujets qui lui étaient analogues pouvaient seuls l'exciter à prendre la parole ; encore fallait-il que ce fût dans l'intimité d'une société choisie et peu nombreuse. Alors il étonnait par l'abondance de son élocution, par l'énergie de ses pensées, par la diversité de ses aperçus. On attribuait son silence à la timidité ; mais la faiblesse de sa complexion en était la véritable cause.

Son caractère indulgent ménageait toutes les faiblesses, sans en partager aucune. Étranger aux petites passions, il mettait de la dignité dans les moindres actes de sa vie. Son âme, peu expansive, ne montrait pas ordinairement dans l'amitié une extrême sensibilité ; mais il y apportait toutes les attentions qu'admet une tête fortement occupée, et tous les procédés que l'on doit attendre d'un cœur noble. Il aidait volontiers de ses conseils les écrivains qui recouraient à lui ; et, ce qui est plus rare, il ouvrait sa bourse à l'infortune.

Thomas fut intimément lié avec plusieurs gens de lettres tels que Marmontel, Delille, Cabanon, Barthe et Ducis. Le bienfaisant Watelet avait conçu pour lui une telle estime, qu'il s'empressa, dès qu'il le connut, de lui offrir une pension de douze cents francs. Thomas ne voulut point l'accepter, aimant mieux devoir ses moyens d'existence à son travail. Dans la suite, madame Geoffrin eut sans doute plus de droit sur son cœur, puisqu'il ne lui fit point essuyer un semblable refus.

Barthe et Ducis sont ceux avec lesquels il entretint le plus de relations. Il y avait bien peu de rapports entre Barthe et lui, quoiqu'ils fussent liés dès leur première jeunesse; mais, disait Thomas, en apprenant sa mort, « Il m'avait beaucoup aimé, et « il y a si peu de gens qui aiment! »

Quant à Ducis, il était fait pour s'attacher à Thomas : c'était la même noblesse de caractère, le même désintéressement, la même simplicité de mœurs, le même goût pour l'innocence des plaisirs domestiques.

A la fin du printemps de 1785, Ducis, revenant de Chambéry, sa patrie, pour se rendre à Lyon, où l'attendait Thomas, faillit périr par le plus affreux accident. Voulant échapper à la mort dont il était menacé dans une voiture traînée par des chevaux furieux et sans guides, il profita d'un choc qui fit sauter la portière en dehors, pour s'élancer sur un amas de rochers, où il resta évanoui et le visage couvert de sang. On le transporta au bourg des Échelles. Dès qu'il put tenir la plume, il fit part de son état à son ami, qui l'alla chercher aussitôt en Savoie, et qui, dans une berline anglaise, où il y avait un lit, le ramena à Lyon, chez M. Janin de Combe-Blanche, chirurgien célèbre. Il le conduisit ensuite dans une charmante habitation qu'il avait louée à Oullins, village situé à une lieue de cette ville.

Pendant sa convalescence, Ducis composa une *Épitre à l'Amitié*, qu'il lut le 30 août, dans une séance publique de l'académie de Lyon. Il y rappelait les soins touchants qu'il avait reçus de son ami, et, près de quitter ce dernier, il le recommandait à la douceur du climat de Nice, que sa mauvaise santé lui rendait nécessaire vers les approches de l'antomne. Il disait :

Tu pars. Climats heureux! je le confie à vous;
Zéphyrs, apportez-lui vos parfums les plus doux;
De vie et de bonheur chargez l'air qu'il respire :
Pour prix de vos bienfaits vous entendrez sa lyre.

Ces vœux poétiques ne furent point exaucés. La mort presque subite de Barthe, le péril imminent que Ducis avait couru, étaient des secousses trop violentes pour la complexion fragile de Thomas. Attaqué d'une fièvre maligne, les premiers symptômes en furent si menaçants, que M. de Montazet, qui était membre de l'Académie-Française, le fit transporter sur-le-champ dans son château, où toutes les ressources de la médecine devinrent inutiles. L'appartement qu'il reprit et qu'il avait occupé plusieurs fois, portait cette inscription : *La Candeur*. Il y expira le 17 septembre 1785, ne regrettant que ses parents et ses amis. Pendant quinze jours de maladie, il conserva le calme d'un homme qui, toute sa vie, avait joui d'une conscience irréprochable, dont le premier plaisir était de cultiver sa raison, et qui, plein de confiance en la miséricorde divine, pouvait espérer que la mort serait pour lui le moment de la récompense. Il n'avait pas encore cinquante-trois ans accomplis.

Quinze ans après la mort de Thomas, en 1802, le libraire Desessart publia presque tous les ouvrages de cet écrivain, auxquels il joignit deux volumes d'*OEuvres posthumes*. Ces deux volumes se composent du poème intitulé *Le Czar Pierre* 1er, d'un *Traité de la langue poétique*, de la *Correspondance*, de quelques pièces de vers, de quelques morceaux d'histoire et de critique. Le libraire Verdière vient de donner, en 6 vol. in-8º, une nouvelle édition des *OEuvres complètes de Thomas*, précédée d'une notice sur la vie et les ouvrages de l'auteur, par M. Saint-Surin, d'où nous avons extrait celle-ci.

JUGEMENTS.

I.

Ce n'est que par ses écrits que l'on peut se former une haute idée de son caractère. C'est là que l'on trouve partout l'empreinte d'un cœur droit, d'une âme élevée; c'est là que se montrent le courage de la vérité, l'amour de la justice, l'éloquence de la vertu.

L'Académie-Française jeta les fondements de la réputation de Thomas, en proposant, pour le prix d'éloquence, les éloges de nos grands hommes. Personne, dans cette carrière, ne put le passer ni l'atteindre, et il se surpassa lui-même dans l'*Éloge de Marc-Aurèle*. L'élévation et la profondeur étaient les caractères de sa pensée. Jamais orateur n'a mieux embrassé ni mieux pénétré ses sujets. Avant d'entamer un éloge, il commençait par étudier la profession, l'emploi, l'art dans lequel son héros s'était signalé, et c'est ainsi qu'il louait Maurice de Saxe, en militaire instruit; Duguay-Trouin, en homme de mer; Descartes, en physicien, d'Aguesseau, en jurisconsulte; Sully, en administrateur ; Marc-Aurèle, en philosophe moraliste; égal en sagesse à Apollonius et à Marc-Aurèle lui-même. C'est ainsi qu'en ne voulant faire qu'une préface à ses *Éloges*, il composa sous le nom d'*Essai*, le plus savant et le plus beau traité de morale historique, à propos des éloges donnés dans tous les temps, avec plus ou moins de justice et de vérité, selon les mœurs des siècles et le génie des orateurs : ouvrage qui n'a pas la célébrité qu'il mérite.

Vous concevez qu'une tension continuelle et une hauteur monotone devaient être le défaut des écrits de Thomas. Il manquait à son éloquence ce qui fait le charme de l'éloquence de Fénelon et de Massillon dans la prose, de l'éloquence de Virgile et de Racine dans les vers ; l'effusion d'une âme sensible et l'intérêt qu'elle répand. Son style était grave, imposant, et n'était point aimable. On y admirait tous les caractères d'une beauté virile ; les femmes y auraient désiré quelques traits de la leur. Il avait de l'ampleur, de la magnificence , jamais de la variété, de la facilité; jamais la souplesse des graces ; et ce qui le rendait admirable quelques moments, le rendait fatigant et pénible à la longue. On lui reprochait particulièrement d'épuiser ses sujets, et de ne rien laisser à penser au lecteur. Ce qui pourrait bien être en lui un manque de goût et d'adresse, mais ce qui n'en était pas moins un très rare excès d'abondance.

MARMONTEL, *Mémoires*, liv. XI.

II.

L'*Essai sur les Éloges*, où l'on estime avec raison un mélange heureux d'érudition littéraire, de jugements le plus souvent dictés par le goût, et de tableaux dont le coloris appartient à lé véritable éloquence, est regardé par les gens de lettres comme l'un des meilleurs écrits qui ait honoré la littérature du dix-huitième siècle*.

L'éloge vraiment dramatique de Marc-Aurèle, encore plus éloquent, sur-tout plus original que la troisième partie même de l'aloge de Descartes, qu'on trouve un peu trop souvent mêlé à des fictions épiques, est généralement estimé comme le chef-d'œuvre oratoire de Thomas. C'est une création heureuse, quoiqu'on y aperçoive beaucoup plus de recherche et de travail que d'inspiration et de verve : c'est un nouveau genre dans l'éloquence des éloges : c'est l'ouvrage d'un orateur. Je conviens cependant

* Quel monument de goût que cet ouvrage, que Thomas a eu la modestie d'intituler : *Essai sur les Éloges*, et auquel nul ouvrage de critique, soit ancien, soit moderne, à la réserve du livre de Cicéron sur les illustres orateurs, n'est digne d'être comparé !

MARMONTEL, *Essai sur le Goût*.

qu'on ne saurait y trouver ni l'ardente sensibilité de Rousseau, ni l'imagination pittoresque de Buffon. Le goût sain de l'antiquité demanderait que les pénibles efforts de l'écrivain y fussent moins visibles au lecteur, qui regrette de ne pas découvrir autant de facilité et de naturel dans le style, qu'il admire souvent de nerf et d'élévation dans les idées.

Le cardinal MAURY, *Essai sur l'Eloquence de la Chaire.*

III.

Il est des écrivains qu'on pourrait comparer à ces grands hommes, qui ont uni les qualités les plus brillantes et les vertus les plus extraordinaires aux travers les plus insensés et aux vices les plus choquants. Tel est Thomas; son nom rappelle encore plus le souvenir de ses défauts que celui de ses perfections, et il semble que la critique, qui s'est tant exercée sur ses ouvrages, ne puisse se lasser de lui reprocher le gigantesque de sa manière, et l'enflure de son style, devenue proverbe.

Ses ouvrages ont en général un caractère d'élévation extrêmement marqué. On ne peut s'empêcher d'admirer dans l'*Éloge de Descartes*, et plus particulièrement encore dans celui de *Marc-Aurèle,* des traits d'un sublime qui décèle l'homme fait pour exercer l'empire de la parole. Il pense avec grandeur, avec noblesse, avec force, il n'envisage point ses sujets d'une manière commune. Ses plans sont vastes, ses cadres sont étendus, ses aperçus sont neufs, hardis et brillants; mais son style, toujours tendu, toujours apprêté, toujours pénible, n'a jamais cette flexibilité, cet heureux abandon, cette grace facile, qui, dans les écrits des génies du premier ordre, dérobent l'empreinte de l'art et les ressorts de la composition. On dirait qu'il se complaît à montrer tous les artifices de sa rhétorique; mais quand on est revenu de l'étourdissement causé par le fracas de ses bruyantes figures, et qu'on veut examiner de plus près sa diction, on est étonné des fautes qui s'y rencontrent en foule; on ne trouve presque pas une phrase qui n'ait besoin d'être refaite; l'incorrection et l'impropriété dominent partout; aucune expression n'a l'air d'être le fruit de l'inspiration, qui trompe rarement; chaque terme, chaque construction paraît être le résultat d'un calcul, et d'un calcul souvent très faux et très malheureux. Voilà ce qui l'arrête et le place à une si grande distance des premiers orateurs, auxquels il mérite d'être comparé sous beaucoup d'autres rapports; voilà ce qui fait que ses ouvrages sont peu relus; quoique d'ailleurs il ne faille pas à beaucoup près les confondre dans cette foule de discours, faibles enfants d'une médiocrité plus sage et plus correcte.

Thomas, dans un *Essai sur les Éloges*, qui par sa nature est du genre de l'histoire et de la critique, ne déroge pas un seul moment à la dignité oratoire; cet ouvrage, un des meilleurs qu'il ait composés, n'offre que des énumérations et des tableaux qui succèdent perpétuellement à des tableaux et à des énumérations. Son *Traité sur les Femmes* présente les mêmes défauts, et n'a ni autant de beautés ni autant d'intérêt ; l'agrément du sujet ne peut amollir sa rhétorique : il était rebelle à la grace.

Si Thomas n'avait fait que ses poésies, sa gloire serait moins brillante ; mais il éclipserait encore ce peuple de versificateurs qui n'ont pas plus de talent naturel que lui, et qui ont beaucoup moins d'art. Il était au niveau des meilleurs écrivains de son temps pour le mécanisme des vers : on a très bien remarqué que sa facture a des rapports avec celle de M. l'abbé Delille ; sa versification est travaillée, précise et brillante. Il a porté dans la poésie le même genre de grandeur que dans l'éloquence. Son poème sur la mort de l'infortuné Jumonville offre des tirades fort belles ; on sait par cœur plusieurs passages de son *Ode sur le Temps* ; quelques endroits de son *Épître au Peuple* sont cités comme des modèles. Mais le poète ne s'est pas mis à l'abri des reproches qu'on peut faire à l'orateur ; les défauts qui dominent dans sa prose se reproduisent dans ses ouvrages en vers ; c'est la même enflure, le même goût pour les lieux communs scientifiques, la même surcharge de détails prolixes et ennuyeux, la même monotonie. Thomas ne sait pas plus varier ses couleurs qu'il ne sait borner ses idées ; il ressemble beaucoup à Lucain et à Claudien, qui n'ouvrent jamais une mine sans l'épuiser ; comme eux, il tourmente ses pensées pour les rendre plus saillantes ; comme eux, il s'étend et se complaît dans des descriptions qui n'ont point de fin ; comme eux, il recherche encore plus les beautés qui tiennent à la réflexion que celles qui naissent de l'imagination et du sentiment; comme eux, enfin, il néglige l'ensemble de l'ouvrage, pour s'appesantir sur les différentes parties; et ces défauts ne sont nulle part plus sensibles que dans les fragments d'un poème (*la Pétréide*) auquel il a travaillé long-temps, et sur lequel il paraissait avoir placé ses plus chères espérances de renommée et de gloire.

Quoique Delille soit très supérieur à Thomas, ces deux écrivains ont cependant des traits de ressemblances; tous deux ont une manière plus ingénieuse et plus brillante que naturelle; tous deux cherchent sur-tout les effets qui naissent de la coupe et de la construction du vers; tous deux s'étudient beaucoup plus à faire des morceaux qu'à combiner un ensemble; tous deux aiment à s'appesantir sur les particularités et sur les accessoires; tous deux s'épuisent en descriptions, en lieux communs, en détails techniques; tous deux abandonnent volontiers leur sujet pour ne s'occuper que des ornements; tous deux enfin, ont ce même goût scientifique et encyclopédique qui fut peut-être plus encore la faute de leur siècle que la leur, et qui se fait sentir également dans les *Géorgiques françaises* et dans *la Pétréide*; mais Delille est précieux et Thomas emphatique; Delille est affété, mignard, coquet; Thomas est ampoulé, enflé, gigantesque; la grandeur de l'un n'est que bouffisure; la grace de l'autre n'est que fard et vermillon; l'un cherche à étonner, et il a irrité la censure; l'autre ne veut que plaire, et il a rencontré l'indulgence. Je ne sais si *les Jardins* et les *Géorgiques françaises* vivront plus que cette *Pétréide*, et que les autres poésies de Thomas; mais Delille a laissé un monument immortel : il a interrogé un moment le génie de Virgile, et ce génie a daigné lui répondre; Thomas n'a consulté que le sien, et n'a pas trouvé dans ses propres ressources de quoi s'élever au rang des grands poètes.

Dussault, *Annales littéraires*.

IV.

Tous les panagyriques qui commencèrent la réputation de Thomas ne valent pas à beaucoup près le discours du P. Guénard, jusqu'à l'*Éloge de Descartes*, où son talent prit enfin quelque maturité, en même temps qu'il commençait à prendre plus d'essor. Le succès des *Éloges du maréchal de Saxe, du chancelier d'Aguesseau, de Duguay-Trouin, de Sully*, fut principalement dû à la supériorité de ces sujets sur tous ceux qu'on avait couronné depuis cent ans. Sans doute l'auteur annonçait du talent, mais encore plus de mauvais goût. Son style est dur, roide, tendu, monotone; il a de la force, mais elle est pénible; de l'élévation, mais elle est emphatique : il ne sait que procéder tour à tour, ou par de petites phrases coupées, ou par l'énumération de l'analyse, et l'un et l'autre fatiguent également. L'accumulation continuelle des termes abstraits dessèche et obscurcit sa diction, et les expressions parasites surchargent ses phrases, il a encore plus de tournures sentencieuses que de pensées, et cherche trop souvent à enfler des idées communes ou à répéter avec prétention ce qui avait été bien dit. Le terme propre et l'idée juste lui échappent fréquemment : il ne connaît ni l'art de lier ses phrases, ni celui d'enchaîner les objets dans un bel ordre, ni de passer de l'un à l'autre par des transitions heureuses, ni de faire de l'ensemble d'un discours un tissu où tout se tienne, et qui attache le lecteur; en un mot, il est dépourvu de trois qualités essentielles au genre oratoire : de sensibilité, de variété et de grace. Tel fut, pendant douze ou quinze années, cet écrivain qui ne montrait encore que beaucoup d'esprit et de connaissances, et qui cultivait l'un et l'autre par un travail opiniâtre. Il n'ignorait pas les reproches que lui faisaient les gens de goût, et l'impression fort différente que produisaient ses ouvrages lorsqu'on en faisait la lecture publique dans les assemblées, que quelques traits brillants ou énergiques peuvent si aisément séduire, et lorsqu'on les lisait ensuite avec une attention tranquille. Il était passionné pour la gloire, mais noblement; et il faut le compter parmi les écrivains dont l'exemple a prouvé qu'une belle âme embellit et enrichit le talent, et ce que des efforts soutenus et réfléchis peuvent arracher à la nature. La péroraison de l'*Éloge de Duguay-Trouin*, et un très petit nombre de morceaux très clair-semés dans ses autres discours, étaient jusque-là tout ce dont les connaisseurs lui savaient gré, et ce n'était à leurs yeux que quelques bons moments dans des déclamations de rhéteur. Le premier progrès marqué fut la dernière partie de l'*Éloge de*

Descartes : à la vérité, les trois quarts de cet ouvrage étaient plus rempli de bouffissure que tout ce qu'il avait encore écrit ; mais les vingt dernières pages, où il trace le tableau des persécutions qu'essuya la philosophie dans la personne de Descartes, étaient généralement belles. L'*Éloge du Dauphin* fit apercevoir un autre progrès. L'auteur apprit enfin à connaître des teintes plus douces et des formes plus flexibles : son style se détendit, sa phrase se désenfla ; et le premier de ses ouvrages que l'on put lire sans fatigue, fut celui où il n'avait plus d'autre palme à prétendre que l'estime des connaisseurs. Cette estime alla bientôt jusqu'à l'admiration lorsqu'il publia l'*Éloge de Marc-Aurèle*.

La louange nous lasse aisément, et c'est un des inconvénients du panégyrique. La raison se défie toujours d'un homme qui dit : Je vais louer. S'il exagère, c'est un artiste qui remplit une tâche de flatterie, et qui en fait un jeu d'esprit ; et le plus grand nombre des panégyriques n'est guère autre chose. Ce qui est le plus à désirer, c'est un sujet où l'orateur puisse se passionner sans affectation et sans intérêt, et soit sûr de retrouver, pour son héros, dans le cœur de ceux qui l'écoutent, la même sensibilité que dans le sien. S'il la porte jusqu'au point de faire oublier l'art et d'occuper entièrement de l'homme qu'il célèbre, sans que la vérité sévère puisse le démentir, il a obtenu un beau triomphe. L'orateur n'est jamais plus puissant que lorsqu'on peut le supposer pénétré de la chose dont il parle. Que sera-ce s'il l'est et doit l'être en effet ? S'il faut louer un grand prince, qui le louera mieux qu'un sage qui a été son maître et son ami, et qui vient près de son cercueil pour rendre hommage à sa mémoire en présence de tout un peuple? C'est cette idée si heureuse que saisit Thomas; c'est cette forme absolument neuve, qui fait de l'*Éloge de Marc-Aurèle* un drame si animé, si attachant, si pathétique; et la beauté du style en fait un drame sublime.

« Après un règne de vingt ans, Marc-Aurèle
« mourut à Vienne. Il était alors occupé à faire la
« guerre aux Germains. Son corps fut rapporté à
« Rome, où il entra au milieu des larmes et de la
« désolation publique. Le sénat en deuil avait été
« au-devant du char funèbre; le peuple et l'armée
« l'accompagnaient. Le fils de Marc-Aurèle suivait
« le char; la pompe marchait lentement et en si-
« lence. Tout à coup un vieillard s'avança dans la
« foule; sa taille était haute, et son air vénérable;
« tout le monde le reconnut : c'était Apollonius,
« philosophe stoïcien, estimé dans Rome, et plus
« respecté encore par son caractère que par son
« grand âge. Il avait toutes les vertus rigides de sa
« secte, et de plus il avait été le maître et l'ami de
« Marc-Aurèle. Il s'arrêta près du cercueil, le re-
« garda tristement; et tout à coup, élevant la voix,
« il dit : etc. ».

Cette manière d'établir le lieu de la scène est intéressante et dramatique. Un pareil début s'empare d'abord de l'âme, et vous transporte sur une scène de douleur. Ces descriptions locales étaient familières aux Anciens, qui s'attachaient à parler aux sens, ou à l'imagination qui les suplée.

Un philosophe stoïcien ne connaît point l'adulation; aussi l'auteur qui le fait parler n'a-t-il mis dans son discours aucune de ces flatteries qui se mêlent à l'éloge des meilleurs princes. Jamais la louange ne fut plus austère, jamais la vérité ne fut plus simple. Apollonius retrace l'éducation sévère que reçut Marc-Aurèle loin de Rome et de la cour, et il prend cette occasion pour reprocher aux Romains que cette éducation mâle commence à dégénérer parmi eux. Il observe que la philosophie fut le caractère distinctif de Marc-Aurèle. Il fait connaître au peuple romain le précis de la philosophie de cet empereur, qui est parvenu jusqu'à nous. Dans ce précis, que l'auteur fait lire par Apollonius, il a saisi l'esprit général des ouvrages de Marc-Aurèle. Il s'attache à faire voir sur-tout de quel œil ce grand homme regardait le trône et l'humanité; le respect qu'il ressentait pour l'une, et l'effroi que lui inspirait l'autre. Marc-Aurèle a devant les yeux le jugement qu'il doit subir dans la postérité, s'il ne règne pas pour le bonheur des hommes. Un moment d'une singulière beauté, c'est celui où Marc-Aurèle est représenté s'entretenant avec lui-même, prêt à abdiquer l'empire dont le fardeau l'épouvante. Le grand peintre Tacite n'aurait pas employé des couleurs plus vraies, plus touchantes. Un morceau d'un autre genre et d'une imagination poétique, c'est le songe de Marc-Aurèle. Viennent ensuite les députés de toutes les nations de l'empire, qui, en rappelant les bienfaits que chacune de ces nations a reçus de l'empereur, apportent successivement à sa cendre les hommages des trois parties du monde. Cette cérémonie est imposante; mais cette formule répétée : « J'apporte « à la cendre de Marc-Aurèle les hommages de l'A- « frique, j'apporte à la cendre de Marc-Aurèle les « hommages de l'Italie, etc., » a un air d'arrangement peu fait pour la noble simplicité qui règne dans cet ouvrage. Il eût été facile de remédier à ce défaut en faisant parler tour à tour les représentants de chaque peuple, qui raconteraient ce que Marc-Aurèle fit pour eux ; et tous se réunissant ensuite s'écrieraient d'une voix unanime : Nous apportons à la cendre de Marc-Aurèle les hommages de l'univers.

On voudrait aussi supprimer ou corriger quelques phrases qui manquent de justesse et de naturel : par exemple, celle-ci, qui se trouve au commencement du discours d'Apollonius : « Il ne faut « pleurer que sur la cendre des méchants; car ils « ont fait le mal et ne peuvent plus le réparer. » Cette idée n'est nullement vraie. On dirait avec beaucoup plus de fondement : Il faut pleurer sur la cendre des hommes vertueux, car il ne peuvent plus faire le bien : et ce début, même dans la bouche du stoïcien Apollonius, serait beaucoup plus intéressant et plus adapté au sujet. Mais ces taches sont rares, et une foule de beautés du premier ordre place cet ouvrage au rang des chefs-d'œuvre de l'éloquence française. Le temps qui me presse, ne me permet d'en citer que la péroraison :

« Quand le dernier terme approcha, il ne fut
« point étonné. Je me sentais élevé par ses discours.
« Romains, le grand homme mourant a je ne sais quoi
« d'imposant et d'auguste. Il semble qu'à mesure
« qu'il se détache de la terre, il prend quelque chose
« de cette nature divine et inconnue qu'il va rejoin-
« dre. Je ne touchais ses mains défaillantes qu'avec
« respect; et le lit funèbre où il attendait la mort
« me semblait une espèce de sanctuaire. Cependant
« l'armée était consternée, le soldat gémissait sous
« ses tentes; la nature elle-même semblait en deuil.
« Le ciel de la Germanie était plus obscur. Des
« tempêtes agitaient la cime des forêts qui environ-
« naient le camp, et ces objets lugubres semblaient
« ajouter encore à notre désolation. Il voulut quel-
« que temps être seul, soit pour repasser sa vie en
« présence de l'Être Suprême, soit pour méditer
« encore une fois avant de mourir. Enfin il nous fit
« appeler. Tous les amis de ce grand homme et les
« principaux de l'armée vinrent se ranger autour de
« lui; il était pâle, les yeux presque éteints et les
« lèvres à demi glacées; cependant nous remar-
« quâmes tous une tendre inquiétude sur son vi-
« sage. Prince *, il parut se ranimer un moment
« pour toi. Sa main mourante te présenta à tous
« ces vieillards qui avaient servi sous lui. Il leur re-
« commanda ta jeunesse. Servez-lui de père, leur
« dit-il; ah! servez-lui de père. Alors il te donna
« des conseils tels que Marc-Aurèle mourant devait

* Il s'adresse à Commode, qui est présent.

« les donner, et bientôt après Rome et l'univers le
« perdirent.

« A ces mots, tout le peuple romain demeura
« morne et immobile. Il se laissa tomber sur le
« corps de Marc-Aurèle ; il le serra long-temps entre
« ses bras, et se relevant tout à coup : Mais toi qui
« vas succéder à ce grand homme, ô fils de Marc-
« Aurèle ! ô mon fils ! permets ce nom à un vieil-
« lard qui t'a vu naître et qui t'a tenu enfant dans
« ses bras, songe au fardeau que t'ont imposé les
« dieux ; songe aux devoirs de celui qui commande,
« aux droits de ceux qui obéissent. Destiné à régner,
« il faut que tu sois, ou le plus juste, ou le plus cou-
« pable des hommes. Le fils de Marc-Aurèle aurait-il
« à choisir ? On te dira bientôt que tu es tout-puis-
« sant; on te trompera; les bornes de ton autorité
« sont dans la loi. On te dira encore que tu es grand,
« que tu es adoré de tes peuples ; écoute. Quand
« Néron eut empoisonné son frère, on lui dit qu'il
« avait sauvé Rome ; quand il eut fait égorger sa
« femme, on loua devant le sénat sa justice; quand
« il eut assassiné sa mère, on baisa sa main parri-
« cide, et l'on courut au temple remercier les dieux...
« Ne te laisse pas non plus éblouir par des respects :
« si tu n'as des vertus, on te rendra des hommages,
« et l'on te haïra. Crois-moi, on n'abuse point les peu-
« ples. Maître du monde, tu peux m'ordonner de
« mourir, mais non de t'estimer. O fils de Marc-Au-
« rèle, pardonne; je te parle au nom des dieux,
« au nom de l'univers qui t'est confié ; je te parle
« pour le bonheur des hommes et pour le tien. Non

« tu ne seras point insensible à une gloire si pure.
« Je touche au terme de ma vie ; bientôt j'irai re-
« joindre ton père; si tu dois être juste, puissé-je
« vivre encore assez pour contempler tes vertus; si
« tu devais un jour.....

« Tout à coup Commode, qui était en habit de
« guerrier, agita sa lance d'une manière terrible.
« Tous les Romains pâlirent; Apollonius fut frappé
« des malheurs qui menaçaient Rome; il ne put
« achever : ce vénérable vieillard se voila le visage.
« La pompe funèbre, qui avait été suspendue, re-
« prit sa marche. Le peuple suivit, consterné et
« dans un profond silence ; il venait d'apprendre
« que Marc-Aurèle était tout entier dans le tom-
« beau. »

L'*Essai sur les Éloges* n'est pas d'un genre si élevé; mais c'est un de nos bons ouvrages de littérature, un de ceux où il y a le plus d'esprit, de connaissances et de pensées. Il est vrai que c'est un ensemble sans proportion, que le titre est trop évidemment un prétexte pour parler de tout, et que le tableau déborde le cadre : c'est un abus de l'analyse que les Anciens ne connaissaient pas, de disserter sur toutes les choses possibles à propos d'une seule. Mais, malgré cet inconvénient, l'*Essai sur les Éloges* et le drame oratoire de *Marc-Aurèle* seront pour leur auteur les fondements d'une réputation durable : l'un doit le classer parmi les orateurs, et l'autre parmi les littérateurs, dans un rang très distingué.

L'*Essai sur les Femmes* est très inférieur : ces

sortes de traités qui contiennent tout ce qu'on veut, étaient trop du goût de Thomas, et ce sujet lui convenait peu. Ce n'est pas qu'il ne parle des femmes avec beaucoup d'esprit ; qu'il n'y ait même en quelques endroits des traits doux et gracieux qui ne lui sont pas familiers ; mais le tout est une suite de lieux communs et de discussions philosophiques, dont le but n'est pas assez marqué, dont le ton est trop sévère et trop uniforme, et dont la matière est trop étrangère à l'auteur. Il juge toujours les femmes en philosophe ; et c'est le cas d'être court. Il faut les aimer beaucoup pour avoir le droit d'en parler long-temps, dût-on en dire un peu de mal ; c'est ce qu'a fait Rousseau, et toutes le lui ont pardonné.

Thomas ne fut pas heureux dans ce qu'il mêla de métaphysique à son *Ode sur le Temps*, couronnée à l'Académie-Française en 1762, et qui méritait de l'être, par les beautés réelles, et de plus d'une espèce, qui en rachètent les défauts. Son début est ce qu'il y a de plus défectueux ; mais s'il commence très mal, vous verrez qu'il finit très bien :

Le compas d'Uranie a mesuré l'espace.
O temps, *être inconnu que l'âme seule embrasse*,
Invisible torrent des siècles et des jours,
Tandis que ton pouvoir m'entraîne dans la tombe,
 J'ose, avant que j'y tombe,
M'arrêter un moment pour contempler ton cours.

Qui me dévoilera l'instant qui t'a vu naître ?
Quel œil peut remonter aux sources de ton être ?
Sans doute ton berceau touche à l'éternité.
Quand rien n'était encore, enseveli dans l'ombre

> De cet abyme sombre,
> Ton germe y reposait, mais sans activité.

Les fautes se présentent ici de tous côtés, et malheureusement les plus graves de toutes, celles de sens. Il est facile de faire voir que ces deux strophes sont un vrai galimatias, ou, comme disait Voltaire, du *gali-Thomas*. Le premier vers, sans aucune liaison avec le second reste isolé, et forme une phrase finie, et cette première faute ne concerne que le rhythme; mais elle est très condamnable, comme absolument contraire à la marche lyrique qui doit toujours, et sur-tout dans un exorde, s'emparer de l'oreille par une suite progressive de formes harmoniques. Cette affectation toute nouvelle de s'arrêter au premier vers est tout à fait baroque, et lui donne une sorte de secousse très désagréable. Mais que signifie *être inconnu que l'âme seule embrasse?* Ici le galimatias est double et triple : si *l'âme seule embrasse le Temps*, il n'est donc pas *inconnu*, et de plus le Temps, être purement intellectuel, ne saurait, comme tous les êtres semblables, être connu que par la pensée. Pourquoi donc s'exprimer comme si c'était en lui un attribut particulier? Enfin il n'est pas vrai que le Temps soit un *être inconnu* : on sait que le Temps, qui a commencé avec le monde et doit finir avec lui, n'est autre chose que la durée abstraite des êtres créés ici bas, durée aperçue par la pensée et calculée par le mouvement : il n'y a là-dessus aucune difficulté en philosophie, à dater de Platon. Que signifient ces deux autres vers?

Qui me dévoilera l'instant qui t'a vu naître?
Quel œil peut remonter aux sources de ton être?

Les sources de ton être ne sont qu'une emphase vide de sens. Personne n'ignore que le Temps n'est point un être réel, n'est qu'une abstraction, et il est ridicule de vouloir remonter aux *sources* d'une abstraction. A l'égard de *l'instant qui l'a vu naître*, c'est une affaire de chronologie, et l'on dirait que l'auteur en veut faire une sorte de mystère. Tous les chronologistes, à quelques variations près, tournent autour d'une époque d'environ six mille ans tout au plus : et la géologie et la physique viennent à l'appui de ces anciennes dates historiques, qui généralement ne sont pas et ne peuvent être, comme on sait, d'une précision absolument rigoureuse, hors le cas des observations mathématiques, qui n'ont pu toujours avoir lieu, et heureusement encore cette précision n'est d'aucune conséquence. Que l'auteur ait personnifié le temps, c'est le droit du poète : mais c'était une raison de plus pour exclure la langue purement philosophique, trop sujette à se trouver en contradiction avec les figures poétiques, qui animent tout, tandis que la métaphysique décompose tout ; et que sera-ce si cette philosophie est erronée ? Qu'est-ce que le *germe* du Temps, et un *germe sans activité ?* Quel phébus ! Le Temps, n'a ni *germe* ni *action*, pas plus qu'il n'a de *sources*. Je me souviens qu'à la lecture publique, ces deux premières strophes produisirent un très mauvais effet : il n'y eut aucun murmure, il est vrai, ce ne fut que bien des années après que la réserve et la décence, habituelles dans les assemblées académiques, furent quelquefois troublées, quand ces assemblées à force d'être nombreuses, commencèrent à être un peu mélangées. Mais le mécontentement n'en était pas moins sensible au milieu de tant de gens instruits et attentifs, qui se regardaient les uns les autres avec étonnement, comme ayant l'air de se dire : Comprenez-vous un mot à tout cela? Cette première impression fut bientôt dissipée; et les applaudissements éclatèrent à la strophe suivante, qui est sublime :

Du chaos tout à coup les portes s'ébranlèrent ;
Des soleils allumés les feux étincelèrent.
Tu naquis : l'Éternel te prescrivit ta loi.
Il dit au Mouvement : Du Temps sois la mesure ;
  Il dit à la Nature :
Le Temps sera pour vous, l'Éternité pour moi.

Très peu de personnes se souvinrent alors, et personne, que je sache, n'a observé depuis, que ce dernier vers, qui est si beau, est entièrement pris, quant à la tournure et aux termes, d'un vers de Pompignan ; et je ne le rappelle même ici que pour remarquer comme un exemple très singulier une espèce de plagiat qui, dans le fait, cesse d'en être un, tant, avec les mêmes mots, les idées sont différentes. Il y a dans l'ode de Lefranc, où les justes parlent de Dieu :

Le pécheur à la fin tombera sous tes coups,
Le temps est fait pour lui, l'Éternité pour nous.

Quelle prodigieuse distance de cette pensée, si

commune dans les livres saints, qui assignent au juste pour partage les biens éternels et aux autres les biens temporels, à cette distribution, vraiment divine, par laquelle l'Être Suprême donne au monde créé le temps pour durée, et se réserve pour la sienne l'éternité? En vérité, l'un de ces vers n'a pas fourni l'autre : celui-ci est né du sujet, et en est sorti tout fait : et la preuve, c'est que tout le monde l'a retenu, au lieu que celui de Pompignan est ignoré; tant les beautés tiennent à la place où elles sont et à l'ordre des idées.

Le reste de la pièce se soutient assez sur un ton d'élévation qui était naturel à l'auteur, mais presque partout avec des impropriétés de diction et des fautes de goût : celui de Thomas comme on sait, n'a jamais été pur en aucun genre. Il multiplie trop, ici comme ailleurs, les expressions abstraites, et les répète même avec affectation.

Je n'occupe qu'un point de la vaste étendue.....
Je parcours tous les points de l'immense durée.

Il fallait laisser à Pascal cette phrase fameuse, qui n'est pas faite pour les vers. « La vie de l'homme « est un point entre deux éternités. »

En vain contre le Temps je cherche *une barrière :*
Son *vol* impétueux me presse et me poursuit.

Une *barrière contre le Temps*, et une *barrière* opposée à un *vol* ne sont ni des idées ni des expressions justes. Il faut s'attendre aussi que, sur un sujet pareil, presque tout sera lieu commun, et d'autant plus que les lieux communs étaient partout une des ressources les plus familières à Thomas, dont la manière est en général celle des rhéteurs, qui n'a jamais été celle des écrivains du premier ordre. Mais voici des strophes où des choses communes sont quelquefois relevées par l'expression.

De la destruction tout m'offre des images ;
Mon œil épouvanté ne voit que des ravages :
Ici de vieux tombeaux que la mousse a couverts,
Là des murs abattus, des colonnes brisées,
  Des villes *embrasées;*
Partout les pas du Temps empreints sur l'univers.

Le dernier vers est beau : ce qui précède est trop usé, et des villes *embrasées* ne sont point ici à leur place, l'embrasement n'étant point l'ouvrage du Temps.

Le soleil, épuisé dans sa brillante course,
De ses feux par degrés verra tarir la source,
Et des mondes vieillis les ressorts s'useront ;
Ainsi que les rochers qui du haut des montagnes
  Roulent dans les campagnes,
Les astres l'un sur l'autre un jour s'écrouleront.

Là, de l'éternité commencera l'empire ;
Et dans cet océan, où tout va se détruire,
Le temps s'engloutira comme un faible vaisseau.

(Ces trois vers sont aussi fort beaux):

Mais mon âme immortelle, aux siècles échappée ;
  Ne sera point frappée,
Et des mondes brisés *foulera le tombeau.*

On ne peut guère se figurer ce que c'est que *le tombeau des mondes*, encore moins comment une âme peut *fouler*. Quoique ce soit, tout cela est d'un style très vicieux. Je laisse de côté cette idée, contraire non-seulement à la religion, mais à la physique, que les *ressorts du monde s'useront* : il est de toute évidence qu'ils n'éprouvent aucune altération, puisque les phénomènes de la nature n'ont changé en rien depuis tant de siècles, comme l'attestent les traditions et les expériences. Mais c'est sur-tout à cause des inégalités du style que je ne place pas cette ode au niveau des trois précédentes dont j'ai fait mention, quoiqu'elle s'en rapproche par la nature des beautés. Vous en avez vu qui ont un caractère de grandeur : celles qui terminent la pièce sont de sentiment ; ce qui est fort rare dans cet écrivain.

Si je devais un jour pour de viles richesses
Vendre ma liberté, descendre à des bassesses ;
Si mon cœur par mes sens devait être amolli,
O Temps, je te dirais : *Préviens* ma dernière heure ;
  Hâte-toi, que je meure ;
J'aime mieux n'être plus que de vivre avili.

Mais si de la vertu les généreuses flammes
Peuvent de mes écrits passer dans quelques âmes ;
Si je puis d'un ami soulager les douleurs ;
S'il est des malheureux dont l'obscure innocence
  Languisse sans défense,
Et dont ma faible main puisse essuyer les pleurs :

O Temps ! suspends ton vol, respecte ma jeunesse ;
Que ma mère long-temps, témoin de ma tendresse,

Reçoive mes tributs de respect et d'amour;
Et vous, Gloire, Vertu, déesses immortelles,
 Que vos brillantes aîles
Sur mes cheveux blanchis se reposent un jour.

Ces trois strophes, belles et touchantes, et où la noblesse des sentiments est sans affectation et sans jactance, n'ont qu'une seule tache, c'est cette expression impropre, *Préviens ma dernière heure*; le temps ne saurait *prévenir* ce que lui seul peut marquer. Mais je ne relève cette faute, presque inaperçue dans l'effet général du morceau, que parce qu'il est très aisé de l'effacer; il n'y a qu'à lire :

. . . . Hâte ma dernière heure;
 Hâte-toi, que je meure.

et d'autant mieux que la répétition, loin d'être une cheville, rentre dans le mouvement et le dessein de la phrase. Mais ce qui est plus important à observer pour la gloire de l'auteur et des lettres, c'est que le naturel et la vérité de ce morceau; qui produisit un effet universel, tenaient aux sentiments qui n'avaient fait que passer de l'âme du poète dans ses vers. Ce qu'il n'a dit qu'une fois, il l'a fait toute sa vie; toute sa vie il fut le bienfaiteur des siens, et il donna plus d'une fois des marques d'une âme indépendante et ferme, au-dessus des considérations de la fortune et de la crainte du pouvoir. C'est depuis ce morceau, qui avait fait une impression très sensible, que l'esprit d'imitation servile a suggéré à tant d'auteurs de nous parler, à tout propos, en vers et en prose, de leurs *pères et mères*, sans autre effet que de nous apprendre qu'ils en avaient.

Nous avons deux autres odes de Thomas : l'une, qui est une production de sa première jeunesse, et qu'il adressait au nom de l'Université, à un controleur-général des finances, qu'il appelle un *Colbert*, un *héros*, un *demi-dieu*. Tout ce qu'il convient de dire de cette ode, c'est que l'Université obtint ce qu'elle demandait. L'autre, qui fut envoyée à l'Académie, est mieux écrite, mais n'offre d'un bout à l'autre qu'une suite de moralités vulgaires : le sujet était *les Devoirs de la société*. On y distingue une strophe sur l'harmonie de l'univers, qui joint à la précision et à la justesse une élégance poétique :

Les vents épurent l'air ; l'air balance les ondes ;
Pour la fertilité l'eau circule en tout lieu ;
Les germes sont féconds ; le feu nourrit les mondes,
    Et tout nourrit le feu.

La Harpe, *Cours de Littérature*.

MORCEAUX CHOISIS.

I. Un Combat naval de Duguay-Trouin

Duguay-Trouin s'avance, la victoire le suit. La ruse et l'audace, l'impétuosité de l'attaque et l'habileté de la manœuvre l'ont rendu maître du vaisseau commandant. Cependant l'on combat de tous côtés ; sur une vaste étendue de mer règne le carnage. On se mêle : les proues heurtent contre les proues ; les manœuvres sont entrelacées dans les manœuvres ; les foudres se choquent et retentissent. Duguay-

Trouin observe d'un œil tranquille la face du combat, pour porter des secours, réparer des défaites, ou achever des victoires. Il aperçoit un vaisseau armé de cent canons, défendu par une armée entière. C'est là qu'il porte ses coups; il préfère à un triomphe facile l'honneur d'un combat dangereux. Deux fois il ose l'aborder; deux fois l'incendie qui s'allume dans le vaisseau ennemi l'oblige de s'écarter. Le Devonshire, semblable à un volcan allumé, tandis qu'il est consumé au dedans, vomit au dehors des feux encore plus terribles. Les Anglais, d'une main, lancent des flammes; de l'autre ils tâchent d'éteindre celles qui les environnent. Duguay-Trouin n'eût désiré les vaincre que pour les sauver. Ce fut un horrible spectacle pour un cœur tel que le sien, de voir ce vaisseau immense brûlé en pleine mer, la lueur de l'embrasement réfléchie au loin sur les flots, tant d'infortunés errants en furieux, ou palpitants immobiles au milieu des flammes, s'embrassant les uns les autres, ou se déchirant eux-mêmes, levant vers le ciel des bras consumés, ou précipitant leurs corps fumants dans la mer; d'entendre le bruit de l'incendie, les hurlements des mourants, les vœux de la religion mêlés aux cris du désespoir et aux imprécations de la rage, jusqu'au moment terrible où le vaisseau s'enfonce, l'abyme se referme, et tout disparaît. Puisse le génie de l'humanité mettre souvent de pareils tableaux devant les yeux des rois qui ordonnent les guerres! Cependant Duguay-Trouin poursuit la flotte épouvantée. Tout fuit, tout se disperse. La mer est couverte de débris, nos ports se remplissent de dépouilles; et tel fut l'évènement de ce combat, qu'aucun des vaisseaux qui portaient du secours ne passa chez les ennemis.

Eloge de Duguay-Trouin.

II. Songe de Marc-Aurèle *.

Je voulus méditer sur la douleur; la nuit était déjà avancée; le besoin du sommeil fatiguait ma paupière; je luttai quelque temps; enfin je fus obligé de céder, et je m'assoupis; mais dans cet intervalle je crus avoir un songe. Il me sembla voir dans un vaste portique une multitude d'hommes rassemblés; ils avaient tous quelque chose d'auguste et de grand. Quoique je n'eusse jamais vécu avec eux, leurs traits pourtant ne m'étaient pas étrangers; je crus me rappeler que j'avais souvent contemplé leurs statues dans Rome. Je les regardais tous, quand une voix terrible et forte retentit sous le portique : *Mortels, apprenez à souffrir !* Au même instant, devant l'un, je vis s'allumer des flammes, et il y posa la main. On apporta à l'autre du poison ; il but, et fit une libation aux dieux. Le troisième était debout auprès d'une statue de la Liberté brisée; il tenait d'une main un livre; de l'autre il prit une épée, dont il regardait la pointe. Plus loin je distinguai un homme tout sanglant, mais calme et plus tranquille que ses bourreaux; je courus à lui en m'écriant : « O Régulus ! est-ce toi ? » Je ne pus

* Voyez la magnifique péroraison de l'*Eloge de Marc-Aurèle*, citée par La Harpe, page 392.

soutenir le spectacle de ses maux, et je détournai mes regards. Alors j'aperçus Fabricius dans la pauvreté, Scipion mourant dans l'exil, Épictète écrivant dans les chaînes, Sénèque et Thraséas les veines ouvertes, et regardant d'un œil tranquille leur sang couler. Environné de tous ces grands hommes malheureux, je versais des larmes; ils parurent étonnés. L'un deux, ce fut Caton, approcha de moi, et me dit : « Ne nous plains pas, mais imite-nous; « et toi aussi, apprends à vaincre la douleur ! » Cependant il me parut prêt à tourner contre lui le fer qu'il tenait à la main ; je voulus l'arrêter, je frémis, et je m'éveillai. Je réfléchis sur ce songe, et je conclus que ces prétendus maux n'avaient pas le droit d'ébranler mon courage; je résolus d'être homme, de souffrir et de faire le bien.

Éloge de Marc-Aurèle.

III. Le Czar à l'Hôtel des Invalides.

Vers les bords où la Seine, abandonnant Paris,
Semble de ces beaux lieux, où son onde serpente,
S'éloigner à regret et ralentir sa pente,
D'un immense palais le front majestueux,
Arrondi dans la nue en dôme somptueux,
S'élève et peuple au loin la rive solitaire.
Pierre y porte ses pas. La pompe militaire,
Des tonnerres d'airain, des gardes, des soldats,
Tout présente à ses yeux l'image des combats :
Mais cet éclat guerrier orne un séjour tranquille.
« Tu vois de la Valeur, tu vois l'auguste asyle,
« Lui dit Le Fort : jadis pour soutenir ses jours,
« Réduit à mendier d'avilissants secours,

« Dans un pays ingrat, sauvé par son courage,
« Le guerrier n'avait pas, au déclin de son âge,
« Un asyle pour vivre, un tombeau pour mourir :
« L'État qu'il a vengé daigne enfin le nourrir.
« Louis à tous les rois y donne un grand exemple. »
« Entrons », dit le héros. Tous étaient dans le temple.
C'était l'heure où l'autel fumait d'un pur encens ;
Il entre, et de respect tout a frappé ses sens.
Ces murs religieux, leur vénérable enceinte,
Ces vieux soldats épars sous cette voûte sainte,
Les uns levant au ciel leurs fronts cicatrisés,
D'autres, flétris par l'âge et de sang épuisés,
Sur leurs genoux tremblants pliant un corps débile,
Ceux-ci courbant un front saintement immobile,
Tandis qu'avec respect sur le marbre inclinés,
Et plus près de l'autel quelques-uns prosternés,
Touchaient l'humble pavé de leur tête guerrière,
Et leurs cheveux blanchis roulaient sur la poussière.
Le Czar avec respect les contempla long-temps.
« Que j'aime à voir, dit-il ces braves combattants!
« Ces bras victorieux, glacés par les années,
« Quarante ans, de l'Europe ont fait les destinées.
« Restes encore fameux de tant de bataillons,
« De la foudre sur vous j'aperçois les sillons.
« Que vous me semblez grands ! Le sceau de la victoire
« Sur vos ruines même imprime encore la gloire ;
« Je lis tous vos exploits sur vos fronts révérés :
« Temples de la valeur, vos débris sont sacrés. »
   Bientôt ils vont s'asseoir dans une enceinte immense,
Où d'un repas guerrier la frugale abondance,
Aux dépens de l'état, satisfait leur besoin.
Pierre de leur repas veut être le témoin.
Avec eux dans la foule il aime à se confondre,

Les suit, les interroge; et fiers de lui répondre,
De conter leurs exploits, ces antiques soldats
Semblent se rajeunir au récit des combats;
Son belliqueux accent émeut leur fier courage.
« Compagnons, leur dit-il, je viens vous rendre hommage;
« Car je suis un guerrier, un soldat comme vous. »
D'un regard attentif ils le contemplaient tous,
Et son front désarmé leur parut redoutable.
Tout à coup le monarque approchant de leur table,
Du vin dont leurs vieux ans réchauffaient leur langueur,
Dans un grossier crystal épanche la liqueur ;
Et la coupe à la main, debout, la tête nue :
« Mes braves compagnons, dit-il, je vous salue! »
Il boit en même temps. Les soldats attendris,
A ce noble étranger répondent par des cris.
Tous ignoraient son nom, son pays, sa naissance;
Mais de son fier génie ils sentaient la puissance.
Leur troupe avec honneur accompagne ses pas :
Son rang est inconnu, sa grandeur ne l'est pas.
La Pétréide.

IV. L'Anatomie.

Ruysch, de l'anatomie empruntant le secours,
Interrogeait la Mort pour conserver nos jours.
La Mort obéissant sous cette main savante,
Dévoilait à ses yeux la nature vivante,
Ces muscles, cet amas d'innombrables vaisseaux,
Du dédale des nerfs les mobiles faisceaux,
Organes où circule une invisible flamme,
Rapides messagers des volontés de l'âme.
Les corps inanimés, par ses heureux travaux,
Paraissaient se survivre, échappés des tombeaux.
    O prodige de l'art! dans leurs veines flétries,
Lorsque d'un sang glacé les sources sont taries,

Du cylindre odorant qui le tient enfermé,
Jaillit un sang plus pur, de parfums embaumé.
Par le souffle de l'air la liqueur onctueuse
Poursuit, en bouillonnant, sa route tortueuse,
Se filtre, s'insinue, et court à longs ruisseaux
De l'aride machine inonder les vaisseaux.
Soudain tout se ranime, et la pâleur s'efface :
L'immobile beauté conserve encore sa grace ;
Un nouvel incarnat a peint son front vermeil,
L'enfant paraît plongé dans le plus doux sommeil.
On voit, par le même art, les plantes ranimées,
Déployer autour d'eux leurs tiges parfumées,
Et suspendre en festons leurs fleurs et leurs rameaux.
Tels ont peint, chez les morts, ces tranquilles berceaux,
Ce riant élysée, et, sous des myrtes sombres,
Le silence éternel et le repos des ombres.

 Pierre, dans cette enceinte, où Ruysch guide ses pas,
Voit ces êtres nouveaux dérobés au trépas ;
Il les voit, il s'arrête, il contemple, il admire :
A son œil étonné la mort même respire ;
Chaque pas, chaque objet ajoute à ses transports.
« Feu céleste, dit-il, descendez sur ces corps,
« Ils vivront. » Tout à coup dans un touchant délire,
Il baise un jeune enfant qui semblait lui sourire.

Ibid.

V. Le cardinal de Richelieu, Condé, Turenne, Luxembourg et
Louvois.

 Un homme, en qui l'audace aux talents fut unic
Sujet par sa naissance, et roi par son génie,
Avait du nom français commencé la splendeur,
Et préparé pour moi ce siècle de grandeur.
Cet homme est Richelieu, ministre despotique,
Profond dans ses desseins, fier dans sa politique.

Qu'il fallut à la fois admirer et haïr;
Qui, parmi les complots, sut se faire obéir;
En dégradant son roi, releva la couronne;
Du pouvoir d'un sujet fit hériter le trône;
Combattit et l'Espagne, et l'Autriche, et les grands,
Et, sans aimer le peuple, écrasa ses tyrans.
Il ébranla l'Europe, et sut calmer la France.
Tandis que des Césars il sapait la puissance,
La mort l'interrompit dans son vaste projet.
Son maître, qui ne fut que son premier sujet,
Qui, faible dans sa cour, partout ailleurs fut brave,
Sans oser être libre, indigné d'être esclave,
A ce ministre-roi donnant peu de regrets,
Dans la nuit du tombeau l'avait suivi de près.
. . . .
. . . .

 Le premier, dit Louis, de ces noms éclatants
Est ce fameux Condé, général à vingt ans,
Couvert, dans les combats, d'une gloire immortelle,
Né pour être un héros, plus qu'un sujet fidèle.
Lui seul de son génie il connut le secret;
Lui seul, en osant tant, ne fut point indiscret.
Entouré de périls, le grand homme ordinaire
Balance les hasards, consulte, délibère;
Pour lui, voir l'ennemi, c'était l'avoir dompté;
En mesurant l'obstacle, il l'avait surmonté;
Sa prudence, sortant de la route commune,
Par l'excès de l'audace enchaînait la fortune.
Pour guider des Français le ciel l'avait formé;
Mais ce feu dévorant dont il fut animé
Fit ses égarements, ainsi que son génie;
Il ne put d'un affront porter l'ignominie:
Maître de la victoire, et non maître de soi,

Pour punir un ministre, il combattit son roi!
Un remords lui rendit sa patrie et sa gloire.

 Turenne, ainsi que lui, formé par la victoire,
Habile à tout prévoir, comme à tout réparer,
Différant le succès pour le mieux assurer,
Couvrant tous ses desseins d'un voile impénétrable,
Ou vainqueur, ou vaincu, fut toujours redoutable.
Tantôt avec ardeur précipitant ses pas,
Tantôt victorieux, sans livrer de combats,
De vingt peuples ligués spectateur immobile,
Son génie enchaînait leur valeur inutile.
Bourbon dut son succès à son activité :
L'ennemi de Turenne a souvent redouté
Sa lenteur menaçante et son repos terrible.

 Luxembourg, fier, actif, et comme eux invincible,
Eut l'âme de Condé, l'éclair de son regard,
Et le génie ardent qui sait maîtriser l'art.
Sa main à mon empire ajouta des provinces.
Admirez cependant quel est le sort des princes!
A mes ressentiments si mon cœur eût cédé,
Peut-être Luxembourg n'eût jamais commandé.
Peu chéri de ma cour, mais grand dans une armée,
L'éclat de ses hauts faits et de sa renommée
Fut un ordre pour moi d'employer sa valeur :
La justice une fois tint lieu de la faveur.
J'appris qu'un courtisan qui déplaît à son maître,
N'est pas moins un héros, lorsqu'il est né pour l'être;
Que souvent le monarque a besoin du sujet;
Et ce fier Luxembourg, que son roi négligeait,
Rendu par ses talents nécessaire à la France,
Força son souverain à la reconnaissance.
Mon cœur, né généreux, sut en porter le poids;
J'honorai son génie, et payai ses exploits.

Tels étaient ces grands chefs. Tandis que leur courage
Faisait trembler le Rhin, le Danube et le Tage,
Du sein de mon palais un ministre fameux
Secondait par ses soins leurs travaux belliqueux :
C'était ce fier Louvois, actif, infatigable,
De mes droits offensés vengeur inéxorable,
Esclave des grandeurs plus qu'ami de son roi,
Mais par ambition servant l'état et moi.
Je connus ses défauts ; je vis son caractère
S'endurcir par degré dans un long ministère :
Ses yeux, importunés d'un éclat étranger,
N'aimaient que les talents qu'il pouvait protéger.
Faiblesse avilissante, et pourtant trop commune !
Mais son jaloux orgueil servit à ma fortune :
Par ses savantes mains les plans étaient tracés,
Tous les hasards prévus, tous les ordres fixés.
Un silence profond précédait la conquête ;
Avant que l'ennemi pût prévoir la tempête,
Le coup inévitable était déjà porté.

Ibid.

THOMPSON (Jacques), poète anglais, né en 1700, à Ednan en Écosse, annonça de bonne heure les talents et les vertus qui honorèrent sa carrière. Il était fils d'un ministre, et reçut une éducation des plus soignées. Entraîné par un goût irrésistible pour les lettres, ce fut à elles qu'il se consacra dès sa jeunesse. Il débuta, en 1726, par son poème sur l'*Hiver,* et se vit bientôt recherché par les littérateurs les plus distingués et par les personnes du plus haut rang. Le lord Talbot, chancelier du royaume, frappé du mérite de Thompson, le chargea de diriger la jeunesse de son fils, et le poète s'acquitta avec honneur de cet emploi délicat. Il parcourut avec son élève la plupart des cours et des villes principales de l'Europe. A son retour dans sa patrie il fut nommé secrétaire du chancelier, et serait parvenu, sans doute, à un emploi plus élevé, si la mort ne lui eût enlevé son protecteur.

Privé de l'appui sur lequel il comptait, Thompson se vit réduit à vivre des fruits de son génie. Il fut enlevé aux lettres en 1748, et emporta dans le tombeau les regrets de tous ses compatriotes. Bon ami, bon parent, doué d'une vive sensibilité et d'un caractère aussi doux qu'aimable, il sut répandre dans ses écrits tout le charme de ses vertus. La meilleure édition de ses œuvres est celle de Londres, avec la vie de l'auteur, 1762, 2 vol. in-4°. Le produit en fut destiné à lui élever un mausolée dans l'abbaye de Westminster. On y trouve : le poème des *Quatre Saisons*, ouvrage très estimé, où Thompson nous peint la nature en homme qui l'a étudiée avec soin, et qui en a profondément senti toutes les beautés; *le Château de l'indolence*, plein de bonne poésie et d'excellentes leçons de morale ; le poème de *la Liberté*, auquel il a travaillé pendant deux ans, et qu'il estimait au-dessus de ses autres productions; des *tragédies* qui furent représentées avec succès, quoiqu'elles pêchent par le plan et souvent par la versification ; enfin des *odes* bien au-dessous de celles de Rousseau, mais où l'on trouve néanmoins le génie de la lyre. Le poème des *Quatre Saisons* a été traduit en français, en 1759, in-8°, par madame Bontemps, et en 1801, par M. Deleuze, 1 vol. in-8°.

JUGEMENTS.

I.

Je ne connais, en aucune langue, de compositions descriptives plus étendues et plus complètes que celles du poème des *Saisons*, de M. Thompson, ouvrage d'un très grand mérite. Le style brillant et fort en est quelquefois un peu dur; on lui a même reproché de manquer d'aisance et de clarté. Mais malgré ces défauts, Thompson est un poète descriptif plein d'énergie et de beauté, parce qu'il possède un cœur sensible et une imagination ardente. Il avait étudié la nature avec soin, et s'appliquait à la copier avec fidélité. Vivement épris de ses charmes, il décrivait ce qu'il sentait, et savait transmettre aux autres les impressions qu'il éprouvait. Il est impossible qu'une personne de goût lise une de ses *Saisons* sans éprouver des sentiments et des idées analogues à ceux que cette saison inspire. Je pourrais citer de lui un grand nombre de descriptions magnifiques, telles que celles d'une averse au printemps, d'un matin d'été, ou de l'homme qui périt au milieu des neiges; mais j'aime mieux rapporter un passage d'un autre genre, pour montrer combien une seule circonstance bien choisie peut embellir et donner de la vérité à une description. Dans le chant consacré à l'été, en racontant les effets de la chaleur sous la zone torride, il se trouve naturellement conduit à rappeler cette peste qui, devant Carthagène, détruisit la flotte anglaise que commandait l'amiral Vernon, puis il ajoute :

You, gallant Vernon, saw
The miserable scene; you pitying saw
To infant weakness sunk the warrior's arm;
Saw the deep racking pang; the ghastly form;
The lip pale quiv'ring; and the beamless eye
No more with ardor bright; you heard the groans
Of agonizing ships from shore to shore;
Heard nightly plunged, amid the sullen waves,
The frequent corse.

« Vous fûtes témoin de cette scène d'horreur,
« brave Vernon; vous vîtes nos guerriers affaiblis
« devenir semblables à des enfants; vous les vîtes
« en proie aux convulsions de la douleur : leurs traits
« étaient altérés, leurs lèvres pâles et tremblantes,
« et le feu du courage ne brillait plus dans leurs
« yeux; vous entendîtes les soupirs de l'agonie se
« prolonger d'un vaisseau à l'autre. Lorsqu'à l'en-
« trée de la nuit on jetait tristement à la mer une
« multitude de cadavres, ce bruit sinistre retentis-
« sait dans votre âme...... » (Traduction de M. Deleuze.)

Comme les circonstances sont heureusement choisies pour nous faire sentir toute l'horreur de ce spectacle ! Mais le dernier trait est le plus frappant du tableau. Nous sommes conduits à travers des scènes lugubres jusqu'au moment où la mortalité s'étend sur la flotte. Pour décrire cette situation affreuse, un poète vulgaire n'aurait pas manqué de multiplier les expressions exagérées, et de peindre les victoires nombreuses de la mort et ses trophées accumulés. Mais l'imagination est bien plus fortement frappée de cette seule circonstance des cadavres qu'à l'entrée de chaque nuit l'on jette à la mer, et du bruit uniforme de leur chute qui retentit tant de fois dans l'âme du malheureux amiral *.

Blair, *Cours de Rhétorique.*

II.

Le poème de Thompson (*Les Saisons*) a été traduit dans notre langue. Comme Milton, il a secoué le joug de la rime : il a beaucoup de ressemblance avec ce grand poète; il est abondant et fécond comme lui. Quelle profusion d'images ! quelle ma-

* L'éloge que le docteur Johnson, dans ses *Vies des poètes anglais*, fait de M. Thompson, est, selon moi, bien mérité : « Comme écrivain, dit-il, « il est digne de la plus grande estime. Sa pensée est originale, son expres- « sion l'est aussi. Son vers blanc ne ressemble pas plus à celui de Milton « ou de tout autre poète, que le vers rimé de Prior ne ressemble à celui de « Cowley. Ses cadences, ses pauses, sa diction ne sont qu'à lui; il n'a rien « copié, rien imité. Il pense d'une manière toute particulière; et ses pensées « sont toujours celles d'un homme de génie. Il regarde la nature et l'exis- « tence, de l'œil que la nature seule a donné au poète, cet œil qui, dans un « objet, voit et saisit en un instant tout ce qui peut captiver l'imagination. « Son esprit embrasse l'immense étendue, et s'abaisse aux détails les plus mi- « nutieux. L'homme qui lit le poème des *Saisons* s'étonne de n'avoir jamais « vu ce qu'il lui fait voir, de n'avoir jamais senti ce qu'il lui fait éprouver. « — S'il décrit de grandes scènes ou des objets généraux, il nous montre « la nature dans toute sa magnificence, il nous la montre avec tous ses « charmes ou dans toute son horreur. L'esprit se pénètre tour à tour de la « gaieté du printemps, de la splendeur de l'été, de la tranquillité de l'au- « tomne ou de l'horreur de l'hiver. Le poète met sous nos yeux tous les « objets divers que l'année ramène dans son cours, et sait si bien nous faire « partager son enthousiasme, que notre cœur s'épanche en présence de ses « tableaux, et brûle des sentiments qu'il exprime. » Le reproche que ce ju- dicieux critique fait au style de Thompson n'est pas moins juste et moins bien fondé : « Il est, dit-il, trop redondant, et l'on peut quelquefois l'ac- « cuser de chercher plus à flatter l'oreille qu'à plaire à l'esprit. »

gnificence d'expressions! Rien de si frais que son Printemps, de si brûlant que son Été, de si riche que son Automne, de si sombre que son Hiver. Les épisodes sont en général infiniment supérieurs à ceux de Vanière et de Rapin. Les mœurs et le séjour de la campagne ont dans son livre un attrait délicieux. Il ne s'est pas contenté de peindre le climat qu'il habitait : l'Afrique, l'Asie, l'Amérique, le monde entier ont, pour ainsi dire, payé tribut à sa poésie. Mais il ne sait point s'arrêter; il n'abandonne jamais une idée sans l'avoir épuisée; il manque d'ordre et de transitions; il imite souvent Virgile, et l'imite mal ; et c'est sur-tout dans ces morceaux que l'on sent combien le poète latin connaissait mieux l'art d'écrire, combien ses images sont plus vraies, ses expressions plus justes, ses peintures moins chargées. D'ailleurs Virgile a un but, et Thompson n'en a point : dans Virgile, le retour successif des préceptes et des digressions forme une variété piquante; dans Thompson la *continuité des descriptions* rebute à la longue le lecteur, fatigué de cette multitude de tableaux. Quoi qu'il en soit, je conseillerais la lecture de ce poème, non-seulement aux poètes, mais encore aux peintres, qui y trouveront partout les grands effets et les plus magnifiques tableaux de la nature.

DELILLE, *Discours préliminaire de la Traduction des Géorgiques.*

MORCEAUX CHOISIS.

I. Les premiers effets du Printemps.

Voyez le sombre hiver s'enfuir au loin vers le nord, et rappeler ses fougueux tourbillons : ils obéissent à sa voix, et abandonnent la colline murmurante, la forêt dépouillée de sa parure et le vallon couvert de débris. Déjà des vents plus doux leur succèdent : sous leur tiède haleine la neige se fond et coule en torrents limoneux, et les montagnes élèvent jusqu'au ciel leur cime verdoyante.

Cependant le règne du printemps est encor mal affermi : l'hiver quelquefois ramène vers le soir ses froides brises, glace le disque pâle de la lune, et, de ses importuns frimas, attriste le jour obscurci. A peine le héron reconnaît le temps où il peut fouiller avec son long bec les marais retentissants. Les alcyons doutent s'ils doivent quitter le rivage pour s'abattre sur les bruyères, et redire au désert attentif leurs sauvages accents.

Enfin le soleil majestueux roule son char loin du Bélier, et le brillant Taureau le reçoit. Désormais l'atmosphère ne craint plus les rigueurs du froid ; pleine de vie et animée d'une ardeur féconde, elle soulève les légers nuages, et les déploie, comme un voile pur et transparent, sur la voûte spacieuse du ciel.

L'air se pénètre d'une douce chaleur, et le mobile élément erre en liberté sur les campagnes amolies. Le laboureur impatient reconnaît avec joie les bienfaits de la nature; il tire de leur étable ses bœufs robustes et les mène à l'utile charrue, qui, délivrée des frimas, repose au milieu des sillons. Ils se soumettent au joug sans résistance, et reprennent leurs travaux, égayés par une simple chanson et par le vol de l'alouette. Cependant, courbé sur le soc étincelant, leur maître écarte avec effort l'argile rebelle, dirige tout l'ouvrage, et entr'ouvre obliquement la glèbe.

Dans les champs voisins, le fermier se promène à pas mesurés, et, d'une main libérale, sème les grains dans le sein fidèle de la terre : la herse pesante vient ensuite et ferme la scène.

Cieux, jetez un regard propice ! car maintenant l'œuvre du laborieux agriculteur est accomplie. Soufflez, brises favorables ! Rosées rafraîchissantes, pluies légères, tombez des nuages ! Et toi qui animes le monde, soleil, en parcourant ta carrière, mûris les germes confiés aux sillons.

Ce n'est pas seulement la douce température de l'air qui annonce un changement de saison délicieux. Le soleil actif darde ses feux puissants au sein même de la végétation, et invite la sève errante à embellir la terre des plus riches couleurs : mais c'est toi surtout qu'elle chérit, aimable vert ! parure universelle de la riante nature ! mélange de lumière et d'ombre, où la vue, en se reposant, sent croître sa vigueur et trouve une volupté toujours nouvelle !

Depuis les humides prairies jusqu'aux arides collines, protégées par les brises, la fraîche verdure se déploie, s'enfle, s'épaissit et charme les yeux. L'aubépine blanchit, et les arbrisseaux des bocages se couvrent de boutons qui s'épanouissent peu à peu, jusqu'à ce qu'une forêt de feuilles balance au souffle des vents ses touffes mobiles, où le daim s'ouvre à peine un passage à travers les rameaux entrelacés, et à l'ombre desquels chantent les oiseaux. Enrichi à la fois de toutes les couleurs du printemps, et paré par les mains diligentes et infatigables de la nature, le jardin étale ses trésors et embaume les airs de suaves parfums, tandis que le fruit, espoir de Pomone, repose encore, comme un embryon imperceptible, dans son enveloppe de pourpre. Maintenant puissé-je, loin de la ville ensevelie dans la fumée, le sommeil et les impures vapeurs, m'égarer quelquefois dans les champs humides pour y goûter le frais, et secouer en passant la rosée tremblante sur les flexibles rameaux ! C'est là que je veux porter mes pas à travers des haies d'églantiers ; j'irai respirer l'odeur de la laiterie, ou gravir quelque éminence dans tes vallons, aimable Augusta, pour contempler au loin les spacieuses campagnes, semblables à un immense parterre émaillé des fleurs les plus vermeilles, où l'œil ravi se promène de beauté en beauté, et observe le bienfaisant automne caché derrière ce magnifique tableau.

Les Saisons, Ch. I.

II. Lavinie et Palémon.

L'aimable Lavinie avait eu autrefois des amis, et la fortune trompeuse avait souri sur son berceau. Mais, dans sa tendre jeunesse, déchue de tant d'espoir, sans autre appui que son innocence et le ciel, avec une mère veuve, pauvre affaiblie par les maux et par les ans, elle habitait une humble chaumière au fond d'un vallon entouré de forêts : là, elle était cachée par la solitude, par l'épais ombrage des bois, et mieux encore par sa timide modestie. Ainsi elles fuyaient ensemble l'injurieux mépris que doit attendre la vertu en proie à l'indigence, de la frivolité dédaigneuse, et du vil orgueil : pour soutenir leur vie, elles ne comptaient guère que sur les bienfaits de la nature, comme les oiseaux joyeux, qui par leurs chants les invitaient au repos, satisfaits et tranquilles, sans songer à la pâture du lendemain.

Son teint était plus frais que la rose du matin quand ses feuilles s'inclinent sous la rosée; aussi pur et aussi blanc que le lis, ou que la neige des montagnes. Toutes les vertus brillaient dans ses yeux modestes, qui, baissés vers la terre, ne confiaient leurs traits de flammes qu'aux fleurs vermeilles : ou bien quand sa mère reprenait le triste récit des faveurs que lui promettait jadis la fortune infidèle, interprètes de sa douleur, ses paupières, comme l'humide étoile du soir, se mouillaient de larmes. Une grace naturelle embellissait ses membres délicats, voilés d'une simple robe qui rehaussait mieux ses charmes que l'éclat des plus riches atours; car les attraits n'ont pas besoin du secours étranger des ornements, et ne sont jamais mieux parés que lorsqu'ils dédaignent la parure. Indifférente à sa beauté, elle était la beauté même cachée dans la solitude impénétrable des bois. Comme dans un creux vallon qui sépare les rochers de l'Apennin, à l'ombre de leurs cimes altières, un myrte croît loin des regards des hommes, et embaume le désert de ses parfums; telle, inconnue à tous les mortels, brillait l'aimable Lavinie. Mais enfin, contrainte par la dure loi de l'impérieuse nécessité, elle vint, avec le sourire de la résignation sur les lèvres, glaner dans les champs de Palémon. Riche et généreux, Palémon était l'honneur des bergers; il goûtait tous les charmes et toute l'élégance de la vie pastorale telle que les chants de l'Arcadie nous en ont transmis le tableau, dans des âges d'innocence, quand l'usage tyrannique n'asservissait pas encore les humains, et qu'ils suivaient librement les lois de la nature. Il se promenait alors en méditant sur les scènes délicieuses de l'automne; le hasard conduisit ses pas vers les moissonneurs, et il aperçut la pauvre Lavinie, qui, sans se douter de son pouvoir, se détourna en rougissant, pour échapper à ses regards curieux. Il fut charmé de sa beauté, mais il ne vit pas la moitié des attraits que sa modestie lui dérobait. Dès ce moment l'amour et le chaste désir s'allumèrent dans son sein sans qu'il osât se l'avouer; car l'opinion du monde l'arrêtait, et il craignait cet insultant sourire que le plus ferme philosophe ne sait pas braver, s'il donnait son cœur à une simple glaneuse.

« Quel dommage! se dit-il à lui-même en soupi-
« rant, qu'une beauté si délicate, que semblent ani-
« mer une âme sensible et une bonté céleste, fût
« réservée aux vils embrassements d'un pâtre gros-
« sier! Elle paraît à mes yeux le sang du vieil Acasto;

« elle rappelle à mon esprit ce protecteur de ma
« félicité, aux bienfaits duquel ma fortune doit sa
« naissance. Maintenant il n'est plus; ses palais, ses
« terres, sa famille jadis florissante, tout a disparu.
« On dit que, dans une retraite obscure, poursuivies
« par de douloureux souvenirs, et soutenues par
« une noble fierté, loin des lieux témoins autrefois
« de leur splendeur, sa vénérable veuve et sa fille
« vivent encore; cependant, tous mes efforts pour
« les découvrir ont été vains. Chimérique souhait!
« plût au ciel que ce fût là sa fille! »

Mais lorsque, s'informant avec soin, il apprend de sa bouche qu'elle est en effet la fille de son ami, du bienfaisant Acasto, qui pourrait exprimer les passions tumultueuses qui se disputent son cœur, et les émotions qui font palpiter son sein? Sa flamme captive s'échappe et trahit sa violence; plus il contemple Lavinie, plus il s'embrase; enfin, des larmes d'amour, de reconnaissance et de pitié tombent de ses yeux. Épouvantée et confuse de ces transports soudains, une vive rougeur colore ses joues vermeilles, tandis que le tendre Palémon lui fait ainsi l'aveu de ses vertueux sentiments:

« Voilà donc le sang chéri d'Acasto! celle que
« ma reconnaissance inquiète a cherchée si long-
« temps en vain! Grand Dieu! c'est la douce image
« de mon noble ami! je reconnais ses regards et ses
« traits unis à des graces plus touchantes. Fille plus
« aimable que le printemps! seul rejeton de l'arbre
« qui fut l'appui de ma fortune, dis-moi, ah! dis-
« moi, dans quel mystérieux désert tu as enseveli

« les charmes les plus parfaits que le ciel se soit plu
« à former, quoique le souffle glacé de l'indigence
« et ses rigoureux frimas aient épuisé leur rage contre
« la fleur de tes ans. Oh ! permets-moi de te trans-
« porter sur un sol plus fécond, où une douce cha-
« leur et des pluies salutaires te prodigueront leur
« favorable influence, et où tu seras la joie et l'or-
« gueil de mon jardin ! Il te sied mal, oui, il sied
« mal à la fille d'Acasto, dont les vastes domaines
« ne suffisaient pas à sa bonté inépuisable, et qui
« était le père de toute cette contrée, d'aller ainsi
« cueillir le rebut des champs que je dois à sa gé-
« néreuse amitié. Laisse tomber cet indigne fardeau
« de tes mains destinées à une tâche moins pénible ;
« les champs, leur maître, tout est à toi, si aux nom-
« breux bienfaits dont m'a comblé ta famille tu dai-
« gnes ajouter une faveur plus précieuse, la permis-
« sion de faire ton bonheur. »

Le jeune amant se tut : mais ses regards enflammés exprimaient le noble triomphe de son âme, que la vertu, l'amour et la reconnaissance remplissaient d'une joie pure et sublime. Il n'attendit pas la réponse. Vaincue par le charme irrésistible de la bonté, et tout émue d'un trouble délicieux, elle annonça son consentement par sa rougeur. Aussitôt elle va porter cette nouvelle à sa mère, qui, en proie à de mortelles alarmes, gémissait dans sa sollitude, inquiète sur le sort de Lavinie; surprise, elle peut croire à peine ce qu'elle entend; la joie ranime son cœur flétri, et un rayon de bonheur luit encore sur le déclin de ses jours : elle se livre à d'aussi doux

transports que les fortunés époux, qui jouirent long-temps de leur félicité, et laissèrent de nombreux enfants, non moins bons, non moins aimables qu'eux, et l'ornement des campagnes voisines.
Ibid, Ch. II.

III. L'Orage d'Automne.

Souvent, pour détruire les travaux de l'année, le sud brûlant amasse un violent orage. D'abord on voit à peine dans le bocage les arbrisseaux courber leurs têtes tremblantes, et un sourd murmure frémit sur la surface des moissons légèrement inclinées. Mais quand la tempête s'élève dans les airs et mugit, quand un tourbillon impétueux, invisible, immense, enveloppe l'atmosphère et fond avec fureur sur les plaines retentissantes, alors ébranlée jusque dans ses racines, la forêt plie et répand à grand bruit les feuilles arrachées de leur tige. Les montagnes voisines concentrent l'orage épars au loin, et l'envoient comme un torrent dans le vallon. Exposé à toute sa rage, la plaine s'agite sous le poids des moissons flottantes; elles se courbent devant la tempête sans échapper à sa force indomptable ; bientôt elle roulent en tourbillon dans les airs, ou, dispersées en frêles chalumaux, voltigent au gré des vents. Quelquefois aussi une pluie soudaine s'élance de l'horizon ténébreux et descend à grands flots sur les campagnes. La tempête redouble à chaque instant l'obscurité, et verse de nouveaux torrents jusqu'à ce que les champs d'alentour disparaissent, cachés sous un amas d'eau et de fange. Alors les fossés débordent, les prairies sont submergées; de nombreux ruisseaux tombent en grondant des montagnes et vont grossir la rivière qui franchit ses bords. Dans son cours impétueux, les troupeaux, les moissons, les cabanes et les bergers roulent confondus, tout ce que les vents ont épargné périt dans cet instant fatal; tout est perdu, l'espoir des sillons, et les trésors amassés avec de pénibles sueurs. Du haut de quelque colline le laboureur éperdu contemple cet affreux désastre; il voit ses bœufs entraînés avec les débris de sa chaumière; soudain l'hiver s'offre à son âme consternée, l'hiver avec le besoin, et ses chers enfants qui implorent du pain. O vous, possesseurs des champs, souvenez-vous alors de la main laborieuse qui vous procure le repos et une heureuse élégance; souvenez-vous de ces membres couverts d'une étoffe grossière, qui prépare vos nobles vêtements; oh! souvenez-vous de la table frugale qui entretient le luxe de vos banquets, fait pétiller vos coupes et vous enivre de délices. N'exigez pas inhumainement ce que la violence de l'orage et les vents impétueux leur ont ravi.

Ibid, Ch. III.

THOU (JACQUES-AUGUSTE DE), historien célèbre du XVI° siècle, naquit à Paris en 1553, et mourut dans cette ville en 1617. Fils de Christophe de Thou, premier président du parlement de Paris, et neveu d'Augustin et Nicolas de Thou, l'un magistrat incorruptible, l'autre prélat éclairé et courageux, qui mérita si bien l'honneur que lui réservait la Providence, de sacrer Henri IV ; le jeune de Thou eut le bonheur de trouver dans sa famille l'exemple des vertus publiques et privées qui honorèrent sa vie.

Nommé président à mortier, le devoir l'obligea ensuite de renoncer aux travaux de la magistrature pour voler au secours de la royauté chancelante. En 1586, après la journée des barricades, il sortit de Paris, et se rendit à Chartres, auprès de Henri III. Il apportait, jeune encore, aux conseils de son roi la maturité d'un homme d'état vieilli dans la politique. « A peine arrivé près de ce prince, dit M.
« Patin, il reçoit l'importante mission de parcourir
« les provinces du royaume, pour sonder les dispo-
« sitions des gouverneurs et des magistrats, pour ra-
« nimer les espérances des gens de bien, découra-
« ger celles des méchants, ramener les esprits pré-
« venus, pour arrêter enfin, s'il était possible, les pro-
« grès contagieux de cet esprit de faction qui mena-
« çait de gagner toute la France. De Thou prodigua,
« dans ces soins multipliés, sa fortune, sa santé, sa
« vie, suppléant à la débilité de sa constitution et à
« l'épuisement de ses forces par l'ardeur de son dé-
« vouement, bravant tous les dangers que rencon-
« trait à chaque pas la fidélité sur le sol désolé de
« notre malheureuse patrie. Ce n'était pas seule-
« ment en France qu'il cherchait des amis à la bon-
« ne cause ; il allait négocier pour elle, en Allema-
« gne, en Suisse, en Italie, des emprunts d'argent
« et des levées d'hommes. Mais le plus important
« service qu'il rendit à son souverain dans l'état de
« détresse et d'abandon où il se trouvait réduit, ce

« fut de le décider, malgré sa répugnance et ses refus,
« à chercher dans l'alliance du roi de Navarre le
« seul asyle qui lui restât. Cette détermination, qui
« coûtait à l'orgueil humilié de Henri III, lui fut ar-
« rachée par l'éloquence persuasive de Jacques de
« Thou: il joignit à ce service celui de rédiger, avec
« Duplessis-Mornay, le traité qui rapprochait les
« deux princes, et qui réunissait ainsi contre l'enne-
« mi commun toutes les forces de la cause royale. La
« France doit à de Thou quelque chose de plus que
« d'avoir sauvé Henri III d'une ruine inévitable : elle
« lui doit d'avoir préparé le chemin du trône à son
« légitime héritier; d'avoir, autant qu'il était en lui,
« donné à son pays ce Henri IV, vainement repous-
« sé par les factions, et que le ciel destinait à termi-
« ner les guerres civiles, à rétablir, par le succès
« de ses armes et de sa politique habile et généreu-
« se, la royauté, les lois, la liberté publique, l'in-
« dépendance, la gloire et le bonheur de la patrie. »

Le devoir avait lié de Thou à la cause de Henri III;
des liens plus doux et plus forts peut-être l'attachè-
rent à la cause de Henri IV, qui l'employa dans les
plus importantes négociations et lui donna en 1591
la charge de grand-maître de la bibliothèque du roi,
après la mort de Jacques Amyot.

Pendant la régence de la reine Marie de Médicis,
de Thou fut un des directeurs généraux des finances. On le députa à la conférence de Loudun, et
on l'employa dans d'autres affaires épineuses.

Le président de Thou s'était nourri des meilleurs
auteurs grecs et latins et avait puisé dans ses lectu-

res et dans ses nombreux voyages, en Italie, en Allemagne et en Flandre, la connaissance raisonnée des mœurs, des coutumes, et de la géographie des différents pays. Nous avons de lui une *Histoire universelle* en 138 livres (depuis 1545 jusqu'en 1607), dans laquelle les diverses matières sont traitées avec une grande sagacité. La meilleure édition de cette *Histoire*, écrite en latin, est celle de Londres, 1733, en 7 vol. in-folio. On y trouve la continuation, depuis 1607 jusqu'en 1612, en trois livres, par Rigault. C'est sur cette édition que l'abbé Desfontaines, aidé de plusieurs savants, en donna une traduction française, en 16 vol. in-4°, Paris, 1749; et Hollande, 11 vol. in-4°. On y trouve les *Mémoires* de la vie de l'historien, composés par lui-même. Ces mémoires avaient déjà paru en français, à Rotterdam, en 1731, in-4°, avec une traduction de la préface qui est en tête de sa grande histoire. On y a ajouté ses *Poésies latines*, rapportées en français dans les mémoires. Ses vers latins sont pleins d'élégance et de génie. Il a fait un poème sur la Fauconnerie; *De re accipitrariâ*, 1584, in-4°; des poésies diverses sur le *Chou*, la *Violette*, le *Lys*, 1611, in-4°; des *Poésies chrétiennes*, Paris, 1599, in-8°, etc. La vie du président de Thou a été écrite par Durand. Rémond de Sainte-Albine a donné un *Abrégé* de son *Histoire universelle*, en 10 vol. in-12. M. Patin a composé un *Discours sur la Vie et les Œuvres de J.-A. de Thou*, qui a partagé avec celui de M. Chasles le prix d'éloquence décerné par l'Académie-Française, dans sa séance du 25 août 1824.

JUGEMENT.

On doit louer dans l'*Histoire* du président de Thou l'exactitude des recherches; mais peut-être aussi doit-on y blâmer la multiplicité des détails. Il les répand avec une profusion souvent indiscrète, ne distinguant point assez dans les évènements, ceux qui par leur importance méritent qu'on les retrace avec quelque étendue, et ceux sur lesquels il conviendrait de glisser rapidement; paraissant oublier que le passé offre tout ensemble à l'historien des jours féconds et des années stériles.

De Thou s'est vainement efforcé de réunir dans son ouvrage deux choses inconciliables : une histoire universelle n'admet point les développements d'une histoire particulière : chacun de ces deux genres ne peut rien emprunter à l'autre sans se dénaturer par ce mélange. Le premier a quelque chose de plus vaste et de plus grand; le second est plus attachant, plus dramatique : de Thou, qui nous intéresse par le tableau complet des circonstances dont se compose chaque évènement, s'interdit par cette manière de peindre cet autre intérêt qu'excite le rapide enchaînement des faits, l'exposition générale de leurs rapports. Son livre ne nous offre point réellement ce qu'il semble nous promettre; ce n'est point une histoire universelle, c'est un immense recueil d'histoires particulières. Peut-être même gagnerait-il à ce qu'on en rompît la suite, pour rassembler en un même corps ce qui, dans le cours d'un récit où se mêlent tant d'objets divers, se rapporte à chaque nation. La forme de l'ouvrage se trouverait ainsi plus d'accord avec son véritable esprit, et l'on ne ferait qu'exécuter avec méthode, ce qu'un sentiment involontaire conseille à la plupart des lecteurs. Reconnaissons-le toutefois, si de Thou n'a pas atteint à la hauteur du dessein qu'il avait conçu, il a le premier, parmi les modernes, donné l'exemple de ces grandes compositions historiques, où le génie des Roberston, des Gibbon, des Voltaire, des Montesquieu, des Bossuet a reproduit à grands traits, non plus seulement la vie de quelques personnages illustres, mais la vie des peuples, la vie du genre humain ; ces histoires dont les héros semblent être les idées elles-mêmes qui ont remué le monde.

Si l'on est en droit de reprocher à de Thou trop d'abondance et de prolixité, ce n'est que dans l'économie générale de son ouvrage; il multiplie les détails, mais ils les exprime tous avec précision ; voilà sans doute pourquoi ses *narrations* paraissaient à Mably *longues et courtes* tout ensemble. Son style, comme celui de Tacite, auquel on ne reconnaît pas généralement ce caractère, réunit souvent le double mérite du nombre et de la briéveté qui ne s'excluent pas toujours. L'usage des formes périodiques donne à son langage une dignité, une pompe, une harmonie tout à fait conformes à l'élévation habituelle de ses pensées ; sa narration coule avec abondance, avec majesté, mais avec quelque lenteur et d'un cours trop égal. On aperçoit dans ses derniers livres les traces d'une lassitude, que justifient assez l'étendue de l'entreprise et la longueur du travail ; la diction y paraît moins élégante et moins pure, les constructions moins nettes, la marche du style moins libre, les phrases plus longues et plus chargées.

Mais ce qui ne s'affaiblit jamais sous sa plume, c'est l'expression des nobles sentiments dont son âme était remplie; il les épanche dans toutes les parties de son ouvrage avec cette éloquence qui naît d'une émotion sincère. L'éloquence, dit un ancien, c'est le son que rend une grande âme. Dans chaque parole du président de Thou, résonne, pour ainsi dire, l'âme d'un citoyen profondément touché des biens et des maux de son pays. Quels regrets il fait éclater lorsqu'entrant dans le récit de nos misères, il interrompt le tableau des sages conseils et des grandes actions qui embellissaient les temps heureux de la monarchie! Avec quel transport de joie il salue le libérateur que le ciel envoie à la France, se félicitant, comme Tacite, de voir la consolante aurore du règne d'un autre Nerva! Qu'ils sont nobles et touchants les conseils qu'il adresse, dans son berceau, au naissant héritier de Henri IV! Mais de quel généreux mouvement il est saisi, à ce coup terrible et imprévu, qui lui ravit dans le plus grand, dans le meilleur des princes, l'objet de sa constante affection et de son long dévouement! Condamné à lui survivre, il veut, en conservant pour l'avenir les faits glorieux de son règne, continuer de le servir jusque dans son tombeau. C'est une sorte de devoir pieux qu'il s'impose envers sa mémoire. Rappelant son ardeur et ses forces premières, affermissant son âme contre l'ingratitude et l'injustice de ses contemporains, il reprend, pour ne le plus quitter, cet ouvrage poursuivi si long-temps au milieu de tant d'amertumes et d'ennuis, mais qu'enfin la fatigue et le découragement avait fait tomber de ses mains.

Lucien exigeait de l'historien qu'il parût dans son livre n'avoir ni roi ni patrie; et depuis, d'autres critiques ont encore enchéri sur la rigueur de ces préceptes. De Thou ne s'est point soumis à une telle contrainte : il ne s'est point fait scrupule de laisser paraître toute sa prédilection pour Henri IV et pour la France; il a même exprimé avec force l'invariable attachement d'un magistrat aux lois de son pays. Si dans la profession sincère de ses sentiments personnels il a rencontré l'éloquence, il ne l'a jamais cherchée : son amour pour la vérité l'élevait bien au-dessus de toute prétention littéraire. Ce qu'il cherchait il nous le dit lui-même, et son histoire nous l'apprend mieux encore, c'était un style simple et nu, sans parure et sans fard, étranger aux complaisances du panégyrique, à la malignité de l'épigramme et de la satire, un style, s'il est permis de s'exprimer ainsi, impartial comme sa pensée. De Thou ne demandait aux mots que de conserver dans son intégrité l'exactitude des faits : il eût craint de l'altérer en quelque chose par la poursuite ambitieuse des effets oratoires, vers lesquels l'entraînait assez le génie de la langue dont il se servait. Raconte-t-il ces forfaits exécrables dont le souvenir soulève encore contre leurs auteurs l'indignation de la postérité, il fait effort sur lui-même pour contenir la juste horreur dont il est pénétré; il se défend des mouvements passionnés de l'éloquence; il laisse parler les faits, et son langage est alors d'une austère simplicité. Ce ne sont point les emportements d'un accusateur qui s'élève contre des coupables; c'est la sincérité d'un témoin qui les dénonce; c'est la gravité d'un juge qui prononce leur sentence.

Ce style simple et élevé n'admettait guère les ornements affectés dont on était alors épris. Mais il y a dans ce faux goût, qui à certaines époques infecte la littérature, je ne sais quel poison si subtil et si contagieux, que le naturel du président de Thou ne put lui-même s'en conserver pur. On rencontre avec surprise dans un si bon écrivain des traits d'une érudition déplacée, de froides antithèses, des allusions forcées, des imitations maladroites. Mais ces défauts, si communs dans les ouvrages de ses contemporains, sont, il est vrai, bien rares dans le sien, ils semblent même n'y être que pour en marquer la date.

De Thou, qui a montré tant d'exactitude et de sagacité dans l'investigation des faits, qui s'est attaché avec une probité si délicate à les rapporter comme ils s'étaient passés, sans y rien ajouter, sans en rien retrancher, ne les a pas toujours reproduits avec ces traits dramatiques qui font de l'histoire une scène vivante. Qu'on ne s'étonne donc point que son ouvrage renferme un si grand nombre de portraits. Quand il n'a pu saisir et exprimer dans le mouvement rapide des évènements la physionomie de ses personnages, il les fait en quelque sorte poser devant lui : les images qu'il en retrace sont d'une ressemblance pleine d'exactitude, mais un peu froide. On doit excepter de cette critique quelques caractères saillants et qu'il a dessinés d'une touche plus libre et plus hardie; Anne de Montmorency, L'Hospital, Charles IX, les Guise, Élisabeth, et dans ses *Mémoires* ce fameux baron des Adrets, dont l'horrible aspect avait si vivement frappé sa jeunesse, et qui dut lui apparaître comme le fantôme de la guerre civile. Disons-le à sa louange, jamais il n'offre à ses lecteurs de ces figures de fantaisie que désavoue la vérité de l'histoire et qui ne sont qu'une création arbitraire de l'esprit, une vaine combinaison d'idées ou plutôt de paroles. Les portraits que nous trouvons dans de Thou, sont d'une tout autre sorte; ce sont les faits qui en composent la matière, les faits s'y résument et s'y concentrent pour ainsi dire.

Il est assez remarquable que dans ses portraits il se soit montré plus indulgent envers quelques personnages, qu'il ne l'est pour leurs actes dans ses récits. Faut-il donc l'accuser de contradiction? ou bien serait-ce qu'après avoir rempli le devoir sévère de l'historien, il donne quelque chose à ces bienséances dont un contemporain ne peut secouer entièrement le joug? Il est une explication plus digne de la raison et de la vertu du président de Thou. Non, il ne se dément pas lui-même par distraction ou par complaisanse : mais dans l'admirable indépendance de son jugement il sait accorder ce que réclament d'un côté la justice et la vérité, de l'autre la faiblesse humaine; il a de l'horreur

pour le crime, de la pitié pour le criminel; il hésite même le plus souvent à trouver des coupables; et avec ce scrupule d'un magistrat intègre, qu'on ne peut se lasser de reconnaître en lui, il suspend la sentence qu'il doit porter et se fait lui-même le défenseur de l'accusé, recherchant avec soin ce qui peut l'absoudre, le défendant contre les témoignages intéressés, les dépositions partiales qui le poursuivent. « Plût à Dieu, s'écrie-t-il dans son vieux lan-
« gage, que l'on pût voir, tout d'un aspect, tous les
« livres, les mémoires et les papiers secrets dont
« j'ai composé ce corps! l'on connaîtrait avec quel
« tempérament j'ai adouci, modéré, équitablement
« interprété et bénignement excusé l'aigreur, la
« violence, la passion, l'insectation des esprits de
« ceux qui ont traité de ces choses devant moi.... »
L'historien éloquent de la corruption romaine fouillait dans les replis du cœur pour y trouver des intentions perverses, désespérant d'y trouver autre chose. De Thou est moins sévère et plus juste envers la nature humaine; et dans ces âmes même que le crime a dégradées et comme détruites, il cherche encore avec confiance quelque débris de leur dignité première.

Faut-il défendre ici le président de Thou contre ceux qui, de son temps, l'ont accusé de partialité et presque d'apostasie, pour avoir rendu à des hommes, dont il ne partageait certainement pas les opinions religieuses, la justice qu'on doit à tout le monde; pour avoir dénoncé courageusement des excès que la religion réprouve plus encore que la politique ; pour avoir défendu contre des prétentions étrangères, contre des nouveautés dangereuses, les lois antiques de la France? Voilà les crimes du président de Thou : il les avoue, pour toute défense, dans ces *Mémoires*, où il a mis à découvert l'intégrité de sa foi et la droiture de ses intentions, où il a osé parler de lui-même avec cette libre assurance que les Anciens permettaient à la vertu. Peut-on révoquer en doute la religion et la bonne foi de celui qui comptait au nombre de ses admirateurs et de ses amis les membres les plus vénérables du sacré collège? De tels suffrages ne suffisent-ils pas pour protéger sa mémoire contre d'injustes imputations? Nous pouvons y joindre un témoignage plus illustre encore, une autorité plus imposante et plus décisive. Dans cette controverse du dix-septième siècle, où Bossuet combattit avec tant de gloire les églises protestantes, il en appela sans cesse, ainsi que ses adversaires, à l'historien de Thou, comme à un arbitre incorruptible dont il n'était pas permis de récuser les décisions.

De Thou a écrit l'histoire, ainsi que le prescrivait Cicéron, ainsi que l'a fait Tacite, sans faveur et sans haine. Finissons par ces paroles que nous avons plus d'une fois rappelées dans ce discours, parce que nous les trouvions sans cesse sous sa plume. Il se plaît à les reproduire à chaque page de son livre, il les redit dans ses poésies et dans ses lettres, il les a consignées dans son testament de mort, il a voulu qu'on les gravât sur le marbre de son tombeau. La postérité ne les a point effacées ; elle a adopté ce témoignage qu'il se rendait à lui-même avec une légitime confiance : elle lui a, d'une voix unanime, maintenu le titre d'historien impartial et véridique. Sa gloire n'a plus rien à craindre des passions haineuses qui se sont vainement armées contre elle : le temps l'a consacrée, le temps, qu'il appelait d'une expression si ingénieuse et si juste, « le meilleur « des panégyristes. »

H. PATIN, *Discours sur la Vie et les OEuvres de J.-A. de Thou.*

THUCYDIDE, célèbre historien grec. On place sa naissance au commencement de la soixante-dix-septième olympiade, treize ans avant celle d'Hérodote.

Il eut pour père Olore, appelé ainsi du nom d'un roi de Thrace, et pour mère Hégésipyle. Il comptait parmi ses ancêtres, l'ancien Miltiade, fils de Cipsèle, fondateur du royaume de la Chersonèse, qui, du consentement de Pisistrate, s'était retiré en Thrace ; et y avait épousé Hégésipyle, fille d'Olore, roi de Thrace, dont la fille apparemment, qui portait le même nom, fut mère de notre historien.

Celui-ci étudia la rhétorique sous Antiphon, et la philophie sous Anaxagore. Il parle du premier dans son huitième livre, et dit qu'il fut d'avis d'abolir à Athènes le gouvernement populaire, et d'établir les quatre cents.

Nous avons déjà dit qu'à l'âge de quinze ans, il avait entendu avec un extrême plaisir la lecture de l'*Histoire* d'Hérodote, soit à Olympie, soit à Athènes.

Porté à l'étude par une inclination violente, il

ne songea point à s'engager dans l'administration des affaires publiques : il eut soin seulement de se former dans les exercices militaires qui convenaient à un jeune homme de sa naissance. Il eut de l'emploi dans les troupes, et fit quelques campagnes.

A l'âge de vingt-sept ans, il fut chargé en partie de conduire et d'établir à Thurium une nouvelle colonie d'Athéniens. Cet emploi l'occupa pendant trois ou quatre ans, après quoi il retourna à Athènes.

Pour lors il épousa une fille de Thrace, fort riche, et qui y possédait un grand nombre de mines. Ce mariage le mit fort à son aise, et lui fournit de quoi faire une dépense assez considérable. Nous verrons bientôt l'utile emploi qu'il en fit.

Cependant la guerre du Péloponèse s'alluma dans la Grèce, et y excita de grands mouvements et de grands troubles. Thucydide, qui prévoyait qu'elle serait de longue durée, et qu'elle aurait d'importantes suites, forma dès-lors le dessein d'en écrire l'histoire. L'important était d'avoir des mémoires bien fidèles et bien sûrs, et de se faire instruire de part et d'autre dans le dernier détail de toutes les circonstances de chaque expédition et de chaque campagne. C'est ce qu'il fit d'une manière admirable, et qui a peu d'exemples.

Comme il servait dans les troupes d'Athènes, il fut lui-même témoin oculaire d'une bonne partie de ce qui se passa dans l'armée des Athéniens jusqu'à la huitième année de cette guerre, c'est-à-dire jusqu'au temps de son exil, dont voici quelle fut l'occasion. Il avait été commandé pour aller au secours d'Amphipolis, sur les frontières de la Thrace, place d'une grande importance pour les deux partis. Brasidas, général des Lacédémoniens, le prévint, et prit la ville. Thucydide de son côté prit Eione, située sur le Strymon. Cet avantage, qui était assez peu considérable en comparaison de la perte qu'avait faite Athènes par la prise d'Amphipolis, fut compté pour rien. On lui fit un crime à Athènes d'avoir manqué par sa lenteur à secourir Amphipolis, et le peuple, animé par les cris tumultueux de Cléon, le punit de sa prétendue faute, et le condamna à l'exil.

Thucydide mit sa disgrace à profit, et la fit servir à la préparation et à l'exécution du grand dessein qu'il avait formé de composer l'histoire de cette guerre. Il employa tout le temps de son exil, qui dura vingt ans, à ramasser avec plus de soin que jamais, des mémoires. Le séjour qu'il fit depuis ce temps-là, tantôt dans le pays de Sparte, tantôt dans celui d'Athènes lui facilita extrêmement les recherches qu'il avait à faire. Il n'épargna point la dépense pour y réussir, et fit de grandes largesses à des officiers des deux partis, pour être instruit par leur moyen de tout ce qui se passait dans les deux armées. Il avait déjà employé la même voie pendant qu'il était dans le service.

Les Athéniens, après que Trasybule eût chassé d'Athènes les trente tyrans, permirent à tous les exilés de revenir, excepté aux Pisistratides. La tyrannie était tellement détestée à Athènes que, près de cent ans après l'expulsion des Pisistradides, leur famille et leur nom y étaient encore en horreur. Thucydide profita de ce décret, et revint à Athènes après un exil de vingt ans : il en avait pour lors soixante et huit. Ce ne fut que dans ce temps, que Thucydide travailla réellement à la composition de son histoire, dont il avait ramassé jusque-là et disposé les matériaux avec un soin incroyable. Elle avait pour objet, comme je l'ai dit, la fameuse guerre du Péloponèse qui dura vingt-sept ans. Il ne la conduisit que jusqu'à la vingt et unième année inclusivement : les six années qui restaient furent suppléées par Théopompe et Xénophon. Il employa dans son histoire le dialecte attique, comme le plus pur, le plus élégant, et en même temps le plus fort et le plus énergique : d'ailleurs c'était le langage d'Athènes sa patrie. Il nous avertit lui-même qu'en la composant, il chercha, non à plaire à ses lecteurs, mais à les instruire. C'est pourquoi il appelle son histoire, non un ouvrage fait pour l'ostentation, ἀγώνισμα, mais un monument, qui devait toujours durer, κτῆμα ἐς ἀεί. Il la distribue régulièrement par années et par campagnes. Nous avons une traduction de cet excellent historien par d'Ablancourt.

On croit que Thucydide survécut l'espace de treize ans à son retour de l'exil, et à la fin de la guerre du Péloponèse. Il mourut âgé de plus de quatre vingts ans ; selon quelques-uns à Athènes, selon d'autres dans la Thrace, d'où l'on rapporta ses os à Athènes. Plutarque dit que, de son temps, on montrait encore le tombeau de Thucydide dans le monument même de la famille de Cimon.

ROLLIN, *Histoire ancienne.*

JUGEMENTS.

I.

Parallèle d'Hérodote et de Thucydide, par ROLLIN. (*Voyez* HÉRODOTE.)

II.

Après Hérodote, dont on estime la clarté, l'élégance et l'agrément, mais en qui l'on désirerait plus de méthode, plus de développements, plus de critique, parut Thucydide, qui a écrit cette fameuse guerre du Péloponèse entre Athènes et Lacédémone, qui dura vingt-sept ans. Il en a rapporté la plus grande partie comme témoin, et même comme acteur; car il fut chargé d'un commandement, et les Athéniens qui le bannirent pour avoir mal fait la guerre, honorèrent ensuite et récompensèrent comme historien celui qu'ils avaient puni comme général. On lui reproche deux défauts assez opposés l'un à l'autre : il est trop concis dans sa narration, et trop long dans ses harangues. Il a beaucoup de pensées, mais elles sont quelquefois obscures ; il a dans son style la gravité d'un philosophe, mais il en laisse un peu sentir la sécheresse. Aussi le lit-on avec moins de plaisir que Xénophon, qui écrivit quelque temps après lui, et qu'on a surnommé *l'Abeille attique*, pour désigner la douceur de son style. Ce fut lui qui publia et continua l'histoire de Thucydide, à laquelle il ajouta sept livres *.

LA HARPE, *Cours de Littérature*.

---

* Ce jugement écourté sur un si grand historien a droit de surprendre. La Harpe n'avait-il rien de plus à dire sur Thucydide ? Autant valait n'en pas parler, comme il a fait quelquefois au sujet d'écrivains distingués et de beaux ouvrages. H. P.

III.

Les justes applaudissements que les Grecs donnèrent à Hérodote, avec une sorte d'enthousiasme, excitèrent l'émulation de Thucydide. Exilé d'Athènes, sa patrie, il employa vingt années, soit à rassembler les matériaux de son histoire, soit à les rédiger. « Je n'ai pas écrit, dit-il, pour plaire à mes « comtemporains et remporter le prix sur des ri- « vaux, mais pour laisser un monument à la pos- « térité. » C'est suffisamment annoncer le dessein de s'écarter de la manière de son prédécesseur. Aussi prit-il un sujet beaucoup moins grand, la guerre du Péloponèse, et il s'y borna, malgré son peu d'étendue. Il n'adopta point la forme épique qui lui parut sans doute avoir trop d'inconvénients, et il revint à l'ordre chronologique, et s'y attacha tellement, qu'il en résulte quelquefois de l'embarras et de la confusion dans ses récits. Son style, plein de choses, réunit la précision à la justesse, et est toujours austère. Quoiqu'il fût plus jaloux d'instruire que de plaire, il a su néanmoins embellir son ouvrage par des tableaux dignes d'un grand peintre. Ceux de l'état politique de la Grèce, de la peste, etc. sont de véritables chefs-d'œuvre. Plusieurs de ses harangues doivent servir de modèles. Quel coup de pinceau ! quelle force ! Son âme courageuse, parce qu'elle était élevée, repousse de toutes parts le mensonge, et sacrifie à la vérité son propre ressentiment. Le style d'Hérodote fut la règle du dialecte ionique ; et celui de Thucydide devint celle de l'Attique. Le premier est recommandable par sa clarté, et le second par sa précision. L'un excelle dans la peinture des mœurs, et l'autre dans le pathétique. Ils ont également de l'élégance et de la majesté. Thucydide a plus de force et d'énergie; ses couleurs sont plus fortes et plus variées. Hérodote l'emporte de beaucoup par les graces et la simplicité naïve de son style. Il plaît et persuade davantage. Avec des qualités différentes, ces deux historiens méritent le premier rang, chacun dans son genre, et sont préférables à tous les autres *. Mais une gloire particulière qu'on ne peut ravir à Thucydide, est d'avoir, pour ainsi dire, créé l'éloquence attique, et formé le plus grand des orateurs **.

DE SAINTE-CROIX, *Examen critique des historiens d'Alexandre.*

IV.

Thucydide a fidèlement observé, en étudiant et en approfondissant son sujet, les principales règles du genre historique; jamais on n'a recherché, reconnu, vérifié les faits avec plus d'exactitude et de scrupule. Chez lui les traces de superstition grecque sont légères et peu fréquentes : sans être pleine-

* Thucydide est, à mon gré, le vrai modèle des historiens. Il rapporte les faits sans les juger ; mais il n'omet aucune des circonstances propres à nous en faire juger nous-mêmes. Il met tout ce qu'il raconte sous les yeux du lecteur. Loin de s'interposer entre les évènements et les lecteurs, il se derobe; on ne croit plus lire, on croit voir. Malheureusement il parle toujours de guerre, et l'on ne voit presque dans ses écrits que la chose du monde la moins instructive, savoir des combats.

J.-J. ROUSSEAU, *Émile*, liv. IV.

** Lucien rapporte que Démosthène copia huit fois de sa main l'ouvrage de Thucydide.

ment affranchi de ce genre d'illusion, il était dans son pays et dans son siècle, l'un des hommes dont les idées avaient le plus de rectitude, et la raison le plus de force. Il n'aime pas les fictions, il n'imagine aucune fable; son dessein est de composer une histoire exacte. Les harangues sont la seule espèce d'embellissement dont il l'ait crue susceptible, et l'on doit convenir qu'à cet égard il s'est ouvert à lui-même une très libre carrière, dans laquelle son exemple a entraîné la plupart de ses successeurs. Ses trente-neuf harangues et d'autres morceaux oratoires moins étendus, forment une partie essentielle de son histoire : vous ne pourriez les en retrancher sans l'appauvrir, sans en amortir l'éclat, sans en restreindre la lumière. C'est là qu'il peint les personnages, là qu'il prépare ou éclaircit les récits, là qu'il explique les causes et les effets des événements. Peut-être aussi Thucydide a-t-il trop multiplié les harangues militaires. Quelques-unes semblent se détacher plus qu'il ne convient des circonstances qui les provoquent, retomber dans les lieux communs, en un mot manquer d'originalité, par conséquent, d'énergie : mais aussi il sait en composer d'éloquentes et véritablement guerrières, qui commencent en quelque sorte les combats qu'elles annoncent, et qui retentissent déjà comme des coups portés à l'ennemi. Souvent elles expliquent les manœuvres et les chocs qui vont suivre : elles nous instruisent et nous ébranlent comme l'armée qui les écoute. Cependant c'est dans les harangues politiques que brille avec le plus d'éclat le talent de Thucydide ; sans elles nous ne saurions pas combien son âme était sensible, sa pensée profonde, son élocution flexible et entraînante.

On a prétendu que Thucydide n'avait écrit l'histoire du Péloponèse qu'afin d'avoir occasion de publier un recueil de harangues militaires, politiques et morales, et d'offrir sur des sujets divers, des modèles de tant de genres d'éloquence. Le caractère sérieux et austère de ce grand écrivain ne permet aucunement de supposer qu'il ait fait une histoire tout exprès pour y insérer ses discours ; mais on voit trop qu'il a composé ces discours pour orner et compléter l'histoire. Il n'est guère possible de penser qu'il se borne à les transcrire, à les abréger, à les revêtir de formes plus régulières, de couleurs plus vives. Tout annonce qu'il les invente, au moins la plupart; que le fond même lui appartient, qu'il n'y a pas d'autre orateur que lui dans ses livres. C'est en cela qu'il est encore plus admirable comme écrivain que répréhensible comme historien.

Le talent de raconter, que possède Thucydide à un degré peu commun, il ne l'exerce guère que sur des faits militaires, et l'on ne peut l'en blâmer, puisqu'enfin il écrit l'histoire d'une guerre. Quand le cours naturel des choses l'entraîne sur la scène des débats et des intrigues politiques, il en sait tirer des tableaux animés et fidèles, mais il se contient rigoureusement dans les bornes de son sujet, et regagne, le plutôt qu'il peut, les camps et les flottes. Comme nous l'avons dit, il craint de sortir d'un sujet qu'il a circonscrit avec simplicité ; et si vous exceptez sa digression sur les Pisistratides, et quelques autres accessoires beaucoup moins considérables, vous trouverez qu'il ne prend pas d'autres licences que de haranguer au nom de ses personnages. En effet, il ne faut pas prendre pour hors d'œuvre les descriptions que son plan exige, et que d'ailleurs il ne multiplie pas non plus, quoiqu'il y excelle; ses tableaux, celui sur-tout de la peste de l'Attique, sont véritablement des récits d'une espèce particulière, composés de détails coexistants plutôt que successifs.

Le caractère de son style consiste dans cette dignité et cette énergie constante à laquelle les anciens rhéteurs ont appliqué le nom de sublime. La prose, même dans le genre oratoire, ne saurait s'élever, ou du moins se soutenir plus haut. C'est, à la versification et aux fictions près, le style poétique. Ce sont quelquefois les mêmes mouvements, la même hardiesse de figures et d'interversions, ces élans brusques et rapides qui font craindre le désordre, mais qui accroissent presque sans mesure le charme des sentiments, l'éclat des pensées et des images.

L'obscurité dépare quelquefois la diction de Thucydide : cette imperfection a été sentie par les Anciens ; il est à présumer que les copistes l'ont fort augmentée. On rencontre çà et là, en chacun des huit livres, quelques lignes embarrassantes et peu intelligibles; elles ont servi de prétexte à des commentaires qui ne les ont point du tout éclaircies, et qui contribueraient plutôt à répandre des ténèbres et de l'ennui sur tout l'ouvrage. Le parti le plus simple est de regarder ces textes obscurs comme autant de petites lacunes et de les remplir, quand cela est indispensable, par les idées qui se lient le plus naturellement à ce qui précède et à ce qui suit, sans s'arrêter à des discussions grammaticales que l'état de ces textes rend tout-à-fait infructueuses.

Extrait *du Cours de M. Daunou.*

TIBULLE (Aulus-Albius TIBULLUS), chevalier romain et célèbre poète latin, né à Rome, l'an 43 avant J.-C., suivit Messala Corvinus dans la guerre de l'île de Corcyre; mais la faiblesse de son tempérament l'ayant obligé ensuite de quitter le métier des armes, il retourna à Rome où il mourut l'an 17 de J.-C. Horace, Ovide, Macer et d'autres grands hommes du temps d'Auguste furent liés avec lui.

Tibulle a composé quatre livres d'*Élégies*, remarquables par l'élégance et la pureté du style. L'abbé de Marolles a traduit Tibulle; mais sa version est très faible. L'abbé de Longchamps en a donné une meilleure, 1777, in-8°. Il en parut une autre par M. de Pezay, 2 vol. in-8° et in-12, avec Catulle et Gallus. M. Guys en a aussi publié une autre en 1783, dans le 7ᵉ vol. de son *Voyage littéraire de la Grèce*. Nous avons encore deux autres traductions françaises de Tibulle, une par le marquis de Pastoret, et l'autre par Mirabeau. Enfin, M. Mollevaut a donné une traduction en vers de ce poète, 1817, in-18. On trouve ordinairement les poèsies de Tibulle à la suite de celles de Catulle. M. Charles

TIBULLE.

Loyson, dont les lettres ont déploré la mort prématurée, a laissé une traduction inédite, en vers, de Tibulle. Les diverses pièces qu'il en a publiées dans ses *Poésies diverses*, font regretter qu'on n'ait pas encore livré au public la traduction entière. (*Voyez* CATULLE.)

JUGEMENT.

Tibulle a moins de feu que Properce, mais il est plus tendre, plus délicat : c'est le poète du sentiment. Il est sur-tout, comme écrivain, supérieur à tous ses rivaux. Son style est d'une élégance exquise, son goût est pur, sa composition irréprochable. Il a un charme d'expression qu'aucune traduction ne peut rendre, et il ne peut être bien senti que par le cœur. Une harmonie délicieuse porte au fond de l'âme les impressions les plus douces : c'est le livre des amants. Il a de plus ce goût pour la campagne, qui s'accorde si bien avec l'amour; car la nature est toujours plus belle quand on n'y voit qu'un seul objet. Chaulieu, le disciple d'Ovide et le chantre de l'inconstance, parle ainsi de Tibulle dans une épître à l'abbé Courtin :

> Ovide, que j'ai pris pour maître,
> M'apprit qu'il faut être fripon.
> Abbé, c'est le seul moyen d'être
> Autant aimé que fut Nason.
> Catulle m'en fit la leçon.
> Pour Tibulle, il était si bon,
> Que je crois qu'il aurait dû naître
> Sur les rivages du Lignon,
> Et qu'on l'eût placé là, peut-être ;
> Entre La Fare et Céladon.

Au surplus, il ne serait pas juste d'exiger, dans des poésies amoureuses, cette unité d'objets nécessaires à l'intérêt d'un roman. Tibulle lui-même, amoureux de si bonne foi, a chanté plus d'une maîtresse. Il paraît que Délie eut ses premières inclinations, et c'est elle qui lui a inspiré ses meilleures pièces. Némésis et Nééra la remplacèrent tour à tour ; et qui sait, après tout, si c'était Tibulle qui avait tort ? Il est sûr au moins que celles qu'il aima conservèrent de lui un souvenir bien cher, puisque nous apprenons de ses contemporains que Délie et Némésis, qui lui survécurent (car sa mort fut prématurée), suivirent ses funérailles, et avec toutes les marques de la douleur. C'étaient pourtant des courtisanes ; mais on sait qu'à Rome et à Athènes il y a eu des femmes de cette condition qui tenaient un rang très distingué par leur esprit, leurs talents et le choix de leur société ; et sans doute les maîtresses d'un homme tel que Tibulle n'étaient pas des femmes ordinaires.

Je ne dirai rien de Gallus, plus connu par ses liaisons avec les plus beaux esprits de son temps, et par les beaux vers de Virgile, que par ceux qu'il nous a laissés. Quintilien lui reproche une versification dure, et les fragments que nous en avons justifient ce jugement*. C'est à Tibulle qu'il en faut

---

* Il est difficile d'en juger ; car il ne nous reste qu'un vers de Gallus, et le voici, tel que Vibius Sequester l'a cité :

Uno tellures dividit amne duas.

Les poésies qui portent le nom de Gallus, ne sont pas de lui ; on les attribue à un écrivain barbare nommé Maximien.

J.-V. Le Clerc.

revenir; c'est lui qu'il faut relire quand on aime;
c'est en le lisant qu'on se dit : Heureux l'homme
d'une imagination tendre et flexible, qui joint au
goût des voluptés délicates le talent de les retracer,
qui occupe ses heures de loisir à peindre ses moments d'ivresse, et arrive à la gloire en chantant
ses plaisirs? C'est pour lui que le travail de produire
devient une nouvelle jouissance. Pour parler à notre
âme, il n'a besoin que de répandre la sienne. Il nous
associe à son bonheur en nous racontant ses illusions
et ses souvenirs; et ses chants, pleins des douceurs
de sa vie, ses chants, qui ne semblaient faits que
pour l'amour qui repose, ou pour l'oreille de l'amitié
confidente, sont entendus de la dernière postérité.

Quelque difficulté qu'il y ait à traduire Tibulle,
je n'ai pu résister au plaisir d'en essayer du moins
une imitation : j'ai choisi la première élégie, selon
moi, la meilleure de toutes :

Qu'un autre, poursuivant la gloire et la fortune,
 Troublé d'une crainte importune,
Empoisonne sa vie et perde son sommeil;
Que, dévouant à Mars sa pénible carrière,
La trompette sinistre et le cri de la guerre
 Retentissent à son réveil;
Pour moi, qui des grandeurs n'ai point l'âme frappée,
Puissé-je, sans rien craindre, et sans rien envier,
Cacher tranquillement près d'un humble foyer
 Ma pauvreté désoccupée!
 Que, souriant à mes loisirs,
 Toujours la flatteuse espérance
M'offre dans le lointain la champêtre abondance

Ornant l'étroit enclos qui borne mes désirs ;
Que des biens que j'attends l'agréable promesse
    Suffise à mes amusements.
Je soignerai ma vigne et mes arbres naissants ;
Armé de l'aiguillon, de mes bœufs indolents
    J'irai gourmander la paresse.
Qu'avec plaisir souvent j'emporte dans mon sein
    L'agneau s'égarant sur la rive,
Le chevreau qu'en courant sa mère inattentive
    A délaissé sur le chemin !
J'offrirai de mes biens les rustiques prémices
Au dieu de la vendange, aux dieux du laboureur.
Divinités des champs, qui l'êtes du bonheur,
Vous recevez toujours mes premiers sacrifices.
J'épanche le lait pur en l'honneur de Palès ;
Je présente des fruits sur l'autel de Pomone ;
    Et des épis que je moissonne
    J'assemble et forme une couronne
Que ma main va suspendre au temple de Cérès.

Vous, jadis les gardiens d'un plus ample héritage,
Avant que des Destins j'eusse éprouvé l'outrage,
Mais de ma pauvreté devenus protecteurs,
    O Pénates consolateurs !
    Jadis le sang d'une génisse
Vous payait le tribut de mon nombreux troupeau ;
    Aujourd'hui le sang d'un agneau
    Est mon plus riche sacrifice.
Vous l'aurez cet agneau, le plus beau de mes dons.
Vous verrez du hameau la folâtre jeunesse
Autour de la victime exprimant l'allégresse,
Demander en chantant des vins et des moissons.
Ah ! prêtez à leurs chants une oreille facile,

Et ne dédaignez pas notre simplicité.
Le premier vase, aux dieux autrefois présenté,
    Fut pétri d'une simple argile.
Je n'ai point regretté les biens de mes aïeux,
    Content de mon champêtre asyle.
Content de reposer sur la couche tranquille
    Où le sommeil ferme mes yeux.
        Oh ! qu'il est doux, lorsque la pluie
        A petit bruit tombe des cieux,
De céder à l'attrait d'un sommeil gracieux !
Qu'il est plus doux encor la nuit, près de Délie,
De se sentir pressé dans ses bras amoureux,
Et d'entendre mugir l'aquilon en furie !
Ce sont là les plaisirs que je demande aux dieux.
Qu'il soit riche, celui que des travaux sans nombre
Ont comblé de trésors si chèrement payés ;
Je suis pauvre, et je vais chercher le frais et l'ombre,
Assis près d'un ruisseau qui murmure à mes pieds.

Ah ! périsse tout l'or de la superbe Asie,
Si, pour l'aller ravir, il faut quitter Délie,
    S'il faut lui coûter quelques pleurs !
Que Messala prétende aux lauriers des vainqueurs,
Et que des ennemis les dépouilles brillantes
Ornent de son palais les portes triomphantes :
Moi, je suis dans les fers d'une jeune beauté ;
    Je vis sous les lois de Délie.
Pourvu que je te voie, ô maîtresse chérie !
Je renonce à la gloire, à la postérité ;
    Il n'est point d'honneurs que j'envie :
    Rien ne vaut mon obscurité.

Oui, j'irais avec toi, sur un mont solitaire,
    Conduire un troupeau sur tes pas ;

Je consens à n'avoir d'autre lit que la terre,
    Pourvu que tu sois dans mes bras.
Eh! d'un lit somptueux l'éclatante parure
    N'en écarte pas les ennuis.
La pourpre et le duvet, les eaux et leur murmure :
    Ne font pas la douceur des nuits.
Qu'importe à nos désirs la couche la plus belle,
    Lorsqu'on y veille dans les pleurs.
Lorsqu'on appelle en vain la maîtresse infidèle
    Qui porte ses amours ailleurs?
Hélas! sans les amours comment souffrir la vie?
Quel cœur, quel cœur d'airain, ô ma chère Délie!
    Goûtant le bonheur d'être à toi,
Pourrait te préférer une gloire frivole?
    Les triomphes du Capitole
Valent-ils un regard que tu jettes sur moi?
    Ah! que ma paupière mourante
Se tourne encor vers toi dans mon dernier moment ;
    Que, par un dernier mouvement,
Je presse encore tes mains dans ma main défaillante!

Tu pleureras sans doute auprès de mon bûcher.
    Tes yeux, ces yeux si pleins de charmes,
    Répandront sur moi quelques larmes ;
    Tu n'a pas un cœur de rocher.
Tu pleureras, Délie ; et l'amant jeune et tendre,
    Et l'amante, objet de ses vœux,
    Te verront honorer ma cendre,
Et s'en retourneront les larmes dans les yeux.
Mais garde d'outrager ta belle chevelure,
De blesser de ton front l'ivoire ensanglanté.
Aux mânes d'un amant c'est faire trop d'injure,
    Que d'attenter à ta beauté.

TIBULLE.

Hâtons-nous, dérobons à la Parque inflexible
Le moment de jouir, d'aimer et d'être heureux.
Le temps entraîne tout dans sa course insensible.
La mort viendra bientôt de son voile terrible
  Couvrir nos amours et nos jeux.
Le temps n'épargne point les amants et les belles,
Et l'Amour ne sied pas au déclin de nos ans.
Il ne repose point ses inconstantes ailes
  Sur une tête à cheveux blancs.
Je suis encore à lui, je vis sous sa puissance.
  Content du peu qui m'est resté,
Je coule en paix mes jours, sans chercher l'opulence,
  Et sans craindre la pauvreté.

La Harpe, *Cours de Littérature.*

MORCEAU CHOISI.

Même sujet.

Qu'un autre cherche l'or sur un lointain rivage;
Qu'un autre, possesseur d'innombrables sillons,
D'un farouche ennemi craigne le voisinage,
Et s'éveille en tremblant au bruit des fiers clairons :
Pour moi, que loin des camps, paisible et nonchalante,
Ma pauvreté me rende à ma vie indolente,
Pourvu qu'un feu modeste échauffe mon foyer;
Qu'avec moi l'espérance habitant mon domaine
Me montre au bout de l'an ma grange toujours pleine,
Et d'un vin généreux garnisse mon cellier.
A ce prix, sans rougir, et sans craindre la peine,
Tour à tour laboureur, vigneron, jardinier,
Je veux tailler un cep ou planter un pommier;
Prendre en main l'aiguillon et la bêche grossière,
Et le soir, dans mes bras, rapporter au troupeau,

Ou la brebis naissante, ou le jeune chevreau,
Seul au milieu des champs oublié par sa mère.

Chez moi, sans y manquer, l'eau sainte tous les ans
Purifie avec soin bergers et bergerie;
Mon lait offre à Palès d'agréables présents;
Car Palès fut toujours ma déité chérie;
Palès reçoit mes vœux, soit qu'un tronc délaissé
Me montre dans un champ son image rustique,
Soit que parmi des fleurs, sur le chemin placé,
Son buste s'offre à moi, fait d'une pierre antique.
Tous les ans j'offre au dieu qui veille à nos guérets
Les prémices des fruits que la saison me donne.
Je veux à ton autel, bienfaisante Cérès,
De mes premiers épis suspendre une couronne,
Et que dans mon jardin Priape avec sa faux
De mes arbres en fruit écarte les oiseaux.
Et vous, jadis gardiens d'un héritage immense
Dont il ne m'est resté que ce chétif enclos,
Pourriez-vous être exclus de ma reconnaissance?
O mes dieux paternels! jadis un fier taureau
Fut d'un troupeau nombreux l'offrande légitime;
Mais, hélas! aujourd'hui vous n'aurez qu'un agneau,
Pour un bercail si pauvre assez riche victime.
Autour de cet agneau qui tombe en votre honneur,
Voyez-vous ces bergers vous demander en chœur
De fertiles moissons et d'heureuses vendanges!
Ah! ne rejetez point leurs vœux et leurs louanges;
Agréez nos festins sans recherche apprêtés,
Et nos dons dans l'argile humblement présentés.
Autrefois d'une main grossièrement habile
Le premier vase aux champs fut fait de simple argile.
Mais vous, brigands cruels, et vous loups, ravisseurs,
Fuyez, laissez en paix mes pauvres pâturages,

Et, loin de mes brebis, détournant vos fureurs,
Sur un troupeau plus riche exercez vos ravages.

Je ne regrette point les biens de mes aïeux,
Ni leurs riches moissons, mon antique héritage ;
Ce que j'ai me suffit, et j'en rends grace aux dieux.
Il suffit que je puisse en mon humble ermitage,
Passer en paix mes jours ; et, las de mes travaux,
Retrouver chaque soir mon lit et le repos.
Quel plaisir d'écouter la tempête en furie,
A l'abri dans ma couche étendu mollement,
Et d'embrasser alors mon amante chérie !
Que j'aime à me sentir assoupi doucement,
Au bruit que sur mon toit fait en tombant la pluie.

Dieux ! donnez-moi ces biens, et rendez opulent
(Il vous paye assez cher ce funeste avantage)
Celui qui peut braver et les flots et l'orage.
Moi de peu désormais je sais vivre content.
Je ne veux plus errer de voyage en voyage ;
Mais le long d'un ruisseau qui fuit parmi les fleurs
J'irai goûter le frais sous un épais ombrage.
Oh ! périsse Plutus et toutes ses faveurs,
Avant que mon départ pour un lointain rivage
Puisse à quelque beauté coûter encor des pleurs !
Toi, combats, Messala, sur la terre et sur l'onde,
Et pare ta maison des dépouilles du monde ;
Ce sont là tes destins : fait pour un autre emploi,
Moi je suis arrêté dans les fers d'une belle,
Qui jour et nuit m'enchaîne à sa porte cruelle.
Que m'importe la gloire ? ô Délie, avec toi,
Je consens qu'on m'appelle, et lâche et sans courage ;
Avec toi, ma Délie, habitant d'un village,
Je veux moi-même au joug attacher mes taureaux,

Et garder mes brebis au penchant des côteaux.
Je veux goûter, Délie, un sommeil plein de charmes,
Dans tes bras caressants, sur la terre étendu;
Eh! que sert, dans un lit de soie et d'or tendu,
Une nuit sans amour, et condamnée aux larmes?
Voit-on que le duvet, les rideaux somptueux,
Et les tapis de pourpre, et leur riche peinture,
Et l'onde des ruisseaux, avec son doux murmure,
Trouvent l'art d'assoupir un amant malheureux?

Grands dieux! quels noms donner au mortel insensible,
Qui, pouvant sur ton cœur régner, amant paisible,
Chercha l'or et la gloire au milieu des combats,
Dût-il jusques au fond de leurs lointains climats,
Suivant des ennemis les troupes fugitives,
Planter ses étendards sur leurs villes captives,
Et d'or resplendissant, sur un fougueux coursier
Éblouir tous les yeux de son éclat guerrier?

Quand mon heure viendra, puissé-je, ô mon amante,
Pour la dernière fois sur ton sein me pencher,
Puissé-je te presser d'une main défaillante,
Et d'un dernier regard en mourant te chercher!
Qu'alors tu pleureras, en me voyant sans vie,
Sur ma couche funèbre attendre le bûcher!
Oui, couvrant de baisers ma dépouille chérie,
Tu pleureras; les Dieux, ô ma tendre Délie,
Ne t'ont point fait un cœur de fer ou de rocher.
Eh! quelle amante, hélas! quel amant sans entrailles,
Pourra voir d'un œil sec mes tristes funérailles!
Mais, crains de m'affliger au-delà du trépas,
Et dans ton désespoir épargne tes appas.
Aimons-nous; la vieillesse arrive à tire-d'aile:

Un crêpe sur le front la mort vient derrière elle,
Et, lorsque nos beaux ans nous ont fuis sans retour,
Il ne sied plus d'aimer ni de parler d'amour.
Aimons donc, que Vénus sous ses lois nous enchaîne,
Tant que je puis encor, jeune, intrépide aux coups,
Affronter un rival et briser des verroux.
Ce sont là mes exploits ; soldat ou capitaine,
Voilà mon champ d'honneur, mes combats, mes lauriers.
Loin de moi, fiers clairons, étendards meurtriers!
Allez, portez à l'âme ambitieuse et vaine,
La gloire, l'opulence, et peut-être la mort;
Cependant que tranquille et bénissant le sort,
Sûr de couler mes jours dans une douce aisance,
Je me ris des trésors, et brave l'indigence.

Ch. Loyson, Imitation de Tibulle.

FIN DU VINGT-SEPTIÈME VOLUME.

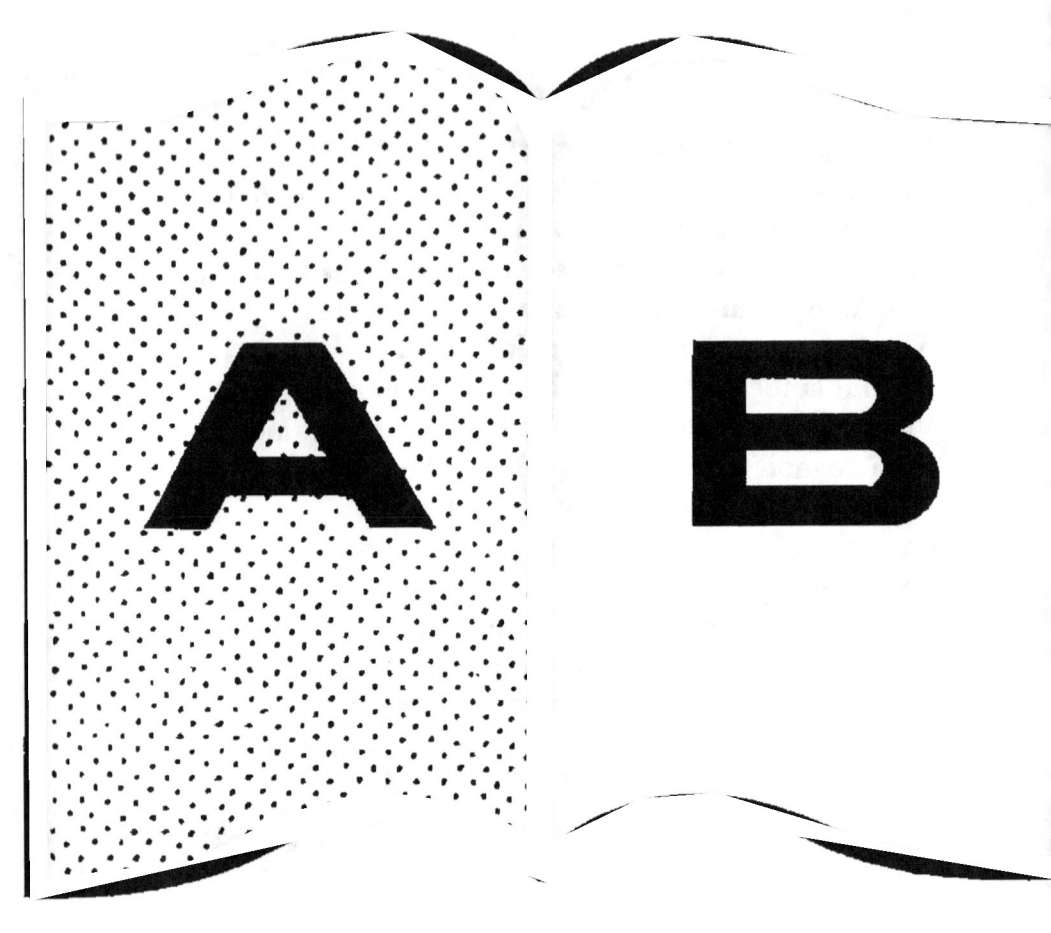

Contraste insuffisant

NF Z 43-120-14

www.ingramcontent.com/pod-product-compliance
Lightning Source LLC
Chambersburg PA
CBHW070534230426
43665CB00014B/1679